Individu et communauté

Eschyle, *Les Suppliantes* et *Les Sept contre Thèbes*
Baruch de Spinoza, *Traité théologico-politique,*
chapitres XVI-XX
Edith Wharton, *Le Temps de l'innocence*

Kishore Christophe Annoussamy
Émeline Baudet
Christophe Cervellon
Muriel van Vliet

Individu et communauté

Eschyle, *Les Suppliantes*
et *Les Sept contre Thèbes*
Baruch de Spinoza, *Traité théologico-politique*, chapitres XVI-XX
Edith Wharton, *Le Temps de l'innocence*

puf

ISBN : 978-2-13-086779-1
Dépôt légal — 1re édition : 2024, juin

170 bis, boulevard du Montparnasse, 75014 Paris

Sommaire

PREMIÈRE PARTIE
Cours

SECONDE PARTIE
Outils

PREMIÈRE PARTIE
Cours

Introduction générale

Individu ou personne ? Communauté ou société ?

On oppose classiquement l'individu *et* la communauté, soit d'un point de vue moral (l'individu primerait la communauté *ou bien* la communauté primerait l'individu), soit juridique (les individus produiraient la communauté *ou bien* c'est la communauté qui produirait, en les déterminant au plus intime d'eux-mêmes, les individus), soit épistémologique (on ne comprend les comportements sociaux qu'en partant du tout *ou bien* on ne comprend les propriétés émergentes du tout qu'en intégrant les stratégies individuelles). Les théories qui donneraient le primat à l'individu en morale, dans la formation de l'État, dans les discours sociologiques, relèveraient du « holisme ».

Le terme vient de *holos*, la « totalité totalisée » en grec ancien, l'ensemble que l'on peut mesurer et *comprendre* par un regard de surplomb, distincte de *pan*, « la totalité intotalisable », celle qui nous déborde de tous côtés et dans laquelle nous sommes *compris* avec un sentiment de vertige, comme l'individu peut parfois être perdu dans l'immensité du monde [1]. Et l'on sait bien que le tout a des propriétés que les éléments n'ont pas. Une voiture peut rouler cent kilomètres, mais ni cent litres d'essence, ni quatre roues, ni un moteur ne le peuvent *isolément*, quoiqu'ils le puissent une fois liés

1. Nous reprenons cette opposition entre « totalité totalisée », ou *to holon*, et « Totalité intotalisable », ou *to pan*, à Marcel Conche, *Présence de la nature*, Paris, Puf, « Quadrige », 2016, p. 80-81.

comme il faut les uns aux autres par une belle mécanique. Le *tout* donne ses propriétés aux éléments, mais les éléments n'ont pas *singulièrement* les propriétés du tout. Semblablement, des agents rationnels optimisant pourtant leur choix peuvent conduire à un résultat globalement catastrophique. Il y a un « effet de système » ou un effet d'organisation, si bien que chacun poursuivant au mieux son intérêt nuit finalement à tout le monde (y compris à soi) [1].

Les théories qui verraient dans l'individu le principe de l'État et du droit, la valeur ultime à défendre, le point de départ de toute interprétation rationnelle d'une conduite, relèveraient de l'individualisme soit axiologique (l'individu vaut davantage que la communauté), soit génétique (l'individu est idéalement l'élément de construction du groupe), soit méthodologique (partir des propriétés de l'élément pour voir comment émergent celles de l'ensemble).

In-dividu : ce qui ne peut être divisé, l'*a-tomos* en grec, l'élément insécable et dernier, le *corpus simplicissimum* pour reprendre une expression de Spinoza, à partir de quoi le reste – « la communauté » – est construit. L'individu se distingue alors aussi bien de l'universel (Socrate n'est pas l'humanité, même s'il exemplifie la nature humaine) que de la masse (« de l'eau » n'est pas une goutte d'eau), ou encore il fonctionne comme un nom propre (Socrate) face à un nom commun (un homme) [2]. Mais l'on remarquera d'ailleurs que le terme d'individu est finalement assez rare dans les langues anciennes, réservé plutôt à un emploi « logique » que « social ». Si un tel terme apparaît assez tard, c'est peut-être que tout simplement l'individu n'a pas toujours conscience de l'être, ou

1. C'est le fameux « dilemme du prisonnier ». Pour une présentation simple, voir Michel Crozier, Erhard Friedberg, *L'Acteur et le Système*, Paris, Seuil, « Points », 2014, p. 18-19.

2. Voir Pascal Ludwig, Thomas Pradeu (dir.), *L'Individu, perspectives contemporaines*, Paris, Vrin, 2008, p. 16 : « On appelle individu tout ce à quoi nous pouvons penser au moyen soit d'un nom propre, soit d'une expression démonstrative de la forme "ce F", par exemple "cet homme", "ce tas de sable", "cet éclair lumineux", "cette bataille". L'objet de ce que nous appellerons désormais un acte de référence démonstrative est souvent conçu comme une chose individuelle ou comme un individu. »

d'être individué, et qu'il dit plus facilement « nous » que « je »[1]. C'est finalement très tardivement, peut-être (?), qu'un individu prend conscience d'être un individu, différent, singulier, « à part », sans que pour autant cette singularité doive nécessairement le marginaliser ou le ridiculiser. Le terme grec d'*idiotes*, ce qui est « propre », ce qui est « en propre », ne porte-t-il pas des connotations très négatives ? « L'idiot » est celui que l'on ne comprend pas, car il est tout seul à parler une langue tellement « personnelle », qu'elle en devient indéchiffrable pour les autres. Il n'est pas bon que l'homme soit seul, comme le dit la Bible dans la Genèse (2,18).

Plus subtilement, « l'individu » est davantage qu'un simple « particulier ». Un individu est plus ou moins individué, quand le « particulier » n'a précisément rien de « particulier ». Une « goutte d'eau » est « un particulier », comme une « vague », mais cette goutte d'eau, comme cette vague, peut être distinguée soigneusement de toutes les autres et valorisée non pas comme un exemple parmi d'autres de gouttes d'eau, mais comme étant en elle-même exemplaire (ou unique). Il s'agit non pas d'une goutte d'eau, mais de *cette* goutte d'eau, de *telle* goutte d'eau. En ce sens, une réalité peut être plus ou moins individuée ou « distinguée ». L'individualisation admettrait ainsi des degrés : on serait *plus ou moins* un individu comme un simple tas de sable est moins individué que mon petit frère, avec son visage et sa manière bien à lui de s'exprimer[2].

Mais comment comprendre ce qui individue une chose ? Pour Aristote, c'est la forme d'une chose, accessible aux sens ou à l'intelligence, qui l'identifie comme étant de telle « espèce », un homme,

1. Voir Norbert Elias, *La Société des individus*, Paris, Pocket, « Agora », 2004, p. 209 : « Les langues de l'Antiquité n'avaient donc pas d'équivalent de la notion d'individu. »

2. Voir Pascal Ludwig, Thomas Pradeu (dir.), *L'Individu, perspectives contemporaines*, *op. cit.*, p. 18 : « Mais il paraît en même temps évident qu'un angle de porte a moins d'individualité qu'un tas de sable, qu'un tas de sable moins d'individualité qu'une Vel Satis sortant de la chaîne de production, qu'une Vel Satis en a moins qu'un tigre de 13 ans et qu'un tigre de 13 ans en a moins qu'une personne humaine. Nous voyons donc là apparaître un autre concept d'individu, un concept exclusivement ontologique et non plus logico-ontologique : un individu est non pas tout ce qui peut être désigné par un acte de référence démonstrative, mais tout ce qui possède de l'individualité, cette dernière pouvant être en même temps susceptible de degrés. »

un chien, un bateau, une cité, etc. Par forme, il faut d'ailleurs entendre non pas la figure plastique ou graphique, mais la fonction qu'elle remplit : la forme d'une main, c'est la préhension, comme la forme d'un œil, c'est la vision (et donc une cité n'est formellement une cité que si elle remplit sa fonction de faire régner la paix civile par la concorde, ou elle n'est alors qu'un « tas » d'individus, un agrégat informe et chaotique). Mais c'est la matière d'une chose qui individue la chose, car ce qui fait que je suis Socrate et non Platon, ce n'est pas la même humanité, la même « nature commune » ou le même « être humain » que Socrate et Platon réalisent chacun à leur façon, mais le corps de Socrate et le corps de Platon, qui font que celui-là est cet homme-là et celui-ci cet homme-ci. Il y a donc identification par la forme et individuation par la matière, même si forme et matière sont indissociables dans la totalité concrète de l'individu, *atomon* [1].

Là encore, par « matière », il ne faut pas entendre une boue informe, une glaise indifférenciée, mais ce qui constitue les conditions de possibilité de l'exercice même de la fonction, la structure organique qui rend possible la préhension de la main ou la vision de l'œil. « La matière est un relatif, car autre forme, autre matière », rappelle Aristote, et à ce titre les dents d'une scie ne font pas partie de la forme d'une scie (comme on le croit trop vite) mais de sa matière, car une scie molle ou une scie sans dents ne permet pas à la scie d'accomplir sa fonction de scier et d'être ainsi formellement une scie [2]. Par simple analogie, la matière d'une cité, ce sont ses

1. Porphyre, *Isagogè*, 15-16, trad. A. de Libera et A.-Ph. Segonds, Paris, Vrin, 1998, p. 9 : « On appelle individu (*atomon*) Socrate et ce blanc-ci [...]. Ces êtres sont donc appelés individus parce que chacun d'entre eux (*ekaston*) est constitué de caractères propres (*idiotetôn sunesteken*), dont le rassemblement ne saurait jamais se produire identiquement dans un autre ; en effet les caractères *propres* (*idiotetes*) ne sauraient jamais se retrouver chez un autre être particulier, tandis que ceux de l'homme, je veux dire de l'homme commun, peuvent se retrouver chez plusieurs hommes, ou plutôt même chez tous les hommes particuliers en tant qu'hommes [...]. Donc l'individu est embrassé par l'espèce (*periechetai upo tou eidou*). »

2. Aristote, *Physique*, II, 200a, trad. H. Carteron, Paris, Les Belles Lettres, 1926, p. 79-80.

mœurs, la réalité complexe de ses familles, l'histoire concrète et les intérêts des individus qui la composent et qui rendent possibles ou impossibles de faire régner la concorde et de réaliser la forme accomplie d'une cité par l'amitié. Ainsi, la matière est propre à la forme, et il y a une justice appropriée à chaque cité, même si la justice est formellement la même partout, comme voir signifie la même chose pour tous, même si l'œil aiguisé d'un faucon diffère de l'œil d'un homme myope.

On comprend d'ailleurs que l'individu est alors « indicible » (*individuum est ineffabile*, pour reprendre une « autorité » médiévale), car la science n'atteint que la forme intelligible, le général, ce qu'est l'homme ou le chien, « être homme » ou « être chien », la « nature commune » que saisissent nos concepts. Mais l'individu lui-même, donné par sa matérialité, n'est individué ou ultimement différencié des autres individus que *par ce qu'il n'a pas en commun avec eux*, par ce qui n'appartient pas à la forme humaine, par ce qui est donc sans forme. Et par quelle forme intellectuelle puis-je saisir, sinon par un « raisonnement bâtard », comme le dit Platon dans le *Timée*, ce qui est une pure matière sans forme, ce qui est radicalement propre ou « idiot » (pour reprendre le terme grec ici bien suggestif) ? Autrement dit, et de manière plus intuitive, nos mots sont toujours trop généraux ou trop communs pour saisir la singularité des choses et quand je dis « je t'aime », j'emploie les mots de tout le monde, les « mots de la tribu », pour dire ce qui n'a de sens que « pour moi » et que je suis le seul à pouvoir vraiment comprendre. Le nom commun « rose » ne peut pas dire cette rose-ci, qui mériterait d'avoir un nom propre, tellement elle est absolument différente de toutes les autres roses (alors que j'en parle comme je parlerais indifféremment de n'importe quelle rose dans le monde).

Cependant, comme on le voit, si la matière est elle-même déjà une structure complexe, ou déterminée, n'est-elle pas toujours déjà individuée ? Ne faut-il pas penser au contraire que c'est parce que la forme est déjà en elle-même cette forme-ci, une « essence singulière » qu'elle peut s'approprier une matière en elle-même indifférente ? Un tel raisonnement n'a rien d'abstrait. Par exemple, ne pourrait-on pas dire que c'est parce qu'Athènes est Athènes, une cité qui a son caractère propre et démocratique, que les Athéniens sont ce qu'ils sont, avec leur mauvais caractère bien reconnaissable et même prévisible, et non pas parce que les Athéniens sont ce qu'ils sont, avec leurs mœurs, leurs passions, leurs histoires individuelles, que la cité d'Athènes se distingue de celle de Sparte ? Autrement dit, ce ne sont pas les hommes qui individuent et font *telle* communauté (religieuse, pédagogique, « ethnique » ou sexuelle), mais *telle* communauté qui vient déterminer au plus intime d'eux-mêmes et individuer singulièrement les hommes qui la constituent. Mais, dans ce cas, Athènes n'existerait non plus nulle part ailleurs que dans chacun des Athéniens, car il n'y aurait plus d'identité collective, une Athènes « éternelle », une Athènes « vraie » ou « idéale » « au-dessus » ou « à part » des individus. L'individuation ne se ferait plus par la matière, mais elle serait la forme elle-même que réalisent seulement, *hic et nunc* (ici et maintenant), des êtres singuliers. Individuation non plus « par » la matière, mais *individuation de la forme elle-même* dans l'espace et le temps. En d'autres termes, et de manière là encore plus intuitive, c'est parce que cette rose-ci est cette rose-ci que tout en elle me semble singulier, jusqu'à la dernière de ses épines ou à sa manière bien à elle, inimitable, d'éclore. Il ne s'agit plus d'identifier un individu dans un genre naturel ou logique, mais de penser une identité individuelle irréductible à toute conceptualité abstraite ou à toute « idéalisation » (de ce que sont les roses ou les Athéniens).

En philosophie, on emploie parfois le concept d'« haeccéité » : le fait d'être ceci et non pas cela, le fait d'être distingué ultimement de tous les autres dans une même espèce [1], etc. Une chose serait « exemplaire », non pas en ce sens qu'elle ferait voir à travers elle d'autres choses semblables, mais en ceci qu'elle serait au contraire

1. Jean Duns Scot, *Le Principe d'individuation*, trad. G. Sondag, § 188, Paris, Vrin, 2005, p. 207 : « L'entité individuelle (*ista entitas*) n'est ni forme ni matière ni composition [...] mais elle est la réalité ultime de l'être (*ultima realitas entis*) qui est matière, ou bien qui est forme, ou qui est un composé. »

unique et incomparable. Ce qui individue un être, c'est finalement ce qu'il est, ou encore sa manière d'être. Un homme n'est pas l'humanité, mais Socrate n'est pas non plus n'importe quel homme. Il est « ainsi », et non pas « comme » tous les autres. Il est un individu précis et non pas « un individu vague ».

Question difficile, que nous reprendrons, mais cette première approche logique du « principe d'individuation » n'est pas sans application pour comprendre la nature et le type d'existence de l'individu dans une communauté humaine. L'individu peut être pris comme « un exemple » parmi mille autres, comme un vulgaire « échantillon » donnant à voir ce qu'est un Allemand ou un Français *quelconque*, ou comme au contraire « exemplaire », unique et singulier, incomparable dans la mesure même où il apparaît justement comme une « référence », celle à quoi les autres doivent être comparés ou évalués. L'exemple, en ce sens-là, n'est pas comme tous les autres, ou *n'importe lequel* (comme M. Dupont, par exemple), mais il est *ainsi* au contraire qu'il importe énormément (comme Jean Moulin est « exemplaire » de ce que furent les résistants français) [1].

Plus généralement, l'individu (Socrate) est comme le terme singulier à partir duquel on construit une phrase (les hommes grecs sont Socrate, Platon, Callias, etc.). Mais le sens d'une phrase résulte-t-il bêtement des termes additionnés ou, tout au contraire, le sens propre de chaque terme est-il donné par le sens global de la phrase ? On sait bien qu'un même mot change de signification selon l'ensemble où il s'inscrit. « Napoléon est un grand homme » ne signifie pas la même chose que « Napoléon est un homme grand »

1. Voir les analyses de Giorgio Agamben, dans *La Communauté qui vient. Théorie de la singularité quelconque* (Paris, Seuil, 1990) sur le problème de « l'exemple », qui n'est ni un universel ni un particulier. Agamben souligne comment cette singularisation de « l'être-ainsi », et « non pas autrement », a quelque chose de tragique ou d'« irréparable ». Toute détermination est une négation, et ce qui fait que je suis « ainsi » m'interdit d'être autrement, ce qui est à la fois source de joie et de désespoir (p. 95). L'individu a pour destin excitant d'être lui-même, et pour destin tragique de n'être malheureusement que lui-même.

(il mesurait 1,68 mètre) et l'équivocité des termes (ici le qualificatif « grand ») est réglée par la totalité signifiante que chaque mot esquisse et précise, mais qui aussi bien donne à chaque mot sa physionomie propre. On remarquera d'ailleurs, à propos de notre exemple « napoléonien », que c'est « la place » des mots (ici l'adjectif « grand ») qui change tout, que c'est donc l'ordre, ou l'organisation du tout, qui vraiment importe. Le mot doit-il dans cette phrase être compris « ainsi » *ou bien* cette phrase doit-elle être comprise « ainsi » en raison de ce mot, et de sa « position » dans la phrase ? Faut-il commencer par les éléments qui déterminent à la fin le sens global ou par le sens anticipé de l'ensemble qui corrige ultimement, après réflexion, la fonction de chaque élément ?

On pourra s'interroger sur le passage, dans l'histoire de la philosophie politique ou juridiques occidentale, d'une conception où semble primer le « tout » (les théories classiques du droit naturel), à une considération « moderne » des droits subjectifs : tout part et tout revient aux revendications de l'individu (§ 3, « "L'individualisme" moderne ») [1]. L'on pourra aussi opposer à une approche holiste du champ social (c'est le groupe qui est ultimement déterminant) des théories qui laissent la plus grande place, à l'encontre de tous les modèles théoriques, à la réalité des agents et de leurs décisions (§ 4, « La sociologie, inutile et incertaine ? ») [2].

1. Voir les analyses de Michel Villey dans *La Formation de la pensée juridique moderne*, Paris, Puf, « Quadrige Manuels », 2013, p. 202-275, qui montre comment, au Moyen Âge, les analyses logiques sur la notion d'« individu » et les considérations spirituelles sur la « pauvreté » ont pu conduire à une révolution dans la manière de concevoir le droit dans l'école franciscaine (de Scot à Occam).

2. Voir Raymond Boudon, *La Place du désordre*, Paris, Puf, « Quadrige », 2004, pour qui les analyses sociologiques ne sont ni prescriptives ni prédictives : « On se contentera de noter que l'individualisme méthodologique comporte une conséquence : l'impossibilité d'établir des lois conditionnelles "si A, B" ayant une validité générale » (p. 78). Même les très célèbres considérations de Durkheim sur le suicide ne sont pas toujours ni partout valables. Les « modèles » sont toujours « débordés » par la réalité (p. 238). Ce qui fut vrai hier et ici ne sera pas vrai demain et là-bas. Voir, en manière d'illustration tragique, Angus Deaton, *Morts de désespoir. L'avenir du capitalisme* (Paris, Puf, 2021), qui montre que, à l'encontre ce que pensait Durkheim, ce ne sont pas les plus diplômés mais au contraire les moins diplômés qui se suicident aux États-Unis (p. 139).

Au moment historique où, *en gros*, c'est l'individu qui prime dans le droit et l'idéologie politique, c'est, *en très gros* là encore, l'explication par le tout qui semble depuis Durkheim constituer le tropisme dominant de la sociologie, voire son parti pris méthodologique. Et pourtant, l'individu ne cesse de revendiquer ses droits inamissibles, au point que le maître même de la sociologie a jadis dû rappeler, lors de l'affaire Dreyfus, les droits de la personne humaine à être défendue équitablement contre toutes les logiques claniques, tribales ou étroitement patriotiques. Durkheim parlait même, mais dans un sens résolument positif, d'une « religion de l'individu [1] » qu'il fallait oser professer. Mais plus l'individu semble important pour la morale et la politique, moins il semble déterminant pour l'interprétation des phénomènes sociaux. Encore une fois, il s'agit de dire les choses de manière très grossière, mais règne aujourd'hui l'individu dans notre idéologie politique et juridique, alors même que la singularité n'a guère d'importance au regard des analyses du champ social : l'exception, s'il y a exception, confirme simplement la règle. Le fait individuel fait diversion du social.

Ce qui nous intéressera ici, c'est le rapport très concret entre les individus que nous sommes et les « groupes », communautés familiales, ethniques et politiques (ou encore classes sociales, confessions religieuses, entités « nationales ») auxquels nous appartenons ou refusons d'appartenir [2]. Il nous semble qu'entre « nous » et « je » il y a un « espace de jeu » ou un « espace du "je" » (§ 5, « Espace de "jeu" et individuation du "je" ») qui permet ou devrait

1. Voir Émile Durkheim, « L'individualisme et les intellectuels », *Revue bleue*, 1898, 4e série, t. X, p. 20-21 : « Une similitude verbale a pu faire croire que l'individualisme dérivait nécessairement de sentiments individuels, partant égoïstes. En réalité, la religion de l'individu est d'institution sociale, comme toutes les religions connues. C'est la société qui nous assigne cet idéal, comme la seule fin commune qui puisse actuellement rallier les volontés. Nous la retirer, alors qu'on n'a rien d'autre à mettre à la place, c'est donc nous précipiter dans cette anarchie morale qu'on veut précisément combattre. »

2. Voir Max Weber, *Les Communautés*, Paris, La Découverte, 2019, où il distingue les « communautés domestiques » (p. 89-132), les « communautés ethniques » (p. 133-173) et les « communautés politiques » (p. 163-174), dans leur relation à la vie économique de la société.

permettre à chacun de passer de l'individu étroitement déterminé par sa communauté à une personne capable de vivre de manière critique dans la société qu'elle n'a peut-être pas choisie, mais qu'elle peut juger et, au moins idéalement ou en pensée, corriger (§ 6, « "Essence singulière" et "personne", "communauté négative" et "communauté totalitaire" »). Individu dans la communauté, d'un côté, personne en société, de l'autre.

Car « l'individu » peut avoir deux sens : l'unité empirique et physique qui entre comme élément constitutif dans un ensemble, et la « personne » morale qui peut juger cet ensemble et relativiser le système de valeurs qu'on lui a transmis [1].

Semblablement, « communauté » peut signifier un ensemble dense et intégratif d'individus, un univers symbolique et affectif impérieux qui soumet chacun à ses codes, quand « société » ne renvoie guère qu'à une convergence d'intérêts, la mise en commun de projets, d'objectifs, de calculs, une alliance raisonnable sans que pour autant nul ne s'y sente vraiment entraîné par un destin commun, implacable, en lui, sans lui et malgré lui [2].

Si « individu » dit *moins* que « personne », et que « société » dit également moins que « communauté », disons-le un peu brutalement : toute la difficulté sera de passer d'une « communauté d'individus » à une « communauté de personnes », en passant par une

1. Voir Louis Dumont, *Essais sur l'individualisme. Une perspective anthropologique sur l'idéologie moderne*, Paris, Seuil, « Points », p. 90-91 : « Ceci amène à distinguer deux sens du mot "individu" : 1) le sujet empirique de la parole, de la pensée, de la volonté, échantillon indivisible de l'espèce humaine, tel que l'observateur le rencontre dans toutes les sociétés ; 2) l'être moral, indépendant, autonome et ainsi (essentiellement) non social, tel qu'on le rencontre avant tout dans notre idéologie moderne de l'homme et de la société. »

2. Nous reprenons ici la distinction classique de Ferdinand Tönnies, dans *Gemeinschaft und Gesellschaft* (1887), telle qu'elle est d'ailleurs reprise par Max Weber dans *Les Concepts fondamentaux de la sociologie*, trad. J.-P. Grossein, Paris, Gallimard, « Tel », 2016, à travers les concepts de « communautisation » et de « sociétisation » : « On appellera "communautisation" une relation sociale lorsque et pour autant que la disposition de l'action sociale repose […] chez ceux qui y participent sur le sentiment subjectif d'une appartenance commune (d'ordre affectif ou traditionnel). On appellera "sociétisation" une relation sociale, lorsque et dans la mesure où la disposition de l'action sociale repose sur un compromis d'intérêt motivé rationnellement (en valeur ou en finalité) ou sur une alliance d'intérêt » (p. 142).

« société de personnes ». Et si l'individu peut apparaître comme la réalité ultime de la communauté (et de ses formes d'individualisation), il est aussi la matière d'un processus de personnalisation, ou de prise de conscience non pas seulement de soi ni des autres *dans le groupe*, mais de tout autre et de soi au-delà du groupe (en écart ou en excès de sa propre communauté). Et cette prise de conscience de soi comme personne n'exclut pas mais au contraire implique, au-delà de toute société civile ou étroitement économique, la promesse d'une communauté humaine irréductible à toute communauté familiale, ethnique ou politique.

I. L'homme est un *zôon politikon*

L'homme est un « animal politique », répète-t-on souvent avec Aristote, si bien que l'homme qui ne vivrait pas dans une cité serait soit un dieu, soit un monstre :

> Il est évident que la cité est une réalité naturelle et que l'homme est par nature un être destiné à vivre en cité (*politikon zôon*) ; celui qui est sans cité (*apolis*) est par nature, et non par hasard, un être ou dégradé ou supérieur à l'homme [...]. Un homme tel par nature est en même temps avide de guerre ; il est comme un pion isolé au jeu de dames. Ainsi la raison est évidente pour laquelle l'homme est un être civique (*politikon o anthropos zôon*) plus que tous autres, abeilles ou animaux grégaires (*agelaiou zôou*) [1].

Mais la cité qui entoure l'homme dès sa naissance, qui le soutient matériellement par l'entremise d'une famille et lui transmet les premières notions du juste et de l'injuste, n'est pas une simple addition d'éléments réunis par hasard. Elle manifeste elle-même, en tant qu'elle est précisément une *polis*, une finalité qui oriente et ajuste les activités de chacun. Elle ne rassemble les individus dans une communauté (*koinônia*) qu'en vue d'un bien commun (*autarkeia*), l'indépendance et la stabilité qui caractérisent ces êtres, philosophes ou cités,

1. Aristote, *Politique*, 1253a, trad. J. Aubonnet, Paris, Les Belles Lettres, 1971, p. 14.

qui peuvent se suffire à eux-mêmes et qui ne font pas que survivre (*zein*), mais vivent « bien » ou « selon le bien » (*eu zein*).

> Puisque nous voyons que toute cité (ou État) est une sorte de communauté (*koinônian*) et que toute communauté est constituée en vue d'un certain bien (*agathou tinos eneken*) [...], il est évident que toutes visent un certain bien et que précisément le bien souverain entre tous est la fin de la communauté qui est souveraine entre toutes (*pasôn kuriôtate*) et inclut toutes les autres : c'est elle qu'on nomme la cité ou communauté politique (*polis kai è koinônia è politikè*) [1].

Avant même d'interroger cette thèse célèbre, il faut rappeler que *polis* veut certes dire « citadelle », mais aussi bien la citadelle que l'on voit de loin et qui protège la ville basse (*astu*) : *polis* n'a donc pas étymologiquement ou immédiatement une connotation tribale (comme ce serait évidemment le cas s'il ne s'agissait que d'un simple regroupement de familles ou de phratries), mais signifie plutôt la protection, celle qui impose même à distance, surtout à distance, le respect [2]. Quant à *koinônia*, le terme désigne bien une « communauté », le fait de vivre et de bien vivre ensemble. Et si le grec biblique accentue l'idée de partage, voire un idéal de « communion » qui a parfois des accents « communistes », cette dimension de mise en commun est déjà présente dans la notion classique de *koinon* [3].

1. *Ibid.*, p. 12.
2. Voir Émile Benveniste, *Le Vocabulaire des institutions indo-européennes*, Paris, Minuit, 1969, vol. 1, p. 367.
3. *Koinon* signifie à la fois une confédération d'États, comme la ligue de Délos, et une mise en commun (de richesses, de moyens, etc.). Chez Heidegger, le terme renvoie de manière équivoque à l'idée de communauté politique élargie (ou à l'impossibilité d'une telle communauté...) comme au « communisme », que Heidegger interprète comme ce que l'humanité tout entière partage (et non seulement les Soviétiques) : la recherche insensée de la puissance, et de la puissance technique, comme accomplissement « historial » de la politique. La politique n'est plus la quête du bien commun ou d'une mesure commune ; la seule chose qui soit désormais commune à toute l'humanité, quelles que soient les orientations « politiques » des différents régimes, c'est une volonté démesurée de puissance. L'humanité dans la « Seconde Guerre mondiale » communie malgré tout encore, dans la dévastation généralisée, au même désir de dominer et de manipuler le réel.

Dire que l'homme est « un animal politique », ce n'est pas dire que l'homme est un animal social comme le sont les abeilles ou autres animaux grégaires. D'un point de vue ethnologique ou éthologique, on peut certes montrer que l'homme, comme d'autres êtres vivants, vit naturellement en groupe et que les cultures humaines prolongent des « précultures » animales, ou des systèmes complexes de ritualisation par lesquels les animaux neutralisent avec plus ou moins de bonheur leur agressivité intraspécifique. Bien des conduites humaines s'enracinent dans notre animalité si, comme le dit Maurice Merleau-Ponty, « tout est fabriqué et tout est naturel chez l'homme [1] ». Toutes nos conduites culturelles prolongent la nature en nous, et par là même tendent à s'en libérer, car elles resignifient et codent selon un symbolisme original ce que l'on peut appeler, avec mille précautions, « l'instinct ». Il suffit d'étudier la manière avec laquelle les humains cherchent, ou non, à s'éloigner les uns des autres dans un ascenseur ou dans une salle de théâtre, et à comparer de tels phénomènes « d'insociable sociabilité [2] », ou d'attraction-répulsion, à des phénomènes parallèles chez nos proches cousins génétiques. Chacun, selon son tempérament ou son éducation, règle au plus juste l'espace qui l'éloigne de son « prochain ». N'y a-t-il pas chez les animaux comme chez les hommes des « effets de groupe » (*crowding*), si bien que le simple fait d'être deux, ou d'être en couple, change profondément les conduites, la puissance de sentir et de penser, voire la santé de chacun [3] ? Si l'homme est un animal politique, c'est dans le prolongement même de son animalité.

Communauté pour ainsi dire « négative », négation de toute vraie communion fondée sur « un bien commun », qui interdit par principe toute paix entre les nations. Voir Martin Heidegger, *Koivóv. À partir de l'histoire de l'estre*, in *L'Histoire de l'estre*, trad. P. David et H. Carin, Paris, Gallimard, 2022, p. 194.

1. Maurice Merleau-Ponty, *Phénoménologie de la perception*, Paris, Gallimard, « Tel », 1976, p. 220-221.

2. Emmanuel Kant, *Idée d'une histoire universelle au point de vue cosmopolitique*, trad. S. Piobetta, Paris, Flammarion, « GF », 1990, p. 74.

3. Voir Rémy Chauvin, *Les Sociétés animales*, Paris, Puf, « Quadrige », 1999, p. 273 et 279 : « Lorsque des animaux sont groupés, ne serait-ce que par deux, leur physiologie et même leur croissance changent sensiblement. »

Mais si l'homme est un animal (évitons l'anthropocentrisme), l'animal n'est pas un homme (pas d'anthropomorphisme). Certes, à première vue, certains animaux « sociaux », comme les grands singes, semblent aussi « politiques » que l'homme. Mais une telle thèse n'est pas sans ambiguïté, car il ne s'agit pas simplement de montrer que les animaux sont capables de mentir ou de se coaliser dans le but de conquérir le pouvoir. Si l'on définit la politique comme l'art de manipuler autrui (d'Alembert), de conquérir et de conserver le pouvoir (Paul Valéry), de désigner un ennemi (Carl Schmitt) ou comme « la guerre continuée par d'autres moyens » (en retournant, au risque d'un dangereux malentendu, une célèbre formule de Clausewitz), certains comportements animaux pourront effectivement apparaître comme « politiques [1] ». Mais si l'on définit la politique avec Aristote comme la capacité de vivre avec concorde, voire de tendre à une amitié fraternelle (*philia*) entre les membres de la cité, alors une telle concorde (*homonoia*) suppose la recherche intelligente du juste, et *a minima* l'établissement d'une loi commune. Le *nomos*, en grec, implique toujours l'idée d'un partage équitable, comme celui d'un champ ouvert pour faire paître des troupeaux [2]. En ce sens, seuls les hommes, par l'échange du *logos*, cherchent à essayer de mieux dispenser richesses matérielles et richesses symboliques afin de ne pas s'entre-tuer, et de faire régner ce minimum de justice dans la cité qui interdise au « nous inclusif » (vous et nous, mais pas eux) de devenir un « nous exclusif » (eux et nous, mais pas vous). Comme l'a souligné Plutarque dans son traité sur *L'Intelligence des animaux*, la justice, ou plutôt la recherche de la justice, est le propre de l'homme, qui n'a le monopole ni du courage, ni de la tempérance, ni de la ruse, ni surtout des vertus « tribales » (fidélité et dévouement), mais qui a le privilège de pouvoir interroger la loi qu'il doit suivre [3].

1. Voir Pascal Pick, *L'homme est-il un grand singe politique ?*, Paris, Odile Jacob, 2011.
2. Voir Émile Benveniste, *Le Vocabulaire des institutions indo-européennes*, *op. cit.*, p. 84-85.
3. Voir Plutarque, *L'Intelligence des animaux* (trad. J. Bouffartigues, Paris, Les Belles Lettres, 2012), pour qui certains animaux ont la vertu de solidarité (*koinônia*), voire les « germes de la justice », comme les fourmis ou les éléphants, mais non la vertu de justice au sens propre (p. XXXII-XXXIII).

En ce sens, l'homme est seul « politique », même s'il n'est pas le seul à vivre en « groupe », car il doit résoudre, par le *logos*, le problème toujours reposé du juste et de l'injuste : les hommes ne peuvent survivre ensemble que s'ils cherchent ensemble à vivre selon le bien commun. La justice n'est pas le bien grégaire ni même la capacité héroïque de s'oublier (on dirait autrement qu'un nazi qui se sacrifie pour sa « race » ou sa « meute » est « juste »), mais au contraire la capacité de s'extraire de la grégarité, d'ordonner (et donc de subordonner) sa communauté au bien selon les lois que met au jour, pour telle communauté et non pour telle autre, la raison. Le *bien* commun, s'il est toujours le bien *de cette communauté*, est avant tout un bien. La communauté a un bien propre, elle n'est même une authentique communauté que par la recherche et l'accomplissement du bien vers lequel elle tend ; mais elle n'*est* pas tout entière le bien, comme si la vie politique pouvait recouvrir et étouffer la vie morale et intellectuelle de l'individu. L'homme est un *zôon politikon*, « un vivant politique », ce qui signifie qu'il n'est pas tout à fait une « bête », mais ce serait aussi une étrange bestialité de mesurer la vie humaine par la seule politique : si peuvent se passer de la cité le monstre et le dieu, Aristote n'oublie pas qu'il y a du « divin » dans les formes supérieures de l'intelligence par lesquelles l'homme « sort de soi », en excès pour ainsi dire sur tous ses moyens matériels – et nous pensons *avec* la cité comme nous pensons *avec* le cerveau, *avec* un ventre plein ou *avec* les mots de la tribu [1]. L'on comprend dès lors combien l'expression de *zôon politikon* est équivoque. Elle signifie au moins trois choses fort différentes. L'homme est social, sociable et « politique ».

Pour Aristote, c'est la cité, la société politique, qui constitue l'unité première, et qui a pour but non seulement d'assurer la vie, mais le « bien vivre » (*eu zein*) des hommes. Chaque cité est évidemment la réunion de communautés ou d'« associations », mais ces moindres communautés n'ont ni sa stabilité (*autarkeia*) ni sa finalité supérieure : le bien collectif.

1. Aristote, *De l'âme*, III, 5, 480a-b, trad. E. Barbotin, Paris, Les Belles Lettres, 1966, p. 82.

Relisons le texte que nous citions plus haut :

> Une cité est par nature antérieure à une famille et à chacun de nous. Le tout, en effet, est nécessairement antérieur à la partie, car le corps entier une fois détruit, il n'y a plus ni pied ni main, sinon par homonymie, comme quand on parle d'une main de pierre, car c'est après la mort qu'une main sera telle, mais toutes les choses se définissent par leur fonction et leur vertu, de sorte que quand elles ne les ont plus il ne faut pas dire qu'elles sont les mêmes, mais qu'elles n'ont que le même nom. Que donc la cité soit à la fois par nature et antérieure à chacun de ses membres, c'est clair. S'il est vrai, en effet, que chacun pris séparément n'est pas autosuffisant, il sera dans la même situation que les autres parties vis-à-vis du tout, alors que celui qui n'est pas capable d'appartenir à une communauté ou qui n'en a pas besoin parce qu'il se suffit à lui-même n'est en rien une partie d'une cité, si bien que c'est soit une bête soit un dieu.

Et Aristote de poursuivre :

> C'est donc par nature qu'il y a chez tous les hommes la tendance vers une communauté de ce genre, mais le premier qui l'établit n'en fut pas moins cause des plus grands biens. De même, en effet, qu'un homme accompli est le meilleur des animaux, de même aussi quand il a rompu avec loi et justice est-il le pire de tous. Car la plus terrible des injustices c'est celle qui a des armes. Or l'homme naît pourvu d'armes en vue d'acquérir prudence et vertu, dont il peut se servir à des fins absolument inverses. C'est pourquoi il est le plus impie et le plus féroce quand il est sans vertu et il est le pire des animaux dans ses dérèglements sexuels et gloutons. Or la vertu de justice est politique, car la justice introduit un ordre dans la communauté politique, et la justice démarque le juste de l'injuste [1].

La cité est pour Aristote la communauté la plus haute, même si elle a été physiquement constituée par la réunion de communautés moins étendues (comme les villages, qui sont eux-mêmes la réunion de familles). Aristote, qui vivait à Athènes, connaît et étudie le phénomène de « synœcisme » (la réunion de plusieurs

1. Aristote, *Les Politiques*, livre I, chap. 2, trad. P. Pellegrin, Paris, Flammarion, « GF », 1990, p. 92-93.

bourgs pour donner une ville) : Athènes n'a pas été fondée autrement, et d'ailleurs, en grec, le nom « Athènes » est un pluriel : il faudrait dire « les Athènes ». Mais si la cité a une base naturelle – celle de la famille, des phratries, des villages qui se réunissent –, elle n'est pas un simple regroupement *extérieur* pour la simple utilité matérielle de tous : émerge avec la cité – la *polis* – une unité spécifique, « spirituelle ». La satisfaction des besoins est certes un moteur réel qui pousse les hommes à se réunir pour se suffire mutuellement ; mais, quand les conditions de la survie sont garanties, la cité est définie essentiellement par la satisfaction du désir humain le plus profond, sa fin ultime : le « bien-vivre », la vie bonne. La *polis* a donc une finalité positive : la politique n'est pas là pour « embêter » ou contraindre les gens, ou pour éviter qu'ils ne se nuisent les uns aux autres, mais pour réaliser ce qu'il y a de meilleur pour tous.

Quand Aristote affirme ainsi que l'homme est un « animal (*zôon*, un vivant) politique (*politikon*) », il veut donc dire trois choses : premièrement, l'homme est un « animal politique » parce qu'il est « un animal doué de *logos*, de langage rationnel », et qu'il doit être reçu dans une communauté pour que cette disposition à parler et à penser, qui n'existe en tout homme qu'en puissance (à titre de potentiel), soit actualisée ou réalisée. Imaginons qu'un enfant qui n'est ni sourd ni muet soit abandonné à la naissance, et reste sans contact humain pendant des années : il risque, comme le jeune Victor de l'Aveyron au XVIIIe siècle (recueilli et étudié par le docteur Itard), de ne jamais pouvoir parler. Le « petit d'homme » a non seulement besoin qu'on s'occupe de lui à la naissance, d'être reçu dans une communauté humaine, familiale ou autre, pour avoir une simple chance de survie biologique ; mais il a besoin qu'on lui parle, pour à son tour s'exprimer [1]. C'est parce que l'homme est doué de langage, mais qu'il lui faut encore transformer cette disposition en pouvoir effectif, qu'il doit naître et grandir en société : si

1. Voir *a contrario* Claude Lévi-Strauss qui doute que l'on puisse inférer quoi que ce soit de Victor, qui était sans doute lourdement handicapé, dans *Structures élémentaires de la parenté*, Berlin/New York, Mouton/De Gruyter, 1967, p. 5-6.

l'homme n'est pas reçu dans une communauté, il n'est plus qu'un animal, incapable de communiquer et d'articuler ses représentations mentales. L'homme est un « animal », c'est-à-dire un « vivant », un *zôon*, essentiellement « social », parce que sans une société qui lui permette d'accomplir son identité proprement humaine, l'homme n'est plus qu'un « animal », au sens ordinaire et contemporain du *zoo* : « C'est pourquoi il est évident que l'homme est un animal politique plus que n'importe quel animal grégaire. Car, comme nous le disons, la nature ne fait rien en vain ; or seul parmi les animaux l'homme a un langage [1]. » Norbert Elias souligne après Aristote ce point fondamental que nous oublions trop souvent : nous « faisons » d'abord communauté par le langage qui nous intègre immédiatement à une structure symbolique et protectrice, qui nous recouvre de la tête aux pieds de signes de reconnaissance (*symbolon*) si, même nus, nous sommes encore vêtus pour ainsi dire de nos mots, mais qui en même temps nous distingue des autres groupes humains.

Mais d'un autre côté l'homme est par nature « un animal politique » (*politikon*) parce qu'il est appelé à vivre dans un type de communauté et d'organisation « politique » très singulier, qui seul accomplit pleinement sa vérité anthropologique : la *polis*. C'est dans la *polis*, c'est-à-dire dans le type d'organisation politique grec, qui connaît le règne de la loi, du *nomos*, bien mieux que dans l'Empire perse, ou dans l'Égypte pharaonique, qui n'est pas soumise au régime de la loi (*nomos*), mais à « l'arbitraire » du monarque, que la finalité la plus haute de l'homme peut se réaliser : la vie du citoyen. L'homme libre ne donne en effet le meilleur de lui-même dans la vie pratique qu'en participant à l'exercice du pouvoir dans une cité libre (ce qui ne signifie pas nécessairement démocratique) : « Il est beau de ne pratiquer aucun métier », et de pouvoir ainsi se consacrer pleinement à ses devoirs de citoyen, « car un homme libre ne doit pas vivre pour servir autrui », comme un esclave sert un maître, un employé un patron ou un sujet son despote. La *polis*, l'ordre du

1. Aristote, *Les Politiques*, livre I, chap. 2, *op. cit.*, p. 91.

nomos, est donc là pour permettre à l'homme libre d'accomplir sa liberté, de neutraliser le pouvoir discrétionnaire des souverains barbares, de réaliser le juste partage d'un territoire non pas pour y « travailler » seulement, par des techniques agricoles, mais pour y « agir » et y trouver une « patrie sur terre ». Certes, l'homme est un animal social (ou doit vivre en communauté) parce qu'il est appelé à parler (autrement il n'est qu'un « monstre ») ; mais l'homme vraiment homme est un animal politique (qui doit vivre dans cette communauté particulière qu'est la *polis* grecque) parce qu'il est appelé à être libre, à moins qu'il ne puisse, comme un dieu, réaliser cette liberté sans l'aide des autres hommes : « Celui qui n'est pas capable d'appartenir à une communauté ou qui n'en a pas besoin parce qu'il se suffit à lui-même n'est en rien une partie d'une cité, si bien que c'est soit une bête soit un dieu. »

La *polis* est donc le principe et la fin de l'existence humaine la plus libre (et la plus belle) : « C'est donc par nature qu'il y a chez les hommes une tendance vers une communauté de ce genre. » Ce ne sont pas les hommes qui font leur communauté, mais ce sont les communautés qui font les hommes ; ce ne sont pas les communautés qui existent en vue des hommes, mais ce sont les hommes qui existent en vue des communautés : « Une cité est par nature antérieure à une famille et à chacun de nous. Le tout, en effet, est nécessairement antérieur à la partie ».

On a parfois dit que la position d'Aristote était « holiste » : le « tout » (*holos* en grec) y serait plus essentiel que la « partie » ; mais il ne s'agit pas tant de subordonner l'individu à la communauté, que de réaliser une amitié (*philia*) véritable entre des hommes libres. En effet, toute forme d'association suppose une forme distincte d'amitié, comme le dit Aristote dans l'*Éthique à Nicomaque* :

> Il semble bien [...] que l'amitié et la justice appartiennent aux mêmes objets et interviennent entre les mêmes personnes. En effet, en toute communauté, on trouve semble-t-il quelque forme de justice et aussi d'amitié coextensive : aussi les hommes appellent-ils du nom d'amis leurs compagnons d'armes, ainsi que ceux qui leur sont associés dans les autres genres

> de communautés. Et l'étendue de leur association est la mesure de l'étendue de leur amitié, car elle détermine aussi l'étendue de leurs droits [...]. Mais toutes les communautés ne sont, pour ainsi dire, que des fractions de la communauté politique. On se réunit par exemple pour voyager ensemble en vue de s'assurer quelque avantage déterminé, et de se procurer quelqu'une des choses nécessaires à la vie ; et c'est aussi en vue de l'avantage de ses membres que la communauté politique s'est constituée à l'origine et continue de se maintenir. Et cette utilité commune est le but visé par le législateur, qui appelle juste ce qui est l'avantage de tous [...]. Pour chaque forme de constitution, on voit apparaître une amitié laquelle est coextensive aussi aux rapports de justice [1].

Mais l'association *par excellence*, la communauté politique, dès lors qu'elle est fondée sur la loi juste, réalise la concorde, la paix, l'unité vraie des citoyens, et une forme si excellente d'amitié, qu'elle passe même la simple justice : « Amis, on n'a que faire de la justice ; justes, on a encore besoin de l'amitié [2]. » C'est l'amitié qui fait passer, en termes modernes, de la société fondée sur les intérêts bien compris des uns et des autres et sur des règles nécessaires de justice, à une authentique communauté « fraternelle ».

L'amitié n'est ainsi pas tant une forme de sympathie qui relie les hommes avant la cité, voire une forme possible de contre-pouvoir, un espace privé sur lequel le pouvoir du tyran pourrait vainement chercher à s'exercer (et l'on sait que, dans le monde grec, les tyrans se méfiaient beaucoup des relations privilégiées entre familles ou individus qui pouvaient, à l'occasion, déboucher sur un complot, comme celui des « tyrannicides », Harmodios et Aristogiton) ; mais l'amitié est un sommet de l'ordre politique. Il s'agit bien là d'une « politique de l'amitié », qui fonde la politique sur une amitié constamment recherchée qui n'est pas une simple cause instrumentale de la communauté, un « lien » à entretenir par des services réciproques, mais la cause finale qui permet à la communauté de s'accomplir *et* à l'individu d'être heureux. L'amitié est le bien de la

1. Aristote, *Éthique à Nicomaque*, VIII, 11-13, trad. J. Tricot, Paris, Vrin, 1990, p. 407-414.
2. *Ibid.*, VIII, I, 1155a, 26-27.

communauté *et* de l'individu, d'une manière indissociable, puisque l'amitié est davantage que la concorde (pour la cité), mais aussi davantage que la simple *autarkéia* (pour l'individu autosuffisant). L'amitié, comme le plaisir d'être ensemble, vient couronner la vie politique du citoyen *et* compléter la vie sage du philosophe, dès lors qu'elle n'est pas simplement fondée sur l'utilité, ni sur la recherche de plaisirs vulgaires, mais sur la vertu : « La parfaite amitié est celle des hommes vertueux et qui sont semblables en vertu : car ces amis-là se souhaitent pareillement du bien les uns aux autres en tant qu'ils sont bons, et ils sont bons par eux-mêmes [1]. »

On peut même voir ici l'impossible réduction de la politique à un simple phénomène social ou étroitement communautaire, puisque l'amitié appelle à reconnaître non pas simplement la justice qui doit me lier aux autres, à tous les autres, mais autrui, dans son unicité inamissible et insubstituable [2]. Ainsi l'homme est-il chez Aristote triplement « social » : sans être reçu dans une communauté linguistique, l'homme ne peut devenir un homme ; sans être citoyen d'une *polis*, il n'est pas vraiment libre ; sans des amis, il ne peut atteindre à la complétude de la vie humaine et à la perfection de la vie politique. L'amitié est le bien *commun à* l'individu et *à* la communauté civique.

II. Communauté, association, sociabilité et société

Par « communauté », on signifie en tout cas aujourd'hui beaucoup plus que le besoin qu'aurait chaque homme d'avoir un compagnon ou un associé (*socius* en latin), capable de le « suivre » (*socius* vient du verbe *sequi*) comme un bon « camarade » ou un « complice » (*socienus*), ou capable de faire cause commune et de collaborer avec

1. *Ibid.*, VIII, 4, 1156b.

2. Voir Jacques Derrida, *Politiques de l'amitié*, Paris, Galilée, 1994, p. 23 : « Elle signifiera plutôt le principe d'une résistance possible à la réduction du politique, voire de l'éthique [...]. Les héritiers d'Aristote, oui, depuis quand, le sachant ou non, ne le serions-nous plus ? »

lui selon des alliances de rencontre plus ou moins formelles (commerciales ou militaires). Comme l'a expliqué dans un livre célèbre Ferdinand Tönnies, le concept de « communauté » (*Gemeinschaft*) semble impliquer des solidarités affectives et des relations symboliques plus déterminantes qu'une simple « association » fondée sur l'utilité commune (*Gesellschaft*). La communauté, c'est vivant et organique ; la société, c'est mécanique. Dans un cas, un membre est *en gros* irremplaçable : « un pour tous, tous pour un », il y a une solidarité fonctionnelle ; dans l'autre, c'est *en gros* « chacun pour soi », et rien n'est vraiment irréparable.

La communauté, c'est chaud comme du « peau à peau » ; la société, c'est froid comme l'intérêt. Citons le texte célèbre de Tönnies :

> Chacun de ces rapports présente une unité dans la pluralité et une pluralité dans l'unité. Chacun de ces liens consiste à s'aider, à s'épauler et à se rendre des services réciproques, ce qui est considéré comme les expressions des volontés et de leurs forces. Le groupe formé par ce rapport positif, lorsqu'on le considère comme un être ou une chose qui a un effet extérieur et intérieur, s'appelle une association. Le rapport lui-même et, par conséquent, l'association peuvent être compris soit comme vie réelle et organique – nous avons affaire alors à l'essence de la communauté – soit comme construction idéelle et mécanique – c'est alors le concept de la société qui permet de la nommer. L'usage démontre, qu'à l'origine, les noms choisis ont été des synonymes dans la langue allemande. Jusqu'à présent, on les a employés de manière interchangeable dans la terminologie scientifique. C'est la raison pour laquelle nous présentons quelques observations liminaires pour démontrer qu'en réalité ces concepts s'opposent.

L'auteur développe son idée ainsi :

> Tout type de coexistence sociale se manifestant comme vie commune familière, intime et exclusive est comprise selon nous comme appartenant à la communauté. La société est l'espace public et le monde. On se trouve en communauté avec ses proches depuis sa naissance, lié à eux dans le bien comme dans le mal. On entre dans la société comme en terre étrangère. On met les jeunes en garde contre la mauvaise société, mais l'expression « mauvaise communauté » sonne comme une contradiction. Les juristes parlent,

> certes, de la société domestique, mais c'est alors qu'ils ne retiennent que le concept sociétal de la relation. Au contraire, la communauté domestique, avec ses effets infinis sur l'âme humaine, est ressentie par chacun de ceux qui y participent. De la même façon, les fiancés savent qu'ils entrent dans le mariage comme dans une communauté de vie totale (*communio totius vitae*) ; une « société de vie » est une contradiction dans les termes.
>
> Il existe une communauté de langue, de mœurs, de foi, mais une société professionnelle, de voyage, des sciences [1].

Mais bien sûr un organisme peut être malade et le « peau à peau » de deux « hérissons », pour reprendre une célèbre image de Schopenhauer dans les *Parerga et paralipomena*, n'est pas sans danger [2] : *Keep your distance!* Mais l'homme sait depuis toujours qu'il a parfois besoin d'aide ou d'associés pour mener à bien ses entreprises : eussions-nous la force des lions, nous aurions encore à l'occasion besoin des autres, même plus petits et plus faibles que nous. L'homme sait bien en effet qu'il a besoin des autres, et on ne l'imagine pas sans « cet instinct général de société [3] » dont parle

1. Ferdinand Tönnies, *Communauté et société*, Paris, Puf, « Le lien social », 2010, p. 5-6.
2. Arthur Schopenhauer, *Parerga et paralipomena*, trad. A. Dietrich, Paris, Robert Laffont, « Bouquins », 2020, p. 599 : « Par une froide journée d'hiver, un troupeau de porcs-épics s'était mis en groupe serré pour se garantir mutuellement contre la gelée par leur propre chaleur. Mais tout aussitôt ils ressentirent les atteintes de leurs piquants, ce qui les fit s'éloigner les uns des autres. Quand le besoin de se chauffer les eut rapprochés de nouveau, le même inconvénient se renouvela, de façon qu'ils étaient ballottés de çà et de là entre les deux souffrances, jusqu'à ce qu'ils eussent fini par trouver une distance moyenne qui leur rendit la situation supportable. Ainsi, le besoin de société, né du vide et de la monotonie de leur propre intérieur, pousse les hommes les uns vers les autres ; mais leurs nombreuses qualités repoussantes et leurs insupportables défauts les dispersent de nouveau. La distance moyenne qu'ils finissent par découvrir et à laquelle la vie en commun devient possible, c'est la *politesse* et les *belles manières*. En Angleterre, on crie à celui qui ne se tient pas à distance : *Keep your distance!* – Par ce moyen, le besoin de chauffage mutuel n'est, à la vérité, satisfait qu'à moitié, mais en revanche on ne ressent pas la blessure des piquants. – Celui-là cependant qui possède beaucoup de calorique propre préfère rester en dehors de la société pour n'éprouver ni ne causer de peine. »
3. « Après cet instinct général de société, qui se peut appeler philanthropie dans l'homme, il y en a de plus particuliers, comme l'affection entre le mâle et la femelle, l'amour que père et mère portent aux enfants, que les Grecs appellent στοργήν, et autres inclinations semblables, qui font ce droit naturel, ou cette image du droit plutôt, que, selon les jurisconsultes romains, la nature a enseigné aux animaux ». Gottfried Wilhelm Leibniz, *Nouveaux Essais sur l'entendement humain*, Collection XIX, p. 117.

Leibniz dans les *Nouveaux essais*. Mais faut-il voir d'ailleurs dans ce « besoin des autres » un *besoin philanthropique d'aider* ou un *besoin économique d'être aidé* ? La question est pour le moins complexe.

Relisons la (très célèbre) fable de La Fontaine *Le Lion et le Rat*. Un homme, fût-il le plus grand des rois, ne peut se passer de l'aide précieuse que peut apporter le plus petit des êtres. « Il faut, autant qu'on peut, obliger tout le monde » : être envers tout un chacun « obligeant » pour s'attacher autrui (*ob-ligare*, établir un lien) par un commerce de services mutuels : je t'ai rendu service, tu me rendras peut-être service un jour. N'est-ce pas là le principe de la « sociabilité » la plus agréable, où chacun se sent concerné par autrui, parce qu'il est en réalité intelligemment concerné par lui-même (« On a souvent besoin d'un plus petit que soi ») ? Tous les petits élèves français apprennent avec La Fontaine à se méfier d'autrui lorsqu'il s'intéresse un peu trop à nous (*Le Corbeau et le Renard*), et à ménager autrui dans notre propre intérêt (*Le Lion et le Rat*). N'écoutons pas trop les flatteurs qui dépendent de nous, mais ne méprisons pas non plus ceux que nous dominons : il s'agit de correctement régler notre rapport à l'autre pour notre bien propre.

Toutefois, la « communauté » que forment le lion et le rat n'est en réalité (sauf à supposer qu'ils soient tous deux citoyens de la grande « société » des animaux) qu'une « association », temporaire, une « alliance » toute de hasard et d'opportunité (quelle chance pour le lion que le rat soit dans le voisinage !), fondée d'ailleurs sur la reconnaissance ou la gratitude de l'inférieur (le rat), qui apporte une aide positive, envers le supérieur (le lion) qui n'a fait en réalité qu'éviter, de manière pour ainsi dire négative, de le dévorer. Mais l'action gratuite, la bienveillance désintéressée du lion (« Le roi des animaux, en cette occasion, / Montra ce qu'il était », c'est-à-dire « grand seigneur »), a finalement des effets « politiques ». En somme, si le lion s'est montré « aimable » envers le rat, en ne le dévorant pas, c'est peut-être par générosité ; mais ne l'eût-il pas fait par grandeur d'âme qu'il eût dû encore le faire par intérêt… Finalement, pourquoi le lion doit-il, au début de la fable, sauver le rat : par grandeur d'âme ou par intérêt ? Ruse de l'intérêt derrière la grandeur d'âme, ou bénéfice non recherché, mais bon à prendre, d'une généreuse sympathie ?

En tout cas, ces jeux de l'intérêt et de la bienveillance, et leurs éventuelles conséquences politiques ou morales, sont subtils : l'on sait au moins depuis saint Augustin que l'intérêt pris à autrui (le désintéressement apparent, la « gentillesse ») peut évidemment dissimuler l'intérêt retors du « moi » (Pascal). Comme le dit Pascal dans une pensée célèbre : « Tous les hommes se haïssent naturellement l'un l'autre », parce qu'au fond ils ne considèrent et n'aiment qu'eux-mêmes. Mais leur intérêt bien compris, leur égoïsme et leur amour-propre (la « concupiscence ») les conduisent paradoxalement à des pratiques qui semblent généreuses, parce qu'ils ont tout intérêt à accorder leur égoïsme, à régler la coexistence de leurs prétentions, et à dissimuler « l'instinct » qui porte chacun à « se faire Dieu », ne serait-ce que pour avoir la satisfaction encore vaniteuse de « plaire » aux autres : « On s'est servi comme on a pu de la concupiscence pour la faire servir au bien public ; mais ce n'est que feindre et une fausse image de la charité [1]. »

Un homme « sociable », qui écoute les malheurs d'autrui et ne lui impose pas le récit de ses propres difficultés, qui cherche en toutes circonstances à sourire et à être agréable, n'est finalement qu'un homme qui cache mieux qu'un autre son amour-propre, mais « ce vilain fond de l'homme, *ce figmentum malum* n'est que couvert. Il n'est pas ôté [2] ». On a le sentiment que dans « la bonne société » des salons le plaisir pris à la compagnie des hommes atteint des sommets de raffinement : mais, « au fond, ce n'est que haine ». Nous pouvons bien rendre notre « moi » un peu moins « incommode » au public en cherchant à moins occuper le « devant » de la scène ; nous pouvons bien corriger « l'ob-scène » du moi, faire semblant de nous oublier ; mais « chaque moi est l'ennemi et voudrait être le tyran de tous les autres [3] ». Tout cela n'empêche pas,

1. Blaise Pascal, *Pensées*, Brunschvicg 454, Lafuma 74.
2. *Ibid.*, Lafuma 211.
3. *Ibid.*, Lafuma 597.

d'ailleurs, qu'avec de bien grands vices, et puisque tous y ont intérêt, on puisse faire un monde humain supportable et apparemment « souriant ». L'homme qui se précipite pour m'aider, peut bien penser d'abord à lui, à « la bonne image » qu'il prétend donner aux autres ou qu'il a tout simplement de lui-même : qui peut savoir s'il s'agit en l'espèce de la manifestation naturelle d'une disposition sociale, de « sympathie », de « pitié », ou d'égoïsme qui finalement me sert ?

La « sociabilité » humaine, qu'on la comprenne comme le plaisir mondain pris à la compagnie des hommes ou comme le principe qui dispose aux associations, est pour le moins ambiguë : entre bienveillance (générosité ou gratuité), d'une part, et intérêt bien compris, d'autre part. Tous les moralistes français (La Rochefoucauld, Pascal, La Bruyère, Chamfort) ont exploré les labyrinthes d'un amour-propre si impérieux qu'il persuaderait presque, parfois, que nous aimons notre prochain : « Plaindre les malheureux n'est pas contre la concupiscence. Au contraire, on est bien aise d'avoir à rendre ce témoignage d'amitié et à s'attirer la réputation de tendresse sans rien donner [1]. »

Reste en tout cas que ce besoin d'aide, ce besoin d'être en « association » avec autrui, ne suffit pas à constituer en tant que tel une « communauté » : la notion de « communauté » suppose *davantage*, c'est-à-dire l'idée d'une forme de pérennité ou de permanence, qui n'est pas également sensible dans la simple notion d'« association », toujours un peu perçue comme précaire, révisable et finalement moins contraignante. Comme le dit le dictionnaire philosophique de Lalande : « Au sens le plus large, une société est un ensemble d'individus entre lesquels il existe des rapports organisés et des services réciproques. »

La société *au sens le plus large*, c'est donc la société civile, l'ensemble des relations qui lient entre eux les individus dans une communauté nationale, par exemple. « C'est d'abord par les trois niveaux fondamentaux de l'échange des biens, des femmes et des

1. *Ibid.*, Brunschvicg 452, Lafuma 657.

mots que se définit la société [1] », pour reprendre une célèbre définition de Pierre Clastres. C'est le mécanisme des corps (et donc aussi des esprits !) chez Spinoza, qui se heurtent, se contrarient, se renforcent, selon les hasards des rencontres et des conjonctions.

Au sens strict, l'idée de société suppose celle d'organisations, nées ou non d'un contrat (comme une « société économique »), qui intègrent l'individu, moralement ou physiquement, à une collectivité qui lui est comme transcendante, et le « surplombe » : « En un sens plus strict, une société est un ensemble d'individus dont les rapports sont consolidés en institutions et même le plus souvent garantis par l'existence de sanctions, soit codifiées, soit diffuses, qui font sentir à l'individu l'action et la contrainte de la collectivité [2]. »

Mais une société restreinte et mieux codifiée n'est pas encore une communauté (communauté familiale, éducative, religieuse, professionnelle, etc.). Dans une communauté, les relations entre les êtres sont pour ainsi dire organiques, plus intimes, plus « affectives ». La communauté relève de l'affect et de la vie ; elle a une coloration sentimentale. Elle inscrit la problématique de l'ordre passionnel dans l'attribut corps et dans l'attribut pensée, pour le dire dans le vocabulaire de Spinoza. Dans un monde où tout n'est que rapports de force (et donc d'idées), la communauté traduit affectivement, selon ses modes propres, le choc intellectuel et physique des individus. La société relève de la nature et de la raison, la communauté implique des passions tristes et des passions joyeuses. Si « l'homme est un dieu pour l'homme [3] », car « rien n'est plus utile à l'homme que l'homme » (Spinoza), il peut parfois être un « loup » pour reprendre Plaute, ou un « démon » : *anthropos anthropô daimon.*

La notion de « communauté » a alors un sens plus précis que celui d'« association », qui devient en conséquence un terme plus

1. Pierre Clastres, « Échange et pouvoir : philosophie de la chefferie indienne », in *L'Homme*, 1962, t. 2, n° 1, p. 59.

2. André Lalande, *Vocabulaire technique et critique de la philosophie*, Paris, Puf, « Quadrige », 1997, vol. II, p. 777.

3. Baruch de Spinoza, *Éthique*, partie IV, prop. XXXV, corollaire II, scolie, trad. C. Appuhn, Paris, Flammarion, « GF », 1965, p. 250.

vague pour désigner des relations humaines moins ordonnées. Au rapport vertical (d'obéissance ou d'assistance, par exemple) qui s'instaure dans la communauté répond en contrepoint la collaboration plus égalitaire des membres associés : c'est d'ailleurs la raison pour laquelle l'anarchiste Proudhon espérait remplacer les structures juridiques et coercitives de l'État par les associations libres des producteurs (coopératives ouvrières, mutualisme, ateliers autogérés) [1]. Dans une communauté, les rapports sont consolidés par des rites, des pratiques, des affects, des souvenirs qui ne sont pas négociés, alors que l'association semble impliquer une renégociation toujours possible.

La communauté est ainsi, dans l'acception courante des termes, toujours *plus* que l'association, même si la communauté n'est qu'affective (comme un couple) et que parfois l'association a une existence juridiquement reconnue. Elle implique des structures implicites ou explicites plus permanentes, ou plus stables, une plus grande implication existentielle : une association de voleurs, qui réunit temporairement les forces des uns et des autres le temps d'un mauvais coup, n'a pas *a priori* la solidité d'une société fondée sur des règles justes ou sur une communauté de destin (comme dans une authentique communauté « mafieuse »).

Certes, l'homme a un besoin d'association parce qu'il a évidemment besoin de trouver des « alliés » pour survivre et bien vivre (*socii*) ; mais ce besoin d'association est anthropologiquement ou moralement ambigu et toute « association » n'est évidemment pas une « communauté ». On pourrait même essayer d'introduire des différences « fines » entre des associations plus ou moins accidentelles ou formalisées (multitude, bande, masse, public, foule, club de supporters – *socios* –, etc.) qui font certes partie de la « société » au sens large, mais qui ne peuvent jamais devenir des « communautés » au sens fort.

1. Pierre-Joseph Proudhon, *Œuvres choisies*, Paris, Gallimard, « Idées NRF », 1967, p. 132.

III. « L'individualisme » moderne

Chez Aristote, « l'économie », l'art d'acquérir des biens pour l'*oikos* (la propriété familiale), est ordonnée, de manière « architectonique » (comme le mur qui tient la maison), à la politique qui a pour finalité la vie bonne (*eue zein*) ; de même l'ordre entier du « social », qui comprend les femmes, les esclaves, les enfants, est subordonné et intégré à l'ordre « politique » des citoyens libres et adultes. Mais ce qui caractérise une certaine modernité philosophique, à partir du *Léviathan* de Hobbes (1651), c'est de contester ce rapport. Comme le souligne Pierre Manent dans son *Histoire intellectuelle du libéralisme*, la question n'est plus : « Quel est le bien que la politique doit chercher, au-delà des nécessités économiques ? », mais : « Quel est le pouvoir auquel il est légitime d'obéir ? » [1]. C'est le contexte historique et idéologique de Spinoza : même si celui-ci refuse l'idée de « contrat social », le droit naturel n'est plus défini chez lui par un mouvement téléologique vers le bien (Aristote), mais par la simple puissance d'agir aussi loin que je le peux, comme il l'écrit clairement dans le *Traité politique*. La nature, ce n'est plus ce qui est porteur de sens (Aristote), mais le fait de la force, et les forces se combinent, se renforcent, se combattent dans des systèmes mécaniques. D'où la nécessité de les étudier et de les employer en politique, comme la nouvelle science cartésienne prétend le faire en physique pour « nous rendre comme maîtres et possesseurs de la nature » (*Discours de la méthode*, sixième partie) :

> Sous le nom de droit naturel, je désigne les lois ou règles mêmes de la nature, en vertu desquelles tout se déroule dans le monde, c'est-à-dire la puissance de la nature même. Il en résulte que le droit de la nature et, par voie de conséquence, de chaque type de réalité naturelle s'étend jusqu'aux bornes rencontrées par sa puissance [2].

1. « À qui suis-je tenu en conscience d'obéir ? La question est fondamentale, car si la réponse est incertaine, douteuse, la guerre civile s'ensuit avec tous ses maux. Et pourtant cette question est nouvelle… » Pierre Manent, *Histoire intellectuelle du libéralisme. Dix leçons*, Paris, Fayard, « Pluriel », 2012, p. 81.
2. Baruch de Spinoza, *Traité de l'autorité politique*, II, § 4, Paris, Gallimard, « Bibliothèque de la Pléiade », 1954, p. 923.

Si l'obéissance légitime, et non plus la recherche de l'excellence, devient la question centrale de la politique, il faudra donc imaginer les hommes *avant l'obéissance*, avant la politique, dans un « état de nature », prépolitique, pour comprendre à quelles conditions ils ont pu, et peuvent encore, décider d'obéir. Tous les grands théoriciens modernes du « contrat social » (Hobbes, Locke, Rousseau) ont en effet pour point commun d'imaginer un « état de nature », réel ou simplement supposé, afin de comprendre, par une fiction heuristique, en le voyant pour ainsi dire se « reconstruire » devant nos yeux, le principe et la nature de l'État. On ne comprend peut-être vraiment bien que ce que l'on peut refaire et, comme le dit clairement Rousseau : « Il ne faut pas prendre les recherches dans lesquelles on peut entrer sur ce sujet pour des vérités historiques, mais seulement pour des raisonnements hypothétiques et conditionnels [1]. » Or, selon cette hypothèse ou « imagination », ce n'est pas la *polis* qui est antérieure au citoyen, comme chez Aristote, mais l'État est le produit de la libre volonté des hommes, qui décident de s'associer dans une cité qui les fait citoyens : la fiction de « l'état de nature » nous fait comprendre que l'individu est premier, sinon chronologiquement, du moins essentiellement (par nature et en réalité) et axiologiquement (en valeur et en importance) sur la communauté politique.

L'« état de nature » serait cette situation originelle où les hommes ne participeraient encore d'aucune communauté : chaque individu y vivrait isolé. Mais il y a de grandes différences dans les descriptions de cet état prépolitique que proposent Hobbes, Locke ou Rousseau. Et ces différences déterminent les fonctions (régaliennes) que les uns et les autres attendent de voir remplir par l'État : si, pour Rousseau, c'est « l'abondance » qui caractérise le premier état de nature, pour Hobbes, au contraire, les hommes sont mis à l'origine dans une situation de « rareté » économique (de lutte pour la survie) qui conduit à « une guerre de tous contre tous » et à la

1. Jean-Jacques Rousseau, « Introduction », *Discours sur l'origine et les fondements de l'inégalité parmi les hommes.*

« peur » d'être tués par des concurrents. Ainsi Hobbes voit-il dans la nature humaine trois causes de conflit : la « rivalité », la « méfiance » et la « gloire », qui « fait s'affronter les hommes pour des futilités, comme un mot, un sourire, une opinion différente »[1]. Autant de risques de mort… Il n'est dès lors pas étonnant que, pour le philosophe anglais, l'État qu'instituent, par « pacte d'association » puis par « pacte de gouvernement », les individus pour sortir de l'état de nature, qui est un état de guerre, ait essentiellement pour fonction d'assurer la paix et de garantir la vie des cocontractants. Ce qui légitime d'abord l'État, c'est d'assurer la *sécurité* des personnes, car c'est la raison pour laquelle des hommes ont décidé, ou pourraient idéalement encore décider, d'obéir. La cité n'a plus pour fin l'excellence du « citoyen » dans la *philia* ou l'amitié (Aristote), mais de protéger « l'homme » de l'homme.

Désormais, la politique n'est plus définie comme la recherche du bien, mais c'est le pouvoir, principe possible d'oppression et d'arbitraire, qui devient lui-même suspect, à qui il faut désormais interdire de mal faire, qu'il faut enfin légitimer par un « contrat social ». C'est dans la société civile que la société politique va dès lors ultimement chercher sa raison d'être : assurer la sécurité des personnes (Hobbes), transformer les produits du travail en propriétés juridiquement garanties (Locke), permettre à chacun de réaliser ici-bas son bonheur, non par l'exercice public de la citoyenneté, comme chez Aristote, mais par la libre satisfaction de ses désirs privés. Exemplairement, cela conduit à la Révolution française de 1789 : les individus, en tant qu'ils font partie de la « société civile », en tant qu'ils travaillent, en tant qu'ils sont des « bourgeois » (non plus en tant que « pères » ou que « fidèles » d'une Église) ont des droits (« les droits de l'homme ») que toute société politique, pour être légitime ou juste, doit désormais respecter. Ainsi, pour le dire vite, le social, qui était l'envers sans gloire du politique (Aristote ne parlait pas du social en tant que tel, comme un champ unifié de la pratique humaine, quoiqu'il traitât à l'occasion du travail ou

1. Thomas Hobbes, *Léviathan*, chap. 13.

de la famille), devient la substance même de la vie humaine, dont le politique n'est souvent que le mal nécessaire, voire le sous-produit.

À l'encontre de la philosophie politique classique, c'est désormais la vie politique qui est conçue dans un rapport de subordination à la vie sociale. Soit que nous demandions à l'État d'améliorer les conditions de vie des travailleurs, de libérer les femmes, de corriger les discriminations, de s'occuper de nos « loisirs » ; soit que, soucieux de cantonner le pouvoir à ses fonctions étroitement régaliennes, nous voulions limiter l'intrusion de l'État dans nos vies et laisser chacun poursuivre un bonheur qui n'est que « l'idéal de son imagination [1] » (Kant), nous ne situons plus l'accomplissement de la vie humaine dans la vie politique, dans la vie citoyenne, car c'est l'activité politique elle-même qui se justifie par une amélioration ou une optimisation de nos « conditions d'existence » : sécurité (éventuellement sociale), propriété (éventuellement collective), liberté (éventuellement d'entreprendre). Loin de pouvoir constituer une fin en soi, l'activité politique n'est souvent perçue que comme le moyen, l'obstacle ou l'opportunité d'une meilleure vie matérielle pour chacun ou pour tous. Alors que l'on pouvait clairement distinguer chez les Grecs les communautés privées (la famille, l'*oikos*) et la communauté politique (la cité), le « social » n'est pour nous ni tout à fait de l'ordre du privé ni tout à fait de l'ordre du public, mais un étrange « entre-deux » où l'individu libéral bourgeois est comme un poisson dans l'eau trouble [2].

1. « Le bonheur est un idéal, non de la raison, mais de l'imagination ». Emmanuel Kant, *Fondements de la métaphysique des mœurs*, trad. V. Delbos, II (IV, 418), Paris, Gallimard, « Bibliothèque de la Pléiade », 1985, p. 282.

2. Comme l'explique Hannah Arendt dans *La Condition du monde moderne* (trad. G. Fradier, Paris, Calmann-Lévy, « Pocket », 1983), nous ne comprenons plus les frontières que les Grecs établissaient entre l'*oikos* et la *polis*, la communauté familiale et la communauté politique : « La distinction entre la vie privée et la vie publique correspond au domaine familial et politique, entités distinctes, séparées au moins depuis l'avènement de la cité antique ; mais l'apparition du domaine social qui n'est, à proprement parler, ni privé ni public, est un phénomène relativement nouveau dont l'origine a coïncidé avec la naissance des Temps modernes [...]. Ce qui nous intéresse ici, c'est l'extraordinaire difficulté qu'en raison de cette évolution nous avons à comprendre la division capitale entre domaine public et domaine privé, entre la sphère de la *polis* et celle du ménage, de la famille, et

Entre l'individu et la communauté règnent dès lors le vaste champ du « social » mais aussi une sourde opposition. L'État moderne émancipe l'individu libéral et ne reconnaît juridiquement aucune communauté, comme c'est par exemple le cas dans le droit français. L'individu est « universel », « majeur » et émancipé par la raison critique de toute forme de « tutorat » ou de « paternalisme », irréductible à un clan, à une secte, à sa famille. L'individu s'est conquis contre toutes les appartenances étroites qui embarrassaient ou encadraient nos Anciens. Mais n'est-il pas alors hors sol ? Déraciné ? Sans visage ni mémoire ? Certes, l'appartenance à une communauté nationale est pensée exemplairement par Renan comme un acte de liberté. On est français parce que l'on *veut* être français, et non parce que l'on *naît* français. Mais si la nation repose sur un plébiscite toujours recommencé, encore faut-il préciser que, chez Renan, il s'agit de dire oui à des souvenirs (passé), à un tour d'esprit (celui que cherche précisément à définir Renan !), à un projet commun (futur). Il y a donc toujours communion dans *quelque chose qui importe*, et *ce qui importe* n'est pas *n'importe quoi*.

L'individu réclame toujours plus de liberté, mais ne redoute-t-il pas en même temps que cette émancipation voulue ou fantasmée ne devienne synonyme de solitude, ou n'induise d'insupportables injustices ? Pis encore, l'individu libéré des contraintes collectives (ou prétendant se libérer de telles contraintes) demande (souvent) non seulement un supplément d'âme collective et de solidarité à l'État, mais il craint de se perdre en devenant un simple « consommateur », une fois effacée l'identité symbolique que confèrent (pour le meilleur comme pour le pire) ses multiples appartenances (familiales, religieuses, professionnelles). Si toute détermination, comme l'a dit Spinoza, est une négation, est-elle pour autant une aliénation ? Si ce que je suis, mon « être-ainsi », m'interdit d'être autre chose ou autrement, cela m'interdirait-il paradoxalement d'être moi ?

finalement entre les activités relatives à un monde commun et celles qui concernent l'entretien de la vie » (p. 65-66).

Raymond Aron dans *Les Désillusions du progrès* soulignait ainsi que notre monde politique était le lieu de trois dialectiques majeures :

1. *La dialectique de l'égalité* : comment concilier, premièrement, l'exigence individuelle de liberté politique (et économique), afin de satisfaire des désirs de plus en plus égoïstes ou « personnels » dans la « société de consommation » (a), et par ailleurs la revendication d'une plus grande égalité sociale (b) ? Liberté ou égalité ?

2. *La dialectique de la socialisation* : comment promouvoir, secondement, une plus grande intégration de l'individu dans la société, et diminuer ainsi la solitude de l'homme moderne qui ne peut plus s'appuyer naturellement sur son « clan » ni sur sa « famille » (a), tout en luttant contre les possibles phénomènes d'aliénation (aux communautés culturelles, aux partis politiques, aux mouvements religieux), voire contre une plus grande dépendance aux « modes » (b) ?

3. *La dialectique de l'universalité* : comment, enfin, tenir ensemble la singularité culturelle qui nous protège de la culture de masse, et de son uniformisation, d'une part (a), et l'universalité des valeurs occidentales qui s'imposent à l'humanité avec la promotion des « droits de l'homme » et de la démocratie, d'autre part (b) ? Communauté nationale ou société globale ?

Ces « dialectiques », ces contradictions à surmonter, ces oppositions inextricables, ces tendances contradictoires et simultanées du monde contemporain n'existent pas simplement pour l'esprit, ou pour le philosophe, comme autant de problèmes purement théoriques ou abstraits ; elles existent dans le monde « réel » ; leurs éventuelles solutions ont des enjeux politiques concrets, aussi urgents aujourd'hui qu'ils pouvaient l'être pour Aron en 1965. Et c'est bien là peut-être que se situe la difficulté toute particulière du thème de cette année : il touche finalement au rapport à autrui, qui nous est à ce point essentiel que c'est ce même autrui qui décide, souvent, jusqu'au degré de réalité que nous accordons à nos représentations du monde. Comme l'écrivait Pascal : « Et qui doute que si on rêvait en compagnie et que par hasard les songes s'accordassent assez ce qui est ordinaire et qu'on veillât en solitude, on ne crût les choses renversées [1]. » Nous avons besoin des autres pour valider notre propre pensée ; et les autres sont si souvent une source d'erreurs ! Si tous les hommes disaient qu'il fait beau, et que je voyais qu'il pleut, je commencerais par douter de mes yeux ; j'attends souvent d'autrui qu'ils confirment jusqu'au passé, jusqu'à ma propre histoire. Si les autres n'étaient pas là, je douterais de moi-même, comme Robinson sur son île ; mais je dois aussi continuellement non pas tant « défendre ma communauté » que « me défendre » contre elle, contre ses préjugés, ses injustices, ses pièges.

IV. La sociologie, inutile et incertaine ?

Mais comment connaître « sa » propre communauté ? Puis-je être l'ethnologue de ma propre tribu ? C'est ce que prétend pourtant faire la « sociologie ».

Gabriel Tarde assignait la cause même qui préside à toute communauté ou encore son principe « génétique » et « productif », non pas à tant à un hypothétique « contrat » qu'à la disposition humaine à imiter ses semblables. L'imitation, c'est ce phénomène décisif par lequel une chose, une invention, une innovation, une trouvaille, se répète et, en se répétant, se propage comme une onde dans le milieu humain.

Pour le dire en termes plus vifs, selon Tarde, « la société, c'est l'imitation ». Et il rajoutait, pour bien souligner combien cette « création » pouvait être aussi inconsciente qu'involontaire, que cette « imitation [était] une espèce de somnambulisme » [2]. La société ne se fonde pas sur un « contrat social » passé entre des hommes présociaux, elle n'a pas pour base et pour origine une décision collective et rationnelle : la société repose sur une propriété anthropologique qui définit l'homme partout et toujours : la capacité qu'il a de « singer » son semblable, capacité que précisément les singes ne possèdent pas au même degré que nous. Aussi,

1. Blaise Pascal, *Pensées*, Brunschvicg 434, Lafuma 131.
2. Gabriel Tarde, *Les Lois sociales de l'imitation*, Bod, 2021, p. 127-128.

pour Tarde, le groupe n'est-il qu'« une collection d'êtres en tant qu'ils sont en train de s'imiter entre eux ou en tant que, sans s'imiter actuellement, ils se ressemblent et que leurs traits communs sont des copies anciennes d'un même modèle »[1].

Comprendre une communauté, c'est ainsi comprendre ce qui lie les hommes entre eux. Avant l'existence des cités et des États, avant même le langage (et Aristote ne définissait-il pas l'homme, « animal social », ou *zôon politikon*, d'abord et avant tout comme un « animal doué de langage », ou *zôon logon echon* ?), il y a cette puissance première de l'imitation de l'homme par l'homme, qui a rendu possibles la découverte et l'apprentissage de la première langue humaine, et qui ne cesse encore aujourd'hui de faire sentir ses effets : le phénomène démocratique, « égalitaire », qui semble caractériser les sociétés contemporaines, n'est-il pas le triomphe de cette imitation généralisée, de tout homme par tout homme, étendue à toutes les manières de vivre et de produire ?

Spinoza ne disait d'ailleurs pas autre chose, en soulignant déjà le rôle majeur de l'imagination dans la vie sociale. On pensera ainsi à la proposition 18 de la partie IV de l'*Éthique*, quand Spinoza explique que pour augmenter notre puissance d'agir, nous *imaginons* que les autres hommes secondent notre effort : « rien n'est plus utile à l'homme que l'homme ». Imaginer autrui comme une cause extérieure qui augmente ma puissance d'agir est source de « passion joyeuse » : « *homo homini deus* », comme le dit Spinoza. Mais, puisque cette célèbre formule est aussi une réponse à Hobbes (*homo homini lupus*), nous savons aussi que nous pouvons imaginer en autrui non pas ce qui augmente, mais ce qui diminue notre puissance d'agir (ce qui est cause de « passions tristes »). La raison nous commande cependant de nous unir à autrui, nous désirons rationnellement l'union, puisque l'union des corps et des entendements fait la force. L'individu est plus fort en communauté, car la communauté augmente sa puissance d'agir : je désire « plus fort », quand nous mettons en commun nos désirs, quand nos désirs vont dans

1. *Ibid.*, p. 104

le même sens. Comme le dit Alexandre Matheron dans *Individu et communauté chez Spinoza* : il y a « comme un *conatus* global de cette communauté humaine qui se cherche [1] », et cela vaut même pour les communautés religieuses.

Mais l'imitation, qui rapproche l'homme de l'homme, peut donc causer soit une passion joyeuse soit une passion triste, car il y a bien des manières dans une communauté de s'imiter. C'est qu'il ne faut pas confondre ici, dans l'« émulation » ou l'imitation affective, « envie » et « ambition ».

D'un côté, il y a l'« émulation » qui conduit à la passion triste de l'« envie », qui n'est qu'imitation passive des autres et désir humiliant de leur prendre ce qu'ils ont et que nous n'avons pas : « Partie III, proposition 32. *Si nous imaginons qu'une personne se complaise dans la possession d'un objet dont seule elle peut jouir, nous ferons effort pour qu'elle ne le possède plus.* »

De l'autre, il y a « l'émulation qui conduit à "l'ambition" », passion joyeuse qui renforce et agrandit, à tout le moins dans l'imagination, tous nos affects. L'ambition est ce désir qui renforce tout désir, selon la définition 44 des affects, parce que nous y recherchons une gloire que les autres n'ont pas. Dans l'ambition, nous ne cherchons pas à imiter, comme dans l'envie, mais à *être imité*.

> L'ambition est un désir immodéré de gloire.
> Explication :
> L'ambition est un désir qui entretient et fortifie tous les affects […], et c'est pour cela qu'il est difficile de dominer cet affect, car en tant que l'homme est sous l'empire d'un désir quelconque, il est aussi sous l'empire de celle-là. « C'est le privilège des plus nobles âmes, dit Cicéron, d'être les plus sensibles à la gloire. Les philosophes eux-mêmes, qui écrivent des traités sur le mépris de la gloire, ne manquent pas d'y mettre leur nom », etc.

Certes, on peut mettre beaucoup d'ambition à posséder des biens dérisoires, par imitation du désir des autres ; mais le seul affect

1. Alexandre Matheron, *Individu et communauté chez Spinoza*, Paris, Minuit, 1969, p. 155.

qui puisse être imité sans envie par des hommes également ambitieux et désireux d'être imités, c'est l'amour joyeux de la raison. Il faut passer de l'envie (désirer tristement ce que seul possède autrui) à la raison (désirer ce que tous peuvent posséder), en passant par l'ambition, le « désir de gloire » qui renforce tout affect et transforme la triste envie de posséder ce qui n'appartient qu'à autrui en désir joyeux d'être admiré, et donc imité, et donc idéalement rejoint par tous. Si nous imitons (dans l'émulation) et désirons être admiré et imité (dans l'ambition), il n'y a que le désir de la raison qui puisse être imité par tous, chacun renforçant joyeusement le désir des autres. L'ambition est cet affect qui peut transformer la passion triste de l'envie en passion joyeuse pour la raison. Je désire, donc j'affirme ce que je suis (dans la « gloire » d'être moi, d'être admiré, d'être imité), mais je découvre qu'il n'y a pas d'ambition plus joyeuse que celle de participer à la raison de tous.

Mais c'est au niveau non pas tant des esprits que des corps que l'imitation joue pleinement sa partie. Notre groupe d'appartenance peut conditionner jusqu'à notre manière de marcher, comme l'a un jour fait observer Marcel Mauss. Et nos *dispositions* (*habitus* ou *hexis*) les plus intimes à agir et à sentir apparaissent bien souvent comme des *dispositifs* sociaux qui sont enclenchés en moi sans moi et malgré moi :

> Toute technique proprement dite a sa forme [...]. Mais il en est de même de toute attitude du corps. Chaque société a ses habitudes bien à elle [...]. Une sorte de révélation me vint à l'hôpital. J'étais malade à New York. Je me demandais où j'avais vu des demoiselles marchant comme mes infirmières. J'avais le temps d'y réfléchir. Je trouvais enfin que c'était au cinéma. Revenu en France, je remarquai surtout à Paris la fréquence de cette démarche [...]. En fait les modes de marche américaine, grâce au cinéma, commençaient à arriver chez nous [1].

Nous sommes socialisés dans la matière la plus intime de notre corps ; notre corps porte les multiples « formalités », les multiples

1. Marcel Mauss, *Sociologie et anthropologie*, Paris, Puf, « Quadrige », 2013, p. 367-368.

identités symboliques (qui sont autant de signes de reconnaissance qui, même « nus », nous recouvrent comme un message immédiatement déchiffré par les autres) que notre communauté sociale, religieuse, sexuelle, est venue individuer en lui, et qui commandent autant notre ton de voix que le pli de nos lèvres. La bourgeoisie new-yorkaise ne mange pas, ne danse pas, ne parle pas évidemment comme le « petit peuple ». S'extirper de sa communauté, c'est être écorché vif et porter, comme saint Barthélemy, sa propre peau à bout de bras.

Si définir une communauté c'est d'abord définir de manière « compréhensive » le « lien » peut-être « imaginaire » qui unit *en profondeur* et *sur la surface de leurs corps* les hommes, qui institue et fait vivre leur association, encore peut-on définir de manière « extensive » une communauté comme un ensemble, plus ou moins systématique, de « faits sociaux ». Non seulement les hommes se réunissent, mais cette vie commune produit des effets qui sont irréductibles aux simples décisions individuelles des « gens ». Comme le dit Durkheim dans *Les Règles de la méthode sociologique*, non seulement il existe des « faits sociaux », mais il faut, selon une formule célèbre, « traiter les faits sociaux comme des choses ». C'est à ce compte que la sociologie pourra se constituer vraiment comme science ; et pour construire cette science nouvelle de la société, il faudra éviter les « jugements de valeur » ou normatifs, pour ne s'en tenir qu'« aux jugements de fait » et à l'établissement, minutieux et soigneux, de régularités statistiques. Comme le disait Spinoza : « ne pas rire, ne pas se moquer, ne pas pleurer, mais comprendre [1] ».

Mais un tel idéal d'objectivité n'est-il pas finalement un peu vain ? Comment objectiver les conditions mêmes de ma subjectivité si, comme le dit Bourdieu, le sujet du « savoir sociologique » est pris dans le « champ » de son propre regard ? Certes, on ne peut réfléchir philosophiquement sur les « communautés » si l'on

1. Baruch de Spinoza, *Traité de l'autorité politique, op. cit.*, p. 920 : « j'ai pris grand soin de ne pas tourner en dérision les actions humaines, de ne pas les déplorer ni les maudire, mais de les comprendre ».

méprise les beaux travaux de détail que proposent les sociologues et les historiens depuis plus d'un siècle. Mais la sociologie nous donne aussi des leçons complexes : parce qu'une communauté est extérieure à nous, mais que nous sommes aussi inscrits dans des communautés familiales, religieuses, nationales, sociales, qu'elles sont à la fois « en nous » et « hors de nous », le « dehors du dedans » (ce que nous faisons à partir de nous) et le « dedans du dehors » (ce qui nous fait à partir d'ailleurs), il est très difficile de déplier la dimension sociale de l'homme, entre radicale extériorité (l'anonymat du « on », du « communautaire » qui n'est manifestement pas « moi ») et individualité, c'est-à-dire imparfaite subsomption de mon intimité, de mon identité, de ma singularité à des généralités statistiques (il y a des « lois » du mariage, du suicide, des relations parentales, des pratiques religieuses, etc.). Ma communauté, mes communautés, c'est ce que je ne suis pas, ce à quoi je ne me réduis pas par le simple fait que je les « pratique » et les vis ; mais j'ai si peur, aussi, que mon être ne soit comme modelé, entièrement traversé ou « transverbéré » par les rapports de force de l'espace social et historique qui structurent toute vie humaine et même la pensée sociologique.

Peut-être faut-il dire de sa « communauté » ce que Levinas disait du corps[1]. À celui qui me dit que « je ne suis que mon corps », ou que « je ne suis que mon pays » ou « que ma profession », à celui qui me réduit en somme à ma biologie, à ma culture, à mes institutions, matière individuelle sans forme propre, il faut répondre que je suis *davantage* ou *autre chose* que tout *cela, un pouvoir de distanciation réflexive et critique sur le monde* ; mais à celui qui ne voit en moi qu'une subjectivité désincarnée et tombée de Sirius, forme vide et universelle de la pensée, sans histoire métabolisée ni héritage recueilli et étudié avec minutie, il faut soutenir que je suis mon corps, mon pays, mon éducation familiale et ma religion. Comme le dit Norbert Elias, il s'agit sans doute d'avoir un bon usage des pronoms personnels et de trouver « un équilibre entre je

1. Emmanuel Levinas, *Quelques réflexions sur la philosophie de l'hitlérisme*, Paris, Rivages Poche, 2018.

et nous », ou à tout le moins de savoir parfois dire « je » (à qui me dit « vous autres ») et parfois dire « nous » (à qui me dit « toi seul »).

V. Espace de « jeu » et individuation du « je »

Qu'étudie vraiment, en somme, le sociologue, quand il étudie *une* communauté, un certain type d'organisation sociale, ou *la* société, ce qui est premier et universel dans toute coopération humaine ? Comme le dit Raymond Boudon dans *La Logique du social*, ce qu'étudie le sociologue, au-delà des modalités propres de chaque interaction, c'est le « système d'interaction » entre les agents de cette communauté, qui entraîne des actions très conséquentes, mais apparemment non logiques (c'est-à-dire inexplicables selon les règles du pur calcul économique), actions qui constituent pourtant l'ordinaire de la vie humaine :

> Malgré la diversité de ses thèmes, la sociologie ne couvre pas pour autant des activités d'une irrémédiable hétérogénéité. Que le sociologue étudie des faits singuliers, des régularités statistiques ou qu'il cherche à mettre en relation des relations générales, son analyse tend très généralement à mettre en évidence les propriétés du système d'interaction responsables des faits singuliers, régularités ou relations observées. En d'autres termes, les phénomènes auxquels le sociologue s'intéresse sont conçus comme explicables par la structure du système d'interaction à l'intérieur duquel ces phénomènes émergent [1].

Comment expliquer notamment les « actions rituelles », les « comportements traditionnels », les tactiques apparemment condamnées à l'échec, voire les conduites autodestructrices répandues parfois à l'échelle d'une communauté comme détruire de la nourriture en période de famine ou chercher à faire la guerre en position de faiblesse ? L'*Homo sociologicus* (l'homme concret

1. Raymond Boudon, *La Logique du social. Introduction à l'analyse sociologique*, Paris, Pluriel, 1979, p. 51-52.

qu'étudie le sociologue) n'est guère un *Homo œconomicus* (supposé parfaitement « rationnel »), tant il semble peu soucieux de ses intérêts les plus évidents.

C'est par exemple en voulant optimiser ses choix, comme dans le cas du « dilemme du prisonnier », que chaque agent peut induire pour son compte des effets sociaux catastrophiques que personne, en réalité, n'avait vraiment voulus. Raymond Boudon montre ainsi comment, dans le déclenchement des guerres de 1914 et de 1939, chaque camp ou chaque agent anticipe la nature du système d'interaction où il coagit avec les autres, au risque parfois de ne pas comprendre que l'autre « joue » à un autre « jeu » que lui, et de se tromper (mais cette erreur fait également partie du jeu et contribue dynamiquement à modifier les « règles » que chacun prétend suivre) sur la nature même de la structure d'interaction (les « règles du jeu ») selon laquelle il croyait agir. Une communauté, ou le rapport entre communautés, relève peut-être du « jeu », mais un jeu d'une complexité redoutable, car la nature exacte de ce jeu est, premièrement, laissée à l'appréciation des joueurs, et secondement, les interprétations fautives de tous les joueurs font également et constamment partie du jeu. Le « jeu » au sens strict, avec deux équipes, des règles qui ne changent pas, un début et une fin de partie, n'est peut-être lui-même d'ailleurs qu'une simplification de la vie sociale qui a une pluralité extrême d'acteurs (ou très peu…), des règles qui changent continuellement (ou pas du tout…), et qui ne connaît pas de pause.

C'est uniquement sous cette condition, selon Boudon, que l'on peut espérer comprendre : 1) les *processus reproductifs* (comme, par exemple, la répétition de certaines inégalités scolaires) ; 2) les *processus cumulatifs* (comme le système d'interactions positives à la base du progrès scientifique) ; 3) ou les *processus de transformation* (comme les brusques modifications des attentes religieuses ou politiques), qui caractérisent la vie des communautés entre tradition et mode, inertie et bouleversement, imitation et innovation. Mais qu'il y ait des processus reproductifs et cumulatifs, caractéristiques du « social », implique aussi que l'interaction des agents puisse produire des contraintes (le poids du passé, les anciennes manières de faire, un certain état de la technique ou des mœurs, etc.) qui s'imposent désormais à chacun comme autant de données à prendre en compte. Une communauté, c'est d'abord l'intégration à un univers symbolique, transmis et à transmettre. Mais ces « faits sociaux », articulés sous forme de « traditions » ou de « manières de faire », ne sont évidemment pas neutres : ils constituent l'espace stratégique qui conditionne les décisions des agents, même lorsqu'il s'agit d'une décision aussi ultimement et apparemment intime comme peut l'être le choix d'un métier ou la décision de se tuer.

Certes, les statistiques sociologiques sont par nature descriptives, mais elles permettent aussi d'établir, statistiquement, des corrélations entre des données et, idéalement, de prévoir en conséquence, statistiquement toujours, pour n'importe quel phénomène « physique », ce qui pourrait se passer si les « variables », comme il est de bonne guerre, « varient ». En ce sens, si la sociologie de Durkheim n'est pas « normative » et refuse d'autant plus les « jugements de valeur » qu'elle a une prétention à la science et à ces « jugements de réalité », elle ne saurait manquer d'avoir une certaine dimension « prescriptive », ou « contre-prescriptive », en révélant par exemple les facteurs susceptibles d'induire ou d'empêcher les pathologies sociales (« anomie »). Si, comme le disait Auguste Comte (qui a créé le mot « sociologie » de l'étrange alliance d'un mot grec *logos* et d'un mot latin *socius*), « science, d'où prévoyance [1] », c'est-à-dire pouvoir comprendre comment les choses vont se produire parce qu'il y a toujours en elles quelque chose qui s'y reproduit, il y a dans la *répétition* des faits sociaux, qui permet d'établir des corrélations statistiques, comme une sourde menace à une conception radicale de la liberté personnelle : ma conduite, ma décision de me marier ou de me tuer, n'a-t-elle pas déjà sa place à tout le moins virtuelle dans un tableau ? Ne suis-je

1. La citation exacte est : « science, d'où prévoyance ; prévoyance, d'où action : telle est la formule très simple qui exprime, d'une manière exacte, la relation générale de la science et de l'art, en prenant ces deux expressions dans leur acception totale » dans son premier des *Cours de philosophie positive*, 1830.

pas toujours l'exemplification d'une loi statistique, d'une corrélation bien connue, qui existe « quelque part » ? La sociologie n'est-elle pas l'une de ces blessures narcissiques qui ont paradoxalement accompagné, comme l'ombre marque l'avancée du soleil, l'extraordinaire promotion, voire l'exaltation, de l'individu depuis les « changements sociaux » du Moyen Âge chrétien ?

On pourra toujours dire que « les lois sociales », si elles existent, n'empêchent ni plus ni moins ma liberté (quelle que soit la définition que j'en donne) que l'existence des lois physiques, que personne n'a jamais contestée. Encore faudrait-il ajouter que ces « lois » touchent à la nature intime de mon action et que si elles agissent comme une contrainte extérieure, leur « extériorité » est bien moindre que celle des lois naturelles qui définissent ce que je peux faire ou ne pas faire dans l'univers « physique ». D'ailleurs, Durkheim lui-même le reconnaît clairement dans *Les Règles de la méthode sociologique* :

> Il est vrai que ce mot de « contrainte », par lequel nous définissons [les faits sociaux], risque d'effaroucher les zélés partisans d'un individualisme absolu. Comme ils professent que l'individu est parfaitement autonome, il leur semble qu'on le diminue toutes les fois qu'on lui fait sentir qu'il ne dépend pas seulement de lui-même. Mais puisqu'il est aujourd'hui incontestable que la plupart de nos idées et de nos tendances ne sont pas élaborées par nous, mais nous viennent du dehors, elles ne peuvent pénétrer en nous qu'en s'imposant : c'est tout ce que signifie notre définition [1].

Ainsi, bien des philosophes du début du XXe siècle (exemplairement Georges Palante qui se définissait lui-même comme un « athée social » devant la nouvelle religion de « l'esprit grégaire » à laquelle il identifiait la pensée de Durkheim) ont-ils vu dans la sociologie, au-delà d'une conception peut-être étroite de la science, une trop grande majoration des droits du « groupe » et du monde social sur les droits inamissibles du « moi », évidemment singulier.

1. Émile Durkheim, *Les Règles de la méthode sociologique*, Paris, Puf, « Quadrige », 2013, p. 6.

La sociologie nous fait oublier, car « il n'y a de science que du général » (Aristote, *Seconds analytiques*), qu'en réalité une communauté nationale ou religieuse n'est « rien », et que le proprement individuel, « ce qui n'est qu'une fois et qui n'est qu'un instant » (Gabriel Tarde, *Les Lois sociales*), est « tout » : pour Palante, dans *Les Antinomies entre l'individu et la société*, la science de la société ne cherche pas tant à mieux connaître l'homme qu'à lui faire oublier ce qu'il est hors du groupe, et même contre le groupe. Schopenhauer ne disait d'ailleurs pas autre chose : l'individu est tout, la collectivité n'est rien.

> Vu que ce n'est pas dans l'histoire du monde, comme la philosophie du professeur de philosophie l'imagine, qu'on trouve réalisée l'idée d'un plan et d'un ensemble, mais bien dans la vie de l'individu. Les peuples n'existent simplement qu'*in abstracto* : les individus voilà ce qu'il y a de réel [1].

Mais si l'individu est au principe de toute sociologie compréhensive, et qu'il n'y a peut-être rien en deçà ni rien au-delà [2], on ne peut oublier que l'individu est en interaction constante avec les règles du jeu social qu'il suit ou décide au contraire de transgresser ; et ces règles du jeu, ces limites qui existent assez pour qu'il y ait du sens à les violer et assez peu pour qu'il soit malgré tout possible de le faire, dans cet entre-deux vertigineux où l'interdit existe assez pour nous contraindre (relativement) et trop peu pour étouffer (absolument) toute contestation, définissent l'espace mince d'une liberté, où l'acteur joue au chat et à la souris, avec une excitation certaine, devant la règle de son propre groupe. Mais il joue aussi bien sûr avec le feu. C'est bien tout l'enjeu du roman de Wharton : *Le Temps de l'innocence*.

1. Arthur Schopenhauer, *Le Destin de l'individu*, trad. G. Platon, FV Éditions, 2016, p. 28.
2. Voir Raymond Aron, *La Sociologie allemande contemporaine*, Paris, Puf, « Quadrige », p. 119 : « L'unité au-delà de laquelle elle [la sociologie] ne peut aller, en deçà de laquelle elle n'a pas le droit de rester, c'est l'individu [...]. On ne comprend que des démarches conscientes et il n'y a de conscience qu'individuelle. »

On peut même pousser à l'extrême la réflexion. Considérons non pas simplement celui qui n'est pas « bien vu », comme Mme Olenska, mais le « fou » ou le criminel qui se conduit comme un « animal », celui qui trahit sa « communauté », voire la communauté humaine tout entière. Prenons le cas célèbre de Pierre Rivière, analysé par Michel Foucault : devant un jeune homme qui tue sauvagement sa mère, enceinte, sa sœur et son frère, comme le fit Pierre Rivière en 1835, et qui s'en explique longuement dans un mémoire d'une centaine de pages, en donnant ses raisons, en se justifiant, ne devons-nous pas chercher à neutraliser un crime si singulier, si extraordinaire qu'il provoque notre « stupéfaction », et au récit duquel nous sommes « subjugués » [1] ?

Mais en quoi les crimes de Rivière sont-ils anormaux ? En un premier sens, ils ne sont pas « banals », comme on dit, et surprennent par leur « rareté » ou leur « étrangeté ». Ce n'est pas le genre de choses que les criminels font habituellement. Mais, en un autre sens, ils sont particulièrement immoraux : le parricide n'est-il pas l'acte le plus monstrueux, le plus éthiquement indéfendable (voir le mythe d'Œdipe ou d'Oreste chez les Grecs) ? Dans le Code civil de l'époque de Louis-Philippe, le parricide n'est-il pas encore identifié au régicide (et réciproquement) ; et le régicide n'est-il pas un attentat contre le principe même de la souveraineté, c'est-à-dire finalement contre la communauté familiale, mais aussi religieuse et nationale tout entière ? En ce sens, Rivière mérite la mort, et il la mérite d'autant plus pour certains qu'il raisonne, justifie son choix, explique posément son crime. Mais si, n'ayant pu bénéficier de la toute nouvelle législation sur « les circonstances atténuantes » de 1832, Rivière a été finalement gracié pour cause de démence, c'est parce que les psychiatres ont jugé qu'un homme capable de faire une telle chose, quoiqu'il puisse raisonner et réfléchir sur ses actes *avant*, *pendant* et *après* le crime, ne pouvait être que « dément ». Un homme « normal » ne peut pas faire « cela ». Pour le dire très vite,

1. Michel Foucault, *Moi, Pierre Rivière, ayant égorgé ma mère, ma sœur et mon frère… Un cas de parricide au XIXe siècle*, Paris, Gallimard, « Folio Histoire », 1994.

et en simplifiant beaucoup, on peut dire qu'à la normativité morale – ce qu'il faut moralement faire ou ne pas faire – se substitue la normalité psychique : puisque l'homme normal, « Monsieur Tout le Monde » (selon la normalité statistique), ne fait pas « cela », celui qui fait « cela » n'est pas normal, ne se conduit pas comme on doit se comporter (normativité sociale) et, quoiqu'il pense très bien, et soit même très intelligent, il ne fait pas partie de la communauté rationnelle des hommes (normativité médicale) : il est fou. Loin d'être un exemple parmi d'autres, il est un exemplaire heureusement unique.

La notion de « déviance » est ainsi à la croisée de la normalité et de la normativité, de la norme statistique (fréquence ou moyenne) à laquelle la déviance s'oppose comme « marginalité » ou « écart extrême », et de la norme évaluative ou prescriptive (*norma* signifie « règle » en latin) à laquelle elle s'oppose comme transgression, ou comme ce qui n'aurait jamais dû avoir lieu. Les deux acceptions de la « norme » (ce qui est fréquent d'une part, et ce qui est prescrit d'autre part) et en conséquence la double signification de « l'écart déviant » (premièrement la « marginalité », et secondement la « transgression »), si elles peuvent idéalement être distinguées, se confondent souvent dans la réalité pratique et la perception de la « délinquance », ou du moins se chevauchent : le marginal est toujours vu un peu comme un possible criminel. Il n'est pas bon de sortir des « clous » par lesquels une communauté (nationale, religieuse, professionnelle, sexuelle...) a toujours déjà balisé le chemin. Une communauté, familiale, religieuse, nationale, c'est un ordre social tel qu'il existe et tel que le traduisent les normes statistiques, mais c'est aussi l'ordre social tel qu'il devrait être, un idéal normatif qu'il faut savoir défendre, lorsque nous affirmons précisément, devant une déviance ou une menace « criminelle », que « notre communauté est en danger ». Il faut malheureusement rappeler que Spinoza, objet en 1656 d'un *herem* par sa communauté religieuse, a été poignardé par un fanatique ; et combien il a souffert du lynchage particulièrement atroce de Johan de Witt par ses compatriotes (1672). Il est dangereux de ne pas suivre les « règles ».

Il faut peut-être alors considérer qu'une communauté, quelle qu'elle soit, fonctionne avec des règles du jeu, comme n'importe quelle organisation. Ce n'est ni le système qui impose mécaniquement « son conditionnement » aux individus, ni réciproquement les individus qui pourraient « produire » le système, mais il y a toujours « un espace de jeu » (comme entre deux rouages d'une mécanique) entre les contraintes de l'organisation et l'individu : celui-ci disposerait toujours ainsi d'une « marge de liberté » : « À la limite, on pourrait dire qu'une organisation existe non pas tant à cause que malgré l'action de ses membres [1]. »

Il y a toujours de la contingence dans un système, de l'imprévisible ou de l'incalculable, et chacun peut optimiser ou ajuster avec adresse sa manière de jouer. Il n'y a donc ni déterminisme absolu (holisme), ni liberté totale (individualisme), mais une sorte de virtuosité avec laquelle chacun essaie de modifier des relations de pouvoir qui sont comme les mouvements des pièces sur un échiquier : mouvements à la fois très contraints mais autorisant malgré tout bien des surprises. Que l'on pense aux relations de « pouvoir » si variables entre un père et ses enfants qui grandissent, ou dans un couple d'amis. Combien d'échecs dans des processus finalisés sont autant d'« occasions » à saisir ; Aristote parlait du *kaïros*, du « bien selon le temps » qu'il ne faut pas laisser « filer » !

> Si l'on admet que l'acteur individuel dans toute organisation dispose d'une marge de liberté irréductible dans la poursuite de ses activités, il devient illusoire de vouloir chercher l'explication des comportements empiriquement observables dans la rationalité de l'organisation, dans ses objectifs, ses fonctions et ses structures, comme s'il s'agissait là d'un ensemble de données auxquelles les individus ne pourraient plus que s'adapter et qu'ils finiraient par intérioriser pour y conformer leur conduite [2].

Ce que Michel Crozier explique d'une organisation pourrait être extrapolé à toute communauté (couple, famille, secte religieuse,

1. Michel Crozier, Erhard Friedberg, *L'Acteur et le Système*, *op. cit.*, p. 94.
2. *Ibid.*, p. 47.

communauté éducative, etc.), car ce sont aussi des systèmes de pouvoir diversifiés, plus ou moins congelés, plus ou moins plastiques, où les éléments doivent suivre des règles implicites ou explicites, mais où chacun peut espérer tirer, comme l'on dit vulgairement, son « épingle du jeu » en optimisant sa « stratégie ». Dans un monde de contingence, où les régularités nomologiques sont flottantes, les « chaînes de nécessité » souvent de simples « chaînes d'imagination », la liberté de l'agent à l'intérieur des « limites » du jeu qu'autorise sa communauté prend tout son sens (y compris celui de chercher à étendre toujours plus loin une « zone de liberté »).

> La nouvelle problématique que nous proposons est fondée sur le concept de jeu [...]. Le jeu pour nous est beaucoup plus qu'une image, c'est un mécanisme concret grâce auquel les hommes structurent leurs relations de pouvoir et les régularisent tout en leur faisant – en se laissant – leur liberté. Le jeu est l'instrument que les hommes ont élaboré pour régler leur coopération. C'est l'instrument essentiel de l'action organisée. Le jeu concilie la liberté et la contrainte. Le joueur reste libre mais doit, s'il veut gagner, adopter une stratégie rationnelle en fonction de la nature du jeu [1] [...].

Finalement, même si la communauté nous influence au plus intime de nous-même, nous réagissons aussi sur elle, par notre « manière de faire » : notre manière d'être professeur, père, bourgeois ou catholique. Il y a peut-être même une façon bien à soi d'être « conformiste », comme si le conformisme pouvait témoigner encore et paradoxalement d'une forme très subtile de « fuite ». On pensera peut-être à May dans *Le Temps de l'innocence.* Un individu doit s'individuer dans un ensemble, mais il ne peut guère s'individuer que par la manière qu'il a d'user singulièrement du système lui-même, de s'engendrer pour ainsi dire par « son propre tour de main », sa « façon » bien à lui de prendre les choses, « ainsi » ou à son « aise ». Non pas un membre comme les autres, un autre *comme* tous les autres (ce qu'il est aussi, puisqu'il reçoit son essence ou son « être social » de la collectivité), mais un « style » unique

1. *Ibid.*, p. 113.

d'être autre *que* les autres. S'individuer, ce n'est pas être le lieu passif (la matière) d'une individuation ou agir sur soi comme un sujet agit sur un objet pour lui donner *de l'extérieur* une forme, comme si j'étais moi-même pour moi-même quelqu'un d'autre à regarder ou à critiquer *à distance*, mais s'impliquer dans son propre mode d'être parce que c'est moi qui vis, au point que la frontière entre l'actif et le passif devienne impossible à tracer, ou qu'il y ait (pour suivre là encore Spinoza) un « devenir-actif de l'affect » : devenir activement ce qui m'avait tout d'abord imposé sa puissance (ma famille, ma religion, ma patrie, mes professeurs, les autres). Qui dit processus d'individuation dit en conséquence processus de libération au sens spinoziste : le sentiment joyeux que ma puissance d'être, ou – ce qui est la même chose – que ma puissance d'agir augmente. Comme l'écrit Agamben : « Être engendré par sa propre manière d'être constitue en effet la définition même de l'habitude [...]. Et ce fait d'être engendré par sa propre manière est l'unique bonheur vraiment possible pour les hommes [1]. »

Il y a mille façons d'appartenir à la bourgeoisie ou à ce que Veblen appelait « la classe de loisir », mille façons d'introduire entre les autres et soi une distance subtile, de faire sentir insensiblement une hiérarchie, comme il y a bien des manières d'aller au bal, ou bien d'organiser un bal « comme il faut », ou encore de faire semblant de déprécier les « mondanités » ou d'apprécier l'opéra (à la fois comme un spectacle lyrique, sur la scène, et comme un spectacle social, dans la salle). Parmi toutes ces « manières », certaines sont joyeuses et libératrices, d'autres tristes : si on n'a pas l'intelligence de son appartenance au groupe, on n'est guère plus qu'« un pion isolé au jeu de dames [2] », pour reprendre la célèbre image d'Aristote.

Il y a mille façons aussi en suivant « la règle du jeu » de ne pas en être tout à fait dupe, comme May qui est peut-être dans le

1. Giorgio Agamben, *La Communauté qui vient. Théorie de l'individu quelconque*, *op. cit.*, p. 35.

2. Aristote, *Politique*, livre I.

roman d'Edith Wharton plus « individuée » encore que la comtesse Olenska : car elle a une façon de tout accepter et de vivre *ainsi*, avec intensité, qui n'est pas sans troubler un lecteur attentif. Il y a parfois des silences et des renoncements qui, comme dans *La Princesse de Clèves* ou dans le refus final d'Archer de retrouver la comtesse, donnent le sentiment magnétique d'être non pas dans une *skiagraphia* (un théâtre d'ombres ou de marionnettes), mais devant des *personnes* réelles. On pensait qu'elles ressemblaient à tout le monde, et elles ne ressemblaient à personne.

VI. « Essence singulière » et « personne », « communauté négative » et « communauté totalitaire »

Si dans une conception classique l'individu doit tout à sa communauté, la langue qu'il parle, mais aussi comme le souligne Aristote les premières notions du juste et de l'injuste, la possibilité non seulement de « vivre » mais de « bien vivre », on comprend que la dette de l'individu au regard de la cité soit pour ainsi dire « infinie ». Dans *Criton*, Socrate ne fuira pas Athènes qui l'a pourtant condamné et fera parler ses « lois » dans une célèbre *prosopopée* pour nous rappeler une chose bien simple : de même que nous avons une dette insolvable à l'endroit de ceux qui nous ont donné la vie, et donc la possibilité même de donner ou de « restituer » quoi que ce soit, de même nous avons une dette envers les lois qui nous ont fait naître à la vie morale [1]. Je ne pourrai jamais rendre la vie que mon père m'a donnée ; je ne peux pas davantage m'acquitter de ma dette envers la cité. L'être humain vient au monde dans une asymétrie essentielle ; et la conscience de cette indigence ne peut quitter le citoyen. Il semble tout devoir à un État qui l'a humanisé par le *logos* et formé par ses valeurs. Sans la cité, il ne serait effectivement rien. À l'imaginaire moderne de l'indépendance, celui d'individus isolés et égaux dans « l'état de nature », il faut répondre par

1. Platon, *Criton*, 50a-c.

l'imaginaire ou par la réalité ontogénétique de l'interdépendance : l'enfant a besoin du sein de sa mère et d'une langue « paternelle ».

L'on voit le danger d'une telle conception, qui guette tout « communautarisme » qui réduirait la justice à n'être que l'intérêt bien compris du groupe, ou qui identifierait la rationalité à la seule intelligence du véritable bien de notre communauté, et des moyens de l'atteindre. Que devient la vertu si elle n'est plus que « civique » ou la simple intégration et exaltation de l'*ethos* d'un peuple – *ethos* étant pris ici non pas au sens de « morale » comme dans l'« éthique » mais au sens des « caractères » et des mœurs que l'on trouve « chez nous » ? « Si tu veux que ton fils soit un homme juste, fais-le citoyen d'une cité juste » (proverbe grec). La politique n'est-elle pas pour Aristote une science « architectonique », celle qui donne le plan d'ensemble ? Mais, si le bien politique intègre les autres biens, n'est-ce pas justifier une suprématie telle de la cité sur le citoyen que celle-là peut s'accorder tous les droits celui-ci, au risque de nier ses désirs les plus naturels de vivre et d'être heureux ? Le danger est celui d'une forme de « totalitarisme » : l'individu ayant tout reçu de la collectivité, il est « logique » qu'il soit prêt à tout lui remettre et à lui faire le sacrifice non seulement de sa vie, mais même de son intelligence.

On voit bien que la pensée grecque n'a pas été étrangère à ce genre de tentation, et le théâtre d'Eschyle, s'il est peut-être moins un théâtre politique qu'un théâtre religieux, comme le pense notamment Nicole Loraux dans ces belles analyses des *Perses*[1], montre bien que la cité prime l'individu et que c'est tomber dans une forme d'*hubris* que de vouloir tyranniquement ignorer sa loi. La *polis* est menacée dès lors que l'individu s'absolutise : le *nomos* fait place à la furie de l'arbitraire tyrannique. Mais si la cité « mesure » l'individu, le limite et le forme, est-ce à dire qu'elle l'écrase ou qu'elle l'étouffe, ignorant justement ce qui, de la belle « individualité grecque », dépasse la cité ? N'y a-t-il pas aussi une

1. Nicole Loraux, *La Voix endeuillée. Essai sur la tragédie grecque*, Paris, Gallimard, « NRF Essais », 2001.

possible tyrannie de la cité si celle-ci prétend s'absolutiser et se couper des lois non écrites, les *agraphoi nomoi*, de la religion ? La cité nous transmet certes les premières notions du juste et de l'injuste, mais ce ne sont encore que les premières notions qui nous permettront de mieux « juger » par la suite, et Socrate est précisément celui qui a proposé dans la *République* un idéal politique inédit. Plus encore, Socrate est par excellence pour Durkheim l'individu qui s'émancipe de la communauté pour penser librement, quitte à le payer de sa vie :

> D'après le droit athénien, Socrate était un criminel et sa condamnation n'avait rien que de juste. Cependant son crime, à savoir l'indépendance de sa pensée, était utile à préparer une morale et une foi nouvelles dont les Athéniens avaient alors besoin parce que les traditions dont ils avaient vécu jusqu'alors n'étaient plus en harmonie avec leurs conditions d'existence. Or le cas de Socrate n'est pas isolé ; il se reproduit périodiquement dans l'histoire [1].

Il y a un temps pour philosopher librement, et un temps pour obéir aux lois qui limitent parfois la philosophie au nom de la paix civile. Mais si la cité intègre et forme l'individu, elle le forme comme « pensant », et la pensée ne se limite pas aux enceintes de Thèbes ou de Mycènes. Dans la *République*, le philosophe est mis à mort par ses concitoyens, qui après tout vivent dans l'injustice et dans une « grotte » (ce qui, on le reconnaîtra, est une très étrange habitation) : ils ne veulent rien savoir de la vraie cité. Si donc la communauté forme l'individu, elle doit aussi le rendre capable de penser vers un au-delà de lui-même et de sa communauté historique, ethnique ou confessionnelle.

Lors d'une polémique sur la nature du « bien commun », Jacques Maritain avait bien précisé les choses. Pour neutraliser le risque de totalitarisme, celui d'un bien commun compris d'une manière étroitement politique, il expliquait en 1925 qu'il fallait distinguer soigneusement l'« individu », qui trouvait son bien dans

1. Émile Durkheim, *Les Règles de la méthode sociologique*, *op. cit.*, p. 71.

la cité, et la cité, qui trouvait au contraire son bien dans la « personne ». Par personne, il fallait entendre cette capacité qu'a l'homme de se tourner vers la transcendance, et de ne pas en rester simplement à l'immanence des biens terrestres. Contre les fascistes et les Soviétiques qui ne voyaient rien au-delà de la cité humaine et des individus produits par cette cité enfin régénérée, il fallait opposer une cité qui préparait l'homme à sortir de lui-même, de ses intérêts ou de ses habitudes. Si l'individu était satisfait par le bien commun de la cité, le bien *commun à* la cité et *à* l'individu consistait à former un homme qui précisément ne pouvait pas y trouver une parfaite satisfaction :

> La *personne* est « une substance individuelle complète, de nature intellectuelle et maîtresse de ses actions » [...]. Le nom *d'individu*, au contraire, est commun à l'homme et à la bête, et à la plante, et au microbe, et à l'atome [...]. En tant qu'individus, nous sommes soumis aux astres. En tant que personnes, nous les dominons [1].

Le bien commun de la communauté n'est pas de sacrifier la personne (selon tous les fantasmes totalitaires qui inféodent trop vite l'élément au tout), mais de voir que si l'individu que nous sommes trouve matériellement son bien dans la cité, la cité ne peut en retour être bonne que si elle est tournée vers la formation d'une personnalité ouverte à ce qui la dépasse :

> Ainsi en chacun de nous l'individu est pour la cité, et doit au besoin se sacrifier pour elle, comme il arrive dans une juste guerre. Mais la personne est pour Dieu ; et la cité est pour la personne, j'entends pour l'accession à la vie morale et spirituelle et aux biens divins, qui est la destination même et la raison finale de la personnalité [2].

Les éléments multiples sont naturellement subordonnés au tout qui les unifie, mais le tout doit être ordonné à l'unicité de chaque

1. Jacques Maritain, *Trois réformateurs, Luther, Descartes, Rousseau*, Paris, Plon, 1925, p. 10.
2. *Ibid.*, p. 11.

élément ; si l'individu est au service de la communauté, la communauté n'existe pas pour elle-même, mais en vue des personnes à qui elle donne la vie biologique et un commencement de vie éthique, mais non la vie éternelle.

Au-delà de cette terminologie et du contexte « chrétien » et « aristotélicien » de cette distinction, on retrouve souvent, *mutatis mutandis*, les mêmes idées dans la tradition philosophique. Comme l'explique Kant dans les *Fondements de la métaphysique des mœurs*, en tant que l'homme est soumis à la loi morale, il a une « valeur absolue », et cette valeur absolue, c'est précisément ce que l'on appelle sa « dignité ». Les *choses* ont un *prix*, c'est-à-dire une valeur relative, définie selon une valeur marchande ou une valeur d'usage, dans la mesure où elles sont des moyens pour atteindre certaines fins biologiques, affectives ou économiques. Mais la *personne* humaine a une *dignité*, c'est-à-dire une valeur absolue, au-delà de tout *prix marchand* ou de tout *prix de sentiment*. Elle ne peut être uniquement considérée comme un moyen pour atteindre certaines fins ; elle ne peut absolument se réduire à n'être qu'un moyen : elle est donc absolument une fin, « une fin en soi » : « Agis toujours de telle sorte que tu traites l'humanité, chez les autres comme en toi, comme une fin et jamais *simplement* comme un moyen » (*Fondements de la métaphysique des mœurs*, deuxième section).

Cette reconnaissance de l'égale dignité de toutes les personnes humaines constitue une limite morale à toute action politique, une limite qu'aucune action ne peut moralement dépasser en réduisant autrui à n'être qu'un outil ou une chose, comme si la « fin justifiait les moyens ». Une vie ne vaut peut-être rien au regard de mille vies, au regard d'un pays ou d'un parti, comme le disait Malraux, mais rien ne vaut une vie… On remarquera enfin que la « reconnaissance » de « ma » dignité suppose la reconnaissance de la dignité de toutes les personnes humaines (ce que l'on appelle *les droits de l'homme*) au-delà de l'ordre strictement politique, et implique donc la reconnaissance de la communauté rationnelle et morale que nous formons. Reconnaître ma dignité, c'est reconnaître « notre » dignité ; ou alors je ne sais plus sur quoi ma dignité se fonde.

Il ne s'agit pas simplement d'un point de vue moral. Ou plutôt : c'est selon ce point de vue moral qu'il faut reconsidérer tout l'ordre politique et juridique. Au moment même où Kant pense que la personne transcende la simple existence biologique ou économique, il reconnaît dans l'histoire « un plan caché de la nature » pour faire advenir une société qui reconnaisse enfin la dignité inamissible de tout homme. Comme Kant l'écrit en 1784 dans l'*Idée d'une histoire universelle au point de vue cosmopolitique* : « On peut considérer l'histoire de l'espèce humaine comme l'accomplissement d'un plan caché de la nature pour produire une constitution civile parfaite à l'intérieur et, dans ce but, également parfaite à l'extérieur. »

Mais ce n'est pas parce qu'une « société civile administrant le droit de manière universelle », « une constitution civile parfaite à l'intérieur et, dans ce but, également parfaite à l'extérieur », s'accorde fondamentalement avec les principes de la raison et de la morale, et avec l'intérêt bien compris des hommes (la recherche du bonheur), que pour autant un tel ordre juridique ne peut manquer d'arriver. En un sens, si « une société civile administrant le droit de manière universelle » voit le jour, c'est la nature guerrière de l'homme qui y aura conduit. Le seul jeu mécanique des intérêts particuliers peut bien laisser une impression de désordre, où tout n'est que « bruit et fureur » ; mais ce jeu mécanique et naturel peut pourtant révéler, à qui sait le lire, une rationalité qui échappe aux acteurs et qui, même connue, ne changerait sans doute pas leur comportement.

Car si la paix sociale est un bien parce qu'elle permet le complet développement des dispositions naturelles de l'homme, ces dispositions ont été paradoxalement fécondées jusqu'ici par la compétition, par « l'insociable sociabilité » qui règne entre les êtres et qui les contraint à la fois à se rapprocher et à s'opposer : « L'homme veut la concorde, mais la nature sait mieux que lui ce qui est bon pour son espèce : elle veut la discorde. »

C'est la discorde, les passions, les mauvais penchants qui poussent les hommes à cultiver leurs talents pour l'emporter sur le prochain. Mais encore faut-il que cette discorde ne dégénère pas en affrontement immédiat – en état de guerre. Tout le problème est donc de trouver un système qui garantisse à la fois la liberté (et la rivalité) sans abandonner la contrainte qui permet d'accorder les hommes dans une vie en commun :

> C'est seulement dans cette société qui possède la plus grande liberté, par suite aussi un antagonisme général de ses membres, et cependant la détermination et la garantie les plus exactes des limites de cette liberté afin qu'elle puisse coexister avec celle des autres, [...] que peut être atteint dans l'humanité le dessein suprême de la nature, à savoir le développement de toutes ses dispositions.

La rivalité guerrière nuit au développement de l'humanité, mais une certaine forme de rivalité contribue aussi à ce développement, puisque jusqu'à présent seul le choc des intérêts semble avoir constitué le moteur de toutes les actions humaines. C'est la concurrence, le fait que les individus se heurtent continuellement les uns aux autres dans la satisfaction de leurs passions privées, qui encourage chacun à développer ses dispositions naturelles, à la fois techniques et morales. Le processus de civilisation, « la dynamique de la civilisation » est amorcée par la société concurrentielle du monde bourgeois, où chacun désire l'emporter. À l'image des arbres qui cherchent constamment à se dépasser les uns les autres dans une forêt et poussent ainsi « beau[x] et droit[s] », pour reprendre la très célèbre métaphore du paragraphe 5, les hommes aussi, par cette interaction tantôt douloureuse, tantôt heureuse, ne cessent de se corriger mutuellement et de « se pousser » vers le haut en donnant apparemment le meilleur d'eux-mêmes et en exploitant au mieux, sous la pression constante du groupe, leurs dons naturels. Il s'agit en somme de voir dans l'« insociable sociabilité » un moyen de « polir », ou de « policer » les individus, et de trouver une harmonie par la dissonance même des ambitions et des cupidités. La société des intérêts les plus étroits prépare la communauté morale, comme la « civilisation », le progrès technique et l'éducation des mœurs et des caractères, fraie le chemin à une authentique « moralisation ».

Au regard de la raison réflexive, tout se passe *comme si* la nature et les intérêts des hommes conduisaient les peuples, par des chemins douloureux et chaotiques, à ce qu'ils devraient vouloir librement et de manière désintéressée (et si l'on parie sur le fait que les hommes vont nous décevoir, on ne sera paradoxalement pas déçu). Le fait de l'« insociable sociabilité » prépare l'ordre du droit, et un « tout moral » est obtenu par des moyens physiques, naturels, non moraux, « pathologiquement extorqués ».

> La nature, après bien des désastres, bien des naufrages [...] pousse les hommes à faire ce que la raison aurait bien pu leur dire sans qu'il leur en coûtât d'aussi tristes expériences, c'est-à-dire à sortir de l'absence de lois propres aux sauvages pour entrer dans une Société des nations [1] [...].

Le « processus de civilisation » fera toujours nombre avec la vraie « moralisation », mais la simple interaction entre les hommes peut conduire ceux-ci aux apparences politico-juridiques du monde moral. Ce ne sera peut-être pas le bien, mais ce ne sera déjà pas « si mal » si les êtres humains parviennent à vivre en bonne intelligence, avec courtoisie et en se respectant *apparemment* (parce qu'ils y ont un intérêt sensible et non parce qu'ils y sont moralement obligés) les uns les autres comme des « personnes ».

Norbert Elias a bien étudié dans ses différents ouvrages comment une telle « dynamique » de la « civilisation » avait pu se mettre en place depuis le Moyen Âge occidental. Les règles du savoir-vivre ou de la politesse, « la prudence dans l'établissement des relations affectives » ou une plus grande circonspection avec autrui, ont permis de négocier entre les individus la « bonne distance », de chercher un équilibre entre le « je » et le « nous », ou encore de désimbriquer l'« identité de la personne », telle qu'elle est assignée par le groupe, de la « différence de personnalité » qui semble dépasser toute étiquette sociale ou « carte de visite ». Tout

1. Emmanuel Kant, *Idée d'une histoire universelle au point de vue cosmopolitique*, trad. L. Ferry, in *Œuvres philosophiques*, Paris, Gallimard, « Bibliothèque de la Pléiade », 1980, vol. 2, p. 192-193.

cela ressemble à une « danse » qui va se précisant, mais qui parfois aussi se dérègle :

> Que l'on se représente pour symboliser la société un groupe de danseurs, en songeant aux danses de cours, la pavane ou la quadrille [...]. Les pas et les révérences, tous les gestes et tous les mouvements qu'exécute chaque danseur se règlent entièrement sur ceux des autres danseurs et danseuses [...]. Il n'en va pas très différemment du comportement des individus en général [1].

Ce sont les multiples interactions entre les hommes, dans la grande sarabande de l'histoire européenne, qui conduisent chacun à finalement mieux appréhender sa propre identité et à mieux soigner sa propre prestation.

Mais, pour Elias aussi, l'évolution de l'identité « je-nous » suppose l'intégration des individus à une « société » plus étendue (nationale ou supranationale), que leurs seules « communautés » d'origine, nécessairement plus « étroites ». Il faut jouer la « société » des individus contre les communautés, afin de pouvoir mettre au jour des personnes qui prennent progressivement conscience de leur « individualité ». Mais cela induit nécessairement ce que Norbert Elias appelle des « effets de retardements » : les individus vivent dans des mondes plus ouverts mais avec des *habitus* sociaux anciens et comme « désaccordés » avec l'époque :

> Lorsqu'on étudie les phénomènes d'évolution sociale on retrouve constamment une constellation dans laquelle la dynamique des processus d'évolution sociale s'oriente à partir d'un certain stade vers un autre stade, supérieur ou inférieur, alors que les individus touchés par ce changement restent pour ce qui concerne la structure de la personnalité et l'habitus social, au stade antérieur [2].

« L'équilibre entre le "nous" et le "je" », pour reprendre une formulation d'Elias, est toujours instable. La société évolue, mais

1. Norbert Elias, *La Société des individus*, *op. cit.*, p. 55.
2. *Ibid.*, p. 274.

nos psychologies, formées par le passé, évoluent souvent moins vite, et à contretemps. On peut, comme Archer, déjà penser en théorie que les femmes sont aussi libres que les hommes, mais ne pas en tirer *en pratique* toutes les conséquences. Une société civile peut autoriser juridiquement le divorce, mais la communauté familiale ou religieuse y faire obstacle. Entre des forces vectorisées en sens contraire, celles qui s'enracinent dans les communautés anciennes et celles qui bousculent les vieilles habitudes au nom d'une société plus « ouverte », tout est finalement pour Elias une affaire de *poussée*.

Si la fonction d'une société est de faire coexister et échanger les hommes, toute société qui remplit parfaitement cette fonction, c'est-à-dire qui est « viable » car les hommes peuvent y naître, y manger et s'y reproduire (société « vivable »), constitue « parfaitement » une société. Mais ce n'est pas parce qu'une société est parfaitement une société qu'elle est « viable », qu'elle est pour autant une « société parfaite ». Si la fonction première d'une société est d'adapter l'individu à la société (la socialisation), une société parfaite serait celle qui abolirait l'« écart » entre la société et l'individu (« société policière » toujours impossible à mettre parfaitement en place, comme dans *Le Conformiste* de Moravia ; ou « société policée » à l'excès, la « société de cour » étudiée par Elias, ou « d'étiquette » où l'être individuel et l'être social cherchent à se confondre). Cette socialisation serait une « sursocialisation » et, loin de conduire à une société « parfaite », elle conduirait à une société de surveillance ou bien à une société superficielle, ou « surfaite ». La bonne ou la parfaite « socialisation » est donc celle qui ne conduit pas à une socialisation « parfaite », à une « sursocialisation », mais qui conserve l'écart, l'espace de « jeu » entre la société et l'individu qui permet à ce dernier non pas de protéger son être individuel *contre* la société, mais de s'approprier ou conquérir son individualité (son « haeccéité ») *grâce* à la société, sans laquelle il ne peut ni vivre, ni se former, ni développer ses talents.

À l'extrême limite, la personne n'appartient plus à aucune communauté : elle est à ce point elle-même qu'elle ne partage plus rien d'important avec les autres (même si elle dépend matériellement tous les jours des conditions de la vie commune). Ou plutôt, elle forme une communauté nouvelle, rêvée ou promise, avec tous ceux qui, comme elle, se sentent étrangers à toute logique étroitement intégratrice et identitaire – être catholique, être femme, être persan, être journaliste, etc. Communauté non pas « positive », celle qui intègre l'individu et qui prétend le posséder entièrement, mais « communauté négative », comme le dit joliment Blanchot, « la communauté de ceux qui n'ont pas de communauté ». Dans cette communauté négative, l'autre n'est pas un autre comme les autres ou comme moi, un « tiers » avec qui « nous » communiquons avec les « mots de la tribu », mais il est authentiquement autrui, c'est-à-dire autre que moi et autre que les autres. Et si « je » communique encore avec « toi », c'est selon « une communication qui ne se partage pas parce qu'elle passe par la suppression même de la communauté [1] ». Il s'agit d'une amitié, d'une *philia*, qui se vit dans le secret, de « l'ami » à « l'ami » et dans « un espace non public », hors de toute logique étroitement « communautaire ».

Il nous semble que c'est la même dialectique individu/personne et communauté/société qu'a en vue Spinoza lorsqu'il articule l'« État libéral », comme réponse à l'impasse théocratique (la société contre la communauté religieuse), dans un premier moment, à « l'individualité libérée » par la philosophie (la personne dans notre vocabulaire) dans « une communauté » des sages qui va bien au-delà des simples individus qui composent l'« État libéral », dans un second moment. Libérons d'abord l'individu de sa communauté par la société (« l'État libéral ») ; mais libérons ensuite l'individu jusqu'au bout, c'est-à-dire libérons-le de « l'État libéral » lui-même dans une communauté « philosophique » qui déploiera non pas la vie individuelle ou notre vie sociale, mais une vie éternelle (selon la vraie religion de la raison) [2].

1. Maurice Blanchot, *La Communauté inavouable*, Paris, Minuit, 1984, p. 45.

2. Voir le plan très pédagogique d'Alexandre Matheron, *Individu et communauté chez Spinoza*, *op. cit.*, p. 642-643.

Conclusion : la dialectique de l'individu et de la personne, de la communauté et de la société

« Individu et communauté » : on pourrait facilement croire qu'un tel syntagme ne mobilise que deux, voire trois concepts (si l'on intègre et souligne comme il se doit la signification complexe de la conjonction de coordination « et »). Mais il n'en est rien. Chacun de ses termes a, en effet, de multiples acceptions : « individu » peut être pris à la fois comme l'« atome » indivisible ou la « partie subjective » composant un « groupe social », la réalité empirique des êtres qui forment une société politique (a), mais aussi comme la « personne » morale qui, par ses valeurs ou ses idéaux, échappe aux étroites logiques d'appartenance qui l'emprisonnent (b), ou encore comme le résultat d'un complexe « processus d'individuation » qui aboutit, à partir d'une « communauté » logique, biologique ou encore sociale, à la réalité ultime d'un être enfin présent à lui-même et distinct de tous les autres (c).

Semblablement, « communauté » peut être pris comme un équivalent de « société », une association d'individus plus ou moins juxtaposés dans l'espace, plus ou moins additionnés dans le temps et liés par des rapports complexes d'« insociable sociabilité » (Kant), ou de « *concordia discors* » (Horace), d'opposition et de coopération (a) ; mais aussi comme cette « réalité commune », cet « air de famille », auquel participent en droit les êtres singuliers qui exemplifient à leur façon, « ainsi » et pas autrement, ce même « tour d'esprit » que chacun exprime en lui, sans lui et souvent malgré lui (b) ; on peut enfin songer qu'une telle communauté peut s'inscrire dans des géométries sociales complexes : communautés religieuses, structures politiques ou syndicales, liens familiaux, groupements économiques, appartenances de « classe » qui parfois se recouvrent, parfois s'excluent (c).

Enfin, le « et » peut être compris de bien des manières : comme une simple conjonction (a), ou bien comme une disjonction déguisée (qu'il s'agisse d'un « ou inclusif » ou bien d'un « ou exclusif ») : l'individu toujours un peu opposé à la communauté, ou tenté de l'être (b). Le « et » serait ici la mesure d'un déplacement ou d'un déclassement possible, le signe du mouvement tangentiel par lequel l'individu cherche à fuir sa patrie, sa classe sociale, son Église, avec fracas ou parfois de manière subtile, avec ironie, en détournant les codes par « une sorte d'échappement » ou par un « génie de l'équivoque » (pour reprendre des formules de Merleau-Ponty). Il y a bien des manières de manifester que l'on ne joue pas le jeu que les autres ou les institutions veulent nous voir jouer.

Mais le « et » peut encore être conçu comme une inclusion, tout de même qu'une partie mécanique est liée à sa machine (c) ou bien comme une partie vivante est liée téléologiquement à un organisme (d), ou encore selon le rapport vertigineux d'une inclusion impossible et toujours supposée comme l'exemplifie une « bouteille de Klein » où le « dehors » est « dedans » aussi bien que le « dedans » est « dehors » (l'individu formant du dedans la communauté, mais la communauté informant du dehors quoiqu'au plus intime de lui-même l'individu) (e), selon enfin des rapports « expressifs ». Comme le chapeau de Pierre dit en un sens « tout » de Pierre, qu'il est comme la « signature » de Pierre, l'individu laisse deviner en lui le groupe auquel il appartient, mais le groupe se donne aussi entièrement dans les apparences individuelles qui, à chaque fois, de manière cruelle ou heureuse, manifestent son existence, ses valeurs, son fonctionnement social (f).

Enfin, le rapport entre l'individu et la communauté n'est-il pas « dialectique » ? Certes, l'individu résulte de la totalité qui le détermine à être ceci ou cela, mais la totalité résulte aussi des individus qui la composent, auxquels elle permet de s'accomplir et qu'elle ne cesse toutefois de nier (g).

Pour résumer, on peut prendre « individu » soit au sens d'un « individu empirique », avec ses intérêts sensibles et matériels, soit au sens d'une « personne morale », avec ses valeurs et ses idéaux, soit enfin en considérant l'individu « en devenir », dans le « processus d'individuation » qui permet à chacun de s'accomplir à la fois grâce mais aussi contre un ou plusieurs collectifs.

De même, « communauté » peut renvoyer à un groupe humain plus ou moins intégré en termes de valeurs ou d'intérêts (elle sera alors davantage qu'une simple « société » qui suppose non pas la conjonction de « membres » en relation intime, mais l'addition d'« éléments » extérieurs les uns aux autres et pour ainsi dire « extimes »), mais aussi au principe vital, plus intérieur à eux-mêmes qu'eux-mêmes, qui conduit de tels membres à « communier » dans des comportements souvent irréfléchis, spontanés, faussement « évidents » ou « naturels », et qui invite le groupe « à faire bloc » derrière une logique communautaire, voire « tribale », qu'il s'agisse de religions, de nations, de groupes sociaux ou familiaux. Parle-t-on de « communautés » ou bien de « sociétés » ? Et si l'on parle de « communautés », s'agit-il de penser d'abord leur extension (la grandeur du groupe), ou la force intensive du lien qui nous regroupe (le principe possiblement imaginaire en lequel on « communie ») ; et de quelles communautés parle-t-on, si une société d'individus est souvent composée de plusieurs communautés (religieuses, familiales, économiques, etc.) sans toujours parvenir à faire une unité de cette diversité rebelle ?

Enfin, et c'est sans doute le point capital, le « et » de notre thème peut renvoyer soit à une conjonction problématique, comme deux réalités qui se jouxtent (l'une *tout contre* l'autre), soit à une disjonction (l'individu résolument *contre* la communauté), soit à un rapport *mécanique* (l'individu rouage *interne* de la communauté), soit à un rapport *organique* (l'individu membre *intime* de la communauté), soit à un rapport *expressif* (l'individu et la communauté *s'entre-exprimeraient*, puisque la communauté n'existe nulle part ailleurs que chez des individus qui lui rendent à leur façon la vie et les manières bonnes ou mauvaises qu'ils ont reçues d'elle), soit à un rapport « dedans-dehors » vertigineux (ce sont les individus qui font la communauté et c'est la communauté qui fait l'individu), soit enfin à un rapport « dialectique ». Entre l'élément et le « groupe », l'appartenance peut signifier une simple addition, masquer une opposition virtuelle ou réelle, inviter à une sorte d'échappement, dénoter un rapport mécanique, ou organique, ou expressif, ou paradoxal, ou dialectique. Et sans doute une telle liste n'est-elle pas exhaustive.

Osons malgré tout conclure, ou plutôt faisons une « proposition ».

L'individu appartient-il par toutes les fibres de son être (c'est-à-dire par toutes ses habitudes, par ses goûts, par la vectorisation de ses prétentions) à sa communauté, ou n'est-il finalement qu'inclus dans un groupe qui n'est, à tout prendre, qu'une simple abstraction ou fiction sémantique ? Si l'Homme, avec un grand H, n'existe pas, le Français avec un grand F existe-t-il davantage ? Il n'y a aucune raison de s'arrêter sur la pente nominaliste [1]. Ou, au contraire faut-il imaginer qu'entre une taxinomie arbitraire et la réalité ultime de l'individu, il y a place pour des réalités qui ne soient ni abstraites ni individuelles, mais qui puissent être définies comme étant « communes » à plusieurs, l'« air de famille », « le tour d'esprit » ou l'*habitus* qui ne sont pas rien et par quoi les individus se sentent « liés », assimilés dans leur dissemblance pour le meilleur comme pour le pire ? L'individu est dès lors la réalité ultime de la communauté, mais si ultime qu'il ne peut s'y réduire. Il est ce « petit plus » qui soustrait l'individu à la forme générale, qui le distingue non pas *dans* le groupe, mais *du* groupe. On retrouve l'idée spinoziste d'une articulation entre l'individu et la communauté : la communauté est dans l'individu, comme le tout enveloppe *en soi* la partie, comme Dieu est dans toute chose, mais ce qui veut dire aussi bien que l'individu est hors de sa communauté, puisque le singulier a une présence irréductible en tant précisément qu'il singularise et déplie (*explicare*) la *facies totius universi* (l'ordre visible du monde). Chacun est homme, chrétien, bourgeois, père, *à sa manière* et *avec plus ou moins de joie.* Chacun est une essence, mais une « essence singulière ».

1. Voir la fameuse formule de Joseph de Maistre dans ses *Considérations sur la France* : « Il n'y a point d'homme dans le monde. J'ai vu dans ma vie des Français, des Italiens, des Russes ; je sais même, grâce à Montesquieu, qu'on peut être Persan ; mais quant à l'homme, je déclare ne l'avoir rencontré de ma vie ; s'il existe c'est bien à mon insu. »

La communauté est par ailleurs un *pharmakon* : un remède et un poison, selon l'équivocité du mot grec. L'individu se forme dans une communauté, par la grâce du groupe qui le reçoit et qui n'est pas simplement une « société » anonyme ou un simple groupement d'intérêts, mais d'abord un système de valeurs. En revanche, la cité (ou la communauté) peut aussi bien l'aliéner et l'opprimer, si elle oublie qu'elle ne le forme pas exclusivement pour elle, mais d'abord pour qu'il devienne une « personne ». La communauté qui ne connaît que des individus est inhumaine ; « l'individualiste » qui ne voit autour de lui qu'une société sans âme ni principe est égocentrique, replié dans la solitude incommunicable de sa propre subjectivité et finalement seul dans la foule immense des « autres » qui sont pourtant « comme » lui. Et si la communauté considère des personnes, et non des individus ou des esclaves, les personnes en retour peuvent réformer la société en redéfinissant *à propos*, selon la nouveauté des temps et des circonstances, le bien commun. L'autorité (*auctoritas*) de la communauté, comme toute autorité, doit permettre à ceux qu'elle entoure de pouvoir croître vers leur bien propre (*augere*), mais comment pourrait-elle prétendre abolir la liberté d'examen ? Ce serait autrement le rapport despotique d'un maître sur des esclaves, ce qui n'est pas pour Aristote une relation politique, mais la négation même du politique : rien ne s'oppose davantage au partage du *nomos* et à la recherche du bien commun que l'arbitraire individuel du tyran [1]. Et il y a évidemment une tyrannie du groupe, comme il y a une possible « tyrannie de la majorité » chez Tocqueville.

Si la communauté doit reconnaître des « personnes », la personne doit reconnaître la communauté (ne pas y voir qu'une simple association) et doit y retrouver non pas simplement son bien propre (en méprisant la cité), ou au contraire le seul bien commun du groupe (en lui sacrifiant jusqu'à sa vie morale ou intellectuelle), mais le bien *commun à* l'individu et *à* l'ensemble.

1. Voir Xénophon, *Hiéron ou De la tyrannie*, XI, 1, trad. L.-H. Dorion, Paris, Les Belles Lettres, 2021, où il s'agit de convertir le « tyran » en « roi » authentique, en mettant notamment les biens personnels du tyran au service de la collectivité (p. 36).

Si l'individu est la réalité ultime de la communauté dans son « haeccéité » ou sa singularité inamissible, distinct non pas *dans* le groupe mais *de* tout groupe (Pierre n'est pas qu'un Français, ou qu'un homme, puisqu'il est lui-même), une communauté « ouverte » doit en retour remplir correctement sa fonction d'éducation, d'humanisation et même d'universalisation : Pierre est bien plus que lui-même, bien plus qu'un Français, puisqu'il est homme. Si une communauté se réalise *dans* l'individu, la personne se réalise *par* une communauté.

Il faut retrouver la *philia*, l'« amitié », entre l'individu et les communautés qui ne cessent de l'informer, de l'instruire, de lui donner la matière même de son existence, mais « amitié » ne signifie ni dépendance, ni aliénation, ni aveuglement. Équilibre délicat, il est vrai, mais « tout ce qui est beau est rare autant que difficile » (dernière phrase de l'*Éthique* de Spinoza).

Les Suppliantes et *Les Sept contre Thèbes* Eschyle

Introduction

Quel sens y aurait-il, en 2024, à relire deux des plus anciennes pièces de théâtre que la tradition nous a laissées ? Deux chefs-d'œuvre, qui plus est, nés sous la plume d'un poète considéré comme le plus ancien, et parfois le plus obscur, lorsqu'on le compare aux autres auteurs de tragédies de la Grèce classique. Le choix de mettre au programme du concours des classes préparatoires scientifiques deux textes vieux de près de 2 500 ans n'est pas anodin : il sensibilise à la nécessité d'actualiser les œuvres pour les comprendre. Qu'il s'agisse, dans *Les Suppliantes*, de la fuite éperdue des cinquante Danaïdes, prêtes à tout pour échapper au mariage incestueux et au viol que veulent leur faire subir leurs cousins, ou que l'on se confronte au dilemme d'un chef qui doit faire preuve d'assurance pour préparer sa ville à la guerre tout en dialoguant avec sa conscience lorsqu'il se rend compte qu'il devra affronter lui-même son propre frère, on voit que les thématiques traitées par Eschyle trouvent de profondes résonances dans le monde que nous connaissons au troisième millénaire.

La démarche littéraire et réflexive mobilisée à l'égard des tragédies grecques anciennes est donc identique à celle que l'on emploierait pour des œuvres plus récentes, mais dont le fond ne nous semblerait pas forcément plus proche de nous. Ce qui peut rendre ces œuvres difficiles d'approche est le sentiment d'étrangeté que l'on éprouve à leur égard : l'éloignement temporel, bien sûr, y compte pour beaucoup, mais on ne peut écarter la barrière de la langue et la complexité de traduire en un français compréhensible des concepts et des tournures de phrase très sophistiqués, tout en maintenant la portée poétique et métaphorique des textes. Cela justifie que les traductions ne soient pas figées dans le marbre et que des réécritures soient nécessaires au fil des siècles.

La traduction retenue pour cette étude est celle de Paul Mazon [1]. Célèbre helléniste né en 1874, grand érudit, élu en 1927 à l'Académie des inscriptions et belles-lettres, il a traduit, outre *L'Iliade* et de nombreux autres textes, l'ensemble des œuvres de Sophocle et d'Eschyle. Son style est jusqu'à ce jour considéré comme l'un des plus accessibles et fidèles au texte grec. C'est pour cela que la lecture des *Suppliantes* et des *Sept contre Thèbes* en sera grandement facilitée.

Le thème général accolé à ces deux œuvres, « Individu et communauté », offre de nombreuses prises à l'analyse et à l'interprétation de ces tragédies. Nous verrons tout au long du chapitre comment travailler ces thèmes, en abordant aussi bien le contenu et l'intrigue à proprement parler que le contexte d'élaboration des tragédies grecques, indispensable pour les comprendre avec subtilité.

Le chapitre s'organise en trois grands mouvements. Le premier présentera les pièces dans leur généralité, en lien avec les enjeux historiques et culturels de l'écriture du poète Eschyle. Le deuxième reviendra sur les concepts grecs nécessaires à leur analyse. Le troisième explorera la dialectique entre la place de la communauté dans ces œuvres et le rôle accordé à l'individu, qu'il soit considéré comme personnage singulier ou comme groupe d'acteurs à part entière. Cela fera la synthèse de notre analyse à la lumière de la thématique « Individu et communauté », en octroyant toute sa place à la conjonction de coordination et aux différents sens qu'on peut lui donner.

1. Eschyle, *Tragédies complètes*, trad. P. Mazon, préface de P. Vidal-Naquet, Paris, Gallimard, « Folio classique », 1982.

I. Présentation générale des deux pièces et de leur contexte

Origines de la tragédie grecque : puissance religieuse et citoyenne

Les deux pièces soumises à notre analyse appartiennent au patrimoine de la tragédie grecque. Elle puise ses origines dans les rites religieux et les festivals dédiés à Dionysos, le dieu du vin, de la joie, de la fête et du théâtre. Les dionysies, des célébrations annuelles qui se déroulaient à Athènes en l'honneur de ce dieu, ont été les premiers lieux où le théâtre tragique a pris forme. Les premières traces de tragédies remontent au VIe siècle avant J.-C., avec les hymnes appelés « dithyrambes », dédiés à Dionysos lors de ces festivals. Ces chants étaient accompagnés de danses et étaient à l'origine très simples. Les représentations se déroulaient dans le cadre de concours, au format très structuré : les auteurs présentaient des tétralogies, avec trois tragédies qui se déroulaient sur trois jours tandis qu'une comédie venait clôturer le concours, le quatrième jour. Il est rare que les quatre pièces de chaque ensemble nous soient parvenues ; les spécialistes parviennent toutefois à conjecturer le nombre et le titre des œuvres manquantes à partir de fragments d'auteurs postérieurs mentionnant telle ou telle pièce désormais disparue.

Les représentations théâtrales n'étaient pas seulement porteuses d'une finalité artistique de divertissement. Elles exerçaient une fonction religieuse et, plus largement, politique, dans la mesure où elles participaient à la cohésion de la cité où elles se déroulaient. En outre, les tragédies fonctionnaient sur le mode d'une dialectique entre les intérêts d'individus et ceux de la collectivité :

> Dans sa forme même, la tragédie reprenait la structure fondamentale de la vie politique athénienne et permettait d'entendre ce qu'est une parole publique. La structure de base de ce théâtre est en effet le contraste entre une collectivité, le chœur, dont la présence sur scène est dans la plupart des pièces continue, et des personnages individuels agissants, qui entrent et qui sortent ; ils sont le plus souvent royaux, et le plus souvent en conflit. Chœurs

et acteurs étaient, comme lors des délibérations politiques et juridiques, tous masculins. Le chœur était constitué de douze citoyens amateurs, tandis que les acteurs étaient des professionnels [1].

Même si la dialectique entre des intérêts divergents pouvait s'exprimer, la résolution de l'intrigue tendait à faire triompher la cause de la communauté, ou tout au moins à dévoiler les échecs des ambitions individuelles. C'est donc par les représentations théâtrales des dionysies que s'exprimaient les valeurs politiques garantes de l'intérêt collectif. Dans *Les Perses* d'Eschyle, les Grecs témoignent de leur union, malgré la diversité de leurs origines, contre le monde barbare incarné par les Perses. Dans *Les Suppliantes*, le fait que Pélasgos demande à son peuple de délibérer pour décider du sort réservé aux Danaïdes montre l'impact des réformes démocratiques en cours à Athènes dans les années 460 et l'« engagement politique d'Eschyle en faveur d'Éphialte et de ses partisans dans leur lutte contre le conservateur Cimon et le vieux tribunal aristocratique de l'Aréopage [2] ». Comme toute œuvre littéraire, les tragédies grecques nous permettent ainsi de saisir l'atmosphère philosophique et culturelle qui imprégnait l'époque de leur création. C'est au cours du Ve siècle que s'effectue le glissement progressif des valeurs religieuses vers une portée plus politique, bien que la religion continue d'exercer un rôle de premier plan. Il faut toutefois entendre l'exercice de la religion à Athènes comme un phénomène social plutôt que dans une dimension de foi et de spiritualité, au sens dont le mot est porteur aujourd'hui. C'est le danger de tels anachronismes qui rend la lecture de ces pièces parfois ardue, car il est aisé de commettre des contresens et, partant, des erreurs d'interprétation.

Les trois tragiques grecs

Si l'on en revient à la forme et à la structure littéraire des pièces, c'est au Ve siècle avant J.-C. que la tragédie grecque a véritablement

1. Introduction à Eschyle, *Les Sept contre Thèbes*, traduit du grec, présenté et commenté par Pierre Judet de La Combe, Toulouse, Anacharsis, 2022, p. 13.

2. Jean Alaux, « La caresse divine et le rapt masculin : représentations du féminin dans *Les Suppliantes* d'Eschyle », *Information littéraire*, 2001, vol. 53, n° 1, p. 10.

pris son essor et a commencé à se consolider en tant que genre théâtral. Trois auteurs sont généralement associés en tant que pères et plus célèbres auteurs de tragédies grecques.

Eschyle (v. 525-456 av. J.-C.) est considéré comme le premier et le plus ancien d'entre eux. La pièce la plus lointaine qui nous a été transmise est de sa plume, *Les Perses*, datée de 472. Il apporte des innovations aux pièces anciennes, par exemple en ajoutant un deuxième acteur sur la scène, selon Aristote. Sept tragédies nous sont parvenues, mais on estime qu'il en a composé entre soixante-dix et quatre-vingt-dix, ainsi qu'une vingtaine de comédies.

Sophocle (v. 495-406 av. J.-C.) a poursuivi cette évolution avec des œuvres telles qu'*Œdipe roi* et *Antigone*. Il a introduit un troisième acteur sur scène, ce qui a permis une plus grande complexité des intrigues et des personnages. Sophocle a également joué un rôle important dans la standardisation de la structure de la tragédie, qui est désormais plus établie : un prologue, la *parodos* avec l'entrée du chœur, l'alternance d'épisodes et de *stasima*, et l'*exodos*. Nous reviendrons sur ces termes techniques dans la suite de ce chapitre. Grâce à la conservation des titres de ses pièces, on estime qu'il a écrit cent vingt-trois tragédies, mais seulement sept ont été intégralement conservées. Par rapport aux pièces d'Eschyle, il réduit la place accordée aux dieux, mais insiste sur la nécessité pour les hommes de respecter les lois sacrées de la religion ; les personnages qui feraient preuve d'impiété sont systématiquement châtiés dans ses œuvres.

Euripide (480-406 av. J.-C.) a quant à lui apporté une touche que l'on pourrait aujourd'hui qualifier de plus moderne et réaliste. Connu pour des pièces comme *Les Troyennes* ou *Médée*, Euripide a approfondi les thèmes psychologiques et sociaux, en les rendant plus complexes, et en remettant en question les normes traditionnelles pour offrir des portraits nuancés de ses personnages. Il diminue encore la place accordée aux dieux : la politique devient un enjeu central pour la vie de la cité, tandis que les hommes sont davantage acteurs de leur destin, bien que la fatalité continue largement de s'exercer dans leur vie. C'est aussi l'auteur dont le plus grand nombre d'œuvres a été conservé, puisque dix-huit nous sont parvenues.

En résumé, la tragédie grecque a évolué à partir des hymnes simples chantés lors des festivals de Dionysos au VIe siècle avant J.-C., pour devenir un genre théâtral complexe et structuré au VIe siècle avant J.-C., grâce aux contributions majeures des trois auteurs que sont Eschyle, Sophocle et Euripide.

Eschyle

Bien que nous ne puissions reconstituer l'ensemble de sa vie, un certain nombre d'indices nous permettent d'imaginer ce que fut le parcours de celui qui est considéré comme le père de la tragédie grecque. Il serait né vers 525 avant J.-C., dans une famille noble athénienne, les Eupatrides. Cela justifie qu'il ait eu accès à une certaine éducation, indispensable bien évidemment à la création de ses pièces et inaccessible aux familles plus modestes. En 490, il participe à la bataille de Marathon pour repousser les Perses venus envahir Athènes ; il les affronte de nouveau en 480 lors de la bataille navale de Salamine. Ces deux événements sont fondateurs dans l'histoire grecque, car ils marquent l'émergence du sentiment d'appartenance à une communauté grecque unie contre les « Barbares » que sont les ennemis d'alors, les Perses. Eschyle est l'un des premiers à exprimer ce sentiment et à participer à l'élaboration de cette identité commune autour d'Athènes dans la première pièce qui nous soit parvenue, *Les Perses*. La thématique marque toutefois l'ensemble de sa production littéraire et nous verrons qu'elle transparaît également dans *Les Suppliantes* et *Les Sept contre Thèbes*.

On estime qu'il aurait écrit près de cent dix pièces, tragédies et drames satyriques confondus. Treize fois victorieux au concours, il est donc l'un des auteurs les plus prolifiques et reconnus. Il meurt au milieu du Ve siècle, une légende indiquant qu'il aurait eu le crâne fracturé après avoir reçu une tortue sur la tête, lancée par un rapace [1]…

1. L'histoire nous est relatée par Pline l'Ancien dans son *Histoire naturelle*. Elle est reprise par Jean de La Fontaine dans la fable *L'Horoscope* (livre VIII, fable 12).

Quelques éléments de vocabulaire propre au théâtre tragique

Avant d'en venir à l'examen de l'argument de chacune des deux pièces, voici quelques mots de vocabulaire qu'il faut avoir en tête pour en comprendre les enjeux dramaturgiques.

1. Le *chœur* : dans toute pièce de théâtre classique, le chœur est joué par un groupe d'acteurs (uniquement des hommes) qui incarnent une catégorie bien identifiée de la population, souvent marginalisée : dans *Les Suppliantes*, il s'agit des cinquante Danaïdes en fuite, tandis que dans *Les Sept contre Thèbes* il s'agit d'un groupe de Thébaines éplorées. On estime toutefois qu'il était impossible que cinquante personnes montent effectivement sur scène ; il est probable que le chœur n'était joué que par une douzaine de choreutes. Sophocle aurait porté ce nombre à quinze. Les parties du chœur étaient chantées, parfois accompagnées de musiciens.

2. Le *coryphée* : c'est un membre du chœur qui joue le rôle de porte-parole pour le groupe. Il ou elle a des parties récitées, notamment lors des épisodes. Ses échanges avec Danaos et Pélasgos dans *Les Suppliantes* et Étéocle dans *Les Sept* sont fréquents et marquent la montée de l'intensité dramatique.

3. La *parodos* : il s'agit de l'entrée en scène du chœur, dans la tragédie grecque, du nom des deux allées (*para*, le long, et *odos*, le chemin) qui, dans les théâtres antiques, séparaient les premiers gradins où s'asseyaient les spectateurs de la scène (*skenè*) sur laquelle évoluaient les acteurs. C'est le moment où sont délivrées de premières informations sur l'intrigue, soit pour aider les spectateurs en leur donnant des éléments de contexte, soit en les plongeant directement dans le vif de l'action.

4. Les *épisodes* sont des parties de la tragédie où le texte est récité, déclamé, comme dans le théâtre que nous connaissons actuellement. Les épisodes constituent des moments de progression de l'intrigue. Ils désignent les passages où se déploient les actions, où les personnages font avancer l'intrigue en dialoguant et en expliquant ce qu'ils font au fur et à mesure. Autant les passages du chœur peuvent être considérés comme des moments de pause où l'action

est figée, autant les épisodes constituent les véritables blocs narratifs d'une pièce de théâtre.

5. Le *stasimon* (pluriel : *stasima*) : ce terme désigne un passage chanté par le chœur. Il ne s'agit pas tant d'une progression de l'intrigue que d'un moment de pause, de réflexivité, de complainte, de supplication, voire d'expression de bénédictions et de joie. Cela est dû au fait que le chœur, dans la tragédie, n'a pas un rôle actif ; c'est un groupe de personnages qui commentent l'action, mais ne la conduisent pas. Les épisodes alternent avec les *stasima* au long de la tragédie.

6. Les *stichomythies* : il s'agit de brèves répliques qui s'enchaînent, donnant une impression d'accélération du rythme de la pièce. Ce sont des moments de vive intensité dramatique. Par exemple, les stichomythies renforcent l'expression de la colère dans *Les Suppliantes* lorsque le roi Pélasgos dialogue avec le héraut des Égyptiades et qu'ils en viennent tous deux aux menaces. La colère exprimée par Étéocle à l'encontre du chœur de Thébaines en proie au désespoir se fait également par le moyen de stichomythies, accentuant la vivacité de ces reproches.

7. Un *agôn* : le mot signifie « combat » en grec ancien (d'où l'étymologie du mot « agonistique », qui renvoie au caractère guerrier d'une situation, d'un personnage, voire d'une civilisation, etc.). Un *agôn* désigne un passage particulièrement vigoureux où deux personnages vont s'opposer frontalement ; l'un des plus célèbres de la tragédie ancienne est l'*agôn* qui oppose Antigone à son oncle Créon dans la pièce de Sophocle. Chez Eschyle, l'*agôn* des *Suppliantes* se situe dans la scène qui oppose Pélasgos au héraut égyptien, tandis que dans *Les Sept contre Thèbes* on pourrait lire un message particulièrement agonistique dans les reproches adressés par Étéocle au chœur éploré des Thébaines, au début de la pièce.

Ces éléments de vocabulaire peuvent être mobilisés pour l'étude de n'importe quelle tragédie ancienne et seront donc employés dans la suite du chapitre pour parler des deux pièces soumises à notre étude.

Résumé et structure des pièces

Les Suppliantes

Cette pièce a longtemps été datée comme ancienne, proche des années 490 [1]. Cependant, la critique s'accorde désormais sur le fait que la pièce *Les Suppliantes* est relativement tardive par rapport à la vie et à la carrière dramaturgique d'Eschyle, entre 466 et 456 ; néanmoins, à ce moment, la tragédie grecque n'avait pas encore adopté la forme fixe qui serait la sienne à l'époque classique. Elle continue de se structurer ; l'enjeu est que les anciens poèmes épiques, auparavant psalmodiés, trouvent une place et un intérêt en étant réécrits et refondus sous la forme de pièces représentées sur scène. En d'autres termes, il s'agit de rendre des histoires narratives compatibles avec une représentation dramaturgique, en intégrant l'espace scénique et la captation de l'attention d'un auditoire. La réussite du poète tient à la manière dont il conçoit les déplacements de ses acteurs sur scène, avec quel décor (fictif), quels choix scénographiques [2], etc.

On ne s'étonnera donc pas que la structure du texte d'Eschyle ne soit pas canonique. Un premier élément qui en témoigne est l'absence de prologue ; en effet, dans les pièces plus tardives, notamment celles de Sophocle, les premiers vers constituent une présentation de la pièce qui se déroulera sous les yeux des spectateurs. Ce prologue – littéralement, ce qui vient avant le discours, ou la parole, donc la pièce – peut être joué par un acteur seul ou en dialogue à plusieurs voix. Dans la pièce d'Eschyle, cette introduction est absente. Les spectateurs sont ainsi projetés directement dans la matière tragique – *in medias res* –, ce qui en augmente le caractère dramatique.

1. C'est encore le cas dans la notice introductive rédigée par le traducteur de la pièce, Paul Mazon.

2. Un article de Bernadette Morin explore la manière dont ces choix auraient donné à se concrétiser sur scène ; l'auteure émet des hypothèses sur les éléments de décor et de scénographie, à partir des répliques indiquant des éléments de topographie, des verbes de déplacement, etc. Voir Bernadette Morin, « De l'épopée au théâtre de Dionysos : Eschyle et les Danaïdes », *Bulletin de l'Association Guillaume-Budé*, 2013, n° 2, p. 82-111.

Ce sont donc les mots du chœur, par l'intermédiaire de son porte-parole, le coryphée, qui ouvrent la *parodos*. Elle est plutôt longue, à l'instar de celle des *Perses* ; cela témoigne de l'importance dramatique conférée au chœur comme personnage à part entière, bien qu'il représente un collectif, mais un collectif de personnes capables de s'exprimer d'une seule voix. En l'occurrence, il s'agit ici d'un chœur de cinquante femmes, les filles de Danaos, ainsi appelées les Danaïdes, qui fuient l'Égypte pour se réfugier en Grèce à Argos. Dès les premiers vers, elles se présentent en « troupe vagabonde », sont qualifiées de « bannies », et justifient leur « révolte » : leurs cousins, les cinquante fils d'Égyptos, veulent les forcer à s'unir à elles, au mépris du droit. Leur refus tient à une double cause : la première est générale et concerne leur « horreur innée de l'homme », autrement dit leur volonté de ne jamais se marier et de rester vierges ; la seconde est plus spécifique et renvoie à la détestation de « l'hymen des fils d'Égyptos », pris d'une « sacrilège démence », qui cherchent à les violenter. L'intensité dramatique est donc installée sur scène dès les premiers vers, plongeant les spectateurs dans l'effroi et l'incompréhension : pourquoi ces femmes courent-elles un tel danger ? Leur attention est ainsi captée, le suspense est installé, le reste de la pièce peut se dérouler.

Autre fait notable, sur lequel nous reviendrons *infra* : l'adresse immédiate, dès les premiers mots, à Zeus, qualifié de « Suppliant » dans la traduction de référence, mais qu'on pourrait également entendre comme « protecteur des suppliants [1] ». C'est également sur son invocation que s'achèvera la pièce. L'ensemble de la tragédie est donc placé sous son autorité ; non content d'être le roi des dieux, il est celui qui garantit la justice, le droit, en ce qu'il prend sous sa protection les plus vulnérables. En lui adressant leurs supplications, les Danaïdes convoquent la divinité la plus haut placée dans le panthéon des dieux et, surtout, elles font appel à un dieu grec, ce qui les rapproche des Argiens. Dès la *parodos*, les spectateurs

1. Voir Catherine Dobias-Lalou, « ἀφίκτωρ, Eschyle, *Suppliantes* 1 et 241 », *Revue des études grecques*, 2001, 114-2.

comprennent que la justice et le respect des lois sacrées de la religion seront au cœur de la pièce.

Après les premiers mots du coryphée viennent ceux du chœur à proprement parler. Il est hélas difficile de retranscrire dans la traduction française les changements de rythme induits par la variation de prosodie dans le texte grec original. Les vers du chœur étaient généralement chantés, accompagnés de musique, et se distinguaient donc formellement des répliques prononcées par les autres personnages. Les didascalies rajoutées par l'éditeur permettent toutefois d'imaginer ces variations de rythme et de reconstituer des prises de parole plus hétérogènes. Après les supplications initiales du coryphée, le chœur se lance ici dans une généalogie des filles de Danaos, en remontant aux origines mythiques de la lignée. Il s'agit de l'histoire d'Io, sur laquelle nous reviendrons. Le chœur mobilise ensuite un autre mythe, celui de Philomèle et Procné, également développé dans la suite de ce chapitre. C'est tout un environnement mythique qui est ainsi convoqué, renforçant le sentiment de partager un univers commun de références avec les spectateurs. Le chœur relance ensuite ses supplications et les développe dans une nouvelle direction, puisqu'elles sont désormais adressées au peuple d'Argos où les Danaïdes demandent l'asile.

Après cette longue *parodos* s'ouvre le premier épisode à proprement parler. Le roi Danaos prend la parole pour s'adresser à ses filles. Il les appelle à la prudence, leur rappelant qu'elles sont des « étrangères », et qu'elles doivent donc respecter les mœurs locales et faire preuve de la plus grande modestie. Un dialogue s'engage avec le coryphée, à l'issue duquel celui-ci adresse ses supplications à Zeus, Apollon puis Hermès.

C'est alors qu'entre en scène le roi d'Argos, Pélasgos. À l'accoutrement des Danaïdes, à leur couleur de peau brunie, à leur accent enfin, il comprend qu'elles ne sont pas grecques ; il les qualifie de « barbares », dans l'idée que, pour les Grecs, est barbare tout ce qui n'est pas grec. Le mot provient étymologiquement de cette impossibilité pour les Grecs de comprendre les personnes qui ne parlaient pas leur langue, « *bar-bar* » évoquant le bégaiement de phonèmes incompréhensibles. Le dialogue s'engage néanmoins avec le chœur ; les Danaïdes se présentent et reformulent leur demande d'asile, en se justifiant par leur ascendance d'origine grecque. La lignée de Danaos et celle d'Argos étant ainsi sœurs, le roi ne peut pas leur refuser son aide. Mais il comprend vite que s'opposer à Égyptos lui fait courir le risque d'une guerre cruelle. Quel sera son choix ?

Le chœur reprend ensuite la parole, au cours du premier *stasimon*. Dans *Les Suppliantes*, il est difficile de délimiter précisément la différence entre épisode et *stasimon*, tant les deux sont fréquemment entrelacés. Dans ce passage, cette agitation permet de rendre compte du dilemme éprouvé par le roi, déchiré entre la nécessité pour lui de respecter le devoir d'hospitalité envers celles qui sont ses lointaines parentes, et le danger qu'il fait courir à son peuple en prenant le risque de déclencher une guerre contre les Égyptiades.

Un deuxième épisode va donc faire avancer l'action ; de nouveau, il prend la forme d'un dialogue entre le roi et le coryphée. Puisque le roi est indécis et semble incapable de prendre une décision, les Danaïdes apportent un nouvel argument, qui va faire l'effet d'un élément déclencheur : elles menacent de se suicider en se pendant aux statues des dieux qui ornent la scène. Si elles vont au bout de leur projet mortifère, elles infligeraient une souillure suprême à Argos. Il est impossible pour le roi d'accepter que les divinités qui protègent sa ville soient ainsi recouvertes de cadavres. Il n'a d'autre choix que de leur accorder la protection dans le sanctuaire. Toutefois, cela n'est pas définitif ; il lui faut encore convaincre son peuple du bien-fondé de cette protection.

Un deuxième *stasimon* vient clore ce premier pas favorable du roi envers l'octroi du droit d'asile ; le chœur renouvelle ses supplications envers Zeus, en rappelant sa prééminence parmi les dieux et pour la défense de la cause des victimes. D'un point de vue dramaturgique, le temps consacré au chant fait durer le suspense pour les spectateurs, car il faut imaginer que c'est pendant ce temps que le roi va s'efforcer de convaincre les Argiens d'accueillir les Danaïdes.

Un troisième épisode, bref, voit réapparaître Danaos ; le vieil homme apporte une bonne nouvelle, à savoir l'accord des Argiens pour protéger ses filles. Dans une tirade lyrique et enthousiaste, il énonce le serment prêté par les Grecs de reconnaître l'asile pour les Danaïdes et de les défendre face à quiconque voudrait leur faire violence.

Le troisième *stasimon* s'apparente alors à un cri de joie de la part des Danaïdes : les voilà sauvées, accueillies à Argos, sous la protection de son peuple et de ses dieux. En remerciement, elles chantent les louanges des Argiens et appellent sur eux de multiples bénédictions.

Le quatrième épisode annonce toutefois une dernière péripétie : Danaos aperçoit au loin le vaisseau des Égyptiades, prêts à tout pour enlever les Danaïdes de force. Un dialogue s'engage avec le chœur et le coryphée ; les jeunes filles expriment leurs craintes d'être victimes de la violence de leurs cousins, tandis que Danaos les incite au calme et à la confiance envers la protection accordée par les Argiens et par Zeus.

Un quatrième *stasimon* consacre la terreur des Danaïdes ; leur épouvante s'accroît à mesure que le navire des Égyptiades se rapproche. La dramaturgie mise en œuvre par Eschyle prouve ainsi toute son efficacité : s'il ne peut reproduire sur scène l'arrivée du navire, ce sont les paroles des protagonistes sur scène qui donnent à voir cette progression. Les spectateurs sont ainsi projetés aux côtés des jeunes filles et vivent avec elles l'angoisse de voir leurs ennemis se rapprocher inéluctablement, jusqu'au contact final.

Le dernier épisode est plus confus, dans la mesure où une partie de la pièce a été perdue. On comprend toutefois que les Égyptiades ont accosté et que leur héraut s'est approché des Danaïdes, malgré l'interdiction de pénétrer dans un sanctuaire religieux. Les ennemis s'adressent à elles, les menacent une dernière fois de les saisir si elles ne montent pas à bord, malgré leur refus et leurs pleurs. Mais c'est au moment où elles semblent ne plus pouvoir s'opposer aux Égyptiades que surgit Pélasgos. Il intime aux hommes de fuir, rappelle le caractère sacrilège de leur attaque – sacrilège envers les lois des dieux, puisqu'ils ont pénétré le sanctuaire, et sacrilège envers les droits des hommes, puisque ces femmes sont désormais sous la protection d'Argos. Les Égyptiades finissent par fuir, en promettant toutefois qu'Argos s'expose désormais à une guerre inéluctable pour l'affront ainsi mené. La pièce se clôt sur les mots de Danaos exprimant toute sa gratitude à Pélasgos et incitant ses filles à respecter les coutumes des Grecs, elles qui ne sont que des étrangères. Les Danaïdes le promettent et renouvellent leurs bénédictions envers les Argiens et surtout le souverain des dieux, Zeus, qui leur accorde sa protection.

Pour résumer les différentes étapes de la pièce, sa structure est la suivante :

– *parodos* : présentation du chœur ;
– premier épisode : Danaos et le chœur, puis Pélasgos ;
– premier *stasimon* : le dilemme de Pélasgos ;
– deuxième épisode : la menace de suicide des Danaïdes ;
– deuxième *stasimon* : supplications des Danaïdes envers Zeus ;
– troisième épisode : Danaos annonce qu'Argos protège les Danaïdes ;
– troisième *stasimon* : joie et bénédiction des Danaïdes ;
– quatrième épisode : l'apparition des Égyptiades ;
– quatrième *stasimon* : la terreur croissante des Danaïdes ;
– cinquième épisode : l'attaque des Égyptiades, les menaces de Pélasgos et la mise en sécurité finale des Danaïdes.

Cette structuration de la pièce nous paraît la plus claire pour en comprendre les différentes étapes et les enjeux dramaturgiques qui lui sont liés. Les autres travaux critiques peuvent ne pas se montrer d'accord sur ce point ; l'important est de bien repérer les nœuds dramatiques, c'est-à-dire les moments de bascule où l'intrigue risque de tourner dans une autre direction et d'assurer ou bien la défaite, ou bien la victoire des personnages principaux, à savoir les Danaïdes. La compréhension de l'articulation entre les passages chantés par le chœur et les passages de dialogue est tout aussi importante, car c'est ce qui permet de séparer les temps de pause des périodes où l'action à proprement parler peut progresser. On comprend alors que les chants du chœur sont autant des moments de virtuosité stylistique et musicale, où s'exprime tout le talent du poète Eschyle, que des stratégies narratives qui miment le temps qui passe et permettent donc à d'autres éléments de l'intrigue de prendre place. L'annonce victorieuse de Danaos qui fait suite à la délibération du peuple d'Argos, dont on ne saura rien, est éloquente à cet égard.

Les Sept contre Thèbes

Cette pièce est datée de 467, soit cinq années après les *Perses*, et probablement avant *Les Suppliantes*. Des trois autres pièces de la trilogie tragique et de la comédie initiales, il ne reste que quelques fragments. Notre pièce était la troisième et faisait suite à *Laïos* et *Œdipe*, dont on peut conjecturer qu'elles présentaient le mythe des Labdacides vu de chacun des personnages dont elles portaient les titres.

À la différence de ses autres pièces, *Les Sept contre Thèbes* ne s'ouvrent pas sur la prise de parole du chœur ou du coryphée : c'est Étéocle qui entre en scène en premier. La scène se déroule sur l'agora, la place publique de la cité, où la population vit et s'exprime tout au long de la journée. La longue tirade d'Étéocle consiste en une vive exhortation au peuple de Thèbes à prendre courage et assurer la défense de leur cité, dont l'assaut par le frère rival Polynice et ses alliés est imminent. Cette brutale entrée en matière est compréhensible dès lors qu'on la replace dans la chronologie des deux pièces précédentes ; après le destin tragique d'Œdipe s'ouvre le temps du conflit entre ses fils, comme lui-même en avait fait le vœu lors de la malédiction qu'il leur avait funestement adressée. Un messager vient immédiatement confirmer que l'armée ennemie est aux portes de la ville et s'attache à en dépeindre le caractère effrayant.

La première intervention du chœur, un groupe de Thébaines, vise à susciter peur et pitié dans le cœur des spectateurs ; des femmes éplorées viennent exposer leur crainte d'être victimes de l'assaut et réduites en esclavage en cas de défaite de Thèbes.

Le premier épisode consiste en un dialogue entre le chœur et Étéocle, qui reproche vigoureusement à ces femmes de se laisser étreindre par la peur. Ces plaintes risqueraient d'effrayer les combattants thébains ; Étéocle intime donc aux femmes de rester chez elles, de prier les dieux et d'encourager les Thébains, ainsi que de cesser leurs lamentations déraisonnables. Il se drape également dans son *ethos* de chef, capable de mener au combat l'ensemble de la cité et de la faire triompher. Il se pose ainsi en héros, en défenseur d'une cause juste car légitime – celle de repousser l'agression de Polynice envers la cité.

Le deuxième *stasimon* voit la frayeur du chœur redoubler d'intensité ; les femmes prient les dieux avec ferveur, en faisant le vœu de ne pas être captives de leurs ennemis.

La séquence suivante se construit sur un schéma relativement original dans la tragédie. Le procédé initial est commun : le messager revient pour annoncer l'arrivée des ennemis, au cours du procédé rhétorique classique qu'est l'hypotypose : la scène est décrite avec minutie, en renforçant les effets visuels, afin que les seuls mots mettent l'ensemble de la situation sous les yeux des spectateurs. Cette ruse dramaturgique est fréquente ; dans la mesure où l'espace scénique est restreint, le poète doit user de stratégies rhétoriques pour compenser l'impossibilité qu'a le public de voir littéralement des espaces ne tenant pas sur la scène. Dans la mesure où le décor de la pièce représente l'agora de Thèbes, les portes de la ville ne sont pas visibles ; l'art du poète sera donc de transmettre l'intensité des événements qui se produisent à l'extérieur uniquement par des mots, ou des chants.

L'originalité réside dans la structuration de l'épisode, qui se décompose en sept mouvements totalement parallèles. Le messager va effectivement présenter chacun des sept combattants se présentant à chacune des sept portes de Thèbes : son nom, son caractère, son allure, son équipement guerrier, et surtout son bouclier et la symbolique des motifs qui le recouvrent. À cette présentation de l'ennemi succède systématiquement une réponse d'Étéocle ; en chef de guerre, il présente le guerrier thébain qu'il choisit d'opposer au combattant désigné par Polynice, en faisant son éloge et en exprimant des vœux de victoire. Une dernière réplique du chœur clôt chaque segment de cette séquence, pour maudire le combattant ennemi et glorifier le défenseur de Thèbes. Cela est répété sept fois, selon un ordre reproduit ci-dessous.

Porte	**Combattant ennemi**	**Combattant thébain**
Porte Proitide	Tydée	Mélanippe, fils d'Astacos
Porte d'Électre	Capanée	Polyphonte
Porte Néiste	Étéoclos	Mégareus, fils de Créon
Porte d'Athéna Onka	Hippomédon	Hyperbios, fils d'Oinops
Porte du Nord	Parthénopée l'Arcadien	Actor, fils d'Oinops (frère d'Hyperbios)
Porte Homoloïs	Amphiaraos, devin	Lasthénès
Porte Septime	Polynice	Étéocle

La septième intervention, la plus dramatisée, est bien sûr celle qui oppose les deux chefs : c'est Polynice qui occupera la septième porte, et Étéocle n'a d'autre choix que de lui opposer sa propre personne. Cette décision se fait toutefois au terme d'une longue tirade où Étéocle exprime tout son dilemme ; il reconnaît que le temps est venu pour la malédiction lancée par son père de venir au jour. Néanmoins, il exprime que jamais la Justice n'a été du côté de Polynice, et s'encourage à affronter celui qui est avant tout son propre frère.

Un dernier mouvement au cours de cet épisode voit le dialogue s'engager entre Étéocle et le chœur, par la voix du coryphée ; ce dernier s'efforce de dissuader le roi thébain de prendre les armes contre son frère, afin de ne pas ajouter aux sacrilèges précédents (meurtre de Laïos, inceste d'Œdipe) ce nouveau crime qu'est le fratricide. Cette exhortation du chœur est un échec ; Étéocle, en s'engageant dans cette voie meurtrière, agit par esprit de sacrifice et prend sur lui la souillure du crime. L'issue du combat semble donc inéluctable.

Lors du troisième *stasimon*, le chœur se répand de nouveau en lamentations. Les femmes pressentent l'issue fatale du combat entre les deux frères et prévoient leur mort commune, avant d'anticiper les souffrances qui en résulteront pour elles. Elles rappellent ensuite l'origine de toute la tragédie, à savoir la souillure initiale commise par Laïos. La pythie lui avait interdit d'avoir un enfant, sous peine de conduire Thèbes à sa perte ; en dépit de cette prophétie, Laïos engendra Œdipe, ainsi que toute la chaîne de malédictions que nous connaissons désormais.

En outre, le temps passé lors de ce *stasimon* mime la durée des combats qui font rage aux portes de la cité. Il était donc nécessaire, d'un point de vue dramaturgique, d'intercaler cette séquence du chœur, pour laisser le temps aux combats de se dérouler de manière crédible. L'intervention chantée permet de ménager le suspense et de susciter dans le cœur des spectateurs les émotions de pitié et de frayeur, conférant en cela une portée cathartique [1] à la scène.

C'est au cours du quatrième épisode que le messager revient annoncer l'issue des combats. Si Thèbes est sauvé, les Thébains ayant repoussé les combattants alliés à Polynice, le prix à payer en est lourd : les deux frères se sont entre-tués et la ville est désormais

1. La catharsis, selon les mots d'Aristote, consiste en la purification des passions de haine et de colère par l'expression de la terreur et de la pitié chez les spectateurs.

orpheline de son roi. Les pleurs le disputent à la joie, ouvrant la voie à une conclusion foncièrement tragique pour la pièce.

La suite de la tragédie est consacrée à de nouvelles lamentations exprimées par le chœur, au regard du destin tragique réservé aux combattants. Les complaintes sont également le lieu de rappeler l'origine tragique de ce conflit ainsi que l'union incestueuse d'Œdipe et Jocaste. La mort des deux frères, en ajoutant un crime fratricide à une union sacrilège, permet paradoxalement de sortir du cycle infernal des pratiques interdites par les dieux. C'est ensuite un cortège funèbre qui s'élance et parcourt la ville, en prononçant un long thrène, c'est-à-dire un chant de deuil, à l'égard des deux frères. Dans la version initiale de la tragédie, le chœur quitte la scène sur ce chant. Or une dernière scène, probablement un ajout postérieur inspiré de la pièce du même nom de Sophocle, annonce qu'une nouvelle tragédie est en train de se mettre en place, à savoir celle de la fille d'Œdipe, Antigone. Ces derniers vers, au cours d'un dialogue entre un héraut et Antigone, expriment le refus de la jeune fille d'obéir à Créon, qui avait interdit d'accorder toute sépulture à Polynice pour laisser son cadavre pourrir au soleil et empêcher son âme d'accéder au royaume des morts. Il paraît surprenant qu'Eschyle ait rédigé ce passage, qui se distingue si vivement du reste de la pièce tant par sa forme que par son style. Maurice Croiset émet l'hypothèse de la concurrence des *Sept contre Thèbes* avec une autre pièce, postérieure, *Les Éleusiniens*, dans laquelle les sept combattants ennemis recevaient tous une sépulture, tout comme les sept combattants thébains. Pour éviter la dissonance entre ces deux pièces, il était plus clair et cohérent que Polynice se vît privé de sépulture, d'où un probablement remaniement de l'œuvre d'Eschyle [1].

Pour résumer, voici enfin les principaux mouvements des *Sept contre Thèbes* :

– introduction par Étéocle ;
– premier *stasimon* : lamentations du chœur de Thébaines ;

1. Pour une explication détaillée, voir l'ouvrage de Maurice Croiset, *Eschyle. Études sur l'invention dramatique dans son théâtre*, Paris, Les Belles Lettres, 1928, chapitre V.

– premier épisode : colère et invectives d'Étéocle ;

– deuxième *stasimon* : lamentations et prières des Thébaines ;

– troisième épisode : énumération des quatorze combattants ennemis et thébains ;

– troisième *stasimon* : lamentations, rappel de l'origine de la tragédie ;

– quatrième épisode : annonce par le messager de la mort des deux frères ;

– quatrième *stasimon* : complaintes du chœur et cortège funèbre ;

– épisode supplémentaire : discussion entre le héraut et Antigone pour dissuader celle-ci d'offrir une sépulture au corps de Polynice.

Références mythologiques incontournables

On l'a vu au cours du résumé des deux pièces, les références mythologiques sont omniprésentes et incontournables. Cette section va revenir sur les deux grands ensembles mythiques sur lesquels reposent nos deux tragédies, ainsi que sur le mythe de Philomèle et Procné, secondaire dans *Les Suppliantes* mais pertinent pour en comprendre la portée métaphorique et poétique.

Le mythe d'Io

La pièce *Les Suppliantes* n'est pas compréhensible sans la connaissance du mythe d'Io ; qu'il soit mobilisé et expliqué dès le *parodos*, comme on l'a déjà vu, est révélateur. Ce mythe est ancien et précède la tragédie à proprement parler ; on ne reviendra pas ici sur les multiples variantes qui caractérisent l'histoire, comme cela est fréquent dans la mythologie grecque. Rappelons-en simplement les grandes lignes. Io est la fille du dieu-fleuve Inachos, par ailleurs roi d'Argos. Elle est donc d'origine grecque. Alors qu'elle officie en tant que prêtresse au temple d'Héra, elle attise la convoitise de Zeus et devient l'une de ses multiples conquêtes. Héra, épouse de Zeus, s'en aperçoit ; pour soustraire son amante à la jalousie de sa femme, Zeus transforme Io en génisse, mais continue à la fréquenter. Héra convoque alors le géant Argos, doté de cent yeux, pour la surveiller en toutes circonstances, mais Hermès, envoyé par Zeus, tue Argos et libère Io. Héra lance alors un taon pour harceler la génisse qui, de douleur et d'effroi, s'enfuit d'Argos et traverse de nombreuses régions pour finalement s'établir sur les bords du Nil, dans l'actuelle Égypte. C'est là qu'elle met au monde son fils, Épaphos, qui signifie en grec « touché » ; Zeus a effectivement permis à la génisse de reprendre forme humaine et d'enfanter en la touchant sur le front. Épaphos engendre une fille, Libyé, qui donnera son nom à la région dans laquelle elle se sera établie. Le fils de Libyé est Bélos, lui-même père de Danaos et Égyptos.

La pièce d'Eschyle s'inscrit ainsi dans la continuité de ce mythe. Le poète le rappellera dans les mêmes termes au cours d'une autre pièce, *Prométhée enchaîné*, en imaginant qu'Io, dans sa course folle provoquée par les piqûres du taon, ait croisé un jour le chemin du Titan enchaîné à son rocher sur le mont Caucase. La généalogie mythique des Danaïdes s'inscrit directement dans une double filiation, qui est symboliquement fondamentale pour le déroulement de la pièce. Celle de Zeus tout d'abord : en tant que lointaines descendantes du souverain des dieux, les filles de Danaos prétendent légitimement bénéficier de son secours. Celle d'Argos ensuite : en expliquant à l'actuel roi d'Argos, Pélasgos, qu'elles sont en réalité les arrière-arrière-petites-filles d'Io, elles démontrent que Pélasgos et Danaos ont un ancêtre commun. Ce lien de parenté est un argument essentiel à l'obligation faite à Pélasgos de respecter les lois de l'hospitalité, puisque c'est bien du sang grec qui coule dans les veines des Danaïdes.

Le mythe de Philomèle et Procné

Cet autre mythe est brièvement évoqué au début de la *parodos*, dans une métaphore qui associe la douleur étreignant les Danaïdes à celle de Procné. Cette dernière est l'épouse de Térée. Un jour, elle fait venir sa sœur Philomèle à ses côtés. Térée tombe sous son charme ; il cherche à la séduire et, devant les refus de Philomèle, il la viole et lui tranche la langue pour l'empêcher de le dénoncer. Elle parvient toutefois à faire connaître son histoire à Procné en la brodant sur une tapisserie. Par vengeance et désespoir, Procné tue le fils de Térée et, comble de l'horreur, le cuisine, et le lui sert à manger au cours d'un banquet. Les dieux transforment alors les trois personnages en oiseaux : Procné en hirondelle, Philomèle en rossignol et Térée en huppe. C'est pour cela que les huppes ne cessent de chasser les autres oiseaux, comme pour exercer leur vengeance…

Les Danaïdes associent ainsi leur propre chant à celui du rossignol, fait de plaintes et de lamentations. Cette parenté mythologique accentue le caractère dramatique de la scène en rappelant l'enjeu crucial de la scène, à savoir la menace de viol que font peser les fils d'Égyptos sur elles, à l'instar de la violence exercée par Térée sur Philomèle.

Le mythe d'Œdipe et des Labdacides

Dans *Les Sept contre Thèbes*, c'est un autre mythe bien connu des Grecs qui est au cœur de l'intrigue. C'est aussi l'une des histoires les plus célèbres de l'ensemble des récits transmis par la mythologie grecque jusqu'à nos jours, et l'un des plus fréquemment mobilisés dans la culture textuelle et picturale classique et contemporaine, jusqu'à la psychanalyse, par le biais du « complexe d'Œdipe » mis en exergue par Sigmund Freud. Tout commence par une prophétie livrée par l'oracle de Delphes : Laïos, fils de Labdacos (d'où le nom de sa lignée, les Labdacides) et roi de Thèbes, époux de Jocaste, ne doit pas avoir d'enfant avec sa femme. Dans le cas contraire, son fils le tuera et épousera sa femme. Cette malédiction provient de Pélops, roi qui avait accueilli Laïos dans sa jeunesse alors qu'il avait été chassé de Thèbes, et qui en avait été bien mal récompensé, puisque Laïos avait violé son fils, Chrysippe. Réclamant vengeance auprès du dieu Apollon, Pélops avait alors maudit Laïos et sa lignée.

Malgré l'interdit, Laïos et Jocaste conçoivent un enfant, Œdipe. Laïos choisit alors de le faire disparaître en l'abandonnant sur le mont Cithéron, n'ayant pas le courage de le tuer lui-même. Le bébé est pendu par les pieds, ce qui lui confère le surnom de « pieds enflés », signification grecque du nom Œdipe. Il est toutefois recueilli par un berger, qui le ramène à Corinthe auprès du roi Polybe. Là-bas, loin de Thèbes, il est élevé sans savoir d'où il provient, croyant être le fils de Polybe. Un jour, l'oracle de Delphes lui dévoile la terrible prophétie qu'il tuera son propre père et épousera sa mère. Pour échapper à ce destin, il ne retourne pas à Corinthe. Sur son chemin, il se querelle avec un vieil homme et le tue. Il s'agit bien sûr de Laïos, mais Œdipe ne pouvait que l'ignorer. La prophétie commence à se réaliser. Arrivé à Thèbes, Œdipe résout l'énigme du Sphinx, monstre à corps de lion et tête humaine qui terrorisait la ville en en interdisant l'accès à ceux qui ne sauraient trouver la réponse aux questions qu'il leur posait. Œdipe est ainsi accueilli en sauveur par la ville ; la reine s'offre à lui et l'épouse. Il s'agissait de Jocaste, mais là encore les deux protagonistes ignorent tout du lien de parenté qui les unit. Œdipe règne durant de longues années, offrant paix et sécurité à sa ville. Quatre enfants viennent au monde : Étéocle, Polynice, Ismène et Antigone.

Un jour, une terrible peste frappe la ville. Œdipe consulte un oracle qui lui apprend que la maladie sera levée le jour où le meurtrier de Laïos sera découvert. Après avoir mené l'enquête, il découvre qu'il s'agit de lui-même ; l'ensemble de la prophétie initiale est alors dévoilé. Jocaste se pend de désespoir dans son palais et Œdipe se crève les yeux. Les suites données au mythe présentent des variantes ; dans les versions qui nous sont parvenues à travers les pièces de Sophocle, *Œdipe roi* et *Œdipe à Colone*, Œdipe prend la route de l'exil et finit par s'installer à Colone. Dans d'autres, il reste à Thèbes. Toutefois, toutes les versions ont ceci de commun qu'Œdipe maudit ses deux fils avant sa mort : il les condamne à s'entre-tuer. C'est cette malédiction qui est à l'origine de la pièce d'Eschyle.

Étéocle et Polynice sont supposés se partager le trône de Thèbes en l'occupant chacun un an, en alternance. Mais Étéocle finit par refuser de céder sa place à son frère ; ce dernier quitte la ville, lève une armée à l'extérieur et attaque Thèbes. Dans la pièce *Les Sept contre Thèbes*, sept grands combattants extérieurs s'opposent à sept Thébains, le septième duel étant celui qui oppose Polynice à Étéocle. Conformément à la malédiction lancée par Œdipe, les deux frères s'entre-tuent.

La pièce qui nous est parvenue se finit sur les lamentations des Thébaines. Un ajout prépare toutefois à la suite de l'histoire, avec l'intervention d'Antigone. Le règne par intérim de Thèbes revient à l'oncle des enfants d'Œdipe, Créon ; celui-ci interdit à quiconque d'offrir une sépulture à Polynice, au vu du sacrilège commis en attaquant la ville de Thèbes. Mais Antigone choisit d'obéir aux principes élémentaires de la justice et de la religion plutôt qu'à Créon, et elle enterre en secret Polynice. Découverte, elle est arrêtée, reconnaît, assume les faits, puis est condamnée à être emmurée vive. Cet épisode éminemment célèbre est l'objet de nombreuses œuvres d'art et pièces de théâtre, au premier rang desquelles *Antigone* de Sophocle, qui met en exergue le courage de la jeune fille et la primauté donnée aux lois sacrées de la religion. Mentionnons également la réécriture qui en est faite en 1944 par Jean Anouilh dans la pièce du même nom. Le dramaturge y met explicitement en parallèle la désobéissance « civile » de la jeune fille et les actes de résistance aux injustices abominables mises en œuvre par le régime vichyssois.

Le mythe d'Œdipe connaît des prolongations dans la psychanalyse freudienne, en donnant son nom à l'attraction éprouvée par un enfant pour sa mère.

II. Des concepts philosophiques et culturels clés

Maintenant que le contexte culturel, littéraire et narratif des deux pièces a été détaillé, cette deuxième partie va problématiser la trame dramaturgique de chacune de ces œuvres à l'aune de deux concepts fondateurs : ceux de souillure et de démesure.

Lire *Les Suppliantes* à l'aune d'un concept : la souillure

Souillure et impureté

Dans une société où les liens religieux sont aussi importants qu'ils l'étaient dans la Grèce ancienne, ce qui permet de caractériser l'aspect juste ou injuste d'une action repose essentiellement sur la référence à la norme du sacré. Au Ve siècle, dans le théâtre d'Eschyle, avant le développement de la philosophie telle qu'elle a été impulsée par Platon ou Aristote, le caractère juste ou injuste d'une action dépend de son lien à la religion. En d'autres termes sera juste ce qui est approuvé par les dieux, tandis que l'injuste est du côté de l'abomination, de l'impie, de l'inacceptable au regard des lois divines. On comprend donc que le concept d'éthique, dont l'un des ouvrages fondateurs est l'*Éthique à Nicomaque* d'Aristote, serait anachronique pour étudier nos pièces.

Dans *Les Suppliantes*, la souillure concerne trois moments bien définis :

1. La menace du viol tout d'abord, par l'union que cherchent à provoquer de force les fils d'Égyptos.
2. La menace de suicide collectif autour des statues d'Argos.
3. L'entrée des Égyptiades à Argos, malgré l'interdit qui leur a été signifié, et la violence qu'ils tentent de commettre sur les femmes qui ont pourtant été mises sous protection à Argos.

Les trois sections suivantes vont détailler chacune de ces manifestations de la souillure dans la pièce *Les Suppliantes*.

Souillure du mariage incestueux ou haine des hommes ?

Dans *Les Suppliantes*, dès la *parodos*, le chœur justifie sa fuite loin des rives égyptiennes par l'horreur ressentie face au mariage avec les fils d'Égyptos et, plus largement, par le contact avec tout homme. Les Danaïdes entament en effet leurs supplications en ces termes : « pleines d'une horreur innée de l'homme, nous détestons l'hymen des enfants d'Égyptos et leur sacrilège démence » (p. 51).

Il y a là une forte ambiguïté : les Danaïdes fuient-elles par aversion envers une pratique sacrilège, l'inceste, ou sont-elles globalement opposées au contact avec tout homme quel qu'il soit [1] ? Elles rappellent fréquemment qu'elles sont les lointaines descendantes d'Io et, qu'en ce sens, elles portent en elles tout un pan des malheurs liés à la condition féminine, qu'elles opposent à la sauvagerie intrinsèque à la condition masculine. Le mariage, l'hymen comme le poète le désigne par métonymie, est ce qui vient briser leur liberté à jamais : « Que les enfants d'une auguste mère échappent aux embrassements des mâles, libres d'hymen, libres de joug ! » (p. 56).

Les réponses apportées à cette ambiguïté sont sensibles, car elles permettraient soit d'accorder aux Danaïdes le statut de victimes à la fuite légitime, dans le premier cas, soit de poser un regard plus distancié sur elles, dans la mesure où ce seraient elles qui feraient preuve de démesure, d'*hubris*, en refusant une union qui est, pour les Grecs, dictée par la nature. Mais cette démesure s'offre comme en miroir à un trait de caractère des Égyptiades, eux-mêmes qualifiés comme étant en proie à l'*hubris*, car ils sont prêts à tout pour s'unir aux Danaïdes. Voici en quels termes elles en appellent aux dieux, dans la *parodos* : « dans votre haine toujours prête à frapper la démesure, montrez votre justice en face de cet hymen » (p. 53). L'abomination du crime que commettraient les Égyptiades engendre donc en retour une horreur viscérale de la part des Danaïdes envers toute forme d'hymen, de mariage.

Quoi qu'il en soit, la souillure de l'union incestueuse revient sous la forme d'une métaphore particulièrement frappante employée par Danaos, lorsqu'il s'adresse à ses filles :

> [A]sseyez-vous dans le sanctuaire, tel un vol de colombes fuyant des éperviers – leurs frères pourtant ! frères changés en ennemis, qui veulent se souiller d'un crime à l'égard de leur propre race. L'oiseau reste-t-il pur, qui

1. Pour un rappel des thèses en discussion autour de ces deux interprétations, voir Jean Alaux, « La caresse divine et le rapt masculin : représentations du féminin dans *Les Suppliantes* d'Eschyle », *Information littéraire*, 2001, vol. 53, n° 1, p. 10-20.

> mange chair d'oiseau ? Comment donc serait pur celui qui veut prendre une femme malgré elle, malgré son père ? [p. 58]

La comparaison des fils d'Égyptos à des oiseaux qui mangeraient la chair d'autres oiseaux, outre qu'elle s'inscrit dans la continuité de la complainte des Danaïdes qui s'étaient associées elles-mêmes aux malheurs de Philomèle et Procné, traduit le caractère inacceptable et par conséquent l'abomination de leur union, si elle venait à s'accomplir. Cela peut s'expliquer par l'inceste, par la proximité des familles amenées à s'unir, mais pas seulement. Dans une analyse récente portant précisément sur ces quelques vers, Bernard Vernier souligne en effet que « [s]i ce mariage est souillure, impureté, luxure, ce n'est pas parce qu'il est incestueux mais parce qu'il est violence impie que la loi et les dieux interdisent [1] ». C'est bien parce que ce mariage s'effectuerait contre la volonté des femmes, « malgré elle[s] », qu'il suscite une telle horreur.

On comprend dès lors qu'au moment de l'attaque finale des Égyptiades contre Argos, le coryphée ne manque pas de les déshumaniser : « leurs instincts sont ceux de bêtes luxurieuses et sacrilèges » (p. 77). C'est parce qu'ils entretiennent une passion dépravée, indigne des hommes, que leur comportement est celui d'animaux, de prédateurs : « Car les fils d'Égyptos – intolérable démesure – mâles en chasse sur mes pas, vont pressant la fugitive de leurs lubriques clameurs et prétendent l'avoir de force ! » (p. 79). Ces hommes sont ainsi décrits uniquement à la lumière de leurs instincts sexuels, avec violence et *hubris*, traquant les victimes innocentes que sont les Danaïdes.

De l'individu à la communauté : la souillure du suicide collectif et les retombées sur Argos

La souillure est d'autant plus grave qu'en touchant un individu c'est la société tout entière qui pâtit des conséquences. On le voit

1. Bernard Vernier, « *Les Suppliantes* d'Eschyle et l'inceste », *L'Homme*, 2008, n° 187-188, p. 444.

dans *Les Suppliantes* : ce qui effraie Pélasgos et finit par emporter son choix de soumettre à la décision du peuple l'accueil des réfugiées, c'est la menace qu'elles font planer sur lui d'un suicide collectif par pendaison sur les statues des dieux qui ornent la ville. Si elles mettaient à exécution leur funeste projet, c'est la cité d'Argos tout entière qui serait en proie à une souillure collective, car il n'y a rien de plus sacrilège que de faire entrer la mort dans un lieu sacré. Comme l'exprime Pélasgos : « Si je ne satisfais pas à votre demande, la souillure que vous évoquez dépasse la portée de l'esprit » (p. 67-68). La mort de chacune des Danaïdes sur le lieu même qui est supposé incarner la protection dont elles doivent légitimement bénéficier plongerait Argos dans l'infamie ; Pélasgos en a bien conscience, lui qui se trouve désormais acculé face à un dilemme insurmontable qu'il ne peut que faire trancher par sa population, ne pouvant assumer d'être le seul à prendre une décision si engageante pour la destinée collective.

Plus généralement, en acceptant d'accueillir les Danaïdes, les Argiens acceptent de prendre sur eux la part de souillure qu'engendrerait toute atteinte à la protection accordée aux jeunes femmes. C'est en ce sens que Danaos résume l'avis collectivement pris par les Argiens, dans un extrait resté célèbre et qu'il convient de garder en mémoire pour la suite de l'analyse :

> De ses droites levées le peuple entier a fait frémir l'éther, pour ratifier ces mots : nous aurons « la résidence en ce pays, libres et protégés contre toute reprise par un droit d'asile reconnu ; nul habitant ni étranger ne pourra nous saisir ; use-t-on de violence, tout bourgeois d'Argos qui ne nous prête aide est frappé d'atimie, exilé par sentence du peuple ». Telle est la formule qu'a défendue notre patron, le roi des Pélasges, en invitant la cité à ne pas fournir d'aliment pour les jours à venir au courroux de Zeus Suppliant, et en évoquant la double souillure, à la fois nationale et étrangère, que la ville verrait alors venir à elle, monstre indomptable, qu'il faudrait nourrir de douleurs. [p. 72]

Qu'entendre par « double souillure » ? Une première violation, interne à Argos ou « nationale », serait celle qui serait perpétrée par trahison, dans l'hypothèse où un ou plusieurs citoyens seraient tentés de livrer les Danaïdes aux fils d'Égyptos. En faisant cela, les coupables s'exposeraient à la colère divine, puisque c'est sous la protection de Zeus que sont placées les jeunes femmes au cours de la décision prise par la communauté. Quant à la souillure « étrangère », on émet l'hypothèse qu'il s'agirait du non-respect par les Égyptiades de cette protection, au cas où ils viendraient tout de même s'emparer des Danaïdes malgré l'interdit. En y parvenant, ils prouveraient l'inefficacité de la défense des Argiens et rejetteraient sur eux une partie de la faute. La victoire des Égyptiades consacrerait paradoxalement non seulement la défaite des Argiens, mais aussi leur culpabilité, eux qui n'auraient pas su faire respecter le principe sacré de la protection octroyée aux suppliantes.

Notons en outre que ce passage inclut le terme « atimie ». Cela peut paraître surprenant, car ce mot porte une connotation juridique qui semble déplacée dans le contexte tragique de la pièce. À Athènes, l'atimie, qui provient du grec « *a-timè* », désigne littéralement « la privation des honneurs », c'est-à-dire la privation, partielle ou intégrale, des droits attachés à la citoyenneté athénienne. Il s'agit d'une sanction gravissime, car elle rétrograde temporairement ou définitivement un citoyen dans l'échelle sociale. Couplée à l'ostracisme, une sanction qui consiste en l'exil de la personne jugée coupable, l'atimie conduit à une mort sociale des individus qui la subissent. Les deux sanctions peuvent être émises ensemble ou séparément ; ici, dans l'édit du peuple argien, le texte semble indiquer que le citoyen frappé d'atimie serait également exilé. La menace est donc suffisamment sévère pour dissuader quiconque de passer outre la décision du peuple.

On comprend donc que la destinée des Danaïdes, dès lors qu'elles supplient Pélasgos et les Argiens de leur venir en aide, finit par concerner l'ensemble de la cité. Ce n'est plus une question de détresse personnelle, fût-elle multipliée par cinquante : c'est désormais une affaire politique, collective, prise en charge par les Argiens au nom du respect de Zeus Suppliant et des droits sacrés accordés à celles qui se placent sous sa protection.

La violence des fils d'Égyptos : le sacrilège commis sur l'autel

On l'a vu dans le résumé de la pièce, l'intensité dramatique atteint son paroxysme dès lors que les Danaïdes, qui viennent pourtant d'obtenir la protection des Argiens, voient poindre à l'horizon les voiles du navire égyptien. Loin de s'arrêter et de respecter la décision du peuple, les fils d'Égyptos n'hésitent pas à s'avancer jusque vers l'autel de Zeus Suppliant où s'étaient réfugiées les Danaïdes, en les couvrant d'invectives et de menaces terrifiantes :

> En route ! en route vers la galiote, de toute la vitesse de vos jambes ! Ou, alors on verra des cheveux arrachés, oui, arrachés, des corps marqués au fer, des têtes coupées, d'où gicle à flots le sang du massacre. [p. 80]

La scène est explicite. La description des tourments qui attendent les jeunes femmes si elles refusent de suivre volontairement les Égyptiades évoque les pires souffrances et fait entrer le meurtre et la torture dans le lieu le plus sacré, l'autel de Zeus. Eschyle les dépeint ainsi comme des personnages d'où sont exclus toute humanité, tout respect des droits les plus fondamentaux, et surtout pour lesquels le seul langage possible est celui de la violence et de la terreur.

Les Danaïdes ont beau supplier Zeus de leur venir en aide, rien n'y fait ; pas d'intervention divine dans la pièce d'Eschyle, pas de *deus ex machina* qui viendrait miraculeusement résoudre le nœud tragique. Les échanges entre le chœur et le héraut égyptien témoignent de la violence de cet épisode qui, à la différence des combats des *Sept contre Thèbes* refoulés hors de la scène, se déroule bel et bien sous les yeux des spectateurs.

C'est en revanche l'arrivée du roi Pélasgos qui vient briser l'élan des Égyptiades. Ces derniers justifient l'absence de respect témoigné envers les droits des Danaïdes par le fait que les dieux des Argiens ne sont pas les leurs : peu importe Zeus Suppliant, « Les dieux du Nil sont ceux que j'adore » (p. 82), en l'occurrence Hermès. Cela témoigne de l'impiété absolument inconcevable des fils d'Égyptos, eux qui ne respectent pas même le souverain des dieux et qui n'acceptent aucunement d'entendre les croyances des autres communautés. Le conflit qui oppose les deux peuples prend donc une dimension politique, au sens où le héraut reçoit l'interdiction de toucher aux Danaïdes comme un affront qui appelle une réponse guerrière. La pièce a beau se clore sur le départ du navire égyptien, elle appelle une nouvelle séquence, qui sera celle de leur retour, animés cette fois-ci d'intentions vengeresses.

Car si la pièce se finit sur la mise en sécurité des Danaïdes, il ne s'agit que d'un répit. Le mythe se prolonge par le retour des Égyptiades et leur victoire. Danaos est devenu roi d'Argos ; les mariages sont prononcés, Danaos lui-même ayant donné son accord afin de mieux se jouer des Égyptiades. En effet, selon les variantes dont nous disposons actuellement, l'issue diverge : mais dans l'une d'elles, toutes les Danaïdes égorgent leur mari sur ordre de Danaos durant la nuit de noces, sauf une, Hypermnestre, qui choisit d'épargner Lyncée. De leur union naît un fils qui devient roi d'Argos, prolongeant ainsi la lignée d'Io.

Dans *Les Sept contre Thèbes*, l'origine de la souillure qui enclenche l'ensemble de l'engrenage tragique est extérieure à la pièce, comme on l'a vu. C'est la faute initiale de Laïos, qui a attiré sur lui et sur Thèbes la malédiction des dieux en engendrant un fils malgré l'interdit signifié par l'oracle. La ville entière paie le prix de sa démesure, lui qui a cru pouvoir outrepasser la volonté des dieux.

Des motivations politiques concurrentes

À ces considérations s'ajoute l'idée qu'en se mariant les Danaïdes seraient forcées de quitter le domicile familial, celui de Danaos. Des critiques ont soulevé l'idée qu'à la menace du viol s'ajouterait une pression de la part du père des cinquante jeunes filles pour les éloigner de tout mariage. En outre, pour remettre en perspective l'acharnement des fils d'Égyptos à vouloir à ce point les épouser, on pourrait dire que ce n'est pas uniquement pour des motivations affectives ou, en l'occurrence, sexuelles ; ce serait avant tout pour des raisons politiques, afin de reprendre les terres léguées à Danaos par son père et de réunir son royaume à celui d'Égyptos dans un vaste ensemble uni. Dans leurs supplications adressées à Zeus, les Danaïdes évoquent des « fugitifs meurtris par la guerre » (p. 53), indiquant qu'elles ont fui après que Danaos a déjà perdu une guerre contre Égyptos. Comme l'analyse Bernard Vernier :

> Toute cette histoire baigne, on le voit, dans une atmosphère de grande violence familiale et politique. Deux branches collatérales s'opposent dans une lutte pour le pouvoir et l'héritage : l'une dominante et conquérante parce que riche en fils, l'autre dominée et sur la défensive parce que riche seulement en filles. La légende parle, entre autres, des rapports de force objectifs entre les sexes et entre les familles à filles et les familles à fils. Les cinquante frères d'un côté et les cinquante sœurs de l'autre ne sont pas là pour souligner l'énormité d'un quelconque inceste. Ils interviennent comme métaphore pour signifier de façon théâtrale, dans cette société agnatique et guerrière, l'extrême dissymétrie qui existe dans les rapports de force entre les deux branches concurrentes [1].

Au-delà des souffrances individuelles exprimées par les Danaïdes quant à la perspective du mariage, on comprend ainsi que l'enjeu politique de la préservation de la communauté est à tout le moins incontournable, si ce n'est primordial. Sous l'apparence d'un drame personnel, certes multiplié par cinquante, pour chacune des filles de Danaos, c'est bien un conflit entre lignées luttant pour le pouvoir qui se joue dans l'avenir des Danaïdes. La tragédie, on le voit, s'inscrit toujours dans le cadre d'une réflexion sur les enjeux d'un collectif.

C'est de ce point de vue qu'il est possible de dresser une distinction entre le monde de la politique, celui de la religion, et celui de la tragédie. Comme l'écrit Pierre Judet de La Combe, la politique « fait tout pour éviter le malheur ; elle décide des normes qui permettent la continuité de la communauté et, si possible, son bien-être, de manière qu'une temporalité continue puisse rester ouverte [2] ». Elle se place ainsi en amont d'une catastrophe ou d'une crise. La religion, quant à elle,

1. *Ibid.*, p. 440.
2. Pierre Judet de La Combe, dans Eschyle, *Les Sept contre Thèbes*, *op. cit.*, p. 47.

> suppose une catastrophe déjà advenue. Elle ne vise pas à prévenir l'événement mais intervient après coup, là où la politique a été et restera impuissante. Une fois que la catastrophe a eu lieu (mort, guerre, épidémie, etc.), elle tente par le rite et les éléments mythiques (narratifs) qui l'accompagnent d'exprimer symboliquement le malheur vécu, sa portée, sa signification, et de donner à la communauté mise à mal l'occasion de refaire l'expérience de son unité [1].

Les supplications adressées à Zeus par les Danaïdes s'inscrivent dans ce cadre : la fuite loin des rives du Nil, les menaces adressées par les fils d'Égyptos constituent en soi des crises qui mettent à mal l'unité d'une communauté ; la demande d'asile auprès du peuple argien vise à la réparer, tout en déportant la menace sur Argos, qui s'expose désormais à la fureur des Égyptiades en lieu et place des Danaïdes.

La tragédie, dès lors, en tant que pratique configurée pour un espace-temps précis, à savoir les concours des dionysies, est une pratique autonome, forclose, dédiée aux enjeux de la *mimèsis*, à savoir l'imitation des comportements, des rituels, des normes, sur la scène de théâtre qui lui est dédiée. Elle peut ainsi

> représenter l'ensemble des formes sociales non mimétiques, et par là, de mettre en scène la tension entre politique et expérience religieuse, sans réduire l'une à l'autre, sans les neutraliser, mais au contraire en les confrontant dans leurs écarts (ce que ne faisait aucun autre lieu social) [2].

Dans *Les Suppliantes*, et l'on verra que ces analyses s'appliquent aussi bien aux *Sept contre Thèbes*, l'intrigue présentée aux spectateurs a donc pour finalité de les pousser à se questionner, à s'interroger sur les enjeux qui fondent leur vie de citoyens. En ce sens, non seulement le nœud de l'intrigue en tant que tel traite de sujets politiques, mais c'est la fonction elle-même de la pièce qui est politique. L'accueil ou non des suppliantes à Argos et la mise en péril de toute la cité afin de garantir leur sécurité sont l'objet de débats,

1. *Ibid.*, p. 47-48.
2. *Ibid.*, p. 51.

conformément à la volonté de Pélasgos. L'aller-retour entre leur destinée individuelle et l'avenir de la communauté argienne est fondateur et outrepasse la seule thématique de la souillure provoquée par le mariage forcé.

Démesure et conflit de légitimité dans *Les Sept contre Thèbes*

La posture d'un chef de guerre, confiant et rassurant

On l'a dit, à la différence des *Suppliantes*, la pièce s'ouvre directement sur une prise de parole d'Étéocle. En s'adressant au « peuple de Cadmos », le fils d'Œdipe adopte la posture d'un « chef », celui qui, « au gouvernail de la cité, tient la barre en main » (p. 143). Cette métaphore marine est fréquente dans la littérature classique ; notons que le verbe « gouverner », en français, vient du latin *gubernare*, qui signifie littéralement « conduire un navire ». On comprend donc dès les premiers vers que l'enjeu de la pièce sera politique et que cette dernière portera sur la place et la posture que doit adopter le chef, le roi d'une cité, face à une crise menaçant non seulement son règne, mais aussi l'avenir de la cité tout entière.

Une autre thématique essentielle appert dès les premiers mots de la pièce qui renvoient immédiatement aux enjeux de la justice. En grec, les mots « *Krè légein ta kairia* », traduits par « il doit dire ce que l'heure exige » chez Paul Mazon et par « il faut que les mots tombent juste » dans la version de Pierre Judet de La Combe, portent la double signification de l'appel à ce qui relève du juste, de la *dikè*, et du « moment opportun », du *kaïros*. Ce terme désigne le temps, mais le temps qui arrive au bon moment, l'instant précis qui permet à une situation de basculer, la fenêtre ouverte sur une inflexion de la destinée. Ce n'est pas un temps neutre, c'est un temps chargé de connotations lourdes de sens quant aux futurs qui s'ouvrent à cet instant. Dans le contexte de la pièce, le *kaïros*, d'où provient étymologiquement *kaïria*, est foncièrement lié à la notion de légitimité. Une prise de parole, une situation, une action sont justes, précisément parce qu'elles arrivent au bon moment.

En l'occurrence, face à la menace qui pèse sur la cité, il incombe à son chef de rassurer ses troupes et de garantir l'unité de la population pour affronter l'ennemi. Le discours d'Étéocle aux Thébains, pourtant absents de la scène, le conforte ainsi dans sa posture de chef et fait de la parole un moteur de l'action. En tant que roi, il doit assurer la sécurité de la ville, afin qu'elle ne soit pas vaincue dans le combat l'opposant à Polynice. Son discours se veut rassurant, témoignant de sa maîtrise de la situation.

Il adresse lui-même ses prières à Zeus, aux dieux, à Érinys : « Ne courbez point un pays libre, une ville fondée par Cadmos, sous un joug d'esclave » (p. 145). Pour toutes ces raisons, Étéocle semble seul en scène, seul aux commandes ; c'est sur lui que reposent, outre la défense de la ville et l'invocation aux dieux, l'explication de la menace qui pèse sur Thèbes et la décision de l'ensemble des mesures à prendre pour y échapper. Eschyle nous montre toute la scène depuis son seul point de vue ; Polynice, le frère ennemi, le frère maudit tout comme lui par leur père Œdipe, n'a pas droit à la parole. En monopolisant ainsi le discours, Étéocle apparaît bel et bien comme le chef de Thèbes, le chef incontestable car incontesté.

De ce point de vue, l'omission des causes ayant mené au conflit entre les deux frères est discutable ; certes, Œdipe avait maudit ses fils, mais pour en arriver à l'achèvement de cette malédiction, encore fallait-il que les deux frères aient un motif pour s'affronter. Le mythe indique qu'ils étaient supposés se partager le trône de Thèbes et l'occuper un an chacun, en alternance ; l'origine du conflit ici présent réside dans le fait qu'Étéocle n'avait finalement pas cédé son tour à Polynice lorsqu'il le fallait. Ce dernier, pris de fureur, décide de prendre les armes à l'extérieur et de lutter pour le pouvoir par la force. La légitimité d'Étéocle à préserver la cité, si elle semble incontestable depuis le seul point de vue de la pièce, est donc plus critiquable dès lors qu'on prend du recul et qu'on examine l'intrigue à la lumière du mythe dans son ensemble.

Le conflit entre les deux frères a donc pour particularité d'être un conflit politique dont on ne voit qu'un seul aspect ; la légitimité d'Étéocle est partiale et partielle, et ce sont les autres personnages, en particulier les choreutes, qui rétabliront à la fin de la pièce l'équilibre entre les deux frères, comme nous le verrons *infra*.

La démesure en acte : excès de confiance et lamentations

Étéocle a beau se présenter comme chef de guerre incontesté, sa parole ne manque pas de se confronter très vite à celle du chœur ; pleines d'angoisse, affolées, un groupe de femmes thébaines se confrontent à lui sur scène. Toute la stratégie rhétorique de mise en confiance est brisée par le déferlement d'émotions négatives exprimées par les femmes : « Je clame ici ma peur et mes douleurs immenses ! » (p. 145), chante le chœur dès ses premiers vers. Alors qu'Étéocle tenait la guerre à distance, en en faisant une affaire de courage et de prières, les femmes la ramènent brutalement sur scène, en convoquant le « fracas des sabots », « le fracas des boucliers », « le heurt d'innombrables javelines », et le « glas de massacre » (p. 146) annoncé par les hennissements des chevaux ennemis. L'effroi domine, les femmes se répandent en supplications désespérées adressées aux dieux.

Face à ce débordement, Étéocle n'a d'autre choix que de recourir à l'autorité. Il tient des propos que l'on pourrait qualifier de misogynes, lorsqu'il parle des femmes comme des « intolérables créatures » (p. 148) qui ne font qu'effrayer les combattants et risquent ainsi de fragmenter l'unité de la cité. Il les menace, leur intime de se taire tout au long du premier épisode et des échanges stichomythiques avec le coryphée : peine perdue, dès qu'Étéocle sort de scène, le deuxième *stasimon* ne fait que redoubler les angoisses exprimées lors du premier. Le chœur est impuissant à faire reculer l'angoisse et, comme il le chante, « [j]e voudrais t'obéir ; mais l'effroi tient mon cœur en éveil » (p. 152). La parole tour à tour rassurante puis menaçante d'Étéocle est mise en échec. Celui qui croyait pouvoir tout assumer, en tant qu'individu, est d'une certaine manière vaincu par la communauté des Thébaines, bien qu'elle rassemble un collectif d'êtres marginalisés à cause de leur sexe.

On voit donc ici que deux extrêmes s'opposent : la confiance absolue d'Étéocle, qui croit pouvoir tenir sa cité par son seul discours ; l'angoisse du chœur, impuissant à se calmer, incapable d'aller au-delà de la peur et des images violentes qui l'étreignent. D'une certaine manière, chacun de ces personnages est victime d'une forme de démesure, d'*hubris* : ce terme désigne une conduite ou une attitude excessive qui va au-delà du raisonnable, qui brise la tempérance et fait basculer dans des extrêmes nuisibles pour la communauté. En donnant l'impression qu'il maîtrise totalement la situation, Étéocle « développe une conception qu'on peut dire artificialiste de la cité, qui est une affaire de détermination, d'action technique réussie [1] » ; cette stratégie est vouée à l'échec car elle oublie la réalité. Elle ne prend pas en compte la violence des sentiments humains. C'est précisément le rôle attribué au chœur, que de ramener la houle de la guerre sur scène, or il s'y emploie de manière également excessive ; la raison n'a pas prise sur les Thébaines, qui se confondent en lamentations et supplications sans envisager que leur attitude pourrait provoquer la panique chez les combattants thébains et donc menacer leurs chances de victoire.

Dans la pensée grecque, l'*hubris* est éminemment condamnable. En s'opposant à la raison, en traçant des lignes de conduite qui s'apparentent ou bien à un défaut d'humanité – lorsque l'on bascule dans la sauvagerie, comme c'est le cas chez les Égyptiades des *Suppliantes* – ou bien à un excès de comportements typiquement humains – comme ici la frayeur, l'angoisse incontrôlée, la violence des passions humaines –, le ou les personnages saisis d'*hubris* sortent du cadre contrôlé de la cité. Les manifestations de la démesure ne restent jamais oubliées, ni des autres hommes ni des dieux ; d'emblée, il est certain que le destin sera tragique et fatal pour celles et ceux qui s'y abandonnent.

La scène des boucliers : orgueil et démesure des guerriers

La scène centrale dans la pièce fait l'objet d'une construction très rigoureuse, comme on l'a déjà vu. Les effets de symétrie la

1. *Ibid.*, p. 124.

parcourent d'un bout à l'autre, comme dans une volonté de donner de l'ordre, d'ordonner un chaos dans ce qui s'annonce tout de même comme le paroxysme de la crise : le combat d'un frère contre un frère, retardé à la toute fin dans un effet de suspense tragique, quand bien même tout le monde sait dans le public qu'il s'agit là du sujet principal de la pièce.

Les sept chefs ennemis sont successivement présentés par le messager. Il était impossible, pour des raisons techniques, de faire venir les sept personnages sur scène ; Eschyle les relègue ainsi à l'extérieur de la cité, tout l'intérêt de la scène reposant sur la magie évocatoire du verbe pour nous décrire ces hommes dans toute leur brutalité mêlée d'héroïsme. C'est ainsi que l'épopée rejoint le drame ; les descriptions des armements, en particulier des boucliers, ont pour fonction de faire surgir les images les plus percutantes dans la mémoire et les esprits des spectateurs.

Dans cette scène, la dialectique entre l'individu et la communauté se fait de nouveau sentir. Là où le chœur des Thébaines évoquait un fracas global et une menace indistincte, les descriptions du message vont faire émerger des individualités. Six combattants étrangers guidés par Polynice s'opposent à six combattants thébains, conduits par Étéocle. Chacun des chefs est nommé ; en outre, pour les Thébains, le texte précise de qui ils sont les fils, ce qui n'est pas le cas pour les étrangers. La mention de l'ascendance rajoute ainsi des détails qui permettent au public d'identifier les personnages et d'accroître son empathie à leur égard.

Cette scène pourrait sembler ennuyeuse et répétitive. Remplacer des combats réels par la seule évocation des guerriers qui s'apprêtent à combattre pourrait faire figure de pâle pis-aller. Pourtant, les descriptions imprègnent une vive impression dans l'esprit des spectateurs. Comme l'écrit Maurice Croiset :

> [T]out plein des souvenirs de *L'Iliade* et de ses grandes scènes, mais obligé par les nécessités théâtrales de se resserrer dans un moment unique, [le poète] nous représente chacun des assaillants dans l'attitude du défi avant le combat. Attitude qui n'est pas, tant s'en faut, l'immobilité ; car, en dépeignant chacun d'eux, il nous le fait voir en mouvement, ou, tout au moins,

> il suggère la sensation d'un élan difficilement contenu. Ainsi contrainte, cette ardeur impétueuse, qui les pousse et les tourmente en attendant l'action, s'exhale en menaces et en injures [1].

La symétrie d'un combattant à l'autre s'exerce avec régularité et finesse. À chaque fois, le message présente le chef ennemi, décrit son bouclier et son principal trait de caractère ; Étéocle lui répond en interprétant la symbolique de la scène figurée sur le bouclier et en choisissant le guerrier thébain qui lui semble le plus approprié pour y faire face.

1. *Tydée contre Mélanippe : cris et fureur.* – Tydée, le premier combattant, se distingue par son attitude menaçante, bruyante, faite pour susciter la terreur : il « gronde », « tout bouillant » (p. 154), insulte le devin qui le retient de partir immédiatement au combat. Son bouclier porte « un blason d'orgueil » (p. 155) où figurent le ciel nocturne et les astres. Ce personnage est la « démence » et la démesure incarnée, la fougue et la rage de combattre.

Étéocle réplique à cette description effrayante par une interprétation rassurante : il n'est pas atteint par cette terreur. À la nuit dessinée sur le bouclier, il répond par la promesse de mort et oppose Mélanippe, dont le nom signifie « le cheval noir ». Le choix de ce guerrier provient donc directement du bouclier.

2. *Capanée contre Polyphonte : tout feu, tout flammes.* – Capanée a une « jactance » inouïe, il est doté d'un « orgueil surhumain » (p. 156). Son blason représente un homme nu portant « une torche flambante », avec la menace inscrite en lettres d'or d'incendier la ville.

Le roi thébain retourne cette menace en prophétisant que si foudre il y a, c'est Capanée qu'elle frappera, non la ville de Thèbes. Polyphonte lui sera opposé, homme à la « volonté ardente, rempart éprouvé ».

3. *Étéoclos contre Mégareus : le double et l'assaut.* – La quasi-homonymie avec le roi thébain a de quoi surprendre. Il s'agit pourtant d'un personnage bien distinct. Il est accompagné de chevaux

1. Maurice Croiset, *Eschyle. Études sur l'invention dramatique dans son théâtre, op. cit.*

effrayants, tandis que son bouclier évoque une muraille prise d'assaut par un guerrier, un hoplite.

Mégareus, choisi pour l'affronter, ne s'effraie pas de cet orgueil ; il s'opposera aux « deux guerriers », celui de chair et d'os et celui qui figure sur le bouclier.

4. *Hippomédon contre Hyperbios : le combat des titans.* – Hippomédon apparaît d'abord en tant que « stature, forme gigantesque » ; il en effraie même le messager. Son bouclier figure un Typhée, un monstre issu de la terre, crachant du feu et des flammes.

Hyperbios est à la mesure de ce guerrier extraordinaire ; sur les boucliers, à Typhée s'opposera Zeus en personne, les éclairs à la main. Étéocle pratique ainsi une forme de surenchère dans le choix de ses combattants, en ne se laissant déborder ni par la force des hommes qui vont s'affronter, ni par la symbolique des éléments représentés sur les boucliers.

5. *Parthénopée contre Actor : entrée en scène de la Sphinx.* – L'attitude de Parthénopée est impie : il prétend s'opposer à Zeus, en accordant plus de foi à sa « javeline » (p. 159) qu'à la force octroyée par la divinité. Son bouclier est à l'image de son orgueil : il représente « la Sphinx mangeuse de chair crue », dont on sait qu'elle terrorisa les Thébains jusqu'à ce qu'Œdipe les en délivre. Il place ainsi sous les fenêtres de Thèbes la pire menace que la ville ait eu à affronter.

Pour le combattre, Actor opposera à la jactance de Parthénopée des actes couronnés de succès. C'est même la Sphinx qui en voudra à Parthénopée de lui avoir fait subir une défaite…

6. *Amphiaraos contre Lasthénès : le retour de la parole vraie.* – Amphiaraos est un devin ; sa parole est donc celle de la vérité. Il est le seul à parler au langage direct ; il prévoit sa propre mort : « Pour moi, j'engraisserai ce sol, devin caché dans la terre ennemie » (p. 161). C'est dans ce passage que le nom de Polynice est prononcé pour la première fois : il fallait bien un devin pour rétablir l'équilibre entre les deux frères, en nommant celui auquel se confronte Étéocle.

Lasthénès sera son opposant et, « si son esprit est d'un vieillard, ses muscles sont jeunes » (p. 162). Il conjugue ainsi le passé et le présent, ce qui le rend tout disposé à affronter un devin, seul prescient de l'avenir.

7. *Polynice contre Étéocle : le double fratricide.* – Ce n'est qu'à la fin de ce passage en revue de tous les combattants qu'intervient l'annonce du duel tant attendu. Polynice arbore sur son bouclier « un guerrier en or ciselé [...] conduit par une femme, guide au front serein. Et celle-ci se prétend la Justice » (p. 162). Elle est celle qui permettra au guerrier de retrouver « sa ville », dont Étéocle l'avait injustement dépossédé. La légitimité du combat est enfin replacée dans la pièce.

À un tel combattant, Étéocle ne peut évidemment choisir un guerrier banal. Il comprend immédiatement qu'il est le seul à pouvoir s'opposer à son propre frère. La malédiction adressée par son père se réalise enfin. Il retourne alors l'argumentaire de Polynice en ramenant la justice de son côté : elle ne pourrait jamais accompagner un homme qui prend les armes contre sa propre ville et « meurtrit la terre de ses pères ». Jamais, d'ailleurs, même dans son enfance, « la Justice ne l'a honoré d'un mot » (p. 163). C'est donc bien à lui, Étéocle, « [r]oi contre roi, frère contre frère, ennemi contre ennemi », qu'il revient d'affronter Polynice.

Le thème de la dualité est omniprésent dans toute la dernière séquence. Le bouclier de Polynice arbore un « double emblème », comme pour signifier, selon Sylvie David, que « Diké est des deux côtés et [que] le guerrier Polynice est à la fois un ennemi étranger et un frère de retour dans sa patrie [1] ». La justice, Diké, est au cœur du conflit ; l'affrontement final est donc ce qui permettra de le résoudre, y compris par le double meurtre qui en sera l'issue fatale. C'est le sacrifice des deux individus qui sauvera la communauté de Thèbes, comme cela est prévu depuis la malédiction d'Œdipe.

1. Sylvie David, « Images en scène : à propos des boucliers des *Sept contre Thèbes* », *L'Antiquité et la Vie des arts*, Besançon, Presses universitaires de Franche-Comté, 2012, p. 29-58.

III. Conclusion : de l'individu à la communauté, entre effacement et reconnaissance

La reconnaissance de l'individu

La (re)conquête du pouvoir : l'individu, menace pour la communauté ?

Le passage en revue des chefs de guerre dans *Les Sept contre Thèbes*, dans chaque camp, conduit à la construction de figures héroïques individuelles. L'orgueil, la « jactance » dont il est fréquemment question à leur égard, confirme que ces personnages sont traités comme des individualités à part entière. Toutefois, leur absence de l'espace scénique et le fait qu'ils ne prennent jamais la parole, hormis le devin Amphiaraos et bien sûr Étéocle, contribuent à les diluer dans deux ensembles collectifs dont la seule finalité est de s'affronter. À l'exception du roi de Thèbes, les treize combattants ne semblent donc pas spécifiquement en quête d'une reconnaissance individuelle.

En revanche, comme on l'a vu, c'est bien le conflit de légitimité entre les deux frères qui est au cœur des *Sept contre Thèbes*. De ce point de vue, chaque individu est en quête d'une reconnaissance particulière : Polynice en ce qu'il veut reconquérir un pouvoir qui devait lui revenir en vertu de l'accord conclu initialement, Étéocle en ce qu'il s'affiche comme seul chef légitime et comme seul homme capable de faire revenir l'ordre à Thèbes. Leurs attitudes divergentes ont toutefois ceci de commun qu'elles conduisent toutes deux à la guerre et font peser sur Thèbes la menace de graves divisions. Leur mort commune est inéluctable, car c'est la seule chose qui puisse permettre d'annuler la concurrence entre leurs volontés incompatibles d'obtenir le trône.

D'une certaine manière, la conquête du pouvoir porte en elle le même ferment de division du corps social dans *Les Suppliantes*. Si Danaos vient chercher refuge avec ses filles à Argos, c'est certes pour leur éviter un mariage dont elles ne veulent pas, mais c'est aussi pour fuir un ennemi, Égyptos, qui, par ses fils, l'a déjà vaincu une première fois. Il entraîne ainsi le danger vers le cœur même d'Argos. Son comportement individuel vient ainsi menacer la sécurité et la cohésion d'Argos.

Quand l'individu incarne la communauté : parler au nom du collectif

Les communautés incarnées sur scène dans les deux pièces laissent néanmoins la place à des individus singuliers qui, tant qu'ils restent dans leur rôle et ne prétendent pas faire preuve d'*hubris*, prennent la parole au nom de leur peuple et s'efforcent de le défendre. Dans *Les Suppliantes*, Danaos est incontestablement le père, le guide et le porte-parole des Danaïdes. C'est lui qui leur intime de faire preuve de « prudence » (p. 57) en arrivant en terre d'Argos, lui-même se considérant comme un « prudent pilote » (p. 57). C'est lui aussi qui leur ordonne de s'installer autour de l'autel, en position de suppliantes, pour s'adresser aux Argiens et à leur roi ; on comprend toute la ruse de ce vieil homme qui suppose que Pélasgos sera plus sensible à la détresse des Danaïdes si ce sont elles qui lui adressent leurs supplications en personne. Voilà pourquoi la première rencontre de Pélasgos aura bien lieu avec le coryphée, et non avec Danaos, comme on aurait pu s'y attendre s'il avait tenu son rôle de chef de la troupe des réfugiées.

Inversement, Pélasgos est le roi incontesté d'Argos ; il est le seul à prendre la parole au nom de son peuple. La consultation qu'il leur soumet afin de statuer au sujet des Danaïdes n'est pas retranscrite sur scène ; on ne la connaît que par le témoignage livré par Danaos, une fois que le résultat du vote est connu. Lors de sa rencontre avec les Danaïdes, Pélasgos se présente longuement : « Je suis le fils de Palaichtôn, qui naquit de la terre, Pélasgos, chef suprême de ce pays ; et le peuple des Pélasges qui cultive ce sol a naturellement pris le nom de son roi » (p. 59). Il décrit ensuite l'étendue de son royaume en insistant sur son pouvoir : « Je suis maître », « J'englobe les terres [...] : en deçà, tout m'appartient. » Les verbes signalent sa volonté de marquer sa puissance et sa maîtrise des terres et du peuple qu'il lui revient de gouverner. La première image que les Danaïdes et les spectateurs ont d'Argos est donc celle de son chef et de sa souveraineté.

À l'inverse, les Danaïdes se présentent en suppliantes, avec une grande modestie, « sans hérauts ni proxènes – sans guides ! » (p. 59), les rameaux déposés aux pieds des dieux de la cité. Le coryphée parle pour elles toutes. Cette différence de traitement nous permet donc de mettre en vis-à-vis deux individualités et deux communautés que tout oppose, dans une structure en chiasme. D'un côté, le roi tout-puissant est confronté à une suppliante désarmée. De l'autre, le peuple argien, qui tient en main le destin des Danaïdes, est curieusement absent de la scène, tandis que les cinquante jeunes filles, étrangères et totalement impuissantes, sont omniprésentes grâce au chœur. Ce jeu d'oppositions crée deux asymétries qui se compensent et dessinent en creux le poids politique des Argiens d'une part, pour concentrer l'intensité dramatique de l'intrigue sur les Danaïdes d'autre part.

La reconnaissance de la communauté

Faire reconnaître son appartenance à une communauté, un enjeu vital... ou fatal

L'enjeu fondamental pour les Danaïdes est de se faire accepter de Pélasgos et des Argiens. Pour cela, elles doivent prouver qu'elles ont du sang grec. Ainsi, lors de leur première rencontre, à la demande de Pélasgos, le coryphée décline son identité, mais par étapes, en faisant remonter son ascendance à Io et en posant des questions au roi d'Argos pour qu'il en vienne lui-même à la conclusion qu'elles sont grecques d'origine. La généalogie mythique est indispensable pour faire reconnaître leur grécité.

Leur apparence les renvoyait pourtant indiscutablement à l'étrangeté. Pélasgos s'exclame ainsi, surpris de les entendre parler d'origines argiennes : « Votre langage, étrangères, semble incroyable à mes oreilles ; d'où vous viendrait telle origine ? Ce sont les Libyennes que vous rappelez, bien plutôt que les Argiennes »

(p. 60). Il énumère ensuite différents peuples dont pourraient provenir les Danaïdes : les peuples du Nil, le « type chypriote », les « Indiennes nomades » près de l'Éthiopie, voire les « Amazones » (p. 60). La dialectique à l'œuvre dans la pièce est donc double : la première oppose la race grecque à une race étrangère, quelle qu'elle soit ; la seconde oppose les Danaïdes aux Égyptiades. Tant que les Danaïdes n'auront pas fait reconnaître leur grécité, il leur sera impossible de prétendre à la protection des Argiens.

Dans *Les Sept contre Thèbes*, l'appartenance à une communauté n'est pas un enjeu aussi vital que dans *Les Suppliantes*. Elle se présente bien plutôt sous la forme de la malédiction lancée par Œdipe à l'égard de ses fils, crise qui n'est que la continuité sous d'autres formes des conséquences des fautes commises par Laïos dans le passé. Quand Étéocle prend conscience qu'il lui faudra affronter son propre frère, il reconnaît que son destin le dépasse ; il paie le prix des erreurs de ses ascendants. Le fratricide, s'il annihile les deux combattants et libère Thèbes de la guerre, n'est toutefois qu'un répit dans la tragédie des Labdacides : elle continue avec la lutte d'Antigone et son sacrifice héroïque. L'appartenance à la communauté des Labdacides entraîne donc, d'une certaine manière, la reconnaissance de la nécessité d'un destin tragique. Les tragédies d'Eschyle consacrent l'impossibilité pour un individu d'échapper à son destin, dès lors qu'il est membre d'une famille soumise à une malédiction.

Rétablir l'équilibre : la communauté réparatrice et protectrice

Si l'appartenance à la communauté des Labdacides est fatale, l'issue de la pièce semble néanmoins rétablir un certain équilibre, si l'on excepte ce qui semble être un ajout postérieur (la mention du rôle d'Antigone). En effet, après l'annonce de la mort d'Étéocle et de Polynice, le chœur des Thébaines entonne un long chant de deuil, un thrène, qui, loin de singulariser chacun des deux combattants, les mêle si étroitement qu'il devient impossible de savoir de qui elles parlent exactement :

— Frappé, tu as frappé.
— Et toi, tu es mort après avoir tué.
— Ta lance a tué.
— Une lance l'a tué.
— Tu as créé des douleurs.
— Tu as subi des douleurs. [...]
— Tu as succombé sous un frère.
— Et c'est un frère que tu as tué.
— Double chagrin à rappeler.
— Double chagrin à regarder.
[p. 172-173]

La structure régulière de ces vers, les jeux rythmiques, les parallélismes de construction, les variations subtiles tantôt de pronom, tantôt de forme des verbes, conduisent à mêler indissociablement les destinées des deux frères. On aurait pu s'attendre à ce qu'elles prient pour Étéocle et maudissent Polynice, celui qui a osé s'en prendre à la cité ; bien au contraire, les deux sont placés rigoureusement sur le même plan. Ces femmes qui, au début de la pièce, étaient menacées par Étéocle au motif qu'elles risquaient de terroriser la cité, sont désormais celles qui apportent l'apaisement et la réconciliation. Comme l'écrit Pierre Judet de La Combe :

> L'équivalence initiale des deux frères, également maudits par Œdipe, est restituée physiquement dans un rite de plainte où l'on ne sait si telle ou telle lamentation concerne Étéocle ou Polynice. Ils sont égaux, au-delà des oppositions que leur histoire a exacerbées. Un symbole d'unité à la fin est donné, sans plus, dans l'évocation rituelle et musicale qui au même moment détruit et rassemble. Frères et pères seront couchés, adoucis, honorés dans une même tombe [1].

Les femmes marginalisées au début de la pièce viennent rétablir l'équilibre au sein de la cité. L'asymétrie entre les deux frères est brisée ; peu importe de quel côté s'est rangée la justice, les deux hommes méritent le même respect dans le temps de la mort. C'est

1. Pierre Judet de La Combe, dans Eschyle, *Les Sept contre Thèbes*, *op. cit.*, p. 26-27.

par ce chant funèbre que la communauté peut se rassembler et que les ennemis d'hier retrouveront sa protection.

Dans *Les Suppliantes*, le retour de l'équilibre et de la justice s'effectue principalement par le vote des Argiens. Au nom des lois divines de l'hospitalité, qui proviennent directement de Zeus et sont supposées prévaloir sur les lois humaines, le peuple de Pélasgos accorde asile et protection aux Danaïdes. C'est en cela qu'il témoigne de sa grécité ; l'hospitalité, chez les Grecs, est un devoir. C'est justement ce qui les distingue des peuples qu'ils considèrent comme barbares. Certes, les Danaïdes leur ont quelque peu forcé la main en menaçant de se suicider autour des statues des dieux, ce qui aurait entraîné un sacrilège inacceptable pour la cité. Leur rhétorique est toutefois habile ; pour convaincre les Argiens de les accueillir, elles font appel à la loi divine et aux supplications, en reprenant les mêmes usages que les Grecs, ce que Pélasgos perçoit très bien [1].

Aux Argiens, la communauté des Danaïdes se doit d'être reconnaissante ; c'est le sens des ultimes conseils formulés par Danaos à ses filles, lorsqu'il leur ordonne d'offrir « prières, sacrifices et libations, comme à des dieux de l'Olympe ; car, sans se partager, tous ont été [leurs] sauveurs » (p. 84). Ce faisant, il reconnaît l'unité et la concorde qui ont régné au sein du peuple d'Argos, et qui ont permis à lui-même et à ses filles de trouver refuge parmi eux. Tout l'enjeu sera désormais pour elles de se faire respecter, de prendre le temps de se mêler aux coutumes des Grecs et, surtout, de ne pas parler trop haut pour ne pas se faire remarquer. La lucidité de Danaos pourrait nous faire penser à bien des éléments d'une triste actualité : « Quand il s'agit d'un étranger, chacun tient prêts des mots méchants, et rien ne vient plus vite aux lèvres qu'un propos salissant » (p. 85). Ne pas faire de vagues pour se protéger, respecter les rites du pays d'accueil, et recevoir en retour protection et

1. Comme il le remarque dès leur première rencontre : « Je vois chez vous, il est vrai, des rameaux suppliants déposés suivant le rite aux pieds des dieux de la cité : en cela seulement, la conjecture peut retrouver la Grèce » (p. 59).

sûreté : n'est-ce pas l'ultime leçon d'une œuvre qui prouve que l'intégration est possible et qui nous invite, encore et toujours, à réfléchir au sens de l'hospitalité, y compris et surtout envers les plus vulnérables, précisément parce que l'hospitalité est au fondement de notre commune humanité ?

Traité théologico-politique, chapitres XVI-XX [1] Baruch de Spinoza

Introduction générale

Scandale causé par l'irruption de « Lumières radicales [2] »

Quand paraît en 1670 anonymement le *Tractatus theologico-politicus* avec une adresse d'éditeur fictive (Hambourg, Henricum Künrath), il est rapidement attribué à celui que l'on surnomme le « Juif athée de Voorburg », Baruch de Spinoza (1632-1677), et fait immédiatement scandale. Interdit dans les Provinces-Unies dès juillet 1674, condamné par la cour de Hollande en même temps que le *Léviathan* de Thomas Hobbes, il reste considéré jusqu'à aujourd'hui comme le fer de lance des « Lumières radicales ». L'autorisation tacite du grand pensionnaire Johan de Witt permet toutefois à l'ouvrage de se vendre sous le manteau. Les idées de Spinoza, qui déménage de Voorburg à La Haye où il mourra, se répandent ainsi dans toute l'Europe et en 1673 l'université de Heidelberg lui propose même une chaire de philosophie à la condition qu'il ne trouble pas la religion établie, ce qu'il refusera.

L'ouvrage dérange avant tout les théologiens. Il vise en effet à lutter contre la dégénérescence de la religion en superstition, contre le dogmatisme des Églises, d'où résultent des guerres civiles et la manipulation des passions de la multitude par les divers tenants du pouvoir qui divisent la communauté.

1. Baruch de Spinoza, *Traité théologico-politique*, trad. Ch. Appuhn, Paris, Flammarion, « GF », 2022.

2. Jonathan I. Israel, *Enlightenment, Philosophy and the Making of Modernity, 1650-1750*, Oxford, Oxford University Press, 2001 ; trad. P. Hughes, Ch. Nordmann, J. Rosanvallon, *Les Lumières radicales. La philosophie, Spinoza et la naissance de la modernité (1650-1750)*, Paris, Amsterdam, 2005.

Le remède proposé par Spinoza à cela consiste pour commencer à bien distinguer plusieurs types de connaissance : la connaissance révélée nourrie par les Saintes Écritures d'un côté, qui permet de mettre au jour des préceptes éthiques, autant de certitudes morales indispensables pour régler la vie individuelle et collective dans la concorde, tandis que de l'autre, la connaissance naturelle, obtenue par la science et l'exercice de la raison, connaît les lois de la nature et s'attelle à dévoiler des certitudes mathématiques. Il s'agit de redessiner les limites propres à chacune pour libérer les opinions individuelles à la fois en matière de foi et face à l'État. L'objectif est que les individus soient laissés libres de penser ce qu'ils souhaitent, tant que leurs opinions respectent toutefois le précepte éthique simple consistant à aimer son prochain comme soi-même, donc à témoigner de justice et de charité auprès des autres individus et tant que leurs actions ne troublent pas l'ordre public en menaçant la sécurité et la stabilité de l'État par des séditions infondées entretenant la guerre civile [1]. Seuls les actes des individus contraires aux normes et aux lois doivent donc à ce titre être poursuivis et condamnés, mais jamais leurs pensées, leurs paroles, ni même leurs enseignements, si ces derniers n'empêchent pas l'obéissance nécessaire à la stabilité du pouvoir en place.

Rédigé en latin, le *Traité théologico-politique* (ou TTP) est un ouvrage long et dense qui traite de nombreux sujets et dont l'unité n'apparaît pas immédiatement. Il y est en effet question de prophéties, de miracles, de l'interprétation de l'Écriture par elle-même, de l'histoire du peuple hébreu, de ce qu'il nomme la vraie règle de vie et surtout de la liberté de philosopher. L'objectif de Spinoza est toutefois éclairé par le sous-titre donné à l'ouvrage : *Contenant plusieurs dissertations qui montrent que la liberté de philosopher non seulement peut être accordée sans dommage pour la piété et la paix de la République, mais aussi qu'on ne peut l'ôter sans ôter en même temps la paix de la République et la piété.* Il s'agit donc avant tout de défendre la « paix de la République », au sens où il s'agit de faire obstacle aux guerres

1. Étienne Balibar, *Spinoza et la politique*, Paris, Puf, 1984, p. 9-10.

intestines pour sauver la chose (*res*) publique (*publica*), les affaires communes à tous, l'intérêt commun. Spinoza cherche à penser une communauté solide qui libère les individus, au lieu de les contraindre par des dominations stériles et d'aller contre leur nature, qui est de désirer exercer chacun et tous ensemble leur pleine et entière puissance.

Or, la cause la plus fréquente selon Spinoza de ces dissidences réside dans le pouvoir des prêtres qui agitent les foules contre les responsables politiques. Il cherche donc à amoindrir leur pouvoir en montrant que leurs revendications d'exercer un magistère sur les croyances populaires sont illégitimes [1]. Il faut ramener les prêtres à l'obéissance envers les politiques. Il ne s'agit donc pas, comme le titre un peu trompeur pourrait le suggérer, d'envisager une collaboration quelconque entre le théologique et le politique, ou de placer entre ces deux pôles un quelconque trait d'union, mais d'aller au contraire vers une désunion nette de ces deux domaines [2], en diminuant autant que possible la place du théologique par rapport au politique, et, au fond, de séparer le théologique du politique, la religion de l'État, pour sauver la liberté individuelle tout en rendant possible une communauté politique garantissant cette liberté, donc une démocratie. Il s'agit de défendre le primat du politique sur le religieux, mais en maintenant tout de même, et c'est là que tient toute la subtilité de sa pensée, le cœur positif du religieux, à savoir l'amour essentiel du prochain, qui se décline par l'esprit de justice et de charité ainsi qu'un esprit de tolérance permettant la concorde durable entre les citoyens d'une même patrie et entre les confédérés de patries unies pour la paix, malgré des diversités irréductibles entre les opinions individuelles des citoyens et entre les caractères des différents pays confédérés.

La république des Provinces-Unies et la question de la tolérance

La libre république d'Amsterdam est à cette époque un lieu où règne une liberté de penser nettement plus grande que partout

1. Charles Ramond, *Introduction à Spinoza*, Paris, La Découverte, 2023, p. 91.
2. *Ibid.*, p. 92.

ailleurs en Europe, raison pour laquelle la famille portugaise juive de Baruch de Spinoza y a émigré. Nombre de groupes religieux ou de minorités tentent en effet de profiter à Amsterdam de l'esprit de tolérance qui leur permet de publier ou de lire des ouvrages ailleurs jugés séditieux par la censure et systématiquement brûlés, ou bien de pratiquer le culte spécifique à leur communauté minoritaire.

Dans cet exil, René Descartes (1596-1650) a ainsi précédé Spinoza d'une bonne génération. Ce dernier passe en effet la seconde moitié de sa vie en Hollande où il travaille, entre autres activités, comme le fera également Spinoza, à polir des lentilles de verre pour des instruments d'optique. En cet âge d'or de la Hollande, les deux philosophes se retrouvent voisins (tout comme d'ailleurs du peintre Rembrandt). Lorsque Descartes meurt en 1650, Spinoza n'a alors que 18 ans, mais il reste durablement marqué par le cartésianisme et le rationalisme, qu'il va tenter d'éclaircir dans le seul ouvrage qu'il osa publier sous son nom de son vivant (*Principes de la philosophie de Descartes*, 1663) et qu'il va défendre jusqu'au bout de manière plus conséquente, selon lui, que Descartes lui-même. Il lui reproche notamment d'avoir fait de l'homme une exception au cœur du règne de la quantité, de la mécanique et du déterminisme naturel qu'il avait pourtant mis au jour, c'est-à-dire d'avoir abusivement fait de l'homme un empire dans un empire en lui attribuant, à lui comme à Dieu, le libre arbitre, qu'il trouve quant à lui absurde. Spinoza abandonne également par contraste avec Descartes toute réflexion sur l'union de l'âme et du corps. Les propriétés de l'âme et du corps sont tellement disjointes, comme l'a bien montré Descartes, qu'il vaut mieux selon Spinoza les considérer comme des plans distincts parallèles : l'âme devient alors l'idée du corps. Il abandonne aussi par contraste avec son maître toute forme de transcendance. Toute la réalité se situe dans le système spinoziste sur un même plan d'immanence : la nature et la politique, ou plus exactement les lois de la nature et les normes morales et politiques sont progressivement replacées dans une stricte continuité et abordées de la même manière, parallèlement.

La famille de Spinoza fait partie des « marranes », ces Juifs qui avaient quitté le Portugal pour fuir l'Inquisition espagnole et trouvé refuge aux Provinces-Unies (les Pays-Bas et la Hollande actuels). Le prénom le plus courant de Spinoza est Baruch, même si on l'appelle parfois aussi Benedictus, Benoît ou Bento, selon qu'on le rattache à sa culture juive, latine ou portugaise.

Connaissant très bien l'hébreu ancien, Spinoza a lui-même écrit un *Abrégé de grammaire hébraïque* qui paraîtra juste après sa mort dans le recueil intitulé *Opera posthuma* (*Œuvres posthumes*), publié en 1677 chez Jan Rieuwertsz à Amsterdam grâce à la générosité d'un donateur anonyme. Avec le *Traité théologico-politique*, cet abrégé est le second texte à aborder la Bible [1]. Spinoza a également une connaissance approfondie de l'Ancien Testament (ou Premier Testament, ou Bible hébraïque, ou Bible, ou Saintes Écritures, ou Écriture sainte, ou *Tanakh*, selon la position historico-théologique qui le nomme) et du Talmud, comme le montrent les analyses philologiques approfondies de la Torah, de l'histoire des Hébreux, et la critique de Maïmonide et de la Kabbale développées dans le TTP.

Toutefois, l'appartenance de Spinoza à la communauté juive est loin d'être avérée. Il fut en effet chassé de la synagogue dès 1656 à l'âge de 23 ans par un *herem* (équivalent de l'excommunication) particulièrement sévère en raison de ses positions rationalistes [2].

Par la suite, il donne de plus en plus d'importance dans son œuvre à la figure du Christ, en lequel il voit une figure qui dépasse celle de Moïse [3], ce qui a été interprété par de nombreux philosophes juifs, tel Emmanuel Levinas, comme une véritable trahison à la cause juive et lui a été reproché vivement.

1. Ce volume des *Œuvres posthumes*, reproduit à l'identique en 2008 chez l'éditeur italien Quodlibet, contient de nombreux textes publiés pour la première fois, dont l'*Éthique*.

2. Steven Nadler, *Spinoza. A Life*, Cambridge, Cambridge University Press, 2018 ; trad. J.-Fr. Sené, O. Bosseau, *Spinoza. Une vie*, Saint-Martin-de-Londres, H&O, 2021.

3. Alexandre Matheron, *Le Christ et le Salut des ignorants chez Spinoza*, Paris, Aubier, 1971.

Défendre le parti de la liberté

Le contexte d'écriture du *Traité théologico-politique* est trouble, car les monarchistes absolutistes d'un côté et les théologiens dogmatiques de l'autre menacent la libre république d'Amsterdam. C'est à la fois pour défendre le « Parti de la Liberté » que Spinoza va écrire cet ouvrage et pour lutter contre des soupçons d'athéisme portés contre lui. Il lui faut « briser dans l'œuf la collusion du parti monarchiste et de la propagande "intégriste" des pasteurs calvinistes [1] ». En dernier lieu, l'enjeu est de défendre la philosophie comme liberté de pensée individuelle, face au groupe, face à l'État et à toute tradition ancrée. En 1665, Spinoza écrit à son ami Oldenburg une lettre indiquant clairement ce triple objectif : « Je compose actuellement un traité sur la façon dont j'envisage l'Écriture, et mes motifs pour l'entreprendre sont les suivants : 1) les préjugés des théologiens ; je sais en effet que ce sont ces préjugés qui s'opposent surtout à ce que les hommes puissent appliquer leur esprit à la philosophie ; je juge donc utile de montrer à nu ces préjugés et d'en débarrasser les esprits ; 2) l'opinion qu'a de moi le vulgaire, qui ne cesse de m'accuser d'athéisme ; je me vois obligé de la combattre autant que je pourrai ; 3) la liberté de philosopher et de dire notre sentiment ; je désire l'établir par tous les moyens : l'autorité excessive et le zèle des prédicants tendent à la supprimer » (lettre XXX).

Il veut pour cela séparer les domaines de la philosophie et de la foi. Mais au lieu de simplement condamner la religion, il va tenter de libérer la foi elle-même d'une théologie fermée de manière dogmatique en défendant que l'obéissance envers Dieu ne consiste en réalité que dans l'amour du prochain : « Partis d'une défense de la liberté de pensée contre la théologie, nous débouchons sur une apologie de la vraie religion (toujours reliée à la Révélation) qui vise aussi les philosophes [2] ! » L'ouvrage a un aspect à première vue relativement paradoxal, car il est assez difficile de

1. Étienne Balibar, *Spinoza et la politique*, *op. cit.*, p. 11.
2. *Ibid.*, p. 17.

décrypter dans un premier temps ce que Spinoza vise exactement et quel effet il escompte de son ouvrage, par-delà l'analyse des thématiques exposées. Comment bien le lire et bien l'interpréter ? Que veut-il dire derrière ce qu'il dit ? Pourquoi est-ce si difficile de le ranger clairement dans un des groupes religieux, sociaux ou politiques en place ? Pourquoi son écrit a-t-il été considéré par tous comme audacieux, voire scandaleux ?

Complexité de l'échiquier des diverses positions religieuses et politiques

Les positions religieuses sont aussi complexes à cette époque que les camps politiques. Des conflits apparaissent en effet au sein de la théologie, notamment concernant la question de la grâce, qui divise les catholiques et les protestants, mais aussi chaque camp en deux. Le protestant Calvin défend sa théologie du salut par la grâce seule. Il faut être élu par Dieu pour être sauvé et ce n'est que grâce à cette élection que l'on peut l'être. S'opposant aux diverses doctrines du libre arbitre, il défend la théorie de la prédestination. Dieu seul décide par avance et de toute éternité qui sera élu et qui sera réprouvé. Mais la complexité augmente quand on remarque qu'à l'intérieur même du catholicisme, en écho au développement du protestantisme, les théories s'affrontent également sur ce point. Le conflit oppose notamment à l'intérieur du catholicisme les jésuites et les jansénistes, ces derniers se montrant comme les calvinistes intransigeants sur l'efficace de la grâce seule.

Libre arbitre ou prédestination ?

En Hollande s'opposent plus spécifiquement les pasteurs orthodoxes, partisans de la prédestination, et les arminiens (du nom du théologue Harmensz ou Arminius), qui soutiennent quant à eux la théorie du libre arbitre. Or, quelle est la position de Spinoza ? Se range-t-il du côté de la doctrine du libre arbitre des arminiens ou bien de la prédestination divine des prêtres orthodoxes ?

D'un côté, Spinoza paraît défendre la théorie du libre arbitre, quand il rappelle l'importance d'aimer Dieu et d'aimer son prochain pour être sauvé, mais quand on le lit plus en détail, on s'aperçoit que contrairement aux partisans du libre arbitre, il dénonce fortement ce dernier comme une illusion : il ne fait pas de l'obéissance le résultat d'un choix libre. Nous sommes contraints d'agir selon la complexion de notre propre nature, mais cela n'émane pas d'une décision éternelle de Dieu qui nous y aurait prédestiné : nous ne faisons en cela que suivre les lois éternelles de la nature. Il est donc difficile de cerner la position de Spinoza face aux différents camps qui s'affrontent, puisqu'il rejette à la fois la doctrine du libre arbitre et la doctrine d'une grâce émanant d'une décision libre d'un Dieu créateur de la nature. Dieu s'identifie en effet chez lui strictement à la nature (en écho à sa célèbre formule « *Deus sive natura* », Dieu, c'est-à-dire la nature, telle qu'elle apparaît dans l'*Éthique*). Dieu ne saurait, pour un rationaliste tel que Spinoza, aller contre ses propres règles sans absurdité. Dieu ne doit pas être perçu de manière anthropologisée comme un monarque prenant des décisions libres. Parler de la volonté de Dieu comme d'un libre arbitre n'est autre que se réfugier dans l'asile de l'ignorance, arguer de miracles irrationnels qui nous rendent Dieu absolument incompréhensible et conduisent même à l'athéisme.

Or, les théologiens qui défendent cette conception d'un Dieu monarque ont en réalité l'objectif caché d'idéaliser la monarchie, de sacraliser le pouvoir et cela dans l'objectif de s'en accaparer une partie, éventuellement en s'associant s'il le faut aux défenseurs de monarchies absolues. Or, c'est précisément ce qui se passe au moment de la rédaction du TTP.

Monarchistes absolus ou libres-penseurs bourgeois ?

Lors de ce siècle d'or de la Hollande, deux groupes dirigeants se dessinent et s'affrontent. D'un côté, la famille princière d'Orange-Nassau, issue des anciens comtes du pays qui occupaient traditionnellement le poste de stathouder, une fonction exécutive dans les cités, et, de l'autre, le groupe des régents bourgeois, qui détenaient classiquement l'administration des villes et la gestion des finances publiques, confiées à divers pensionnaires ou grands pensionnaires. Or, en 1619, le grand pensionnaire Oldenbarnevelt, accusé de trahison et de collusion avec les pasteurs arminiens, est condamné à mort à l'instigation du stathouder Maurice de Nassau. La dynastie Orange tente en effet d'acheminer l'État vers un régime monarchique, mais cela échoue. Principal dirigeant du parti des régents, Johan (ou Jan) de Witt (1625-1672) devient alors grand pensionnaire et fait décréter l'exclusion perpétuelle de la famille Orange des charges militaires, puis l'abolition du stathoudérat (1667). Mais le jeune Guillaume III, futur roi d'Angleterre, mène une agitation forte contre les régents. Or, en 1672, au moment de l'invasion française orchestrée par Louis XIV (les Français changent en effet alors soudain de camp), lors d'une émeute populaire, Johan de Witt, ami de Spinoza dont il était devenu une sorte de conseiller, et son frère Cornelis, sont lynchés et littéralement dépecés par la foule qui s'introduit dans leur geôle avant même leur procès et le stathoudérat est rétabli. Les frères de Witt sont accusés d'avoir soi-disant livré la République à la France et de vouloir faire assassiner Guillaume III d'Orange-Nassau.

Comment se fait-il que la multitude ait ainsi rejoint le parti des Orange et fait preuve d'une telle barbarie à l'encontre des frères de Witt ? Spinoza émet son intention de faire placarder les mots « *Ultimi barbarorum* », l'œuvre des « derniers des barbares » là où les frères de Witt ont été assassinés, mais on l'en dissuade pour qu'il ne connaisse pas le même sort. Ces violences nécessitent en tout cas selon Spinoza de chercher à répondre à la question cruciale du rapport entre l'Église et l'État, et de l'instrumentalisation des forces religieuses par les forces politiques, qu'aborde de front le TTP.

Précisons encore, pour comprendre la position précise de Spinoza au sein de cet échiquier complexe, que le calvinisme hollandais s'est à cette époque lui-même scindé en deux. Dans l'un des pôles en présence, on trouve les remontrants, dans lesquels se reconnaît la théologie arminienne (ils seront évoqués dans le chapitre XX du TTP). Ces derniers sont partisans du libre arbitre et de la tolérance religieuse, ainsi que défenseurs de la liberté de conscience individuelle. Ils opposent la religion extérieure institutionnelle qui n'a qu'une fonction pédagogique (le culte dans son extériorité) à la religion intérieure (la foi qui, elle, reste intérieure), seule constitutive de la vraie communauté invisible des croyants. Or, cette manière de penser ouvre, pour la première fois de l'histoire, sur la possibilité d'une conception laïque des rapports entre États et Églises.

Or, l'aristocratie des régents penche vers l'arminianisme, c'est-à-dire vers un certain scepticisme en matière religieuse et la défense d'une liberté en matière d'avancée de la science. Ils défendent la tolérance et le primat du pouvoir civil sur l'organisation des Églises. Dans ce camp se situe notamment Hugo de Groot (nommé plus habituellement Grotius), publiant en 1647 des écrits décisifs concernant le pouvoir du souverain en matière religieuse dont Spinoza a connaissance et qui importent pour saisir le contexte du TTP.

Contre ce camp, on trouve les contre-remontrants ou gomaristes (du nom de Gomarus, l'opposant d'Arminius). Calvinistes orthodoxes, ils défendent une double obéissance du chrétien en matière temporelle au prince et en matière religieuse à l'Église. Ils veulent l'autonomie du pouvoir religieux par rapport à l'État, au point de vouloir en faire un véritable État dans l'État. La loi ne procède d'après eux que de Dieu, qu'elle soit politique ou religieuse. C'est essentiellement à eux que Spinoza veut s'opposer dans le TTP.

Pour compliquer la chose, d'autres groupuscules en présence prétendent être des « chrétiens sans Église », partisans quant à eux de la seconde Réforme. Ceux-ci voient la foi comme un processus d'intériorisation individuelle. Les sociniens (du nom de Fauste Socin) s'expriment ainsi contre le dogme de la Trinité et du péché originel, considérant ces derniers comme le résultat de superstitions absurdes dont il faut se débarrasser.

Une réaction à l'assassinat de libres-penseurs

En 1619, le synode de Dordrecht condamne les thèses arminiennes et interdit le ministère aux pasteurs qui les défendent. Mais des arminiens continuent à avoir de l'influence et Spinoza reçoit d'ailleurs des enseignements de l'un d'eux, Menasseh ben Israël. Quant aux princes d'Orange, ils se font les protecteurs de l'Église calviniste, pour augmenter leur pouvoir sur le parti des régents. Né comme on l'a rappelé dans la communauté juive portugaise d'Amsterdam, Spinoza est accueilli après son excommunication de 1656 dans le milieu éclairé de la petite bourgeoisie. Proche également d'ultracartésiens rationalistes, il est amené naturellement dans le voisinage du pouvoir des régents et se retrouve plus ou moins conseiller de Johan de Witt dont le destin tragique, comme celui de son frère, nous l'avons dit, le traumatise.

En 1665, Spinoza, mis en cause par les conservateurs calvinistes de Voorburg pour ses interprétations de la religion, interrompt l'écriture de l'*Éthique* pour rédiger le TTP. En 1669, Spinoza est également meurtri par la mort de son ami et disciple Adriaan Koerbagh, jugé et condamné pour avoir publié un violent réquisitoire contre la religion chrétienne et mort dans les geôles de Rasphuis.

Par le TTP, Spinoza veut donc répondre à l'urgence de réformer la philosophie pour défendre la liberté d'expression, tout en renouvelant la théologie pour la reconduire vers la vraie religion qui en fait le cœur éthique indispensable à la vie en commun. Le TTP se définit donc comme un manifeste démocratique qui défend l'idée de tolérance et pense la souveraineté de l'État face aux communautés religieuses dans le but de préserver la liberté individuelle. Ce manifeste va être réalisé paradoxalement en analysant la gloire et le déclin de la théocratie caractérisant le pouvoir de Moïse sur les Hébreux, depuis leur soumission idéale à Dieu, maintenant leur égalité à tous, jusqu'à leur insoumission et la colère de Dieu ; et il va le faire en montrant ultimement comment le Christ va permettre de recentrer le message des Saintes Écritures sur des préceptes éthiques simples et universels, la charité et la justice, suffisant à fonder une communauté d'individus à la fois libres de leurs pensées et obéissants à la loi.

Le *Traité théologico-politique* dans l'œuvre de Spinoza

Pour en saisir les diverses thèses, il convient de replacer le *Traité théologico-politique* (1670) non seulement dans son époque mais aussi dans le cadre des autres œuvres majeures de Spinoza, c'est-à-dire aux côtés d'une part de l'*Éthique* (1677) et d'autre part du *Traité politique* (1677), autre texte de portée politique écrit comme le TTP en latin, mais ultérieurement.

L'*Éthique*, œuvre majeure de Spinoza, est rédigée *more geometrico*, de manière strictement démonstrative, selon le modèle proposé en amont par le rationalisme de Descartes. Elle n'a pas pu être publiée du vivant de Spinoza, contrairement au TTP, comme nous l'avons déjà dit, publié mais de manière anonyme en 1670. L'*Éthique* ne le sera par ses amis qu'à sa mort en 1677 et se verra aussitôt condamnée.

Quant au *Traité politique*, commencé en 1665, il va quant à lui amoindrir à la fois l'idée d'un pacte social tel qu'il est mentionné dans le TTP, puisque Spinoza va abandonner plus ou moins la théorie du contrat social pour interpréter de manière surprenante la politique et ses normes dans le sillage direct de la nature et de ses lois naturelles et nécessaires. Il va également amoindrir le rôle de la religion qui n'apparaît plus comme un modèle idéal pour penser la communauté, comme c'est encore le cas dans le TTP.

Tout se passe comme si le TTP exposait sans leur forme démonstrative des thèses que l'*Éthique* tente d'enchaîner pour sa part avec rigueur, tandis que le *Traité politique* se déleste quant à lui de la complexité du rapport de la religion au politique qui caractérise le contexte brûlant de publication du TTP pour clarifier la défense de la démocratie et l'objectif de la liberté de pensée qui est son enjeu majeur.

Pour analyser les quatre chapitres qui sont au programme cette année et mieux comprendre leur apport à une réflexion sur l'individu et la communauté, nous proposons donc de rappeler à titre préliminaire brièvement comment l'individu et la communauté sont articulés solidement dans l'*Éthique* (I), car il s'agit du soubassement du TTP, puis de faire le point rapidement sur tous les thèmes et sur le plan global de l'ouvrage qu'est le TTP (II), pour nous concentrer plus longuement sur la manière dont l'individu et la communauté sont abordés dans les chapitres XVI à XX, qui sont les seuls à être au programme, mais ne peuvent être compris isolément du corpus entier de Spinoza et de l'ouvrage dans son ensemble (III). Enfin, nous verrons à titre de prolongement comment s'opère le passage de ces quatre chapitres au programme dans le TTP au *Traité politique*, qui se déleste de la doctrine du pacte social et du poids de la religion dans la constitution de la communauté politique idéale (IV).

Cela permet peut-être d'orienter l'interprétation de nos quatre chapitres ou au moins de questionner ce qui compte le plus pour coupler un individualisme ontologique, social et politique, et une pensée de la communauté ontologique, religieuse et politique. Faut-il défendre une communauté politique dont le modèle doit être encore religieux (la théocratie des Hébreux, le message christique) ou plus du tout ? Quelle est l'importance pour l'individu d'avoir le droit de se rebeller par nature ? Quelle est l'importance pour lui d'obéir aux lois du groupe pour être libre ? Faut-il partir de l'individu pour définir la communauté la plus juste ou bien partir de la communauté pour comprendre l'individu le plus docile ? Faut-il croiser ces deux approches qui ne sont pas tant exclusives que complémentaires ? C'est ce croisement qui sera la solution adoptée par Spinoza, mais voyons comment cela est rendu possible.

I. *L'Éthique* (1677) de Spinoza : partir de l'individu et de l'effort qu'il fait pour se conserver dans son être pour comprendre la totalité de la nature en l'y réinscrivant en permanence

Le modèle mathématique et démonstratif de présentation rigoureuse des idées *more geometrico*

Par contraste avec le TTP qui ne suit pas l'ordre rigoureux de la déduction à partir de propositions et de leur démonstration accompagnée de divers scolies, l'*Éthique* prend modèle sur les mathématiques pour faire de la philosophie de la manière la plus rationnelle qui soit. Le TTP expose des thèses davantage qu'il ne les démontre rigoureusement. Il n'est donc pas inutile pour en saisir toute la force de replacer pour commencer les points exposés dans le TTP dans la chaîne des raisons que l'*Éthique* seule démontre vraiment « à la manière des géomètres ». Les deux œuvres, écrites de manière partiellement contemporaines, gagnent en effet à être lues ensemble : l'une implique l'autre, l'une donne son intérêt à l'autre, l'une rend les démonstrations de l'autre urgentes, l'une contient les enjeux de l'autre, l'une donne sens à l'autre, l'une définit ce que l'autre discute, l'une donne le contexte historique de ce que l'autre démontre *sub specie æternitatis* (du point de vue de l'éternité, de manière universelle et non historique et spécifique à une époque donnée), etc. Nous prenons donc le parti de ce détour par l'*Éthique* pour éclairer ensuite le TTP.

Partir de l'individu, mais le réinsérer constamment dans un tout plus grand que lui et dont il continuera toujours de faire partie : la nature ou (=) Dieu

L'*Éthique* et le *TTP* partent toutes deux de l'individu et de ses droits, mais sans pour autant défendre un individualisme qui aille contre l'idée de communauté, de communautarisme, de nation, de patrie, de nature commune. L'intérêt et l'accent placés sur l'individu au début du raisonnement et même à sa fin, devront donc, dans un second temps, être contrebalancés par un intérêt et un accent placés sur l'utilité de la mise en commun, y compris du point de vue de l'individu, des puissances particulières et de l'importance de l'obéissance et de la soumission aux lois. C'est paradoxalement du point de vue de l'individu et de l'exercice plein et entier de sa puissance sur le long terme que la communauté va être démontrée comme la plus utile et paradoxalement du point de vue d'une communauté qui se veut forte et durable qu'il faut laisser à l'individu la liberté de critiquer les lois mêmes de cette communauté. Interdire aux individus de critiquer le groupe, c'est fragiliser à terme le groupe, car naturellement les individus suivent leurs appétits et ne peuvent agir que conformément à leur complexion naturelle : on ne pourra jamais diriger les opinions des individus et même si on le pouvait, ce ne serait pas utile, ni au groupe, ni à l'individu.

L'*Éthique* se structure en cinq parties qui s'enchaînent et redisent sous d'autres plans et selon d'autres aspects ce qui est dit dès la première partie qui les contient et les implique toutes. La première partie porte sur Dieu ou la nature, sur les traits les plus généraux de la réalité, la seconde porte sur l'origine et la nature de l'âme et se tourne vers l'homme, en détaillant les différents genres de connaissance. La troisième partie questionne l'origine et la nature des affects et analyse les passions que sont le désir, la joie, la tristesse, l'amour, la haine et tous leurs dérivés. La quatrième partie décrit l'homme affecté, esclave de ses passions, tandis que la cinquième explique comment l'homme peut se libérer par la puissance de son intellect. C'est dans la quatrième partie, notamment à la proposition 37 et aux scolies 1 et 2 que l'on trouve des développements sur l'homme en société qui seront repris et étendus dans le TTP et dans le *Traité politique* resté inachevé. Ces trois ouvrages visent le salut, le fait d'être sauvé et d'atteindre la béatitude, que ce soit pour le philosophe qui raisonne ou bien pour l'ignorant.

La doctrine de Spinoza est immanentiste et repose sur un mécanisme général d'expression : la nature ou autrement dit Dieu existe, sans arrière-monde. Il y a donc une relation directe entre Dieu et chaque chose singulière, puisque chacune l'exprime directement.

La réalité, qu'on la nomme Dieu, nature ou substance, est unique, mais se présente simultanément en une infinité de plans d'existence parallèles dont seulement deux nous sont connus, à savoir l'étendue et la pensée (l'expression de plans d'existence est du commentateur et philosophe Gilles Deleuze [1]). La réalité apparaît comme feuilletée en plans parallèles qui demeurent entièrement indépendants les uns des autres. L'expression « Dieu ou la nature » apparaît dans la préface de la quatrième partie de l'*Éthique*. Il est désigné comme cet être éternel et infini que nous appelons Dieu ou la nature, et qui agit et existe avec la même nécessité. Dieu n'est donc selon le panthéiste qu'est Spinoza ni créateur du monde, ni guide, ni juge et il ne récompense ni ne punit les bons et les méchants dans un quelconque arrière-monde. La nature apparaît divinisée selon cette conception qui ne place rien au-delà de la nature.

Spinoza nomme attribut ces plans de la réalité, sans établir aucune hiérarchie entre eux. Les attributs de la substance ne lui sont ni inférieurs, ni postérieurs, ni subordonnés comme on pourrait le croire à première vue. L'attribut est tout simplement l'essence ou la nature d'une chose. Les attributs constituent donc la réalité totale qu'ils expriment. Le rapport entre la substance et l'attribut est un rapport d'expression. Chaque chose singulière, comme Dieu, existe aussi sur une infinité de plans dont seulement deux nous sont connus, l'étendue et la pensée. Dieu est selon Spinoza présent dans toute chose singulière. Le tout est exprimé par chaque partie. Individus particuliers et totalité des êtres sont en réalité donnés en même temps et s'impliquent l'un l'autre. On ne peut penser l'individu sans le tout, ni le tout sans les individus qui l'expriment.

De chaque attribut s'ensuivent de multiples modes, ou modifications de la substance, qui sont autant de choses singulières, ou individus. On peut donc considérer la réalité sous différents aspects : soit comme *natura naturans*, « nature constituant la nature », nature produisante, soit comme *natura naturata*, « nature constituée par la nature », résultat de ces transformations de la substance,

1. Gilles Deleuze, *Spinoza. Philosophie pratique*, Paris, Minuit, 2003.

modifications particulières de la substance totale. Le rapport entre « nature naturante » et « nature naturée » n'est pas simplement un rapport causal. Les attributs ne sont pas causes des modes, mais les modes s'ensuivent de la nature des attributs : ils les expriment. Les choses particulières ne sont autre chose que des affections des attributs de Dieu, autrement dit des modes par lesquels les attributs de Dieu sont exprimés d'une manière précisément déterminée (partie I, prop. 25, corollaire). On pourrait dire que les modes émanent des attributs, que les individus émanent de Dieu ou de la nature, en cascade. Les choses singulières sont comme des reflets d'une lointaine puissance qui leur est incommensurable : plus nous connaissons les choses singulières, par conséquent, plus nous connaissons Dieu (partie V, prop. 24). Comme une odeur émane d'une fleur, les individus émanent de Dieu, ou de la nature. Dieu n'est pas créateur de la nature, il lui est immanent.

Le *conatus*, effort de chaque individu vivant pour persévérer dans son être

Après avoir adopté le point de vue du tout éternel et infini qui est celui de la totalité de la nature ou de Dieu, le second point de départ de tout le raisonnement de Spinoza consiste à définir les individus par leur effort pour persévérer dans leur être ou pour se conserver eux-mêmes. Chaque individu agit conformément à la nécessité de sa propre nature : « chaque chose, autant qu'il est en elle, s'efforce de persévérer dans son être et l'effort par lequel chaque chose s'efforce de persévérer dans son être n'est rien d'autre que l'essence actuelle de cette chose » (partie III, prop. 6 et 7). Le « *quantum in se est* », « autant qu'il est en elle », traduit la quantité ou degré de puissance ou d'énergie dont témoigne la chose singulière. Cet effort n'est pas ce qui s'ajoute à la nature propre de chaque individu, mais il le qualifie tout entier : chaque individu est ce désir de se maintenir dans l'existence et d'y exercer sa puissance et rien de plus. Les appétits et les désirs qui nous constituent nous déterminent entièrement, que nous le voulions ou non, autrement dit nous ne pouvons vouloir que ce dont nous pensons que cela nous sera utile pour augmenter notre puissance d'agir. Or, augmenter cette puissance d'agir, c'est éprouver de la joie.

On comprend la dimension politique de cette définition qui va ouvrir dans le TTP sur la définition du droit naturel comme le droit pour chaque individu d'exercer, sans limite, tout ce qu'il veut, tout ce qu'il est en sa puissance de faire. Il est impossible de contrecarrer cet élan individuel, sans aller contre la nature et ses lois. C'est cela qui va justifier qu'il n'est pas possible au souverain politique ou religieux de faire que l'individu ne pense pas naturellement ce qu'il pense, ou qu'il ne juge pas naturellement utile ce qu'il juge utile, ou encore qu'il ne renverse pas naturellement un souverain qu'il juge devenu inutile. Nous sommes, comme le dira Gilles Deleuze, des « machines désirantes [1] » : impossible de lutter contre cela.

Nous sommes donc en tant qu'individus humains déterminés par nos appétits comme n'importe quelle autre chose singulière, mais nous nous croyons libres face à ces appétits car, par contraste avec d'autres animaux, nous avons conscience des appétits qui nous déterminent sans savoir qu'ils nous déterminent. En réalité, nous voyons bien que l'alcoolique n'est pas libre de ne pas boire, que le bébé n'est pas libre de désirer téter le sein de sa mère et que le bavard n'est pas libre de s'arrêter de parler. Or, il en va de même pour nous tous. Rendons-nous à l'évidence. Nous sommes doublement déterminés par notre propre nature, de bavard, d'alcoolique, de bébé, etc., qui crée une causalité interne, et par des causes extérieures, d'autres modes déterminés qui nous font juger utile telle ou telle chose que nous jugeons bonne ou utile pour conserver notre être, et ce parfois, voire souvent, à tort : par exemple dans le cas de l'alcool pour l'alcoolique, qui lui est en réalité néfaste. Dans une célèbre lettre à Schuller d'octobre 1674 (lettre LVIII), Spinoza compare l'homme à une pierre que l'on aurait lancée en l'air et que l'on aurait soudain dotée de conscience : elle se croirait libre

1. Gilles Deleuze, Félix Guattari, *L'Anti-Œdipe*, vol. 1 : *Capitalisme et schizophrénie*, Paris, Minuit, 1972.

dans son mouvement, alors qu'elle est pourtant en réalité doublement déterminée par des causes extérieures (le lancer, la gravité) et par des causes intérieures (sa propre nature).

La philosophie de Spinoza apparaît dans un premier temps comme un déterminisme rigoureux, tout individu se résumant à l'effort qu'il fait pour augmenter sa puissance d'agir en considérant comme bon ou utile ce vers quoi il tend naturellement pour se conserver dans son être. L'utile et le bien se recoupent ici, comme si la norme ou la valeur n'était qu'une loi naturelle, un fait engendré par l'utilité pour chaque individu, guidé dans son action vers ce qui lui permet d'éprouver de la joie, résultat du fait qu'il n'est pas empêché dans le déploiement de sa propre nature. Spinoza dénonce donc fortement l'illusion du libre arbitre, en même temps que l'illusion du finalisme : c'est parce que nous désirons une chose que nous l'appelons bonne et non parce qu'elle est bonne en soi que nous la désirons. Il doit être ici opposé aux philosophies de Descartes et de Leibniz.

L'individu doit être compris comme la partie d'un tout qui le détermine : l'individu est déterminé par sa propre complexion, sa nature propre, par ses expériences propres, par les autres individus qui l'entourent et en dernière instance par le tout, la nature ou Dieu, dont il émane et qu'il exprime. L'homme n'est donc pas dans la nature comme un empire dans un empire. Seule la réinscription de l'individu dans un grand tout qui le dépasse peut le conduire à une forme de libération de la servitude des affects.

Il est en effet possible de se libérer de la servitude dans laquelle nous placent les affects en s'élevant d'un mode de connaissance gouverné par l'imagination, typique du moment où l'on croit que nous sont utiles des biens qui ne le sont pas réellement pour augmenter notre puissance d'agir individuelle, à un mode de connaissance gouverné par la raison, ou par l'intellect. Dans le TTP, cela va se traduire par le fait de prendre conscience que le regroupement des puissances individuelles dans une société, et en particulier dans une société démocratique, est plus utile à l'individu qui souhaite se conserver dans son être et augmenter sa puissance d'agir que de demeurer seul ou de se livrer à la guerre de tous contre tous.

Être libre ne consiste pas à faire preuve de licence, à suivre ses caprices ou à faire des choix arbitraires : tout cela est en droit proprement impossible, car tout individu est déterminé par sa propre nature et par des causes extérieures à agir et ne peut donc témoigner de liberté de choix. Le tyran lui-même n'est pas libre, puisqu'il est le jouet de ses passions, de sa colère, de sa haine, etc. Être libre consiste non pas à avoir le choix, mais à n'être déterminé que par sa propre nature. Qui peut alors être dit absolument libre ? Être libre consistant à n'obéir qu'à la nécessité de sa propre nature, et ne s'opposant donc pas *stricto sensu* à la nécessité, cela ne peut être qu'un privilège réservé au grand tout de la nature ou autrement dit à Dieu. Tous les modes finis, les individus que nous sommes, par exemple, sont par contraste déterminés quant à eux non seulement par leur propre nature, mais aussi par les autres modes finis qui les entourent. Aucun homme ne peut être dit absolument libre. Il ne peut en être autrement, donc il n'y a pas à le déplorer, c'est un fait.

Faut-il s'en affliger ? Le déterminisme qui qualifie l'éthique de Spinoza doit-il se comprendre comme un fatalisme à déplorer ? Il ne le présente pas comme tel. Ne pas rire, ne pas pleurer, mais comprendre, est son leitmotiv et son credo : chercher à expliquer plutôt que juger et s'emporter est une attitude plus utile à l'individu et plus à même d'augmenter sa puissance d'agir et donc à lui faire éprouver de la joie.

Comment peut survenir la joie de l'individu ? Il convient tout d'abord de réinterpréter le combat traditionnel de la passion et de la raison. Il n'est pas possible dans la doctrine spinoziste de s'extraire de la chaîne causale et de faire des choix différents de ceux qu'imposent notre nature propre et les modes extérieurs qui agissent sur nous. Il n'est donc pas possible par un travail sur nos représentations d'exercer comme le pensent les stoïciens par exemple une maîtrise sur les passions et de supprimer l'efficacité des affects. Les affects nous déterminent, que nous en ayons conscience ou non. Mais il est possible de jouer un affect contre un autre affect et de ne plus se tromper sur ce qui est le plus utile pour augmenter notre puissance d'agir. Comprendre la logique des affects permet déjà de les réorienter pour aller vers ceux qui sont les plus utiles et apportent durablement de la joie.

Savoir que nous sommes des modes déterminés d'une substance infinie et éternelle qui est cause d'elle-même et donc absolument libre est également source d'une joie qui est même béatitude. La vertu se confond ici avec son effet : connaître est pour l'individu la satisfaction d'accomplir sa propre nature sans entrave et il en résulte un acquiescement qui est autant satisfaction de soi, contentement de soi que sentiment d'accomplissement, d'harmonie et de concorde avec le tout dont il fait partie. La joie d'être partie d'un tout qui peut être dit absolument libre est à la fois joie de l'individu qui se réinscrit dans la totalité de la nature, des lois naturelles, mais aussi dans la totalité qu'est Dieu : d'un point de vue politique, cela se traduit dans le TTP par la joie qu'il y a à avoir de l'amitié pour ses concitoyens et pour les confédérés au sein d'une cité démocratique où règnent charité et justice, égalité entre les membres et droit à exprimer librement ses opinions personnelles, fussent-elles totalement discordantes avec les lois dégagées par le principe de la majorité. Il y a en démocratie une joie à acquiescer au résultat du vote majoritaire, joie d'avoir participé à voix égales au vote et, même si notre opinion n'est pas majoritaire, à pouvoir l'exprimer pour influencer les opinions à l'avenir, indiquer lesquelles nous semblent les plus utiles à l'individu et au groupe.

Il n'y a donc aucun conservatisme ni immobilisme dans la vision spinoziste, mais un équilibre dynamique entre les individus qui expriment le tout selon la complexion singulière qui les définit et la communauté, la totalité qu'ils forment et de laquelle ils émanent dans un esprit de concorde qui n'interdit pas mais au contraire reconnaît un droit absolu à la singularité des opinions. L'équilibre se rompt quand des individus se prennent pour un empire dans un empire et cherchent à dominer les autres en encourageant la guerre, brisant la société en partis, sectes, clans fermés, groupes de pression, pris en réalité dans un cycle de passions dévorantes, ou quand des individus refusent d'obéir aux lois et déstabilisent l'ordre étatique par leurs actions, alors que la liberté qui leur est accordée n'est que celle de penser et d'exprimer leurs pensées quelles qu'elles soient. Quand on essaie de niveler la diversité des opinions individuelles ou bien quand des individus agissent contre les lois, les individus autant que les communautés qu'ils forment perdent de leur puissance. La haine et la tristesse l'emportent alors.

L'*Éthique* semble permettre de caractériser le spinozisme comme un panthéisme, c'est-à-dire comme une identification de la nature et de Dieu, mais peut-on pour autant qualifier Spinoza d'athée ? Quelle place joue la religion dans un tel modèle ? C'est pour répondre à l'accusation d'athéisme et sans doute à la fois à l'excommunication du 26 juillet 1656 tout comme à l'horreur éprouvée face à l'assassinat de libres-penseurs que le TTP trouve son tout sens, prolongeant les principes démontrés dans l'*Éthique*, dont certains passages sont à relier à l'approche sociale et politique des rapports de l'individu et de la communauté déjà abordés. Rappelons encore une fois que le TTP est le texte dont Spinoza va avoir le plus à cœur la parution, y compris au péril de sa vie, alors qu'il devra renoncer à publier l'*Éthique* : l'un des ouvrages est-il la clé de l'autre ? Sa finalité ? La partie essentielle ? L'enjeu ?

II. Le *Traité théologico-politique* dans son ensemble

Bref résumé de l'ensemble de l'ouvrage

Le TTP questionne la signification du christianisme et interroge le sens des Saintes Écritures, ce qu'elles disent du destin de l'homme et de son histoire. Les Saintes Écritures sont envisagées comme un texte que le philosophe rationnel, sous la forme d'une histoire critique, peut prendre comme objet, ce qui est très novateur, puisque seuls des auteurs comme Maïmonide l'avaient tenté avant lui.

L'ouvrage se découpe nettement en deux parties, dont la première, davantage théologique, que nous n'avons pas au programme, des chapitres I à XV, démontre que la liberté de pensée de l'individu rationnel est utile et nécessaire à l'exercice de la piété, donc à une religion qui ne dégénère pas en superstition stérile ; tandis que la seconde partie, davantage politique, que nous avons au programme, des chapitres XVI à XX, défend la thèse selon laquelle la liberté de pensée de l'individu rationnel est utile et nécessaire à l'obéissance de chacun aux lois de l'État.

Les chapitres I à XV – partie davantage théologique

Dans la première partie, Spinoza aborde notamment la question du prophétisme et des miracles (chapitres I et II), du messianisme (chapitre III), du cléricalisme (chapitre VII et XII).

Il défend dès la préface de l'ouvrage que les miracles proviennent de la nature superstitieuse des hommes, crédulité qui leur vient elle-même de leur crainte face aux incertitudes de l'avenir et face à ce qu'ils ne connaissent pas. Ignorants des causes naturelles qui déterminent certains phénomènes, ils développent donc une imagination vive qui leur permet de se réfugier dans l'asile de l'ignorance qu'est la superstition, un remède finalement pire que le mal, car ils se retrouvent alors instrumentalisés par ceux qui ont bien remarqué que gouverner, comme le dit Machiavel, c'est faire croire.

Le problème est donc rapidement non seulement religieux, mais aussi et d'emblée politique, parce que des groupes instrumentalisent cette superstition pour exercer leur pouvoir sur les individus, créant des schismes au sein de la communauté humaine et des guerres violentes, où intérêts politiques et religieux se mélangent sans que l'individu puisse bien comprendre ce qui se passe et sortir des purs rapports de force violents.

Il est donc nécessaire de définir une liberté de philosopher séparée. Séparer de la religion la liberté de philosopher reposant sur la raison est la condition de leur compatibilité, et tel est l'objectif de la première partie du TTP. Le paradoxe est que cette séparation est attestée dans l'Écriture elle-même, les théologiens se méprenant même sur le texte sacré. La question est alors, dans cette première partie : comment bien interpréter le texte sacré ? Comment sauver la vraie religion de la religion dans sa version dégradée (superstition instrumentalisée) ? La liberté de juger est-elle par nature impie et interdit-elle fondamentalement le salut (chapitre XIV) ?

La partie théologique analyse d'abord la prophétie et s'intéresse à la religion révélée transmise par les prophètes afin de déterminer ce qu'est vraiment un prophète, pour savoir si la Révélation s'oppose à la raison du philosophe. Le prophète est un intermédiaire entre Dieu et les individus qui transmet la révélation qu'il a obtenue de Dieu de manière immédiate. Les fidèles doivent quant à eux lui faire confiance et avoir foi en lui. La prophétie est donc une révélation, c'est-à-dire une connaissance certaine, révélée aux hommes par Dieu, d'une chose quelconque, telle est la position de Spinoza. Prophètes et philosophes ne sont toutefois en cela aucunement concurrents, car la philosophie est aussi d'une certaine manière révélée par Dieu, mais elle se déduit *more geometrico* de l'essence et de l'existence de Dieu, en usant de la seule raison. Par contraste avec les philosophes, les prophètes sont enclins à user d'imagination, connaissance vague et de premier ordre. Or, pour philosopher, il n'y a pas besoin d'intermédiaire, tout individu, étant doté de raison, pouvant accéder à la connaissance de Dieu telle qu'elle est exposée dans l'*Éthique.* La prophétie a son propre mode d'exposition : elle s'exprime par des paroles, par des figures et des images, elle opère par ouï-dire et par des signes. Elle est donc d'un genre de connaissance faillible, incertain, propre à l'erreur. Mais elle a sa place tant qu'elle prétend apporter non pas l'idée vraie de Dieu, mais des certitudes morales, utiles pour régler la vie des individus. Les textes sacrés ne donnent pas de connaissance véritable de Dieu, mais un message éthique portant sur la justice et sur le bien. Seule la raison peut apporter de vraies connaissances, obtenues par démonstration rigoureuse et logique, à partir de définitions claires.

Les miracles sont, selon Spinoza, le fruit de la superstition, contrairement à ce que soutient Pascal qui laisse une place dans sa position fidéiste à l'irrationalité des miracles. Certains veulent à tort attribuer à Dieu une volonté arbitraire comparable à celle d'un roi, énonce Spinoza. Mais la nature n'est autre qu'un enchaînement de causes et d'effets, comme l'a montré Descartes : il faut être conséquent et défendre que la croyance au miracle nous éloigne d'une véritable connaissance de Dieu. L'idée d'un Dieu qui par le biais d'un miracle s'opposerait momentanément aux lois de la nature est absurde et éloigne de Dieu, voire rend athée le rationaliste conséquent. Le miracle n'est qu'un fait naturel dont nous ignorons encore la cause, voilà tout.

L'Écriture, pleine de miracles, est-elle donc fausse ? La seule solution conséquente consiste à bien l'interpréter pour concilier la raison et la foi, sans sacrifier l'une ou l'autre, et c'est celle que propose Spinoza. Ce dernier développe donc une interprétation nouvelle des Écritures par elles-mêmes et par elles seules (*sola scriptura*). L'interprétation doit donc être méthodique et s'appuyer sur une étude historique qui cherche ce qui est dit, par qui et comment cela est dit, en interprétant bien la polysémie des mots (si on lit que Dieu est feu, cela reste métaphorique, par exemple et ne doit pas être compris littéralement). Le contexte d'émission comme celui de réception sont à prendre en compte, ainsi que les intentions supposées des prophètes.

De manière audacieuse à son époque, ouvrant à une lecture critique de la Bible, Spinoza va défendre de plus que Moïse n'est pas l'auteur du Pentateuque, c'est-à-dire des cinq premiers livres des Écritures (Pentateuque signifiant les cinq rouleaux de parchemins rassemblant la Genèse, l'Exode, le Lévitique, le livre des Nombres et le Deutéronome), mais qu'il émane d'auteurs divers, provenant d'époques diverses : il s'agit d'une compilation de textes divers.

Or, il va essayer de chercher un fondement commun à l'Écriture au-delà des divergences possibles d'interprétation qu'il convient de laisser ouvertes aux individus fidèles. Cela va le conduire à centrer le texte divin sur l'objectif éthique consistant à faire obéir à la Loi divine et à aimer son prochain dans la justice et dans la charité. Il la recentre sur seulement sept dogmes fondamentaux : l'existence, l'unicité, l'ubiquité, l'omniscience et la souveraineté de Dieu, le culte qui lui est dû, le salut des fidèles et le pardon, qui forment la base de l'obéissance à Dieu ; le reste demeurant libre d'interprétation pour le fidèle. Chaque individu, partant de cette base commune, est libre de croire ce qu'il veut. La théologie ne doit pas nier la liberté de penser des individus. La philosophie vise la vérité par la raison, tandis que la théologie vise l'obéissance par l'imagination, mais toutes deux demeurent compatibles, aucune des deux n'ayant toutefois à se mettre au service de l'autre.

Le chapitre XV termine cet examen du juste rapport de la raison et de la foi en défendant que la piété passe par les œuvres (ce que le fidèle fait, les coutumes qu'il suit) et non par les opinions, qui doivent être laissées libres. Cela va se traduire sur le plan politique par le fait que le souverain ne doit juger par la loi que les actions des individus et laisser leur pensée libre de s'exprimer. De même que l'on ne s'interdit pas le salut parce que l'on juge les Écritures, on ne doit pas être condamné par l'État si l'on juge une loi, tant qu'on y obéit par ses actions et que l'on ne compromet pas l'ordre public par une forme de sédition.

Les chapitres XVI à XX – partie plutôt politique

La seconde partie, que nous avons au programme, aborde la manière dont la paix dans les États nécessite la liberté de pensée des individus et défend donc la démocratie comme le meilleur des régimes politiques, par contraste avec la monarchie ou l'aristocratie, et même par contraste avec la théocratie, un terme rare que Spinoza emploie pour désigner le pouvoir au temps de Moïse. C'est au souverain de décider de la loi civile et de la loi religieuse selon Spinoza, pour éviter que les religieux ne puissent former un État dans l'État.

Le chapitre XVI indique les limites du pouvoir étatique sur les individus en rappelant le droit naturel des individus et comment s'opère le passage par un pacte social à la communauté démocratique. Les chapitres XVII et XVIII diagnostiquent l'État hébreu de l'Ancien Testament pour analyser la grandeur et la chute de cette théocratie particulière. Spinoza y déploie une théorie historique des passions sociales en interrogeant les mouvements de masse qui déterminent les États. Le chapitre XIX défend que le culte intérieur, la foi et les opinions et croyances appartiennent à l'individu, tandis que le culte extérieur doit être encadré juridiquement par l'État, pour éviter les divisions. Le chapitre XX défend pour conclure que, dans une république libre, chacun peut penser ce qu'il veut et dire ce qu'il pense sans risquer d'être puni pour cela.

Le TTP est donc une œuvre cruciale qui a posé la question des droits de la liberté et au-delà, de la philosophie elle-même, face à la théologie et à la politique qui prétendent toutes deux exercer sur elle une autorité ou la limiter. Cette œuvre permet de poser la question de la liberté en religion et de conceptualiser la tolérance, tout en renouvelant l'analyse philosophique du texte sacré en transformant la théologie elle-même. Elle est aussi un plaidoyer pour penser la démocratie et la philosophie qu'elle autorise.

III. Commentaire détaillé des livres XVI à XX (au programme annuel)

Chapitre XVI – Les fondements de l'État : partir des droits de l'individu pour penser la politique ? L'individu et son droit naturel

L'objectif est de délimiter jusqu'où doit s'étendre, dans l'État le meilleur, la liberté laissée à l'individu. Spinoza est donc conduit à se demander quels sont les droits de l'individu, non pas tant en dehors de l'État, avant que l'État n'existe ou sans l'État, après sa suppression, car il n'insiste pas comme Thomas Hobbes ou plus tard Jean-Jacques Rousseau sur l'idée d'un état de nature préexistant à l'état civil qui servirait soit de repoussoir, soit d'idéal fictif régulateur, mais il se demande plutôt quels sont les droits de l'individu, quand on place l'accent sur l'individu gouverné naturellement par ses affects et non sur la communauté à laquelle il ne cesse jamais pourtant d'appartenir et qui le détermine constamment, qu'il le veuille ou non, qu'il le juge utile ou pas. Il ne décrit donc ni un individu encore à l'état de nature particulièrement violent vis-à-vis des autres individus, avant qu'on ne lui ôte ses armes par un contrat de soumission à un État fort (thèse de Hobbes), ni au contraire un bon sauvage isolé, indépendant et sympathique, chantant au bord de rivières (thèse de Rousseau), mais réinsère les individus humains dans l'ensemble de tous les autres individus naturels, puisque l'homme y est même en effet rapproché des animaux.

Le droit naturel est à comprendre selon Spinoza dans le strict prolongement de la manière dont on comprend les lois naturelles des corps, ou « parallèlement » à la compréhension des mécanismes naturels physiques. Les lois naturelles des corps physiques ne sont nullement invalidées par les lois civiles ou morales qui les prolongent et sont à lire dans leur sillage. C'est pourquoi il rend équivalentes les expressions de droit naturel et d'institution de la nature, dans une sorte de chiasme entre le naturel et le juridico-politique. Cela est surprenant, car habituellement on oppose d'un côté les lois de la nature mécaniques et nécessaires et de l'autre les institutions sociales, politiques ou religieuses humaines libres et conventionnelles, arbitraires. Le droit dont il est question, avant le pacte social qui va introduire à l'institution d'une communauté politique, est singulièrement rabattu sur les simples règles de la nature auxquelles chaque individu doit obéir, règles suivant lesquelles nous concevons chaque être comme déterminé à exister et à se comporter nécessairement d'une certaine manière. De même que le flux sanguin obéit à une loi naturelle dans nos veines pour arriver mécaniquement au cœur, les individus voient leur mouvement et leur repos conditionnés par leur nature, tout leur agir suit une forme de mécanisme.

Le droit naturel n'arrive pas comme une chose qui s'ajoute à une substance, mais est ce qui la qualifie tout entière et sans réserve : l'individu n'a pas tant un droit naturel qu'il n'est ce droit. Il ne peut donc y renoncer et personne, pas même le plus puissant des hommes ou bien une communauté entière d'hommes, ne peut le forcer à y renoncer, s'il n'y renonce pas lui-même pour un droit plus utile (ce que le pacte social lui présentera).

Les individus pris comme exemple ne sont volontairement pas des hommes dans ce passage du chapitre XVI, ce sont tout simplement des poissons. Nous ne sommes au fond naturellement jamais absolument différents de ces poissons : si un gros poisson juge utile pour sa conservation d'en manger un plus petit, il le mange. Ce n'est ni bien, ni mal, ni à déplorer, ni à juger, c'est un fait de la nature, puisque l'individu tend nécessairement vers ce qui augmente sa puissance d'agir et permet de le conserver dans son être. Est-ce différent de l'état de nature pensé par Hobbes comme un état d'interindividualisme belliqueux de guerre de tous contre tous où l'homme est un loup pour l'homme ? Oui, c'est différent, parce que Hobbes dit certes que l'homme est un être de passion, qui désire ce que les autres désirent, mais Spinoza réinscrit ce désir humain dans la chaîne des appétits de tout être individué de la nature. Cela n'est donc pas à déplorer, puisque cela ne peut être qu'ainsi, nécessairement. Comment reprocher à un individu d'être déterminé par sa propre nature ? Le gros poisson n'est et ne sera jamais coupable de manger les petits. Est-ce à dire qu'il faut valider l'idée que l'homme serait un loup pour l'homme et que la communauté ne pourrait mettre fin à la guerre de tous contre tous que par une soumission absolue de chaque individu à un homme ou bien un groupe d'hommes qui ne laisserait aucune arme aux individus contre lui et aucun moyen de le contester, comme Hobbes le défend en proposant pour sa part une conception monarchiste absolue de l'État ? Non, point du tout, car Spinoza veut précisément défendre ce droit absolu de l'individu à exercer sa puissance au contraire comme une arme contre l'absolutisme : c'est la clé pour que le pouvoir étatique se limite à régler les conduites et les actes, sans légiférer sur les pensées et leur libre expression qui restent du ressort absolu de l'individu. Spinoza ne va pas défendre comme Calliclès dans le dialogue de Platon intitulé le *Gorgias* [1] un

1. Platon, *Gorgias*, 483b-484a, trad. M. Canto, Paris, Flammarion, « GF », 1987, p. 212-213.

droit du plus fort en politique, sauf si l'on entend par le plus fort le plus rationnel et le plus utile à l'individu et au groupe, c'est-à-dire selon Spinoza un droit garanti au mieux par la démocratie, qui est l'empire absolu, le régime idéal. Donc, comme chez Hobbes, Calliclès et d'autres réalistes, et en amont comme chez Machiavel, Spinoza semble dans un premier temps dire que l'homme est désir, violence, appétit incontrôlable, mais dans un second temps, comme Rousseau et Kant, il défend que la raison prend le relais des passions en l'homme, car il est de sa nature d'être rationnel, de comprendre qu'il lui est plus utile de s'unir avec d'autres pour être plus puissant et de laisser chaque individu libre de penser ce qu'il veut, tant que ses actions ne témoignent d'aucune désobéissance aux décrets communs. Tout cela dans le but de stabiliser paradoxalement l'État, qui ne pourra de toute façon pas contrer les appétits, les opinions, les croyances individuelles que les individus ne jugent pas utiles de contrer. Ce n'est que si des individus comprennent qu'il leur est utile de contrer certains appétits pour augmenter leur puissance qu'ils le feront par eux-mêmes, ce qui ne peut se produire pleinement qu'en démocratie. On ne peut compter que sur les individus eux-mêmes et sur leur intellect, leur raison les rendant capables de comprendre qu'il leur est plus utile de vivre en démocratie et de limiter leurs affects qui iraient contre la concorde.

Le droit est donc rabattu sur la puissance que l'individu exerce pour persévérer dans son être. Lorsque l'on en reste au niveau du droit naturel, la raison n'est pas encore mobilisée, seul l'appétit règne pour augmenter le pouvoir individuel. Le contraste est grand avec Hobbes, qui fait de l'homme à l'état de nature non seulement un être de passion violente, mais aussi de raison calculatrice. Cette raison n'est pas mobilisée ici, car ce n'est que quand l'individu va comprendre qu'il lui est utile de vivre en démocratie que sa raison va se manifester pour abandonner certains appétits au profit d'autres affects. La raison nous élève à la chose commune, comme chez Rousseau, elle ne nous rabaisse pas à des stratagèmes calculateurs comme chez Machiavel ou chez Hobbes. Sur le plan naturel, l'individu ne calcule même pas chez Spinoza : il n'est qu'appétit sans limite et en réalité cela lui porte préjudice, car il imagine que lui sont utiles des biens vers lesquels il tend, alors que cela le conduit à sa propre perte et à la dislocation de la communauté à laquelle il appartient. L'ignorance des hommes ne leur est jamais utile, il n'y a aucun intérêt comme chez Pascal à s'abêtir pour se convertir et croire aux miracles irrationnels en pariant sur l'existence d'un Dieu récompensant les vies bonnes et punissant la conduite impie des libertins dans l'au-delà.

Les moyens qui sont mobilisés au niveau de ce droit naturel sont la force, la ruse ou les prières. L'ignorant qui ne possède pas encore une raison développée lui permettant de sortir des rapports de force purs se réfugie dans l'asile de l'ignorance, par exemple dans la croyance irrationnelle aux miracles et autres miroirs aux alouettes. D'autres ignorants plus profiteurs élaborent des stratagèmes éthiquement répréhensibles et profitent de la superstition de ceux qui deviennent leurs jouets. On prie alors pour son salut dans l'au-delà, en tremblant.

Spinoza rapproche cet état d'une forme d'ignorance : l'individu ignore, alors, qu'il n'est qu'une petite partie de la nature et que c'est par la seule nécessité de sa nature qu'il est déterminé à agir de la sorte. Vérité qui serait seule propre à l'apaiser durablement et à lui faire éprouver de la joie. L'ordre global est ignoré par l'individu à l'état de nature qui n'est que force, appétit, ruse, prière, partie isolée d'un tout qui se prend fallacieusement pour un empire dans un empire. La prière témoigne de la crainte dans laquelle se trouve celui qui n'est guidé que par l'appétit, car il n'est jamais sûr de pouvoir se conserver durablement dans son être. Seule l'entrée dans un État qui rend plus fort l'individu pourra supprimer la crainte et éviter le repli dans la superstition en créant de la confiance dans le mécanisme du vote majoritaire, où chaque individu peut être entendu, ce qui garantit la paix et une concorde durable au sein de la communauté.

Arrive rapidement le niveau où la raison prend le relais des appétits purs et c'est à ce moment précis que le droit naturel est transféré à un souverain qui va édicter des lois, mais il y a une continuité entre droit naturel et droit civil, car à chaque fois ce qui détermine l'individu, c'est ce qui lui semble (ou qui est en réalité) le plus utile pour se conserver dans son être. Spinoza ne dit pas comme Aristote que l'homme est un animal politique, mais il défend que les individus humains comprennent vite que suivre la raison leur sera plus utile et que s'ils ne s'entraident pas, ils vivront très misérablement. On pourrait parler d'une sorte de ruse ici, car ce n'est pas la morale qui crée de la sympathie entre les hommes et les conduit à la concorde, mais c'est un raisonnement sur l'utile qui persuade l'individu de fraterniser et d'être moral. On survit mieux à deux ou trois que seul : nous sommes moraux parce que cela est jugé par nous utile. La raison enjoint les individus à s'unir en un corps social et à contenir leurs appétits. Toutefois, ce n'est pas le dernier mot de Spinoza, car dans son étude du peuple hébreu et de la théocratie, il va souligner que c'est l'amour de la patrie et de Dieu qui guide le peuple, tandis que le message du Christ enjoint à aller plus loin que l'amour de la patrie contre les ennemis communs, à aimer son prochain comme soi-même, quel qu'il soit, universellement. Comment concilier ces deux interprétations qui éclairent différemment l'entrée de l'individu en communauté, une entrée par le bas (l'utile supérieur) et une entrée par le haut (l'amour universel) ? La double piste de lecture ressemble quelque peu à ce que Kant déploie dans l'*Idée d'une histoire universelle au point de vue cosmopolitique*, mais ce n'est pas exactement la même chose. En effet, Kant soutient que par une ruse de la nature l'opposition naturelle entre les hommes conduit à une saine émulation qui les oblige à exercer leur potentiel (fondement par le bas), tandis que la raison les élève à l'idée d'une société des nations cosmopolitique (fondement par le haut).

Le chapitre XVI souligne que c'est le fait de juger que la communauté nous est utile pour nous conserver individuellement dans notre être qui nous pousse au pacte social, alors que les chapitres suivants vont défendre qu'aimer son prochain comme son frère, même s'il a une opinion divergente de la nôtre et est notre ennemi, est au cœur du vivre-ensemble. La raison et l'amour guident tous deux parallèlement vers un monde commun tolérant, position que l'on retrouvera également chez Rousseau. Chez Hobbes, la raison n'est que calcul intéressé et la passion est désir d'avoir ce que les autres ont. Tandis que chez Spinoza et Rousseau la raison peut guider vers l'utile et l'amour est perçu comme faculté d'union entre les hommes, quand l'on passe de l'amour de soi, qui consiste à vouloir se conserver naturellement soi-même, à l'amour d'autrui, sans s'enfermer dans l'égoïsme.

Dans ce chapitre, il est pour finir question du pacte social conclu avec les autres individus, pacte qui semble être un bien plus grand que de rester seul et est donc nécessairement préféré, puisque nous sommes déterminés à aller vers ce qui nous semble augmenter notre puissance d'agir. Mais ce pacte ne tient que tant qu'il est jugé utile par les individus : il cesse s'il ne rend pas plus fort ou ne le semble plus. La différence est grande ici avec Hobbes, car une fois le Léviathan mis en place, les individus ne peuvent plus reculer et opposer un quelconque droit individuel face à l'État qui peut tout ce qu'il veut. C'est ce pouvoir de faire tout ce que l'on veut qui demeure entre les mains de l'individu selon Spinoza et qui fait que l'individu est un éternel insoumis en puissance, puisqu'il ne se soumet que tant qu'il trouve cela utile. Comment alors régler le problème de la désobéissance ? C'est bien l'enjeu majeur désormais : il faut trouver un régime politique qui prenne acte que les individus sont par nature indomptables, en tout cas que leurs opinions sont indomptables, pour le meilleur et pour le pire.

C'est pourquoi Spinoza en vient à dire que la difficulté réside dans ce que les hommes ne demeurent pas dans la conduite de la raison, chacun revenant à la ruse propre au droit naturel. Le droit naturel semble alors entièrement négatif, puisque c'est le droit de ne pas se soumettre au pacte civil et aux lois communes, dès lors que cela n'est pas jugé utile par l'individu. De fait, il y a des méchants qui agissent contre les lois. La seule manière de rendre ce pacte fort est donc de faire en sorte que l'individu juge utile de transférer à la société toute la puissance qui lui appartient. Par conséquent, même quand il pense qu'une loi est mauvaise ou inutile, il faut qu'il se contente de l'exprimer mais en continuant à y obéir, ce qui n'est possible qu'en démocratie. Quand ce transfert est opéré, comme chez Rousseau une fois le contrat social passé, l'individu doit se plier aux lois édictées de manière absolue et inconditionnelle. Si quelqu'un ne se soumet pas au résultat du vote démocratique, dira Rousseau, on le forcera à être libre… en le mettant aux fers. En démocratie, si un individu trouve absurde une loi, parce que sa position minoritaire ne l'a pas emporté, il peut penser, dire et même enseigner aux autres qu'il trouve cela absurde, mais il doit s'y plier dans ses actes du moins. S'il s'agit d'un culte qu'il faut suivre, et qu'on le trouve absurde, il faut selon Spinoza y souscrire par les actes, mais on a le droit de penser cela absurde, de l'exprimer publiquement sans encourir aucune peine, et de l'enseigner pour développer son opinion et la faire juger utile à d'autres lors de futurs votes.

Spinoza répond ensuite à l'objection de ceux qui craignent que les souverains ne se mettent à édicter des règles absurdes. Or, il convient en démocratie de tempérer ces craintes : l'arbitraire ne sera pas de mise, car comme les individus doivent juger à tout le moins utiles les lois promulguées pour que le pacte social ne soit pas rompu, les souverains trouveront leur utilité propre à proposer des lois qui paraîtront pour le moins utiles aux citoyens, sous peine d'être renversés. Beaucoup de tyrans ont été violents, mais personne n'a conservé longtemps le pouvoir en étant violent, remarque Spinoza, ce n'est pas une recette durable. La violence ne fonctionne que pour obtenir le pouvoir, pas pour le conserver sur le long terme, et comme c'est la conservation que chaque individu a en vue et qui le détermine à agir, qu'il s'agisse des individus citoyens ou bien du grand individu qu'est l'État, la violence ne sera pas jugée utile par des dirigeants démocrates rationnels qui jugent bien de ce qui leur est durablement utile.

S'opposent alors en deux camps ceux qui sont captifs de leurs appétits et ceux qui les réfrènent par la raison, c'est-à-dire jouent affect contre affect pour aller vers le plus utile : la vie en démocratie, marquée par une égalité des individus entre eux. La démocratie est spécifique dans la mesure où elle invite chaque individu à renoncer à son droit naturel et à obéir absolument pour tout à l'État, comme les autres régimes, mais comme chaque individu pèse autant que chaque autre lors du vote majoritaire, chacun voit la liberté de ses opinions s'exprimer pleinement dans la majorité qui se dégage. La communauté va bien exprimer l'individu qui va acquiescer au vote majoritaire, même si le résultat va à l'encontre de son opinion personnelle. L'acquiescement est un concept central du spinozisme.

Le droit civil est tellement à lire dans la continuité du droit naturel que sa définition est quasi semblable : il désigne toujours la liberté qu'a l'individu de conserver son état, mais cette fois telle qu'elle est déterminée par les lois du souverain et maintenue par sa seule autorité. Il n'est plus question de la puissance aveugle des affects qui peut pousser les individus naturellement à agir pour se conserver vivants, mais de la liberté civile, encadrée par les lois. Dans la nature, quand un individu se trompe sur ce qui peut augmenter sa puissance d'agir, il meurt emporté par ses appétits, tandis que dans l'État, quand un individu enfreint la loi, il est puni et encourt une juste peine. Spinoza dit que si un homme est méchant, ce n'est pas l'intention qu'il avait d'être méchant que l'on punit, ce n'est pas le but qu'il se donnait de faire le mal qui est sanctionné, mais on le tue comme on tuerait un animal qui a la rage, parce qu'il est nocif pour la communauté, qu'il fait subir des dommages aux autres et a enfreint les lois permettant de la conserver.

Le pacte peut se produire entre individus pour former une communauté que l'on peut nommer nation, mais il peut aussi unir des confédérés de nations diverses, par des provinces que l'on juge utiles d'unir. La paix entre nations est utile pour les préserver longuement telles car en s'unissant les nations ajoutent leurs puissances entre elles et se rendent plus fortes, et pas seulement en cas de guerre. On songe ici bien évidemment aux Provinces-Unies chères à Spinoza.

L'ennemi désigne celui qui vit hors de la cité et ne reconnaît pas le gouvernement qu'elle a institué. L'ennemi peut être extérieur à la communauté ou intérieur à elle, dès lors qu'il commet un crime de lèse-majesté. Même si c'est pour faire le bien de la cité et que cela lui est utile, l'individu ne doit pas aller contre la loi du souverain sous peine d'être puni. La désobéissance n'est jamais tolérée sur le plan des actes, fût-ce quand les lois sont absurdes ou que des individus agissent contre la loi pour améliorer les lois et la cité. Cela peut sembler paradoxal : est-ce qu'Antigone n'a pas raison de s'opposer à Créon pour enterrer ses frères morts avec une égale dignité ? Ne peut-on pas penser un droit à améliorer la loi par la désobéissance civile en vue du juste ? Spinoza ne le pense pas. On peut penser contre la loi, s'exprimer contre, tant que cela n'affaiblit pas l'ordre public et la sécurité générale, mais on ne peut agir à bon droit contre la loi, fût-elle absurde ou le souverain fût-il stupide et même impie. Chacun, sinon, se servirait constamment de ce prétexte pour se permettre d'agir à sa guise : ce serait ouvrir la voie à l'irrationalité, au caprice, à la licence et à l'arbitraire.

Les souverains ne sont-ils donc limités par rien, puisque les individus ne peuvent aller contre leurs lois par leurs actions ? Leur pouvoir est-il limité par la religion et ses gardiens, les théologiens, les prophètes, les prêtres, etc. ? Spinoza avance ici que c'est dans le domaine de la religion que les hommes errent le plus, qu'ils laissent le plus libre cours à leur imagination débordante. Comme la religion est le lieu de la superstition, de la crainte irrationnelle, et que des factions s'en servent pour déstabiliser l'État, il faut que le souverain soit uni en une seule et même communauté et non fractionné en blocs, avec des États dans l'État et donc même si un tyran agit de manière impie, aucun individu et aucun groupe religieux ne peut enfreindre les lois qu'il promulgue ou servir de corps intermédiaire contrant le souverain. Contrairement à ce que proposera Montesquieu, il n'est pas question ici d'équilibre des pouvoirs ou de séparation des pouvoirs. À nouveau, autoriser que la loi soit enfreinte pour des raisons morales ou religieuses, c'est risquer de voir l'ordre politique être malmené par des guerres civiles entre clans opposés. C'est le fractionnement du corps social en parties qui est le plus à craindre, comme chez Rousseau, qui déteste l'idée de partis et l'esprit partisan en général. Comme chez Machiavel, on peut souligner ici une séparation de la politique avec la morale et la religion. La politique doit avant tout bien fonctionner et le gouvernement maintenir son pouvoir, il n'est pas possible d'invoquer le bien et le juste pour renverser le légal. L'État n'a pas à être encadré par des garde-fous moraux, il se suffit à lui-même pour, de manière immanente, définir ce qu'est l'action légale. C'est une conception très moderne de l'État à une époque où le religieux, le politique et le moral étaient encore très imbriqués. En revanche, l'État doit garantir la liberté d'expression sur ce qu'il définit comme légal, ce qui, si la démocratie est en place, promet une réflexion éthique polyphonique sur ce qui est le plus utile à chaque individu et à la communauté. Tout débat politique est un bien à encourager.

En conclusion, dans ce chapitre, on constate que la raison relaie les appétits comme moteur dans le jugement porté sur ce qui nous est le plus utile et que ce rationalisme conduit à défendre la démocratie comme le régime rationnellement le plus utile aux individus et à la communauté qu'ils forment. À la première problématique qui apparaît ici, celle de savoir comment préserver la liberté de penser et de croire dont jouit naturellement l'individu, c'est la démocratie qui va apparaître comme la meilleure réponse.

Ce chapitre pointe le double écueil consistant d'un côté dans l'insoumission potentielle de l'individu à l'État et de l'autre dans la dérive possible de l'État vers l'instauration de la tyrannie. La résistance de l'intérieur est possible seulement sur le plan de la pensée et de son expression, mais non sur le plan des actes. D'où l'importance d'obtenir le consentement intérieur de citoyens sans lequel il sera impossible d'exercer durablement un pouvoir absolu. Or, la fidélité des citoyens est difficile à obtenir, car le principe de plaisir guide plus souvent tout un chacun que la raison. Le luxe, l'avidité, le désir de changement, les passions dévorantes animent en effet la plupart des individus.

Concernant la deuxième problématique qui apparaît ici, celle de savoir comment mettre le droit commun au-dessus des avantages privés et faire que l'individu y voie son utilité, et comment éviter que les ennemis de l'intérieur ne ravagent l'ordre social, il peut sembler pertinent à première vue de diviniser le pouvoir, de glorifier les dirigeants pour faire ressentir l'utilité de leur commandement, mais ce ne sont que des illusions qui ne permettent pas à un pouvoir de se maintenir aussi solidement que la démocratie, où ce n'est pas en glorifiant des individus que l'on trouve les meilleures lois. Ce n'est pas le charisme des chefs qui est à rechercher, mais bien plutôt un appel à la raison des citoyens. Malgré une certaine proximité entre les deux œuvres, le TTP diverge notablement du *Prince* de Machiavel. Ce que décrit *Le Prince* est certes souvent un état de fait, admettrait Spinoza, mais il ne faut pas en rester là de manière cynique et réaliste. Dans l'idéal, l'homme est un être de raison auquel il est utile de vivre en communauté et qui, en son fond, comprend le sens très simple des mots du Christ qui résonnent universellement en nous : « Aime ton prochain comme toi-même. »

Chapitre XVII – Moïse et les Hébreux. Le royaume de Dieu et la théocratie : modèle parfait ou modèle limite ?

Une troisième problématique apparaît au chapitre XVII quand Spinoza analyse l'État hébreu à l'époque de Moïse : la politique doit-elle être pensée sur le modèle de la religion et la religion être pensée comme toujours déjà politique ? Plusieurs interprétations semblent légitimes : soit Spinoza parle de la théocratie comme d'un régime spécial, unique, inouï, qui s'explique par la situation historique particulière où se trouvait alors le peuple hébreu et il s'en sert alors pour indiquer un chemin lumineux vers une communauté parfaite à imiter ; soit au contraire il s'en sert comme d'un repoussoir habile pour défendre, *in fine*, la soumission du religieux au pouvoir politique. Il fait un détour par l'examen de la théocratie possiblement pour éviter de faire l'éloge direct de la démocratie : l'éloge de ce régime sera alors indirect, mais plus percutant car inattendu. Peut-on faire l'éloge d'un régime égalitaire tel que la démocratie en décrivant de manière critique le pouvoir tel qu'il se présente dans le Pentateuque à l'époque de Moïse ?

L'obéissance directe de l'individu à Dieu sans nécessité d'un gouvernement pour servir de représentant au peuple tel que l'État hébreu en témoigne dans le Pentateuque semble à première vue l'idéal d'un pouvoir sans représentation, sans intermédiaire et donc sans division possible de la communauté en factions qui se font la guerre en se prenant indûment pour un État dans l'État. On peut ici souligner un point commun avec la pensée de Rousseau lorsque celui-ci refuse que le vote majoritaire puisse reconduire à la formation de partis une fois les privilèges individuels abolis par le vote majoritaire bien pensé. Un point commun peut aussi être mis en lumière avec Hobbes, qui choisit lui aussi une image biblique, celle d'un monstre marin, le Léviathan, pour décrire le meilleur régime, comme si penser le politique, c'était toujours s'inspirer de la religion, lien originaire entre les individus. Mais que recherche précisément Spinoza en faisant l'éloge du royaume de Dieu propre aux Hébreux ? La politique n'en a-t-elle jamais fini de penser la communauté sur le modèle de la communauté des fidèles à leur Dieu ? Spinoza marque-t-il ici un tournant ?

Son objectif semble être de faire l'éloge caché de la démocratie la plus directe possible, comme il le dira plus clairement dans la suite de son ouvrage et dans le *Traité politique*, tout en faisant en sorte que les théologiens, opposés massivement à l'idée de démocratie directe, ne puissent rien objecter car c'est précisément le Pentateuque qui est cité à l'appui de l'idée même d'égalité qui est au cœur de la démocratie comme de la théocratie de Moïse. Mais il appert aussi que Spinoza demeure sincèrement fasciné par une communauté humaine unie par des liens d'amour, de charité et de justice. Cela lui est précieux pour dévoiler l'essence de la démocratie. Elle ne doit pas résulter que d'un calcul du plus utile rationnellement, mais aussi et surtout elle doit émaner d'un amour qui se propage de partie en partie et de toutes les parties émanant du tout, comme il le souligne dans l'*Éthique*. En ce sens, on comprend que Spinoza ne se dise sincèrement pas athée : l'amour du prochain est possible et peut fonder la communauté. Toutefois, nous verrons qu'il va critiquer la façon dont cet État théocratique « idéal » de

Moïse va se fragiliser et se fragmenter, au plus grand péril des individus qui le constituent. La leçon peut d'ailleurs être étendue à une analyse générale de ce qui peut mettre en danger la démocratie et causer la ruine des individus qui y vivent, car la démocratie elle aussi est fragile, sujette à mille divisions internes, comme la division du peuple hébreu en douze tribus en témoigne.

L'amour dont témoignent les Hébreux est très puissant, puisqu'ils sont animés par l'amour de la patrie. Peuple élu de Dieu, ils cherchent à atteindre la Terre promise, formant une société commune du fait que Dieu est leur roi, dans une forme de confusion ou de collusion totale et sans réserve entre la politique et la religion. La religion, du latin *re-ligare*, signifie être attaché par un lien indéfectible. Ils entretiennent chacun un lien individuel avec Dieu et donc entre eux. Rien ne vient encore en termes de pouvoir intermédiaire les diviser en clans, tribus, castes. Une forme d'égalité absolue règne donc. Leur force se mesure surtout face à leurs ennemis communs contre lesquels ils font corps : leur armée est une armée commune de concitoyens plutôt que de mercenaires, si bien que la lutte commune contre l'ennemi de l'extérieur est efficace et limite même implicitement le pouvoir de ceux qui gouvernent. C'est ce que symbolise l'arche d'alliance.

Les rituels communs sont obéis sans exception par chacun. Personne ne déroge aux règles ni n'éprouve même le désir de s'y soustraire. On est prêt à obéir sans même consulter sa raison. Le temple est le lieu commun où tous se rendent, la notion de sol commun à défendre comme une propriété commune à tous a alors tout son sens : tout appartient en effet alors à tous. La communauté pèse davantage que l'individu, qui n'en souffre pas, du fait de l'égalité absolue des parts qui reviennent à chacun. On entend en écho certains propos du *Discours sur l'origine et les fondements de l'inégalité parmi les hommes* et du *Contrat social* de Rousseau qui dit qu'à l'état de nature tous les fruits de la terre sont encore à tous, car personne ne s'est encore approprié la terre. Est-ce que la théocratie des Hébreux est un équivalent de l'état de nature idéal fictivement proposé par Rousseau ?

La patrie commune se concrétise par le fait de partager les mêmes mœurs. L'utilité des cérémonies apparaît à tous comme une évidence, même si une certaine forme d'extériorité caractérise les rites et que c'est l'habitude qui est manifeste dans le détail des cérémonies.

Toutefois, on constate que l'État théocratique des Hébreux est loin d'être idéal : ils préfèrent en effet finalement la guerre à la paix et entretiennent une haine féroce à l'égard des autres nations. Touche-t-on ici aux limites du modèle incarné par le peuple hébreu de l'Ancien Testament ? Après Moïse, on assiste à la division de la communauté et à la division du pouvoir en douze tribus, qui se caractérisent par leur insoumission radicale. Perdant la foi en Dieu, ils en viennent à faire défection à la Loi et à désobéir, de sorte qu'ils irritent Dieu au point d'entrer dans une ère de décadence au terme de laquelle on assiste même à une rupture du pacte de ce peuple avec Dieu : ils sont presque tous condamnés à errer dans le désert.

D'où la quatrième problématique qui apparaît dans ce chapitre : faut-il plutôt unir ou séparer l'État et la religion ? Faut-il « souffrir un État dans l'État » ? Il semble bien que l'union de la politique et de la religion soit séduisante car très puissante, notamment pour mener des guerres de religion entre nations, puisque les individus fusionnent dans une patrie avec laquelle ils font corps, mais cette fusion a pour revers d'être relativement dangereuse. La communauté risque de se réduire à la patrie qu'il faut défendre contre les autres. La communauté n'est qu'apparente car les rituels et les cérémonies ne sont qu'extérieurs. C'est un consentement intérieur qui est nécessaire pour donner son ampleur à ce que peut vraiment une communauté. Est-ce seulement faire corps contre des ennemis qui fait l'intérêt de la mise en commun et de l'entrée en communauté ? N'y a-t-il pas plus dans la communauté véritable qu'une armée solide qui défend coûte que coûte son sol ? Qu'y a-t-il de fascinant et d'effrayant à voir les individus marcher comme un seul homme pour gagner des territoires, fût-il garanti par Dieu qu'il s'agit de la terre qui leur est promise ? La politique est-elle seulement la guerre continuée par d'autres moyens ?

Chapitre XVIII – Tirer de l'histoire des Hébreux quelques dogmes politiques

Spinoza analyse pourquoi on ne peut prendre les Hébreux comme modèle de communauté, sauf à souhaiter une nation qui ne commercerait pas avec l'extérieur. Le modèle de la société des Hébreux au temps de Moïse est replié en vase clos sur lui-même. Il n'est pas possible de se fédérer avec d'autres nations pour entretenir comme le font les Provinces-Unies des relations commerciales dynamiques. Le modèle se corrompt en partie parce que chaque chef intermédiaire essaie de s'illustrer en son nom, vise la gloire, et d'autre part parce que la religion dégénère en superstition funeste, si bien que l'interprétation des lois mêmes s'altère. Pour séduire la foule, les religieux se montrent parfois disposés à tout accepter d'elle, en accommodant les Écritures elles-mêmes aux mœurs populaires les plus violentes. Le fanatisme règne, sans pouvoir conduire à un quelconque apaisement. On songe ici aux assassinats de libres-penseurs auxquels Spinoza fut confronté.

Les prophètes, qui ne sont au fond que de simples particuliers, agités par les mêmes appétits délirants que les autres, incapables de s'élever à la raison et de comprendre leur situation dans le monde, prennent la liberté d'invectiver la foule et en viennent à irriter les individus, à les exciter même, au lieu de les corriger. Châtiés par les rois, ces mêmes hommes constitutifs de la multitude, de la foule irrationnelle, sont la proie facile des prophètes car ils se sentent exclus du jeu social par les dirigeants qui les négligent. La monarchie naissante laisse donc bientôt place à la guerre civile permanente, dans une dégénérescence des gouvernements qui rappelle la roue des régimes décrites par Platon dans *La République*, à tel point que Platon finit par défendre l'aristocratie et par placer à la tête du pouvoir les experts savants que sont les philosophes-rois. Spinoza, quant à lui, a foi en la démocratie pour modérer la foule : ce n'est que quand le règne du peuple survient que la corruption cesse, et que les lois sont de nouveau observées avec le plus de constance. Le peuple est en effet capable du meilleur comme du pire, fluctuant au gré des événements, tandis que les rois sont pour leur part toujours orgueilleux et capables des pires destructions.

Spinoza en conclut qu'il ne convient pas de laisser aux ministres du culte un quelconque pouvoir et que le contrôle des lois civiles et religieuses par le souverain est profitable tant à l'État qu'à la religion, car la stabilité est garantie. Un État est violent dès lors qu'il tient pour criminelles les opinions qui relèvent du droit de l'individu et auxquelles il ne peut pas renoncer. Quand un État est violent, c'est la furieuse passion populaire qui risque par contrecoup de se déchaîner. À nouveau nous reviennent en mémoire le contexte d'écriture du TTP et le lynchage des frères de Witt. Le peuple peut sortir de ses gonds quand l'État se dirige vers une monarchie absolue, alors que, lorsqu'il règne, il y a une stabilité étatique remarquable difficile à obtenir dans une monarchie où les rois cherchent la gloire. Le fanatisme religieux incite la foule à se livrer à des actes violents que les hommes politiques ne parviennent plus à contenir. Pour éviter cela, il faut considérer que la piété et le culte de la religion ne consistent que dans les œuvres, c'est-à-dire dans l'exercice de la justice et de la charité, et que le reste, il convient de l'abandonner au libre jugement de chacun.

Spinoza termine en disant qu'il n'incite pas au tyrannicide. La mort du tyran n'a aucune efficacité, car celui-ci est souvent aussitôt remplacé par un autre tyran. Il ne défend pas comme La Boétie l'idée de ne pas se soumettre au tyran pour sortir de la servitude volontaire. Dans le *Discours de la servitude volontaire*, La Boétie proposait à la multitude soumise de se rappeler qu'elle est le nombre et que pour faire tomber le tyran, ce colosse aux pieds d'argile, il suffit de ne pas lui obéir. Spinoza ne le suit pas dans cette direction, bien que son discours soit tout aussi radical et subversif. Il n'incite pas à la désobéissance ou à renverser le monarque : ses solutions sont l'obéissance aux décrets communs sans condition, ce qui n'encourage pas à la révolte violente par des actes. L'opposition doit être rationnelle et passer par le débat d'idées, l'expression des opinions et leur enseignement à autrui, ce qui rapproche Spinoza davantage de Simone Weil, encourageant à la réforme et à la formation des plus faibles plus qu'à la révolution par la force.

Chapitre XIX – Le souverain, maître du droit sacré

Spinoza revient sur l'idée selon laquelle c'est au souverain de décider à la fois du droit civil et du droit sacré, ce qui est extrêmement audacieux pour l'époque. Le souverain politique est également rendu maître de l'interprétation du texte sacré. Il s'oppose à ceux qui oseraient s'imposer comme puissance intermédiaire religieuse en excommuniant le souverain, ce qui diviserait l'État. Il précise pour cela qu'il faut distinguer d'un côté le culte intérieur et la piété qui relèvent de l'individu, sphère privée des droits individuels, dirait Tocqueville, pensée personnelle ne pouvant être transférée à un autre, et, de l'autre, le culte extérieur, cérémonie qui est la seule que régule le souverain. Il s'oppose ici aux théologiens qui défendent que Dieu est l'auteur de toutes les lois, sacrées comme étatiques : Spinoza va jusqu'à dire que Dieu ne règne sur les hommes que par ceux qui ont le pouvoir de régir l'État, comme si Dieu était second par rapport au souverain politique. On saisit le scandale qu'a représenté le TTP aux yeux de ses contemporains.

Survient alors un parallèle fort et étonnant entre le gouvernement théocratique des Hébreux et la démocratie. Le point commun des deux régimes est en effet la décision par un commun consentement d'abandonner tout son droit naturel. La différence est que les Hébreux se fondent sur les textes révélés, tandis que les démocrates se fondent sur la seule raison. La théocratie a montré combien la piété envers sa patrie était décisive pour que l'État subsiste. Dans tout régime, pour se conserver, c'est toujours le salut du peuple qui doit être regardé comme la loi suprême, car l'utilité publique est la clé pour la conservation de l'État.

Spinoza oppose ici d'un côté les Hébreux et la figure de Moïse qui enjoint à aimer son prochain tout en ayant en haine son ennemi, et de l'autre le Christ qui invite à agir pieusement à l'égard de tous les hommes absolument. Le discours le plus universel est supérieur au discours défenseur d'une nation à l'exclusion des autres. C'est le cosmopolitisme et la paix perpétuelle que vise Spinoza, comme Kant le défendra également, non le nationalisme, le patriotisme et la guerre.

Spinoza s'oppose clairement à ceux qui ont voulu réserver au souverain le droit civil seul et aux théologiens le droit religieux. Ces deux droits doivent se trouver dans la main du souverain politique, tant pour le maintien de la religion que pour celui de l'État.

Il en résulte une nouvelle problématique, née d'une objection récurrente dans le TTP : qui donc, si ceux qui sont en charge du pouvoir dans l'État veulent être impies, sera en droit de défendre la piété ? Ne faut-il pas des garde-fous moraux au pouvoir politique pour en éviter la dérive ? Spinoza ne pense pas qu'il faille de contre-pouvoir moral et religieux au pouvoir étatique. Les dirigeants politiques, tout comme les dirigeants religieux, ne sont autres que des hommes, des particuliers, qui peuvent faillir. *Ecce homo* : ce ne sont que des hommes. Qui mérite de diriger les hommes, si ce n'est un Dieu infaillible qui leur serait infiniment supérieur ? Chaque individu qui dirige risque de n'avoir en tête que ses propres intérêts particuliers et de ne pas être à la hauteur des exigences inhérentes à la défense de l'intérêt général. Mais la ruine de l'État serait plus rapide encore si des particuliers revendiquaient séditieusement le droit de Dieu pour réformer le souverain jugé impie.

Pendant longtemps, la religion chrétienne a été enseignée par des particuliers qui ont élaboré diverses Églises privées sans tenir compte de l'État. Il s'est ensuivi que des ecclésiastiques ont fait en sorte de se réserver cette autorité pour que les rois ne puissent pas s'en emparer. Ils ont pris par exemple la mesure selon laquelle les plus hauts ministres de la religion ne peuvent pas se marier. Le célibat des prêtres a été une arme des théologiens pour éviter que le souverain politique ne s'accapare leur pouvoir. La théologie est de plus devenue une affaire d'érudition réservée à une élite qui confisque le savoir au détriment du peuple, ce que dénonce Spinoza.

Chapitre XX – L'individu comme point de départ pour penser la politique et comme ce que la politique doit servir jusqu'au bout

Le dernier chapitre témoigne du refus de l'effacement de l'individu dans l'État ou face à l'État. On note ici une différence nette avec Hegel, pour lequel il y a une dialectique de l'individu et de la communauté qui doit aboutir à mettre l'accent sur un État fort face aux individus. Chez Hegel, l'individu, comme Antigone, peut s'opposer aux lois de la cité, mais il y a ensuite négation de cette négation au profit d'une position plus haute, c'est-à-dire d'une communauté politique qui intègre les individus sans leur laisser la possibilité de continuer à nier l'ordre étatique.

Relativement à la cinquième et dernière problématique qui émerge de l'ouvrage – l'individu doit-il ou non s'effacer dans l'État ? –, Spinoza ne défend ni une forme d'individualisme qui tendrait vers l'anarchisme ni un communautarisme fort qui contiendrait les individus en les régulant sans leur laisser la possibilité de résister individuellement. Peut-on défendre en même temps l'individualisme et le communautarisme ? C'est le pari quelque peu surprenant de Spinoza : équilibrer l'intérêt de la communauté et celui de l'individu afin de ne négliger ni l'un ni l'autre, et de profiter de l'obéissance au souverain et aux décrets communs et du consentement de l'individu. D'un côté, l'individu a le droit naturel d'exercer sa puissance et d'aller vers ce qu'il juge utile, il a le droit d'exercer sa raison pour développer ses opinions, si critiques soient-elles, et d'exprimer librement sa pensée. De l'autre, il faut qu'il obéisse absolument aux lois civiles et religieuses de sa communauté et qu'il obéisse par ses actes et par un culte extérieur au moins à ce que la communauté prescrit. D'un côté, le souverain a un pouvoir absolu sur le droit civil et religieux et ne doit pas souffrir d'exception à l'obéissance par les actes à ce qu'il édicte. De l'autre, il doit tolérer des opinions divergentes formulées par les individus : non seulement leur expression, mais aussi la possibilité qu'elles soient développées par un enseignement critique.

Le pouvoir étatique se heurte à une limite indépassable, car il ne peut commander ni aux âmes ni aux langues des individus et ne peut faire en sorte que l'âme d'un homme appartienne entièrement à celle d'un autre. L'individu ne peut renoncer ni à son droit naturel ni à la faculté de faire un libre usage de sa raison et de juger de toutes choses. Est donc jugé violent, voire contre-nature, un gouvernement qui prétend dominer les âmes et les opinions. Certes, souvent, les individus sont remplis de préjugés et suivent le commandement des autres aveuglément, mais profiter de cela pour asseoir sa soumission ne réduira jamais la diversité irréductible des goûts et des opinions personnelles.

Il faut donc se ranger à la démocratie, qui est le seul régime qui souffre que les hommes jugent selon leur complexion propre et qui se montre modéré en accordant cette liberté aux individus. Toutefois, s'il est pernicieux d'ôter cette liberté à l'individu, il est dangereux de la lui accorder entièrement, puisqu'il faut bien que les individus obéissent aux lois communes. La fin dernière de l'État ne peut être la domination exercée en suscitant la crainte des sujets. C'est au contraire pour libérer les individus de la crainte que l'État doit être institué. La fin de l'État, loin de réduire les sujets à des automates, est de garantir leur liberté de penser raisonnablement. Mais il faut que l'individu obéisse aux décrets promulgués par la majorité. L'unanimité étant rare, ceux qui ont voté pour un avis contraire à la majorité doivent s'y ranger. Certaines opinions sont condamnables, si elles conduisent à la sédition et à la rupture du pacte.

On ne peut tout régler par des lois : ce que l'on ne peut prohiber, il faut le permettre, notamment en termes de mœurs et de morale. On ne peut légiférer sur ce que les individus doivent croire en voulant contrôler les opinions. Les dirigeants qui tentent de faire cela, au lieu de châtier les méchants, châtient seulement des individus indépendants à l'âme fière en les traitant injustement comme des malfaiteurs. Il convient de laisser les opinions divergentes s'exprimer dans un esprit de concorde.

L'État démocratique est celui qui convient le mieux à la nature humaine et il est donc le plus naturel. Tous y conviennent d'agir par un commun décret, mais sans juger et raisonner en commun, puisque juger et raisonner est précisément ce qui est accordé librement aux individus, nécessairement différents. Moins on laisse les hommes libres de penser, plus le gouvernement est violent et potentiellement instable, mais plus on laisse les hommes libres de penser, plus le gouvernement est modéré et garanti de se conserver durablement. La ville d'Amsterdam offre à Spinoza le meilleur des exemples de cette concorde possible.

Les dangers viennent des schismes introduits par les théologiens qui perturbent l'ordre religieux et public. Les vrais perturbateurs ne sont pas les individus qui expriment librement leurs opinions tout en se soumettant par leurs actions aux décrets communs, mais ceux qui divisent la communauté en essayant de détruire la liberté de jugement individuel.

De la multitude irrationnelle gouvernée par ses seuls appétits, il est possible par l'exercice de la démocratie de faire un peuple uni dans la concorde en corps social, gouverné par la seule raison et par l'amour du prochain, c'est-à-dire par la charité et la justice, et ce dans une démocratie qui laisse les opinions libres tout en obligeant à l'obéissance sans exception aux décrets communs.

IV. Le *Traité politique* et les déplacements significatifs opérés par rapport au *Traité théologico-politique*

Soulignons pour finir que le TTP n'est pas le seul écrit politique de Spinoza et qu'il développera dans le *Traité politique* (TP) de nouvelles défenses de la démocratie comme meilleur régime possible. Il est à remarquer qu'il y a des différences notables entre les deux ouvrages, car le TP est caractérisé par l'effacement de la référence au pacte social, et développe *a contrario* l'idée d'une continuité maximale entre les lois politiques et les lois de la nature, entre les normes politiques et les lois naturelles. Par contraste avec les théories du contrat social, telles que celles de Thomas Hobbes, Jean-Jacques Rousseau ou encore John Locke, il n'y a pas vraiment de différence chez Spinoza entre l'état de nature et l'état civil, ni par conséquent lieu d'insister sur un contrat qui fasse le pont entre deux états disjoints. Spinoza n'est pas un penseur de la représentation politique. Sa conception de la démocratie est la plus directe possible.

Thomas Hobbes utilise sa description d'un état de nature violent pour montrer la nécessité d'en sortir par l'instauration d'un État fort, une monarchie absolue qui soumette tout individu à un Léviathan, sans aucun contre-pouvoir. Son individualisme le conduit à passer d'un interindividualisme belliqueux à un interindividualisme pacifique, mais fondé sur la soumission absolue au Léviathan, pour éviter la guerre civile. Hobbes ne se soucie donc pas de laisser les individus libres de penser, de s'exprimer ou d'enseigner leurs opinions dissidentes. La seule liberté de l'individu selon Hobbes est celle de pouvoir se défendre en cas d'agression, si l'État ne lui garantit plus la sécurité de sa personne et de ses biens. La finalité de l'État chez Hobbes consiste à assurer la sécurité des possessions privées et non pas à garantir la liberté de penser des individus.

Par contraste, Jean-Jacques Rousseau décrit l'état de nature fictif comme un idéal régulateur destiné à corriger les inégalités sociales d'une société pyramidale où la monarchie soumet les individus selon leur rang. Il pense l'état de nature comme un état où les individus sont indépendants, doux, sympathiques les uns envers les autres et égaux les uns aux autres, mais trop faibles pour subvenir à leurs besoins quand leur nombre augmente. Le passage à l'état civil est potentiellement violent car, selon Rousseau, en instituant la société, on institue la propriété privée et donc des inégalités entre les hommes, un asservissement par le travail de ceux qui sont exploités par d'autres. Il faut remédier à cela en conservant l'égalité et la liberté des individus, en particulier grâce au vote majoritaire, lequel fait en sorte que chaque individu pèse autant que les autres, sans reconduire à des privilèges, à des partis ou des factions, à des groupes de pression. Spinoza est en faveur de cette égalité, mais il n'insiste pas autant que Rousseau sur le pacte ou le contrat social, titre du célèbre ouvrage de Rousseau.

Par rapport au TTP, le TP accorde un rôle minimal à la religion. Il ne faut donc peut-être pas insister abusivement sur l'idée que ce qui intéresse Spinoza est de puiser dans le domaine religieux des exemples et des dogmes à généraliser en politique, puisque, dans le TP, la sphère politique est pensée par elle-même, en s'allégeant de la complexité des liens entre le religieux et le politique qui est elle au cœur du TTP. C'est la démocratie que vise avant tout Spinoza.

Pour conclure, rappelons le mouvement global de la pensée de Spinoza. Par nature, l'individu a certes le droit d'exercer sa puissance sans limites, en fonction de ce qu'il imagine être utile à sa conservation. Néanmoins, la raison l'invite à un pacte social pour gagner en puissance en entrant dans une communauté politique par transfert de ses pouvoirs. Dans une démocratie, tous les individus doivent se soumettre aux décrets communs promulgués par le souverain, même quand ils ne sont pas d'accord, que ce soit dans le domaine du droit civil ou bien du droit religieux qui régit le culte extérieur. Toutefois, l'individu conserve dans la démocratie, qui est le régime le plus naturel, tout son pouvoir sur le culte intérieur, la foi, les croyances, les opinions personnelles qui lui sont propres. Chaque individu est radicalement singulier et comme aucun ne peut ni ne doit renoncer à sa liberté de pensée, il faut que le régime ne s'y oppose pas, mais l'encourage. L'individu doit se soumettre par ses actes aux décrets communs auxquels il a participé en s'exprimant par son vote, mais il peut y manifester son opposition par ses paroles et son enseignement. Il peut donc y avoir une tension en l'individu démocratique entre ses actions d'obéissance et ses pensées insoumises. C'est cette tension qui garantit que la démocratie n'unisse pas que des automates et que la communauté soit riche de la singularité de chaque modalité exprimée par chaque individu participant au pouvoir. L'esprit de la communauté rejaillit sur les individus pieux, charitables et justes envers les autres, qu'ils aiment comme leurs frères. Certes, il s'agit d'un idéal difficile à atteindre, car les hommes sont rarement capables de raison, mais tout homme doué de raison doit en convenir : il lui est possible de viser une paix durable avec ses compatriotes et même au sein d'une confédération de nations.

Le Temps de l'innocence[1]
Edith Wharton

Introduction : architecture et morale de l'individu en communauté

Edith Wharton connaît parfaitement le monde qu'elle choisit d'évoquer dans *Le Temps de l'innocence.* Née Edith Newbold Jones le 24 janvier 1862, à New York, elle appartient en effet à la haute société. Son enfance est marquée par l'Europe, où elle passe quelques années entre la France, l'Allemagne et l'Italie. C'est en 1872 que sa famille rejoint l'Amérique. Dès cette période, la jeune adolescente s'essaie à l'écriture de poèmes et de courts récits. Elle rejette l'éducation classique qui est alors celle des jeunes filles de son temps pour se livrer pleinement à son goût pour la littérature. Elle achève une première nouvelle, *Fast and Loose*, en 1877, et publie *Verses*, un an plus tard, à compte d'auteur, soulignant cette fois son intérêt pour la poésie. Un certain nombre de ses poèmes paraîtront aussi dans l'*Atlantic Monthly*, à partir de 1880.

Elle épouse Edward Robbins Wharton en 1885, à l'âge de 23 ans. Son mari, plus âgé qu'elle de douze années, est également issu de la haute société. Tous deux ne partagent cependant aucun intérêt intellectuel ni artistique. Le couple, dont le mariage est orageux, finira par divorcer en 1913. La jeune femme continue pour l'heure de se consacrer à l'écriture. En 1890, elle fait paraître une première nouvelle, *Mrs. Manstey's View*, dans le *Scribner's Magazine*, et rencontre trois ans plus tard aux États-Unis l'écrivain français Paul Bourget, qui lui fera découvrir les milieux mondains parisiens.

1. Edith Wharton, *Le Temps de l'innocence*, trad. M. Taillandier, Paris, Flammarion, « GF », 2021.

En 1897, *The Decoration of Houses*, son premier ouvrage écrit en collaboration avec son ami architecte Ogden Codman, connaît un grand succès, qui l'introduit définitivement dans le monde des lettres ; mais c'est en 1902 qu'elle fait en Angleterre la rencontre décisive de Henry James, qui sera pour elle un maître autant qu'une inspiration. Trois ans après, en 1905, elle publie *The House of Mirth* (*Chez les heureux du monde*, dans son titre français), l'un de ses plus grands romans, qui se vend à près de 140 000 exemplaires en quelques mois. Elle y suit déjà le parcours d'une jeune femme, Lily Bart, dans le milieu des nantis new-yorkais, au début du XXe siècle.

Elle s'installe à Paris en 1907, où elle fréquente alors, auprès de Paul Bourget, d'autres grands écrivains tels qu'Anna de Noailles, André Gide ou Jean Cocteau. De Paris à Saint-Brice-sous-Forêt dans le Val-d'Oise, où elle s'installe en 1919, puis à Hyères, où elle achète en 1927 le castel Sainte-Claire, elle passera désormais la plus grande partie de sa vie en France. C'est en 1911 que paraît *Ethan Frome*, qui se déroule toujours aux États-Unis, dans les montagnes du Massachusetts à la fin du XIXe siècle. Ce court roman narre l'histoire d'un jeune homme pauvre, épris de littérature et d'ailleurs, bouleversé par un amour inattendu. Le premier conflit mondial surgit toutefois, qui porte un coup d'arrêt à l'écriture de ces premiers romans. Edith Wharton s'engage alors pleinement dans l'action : elle fonde les *American Hostels for Refugees* avec son amie Royall Tyler, visite les hôpitaux du front et multiplie les collectes de dons afin de sensibiliser l'opinion américaine. Elle tire de ces expériences un ouvrage intitulé *Fighting France. From Dunkerque to Belfort*, et obtient en 1916 la Légion d'honneur que lui décerne Raymond Poincaré, président de la République française.

Edith Wharton est alors parfaitement reconnue dans le monde des lettres. L'université de Yale lui octroie le titre de docteur *honoris causa* en 1923. Elle reçoit également la médaille d'or de l'Académie américaine des arts et des lettres dans la catégorie roman et fiction littéraire, en 1929. Elle ne cesse de publier romans, nouvelles et essais. Elle succombe le 11 août 1937 à une crise cardiaque, ses funérailles étant célébrées à l'église de la Sainte-Trinité de Paris.

Elle est alors enterrée au cimetière des Gonards, à Versailles. Son dernier livre, inachevé, est intitulé *Les Boucanières*. Il est publié à titre posthume en 1938 ; mais une nouvelle version complétée, publiée en 1993, en est établie par Marion Mainwaring, à partir du synopsis et des notes de la romancière elle-même.

En 1935, Edith Wharton avait publié son autobiographie, *A Backward Glance* (*Les Chemins parcourus*). Elle y faisait le récit teinté de finesse et d'ironie de son éducation de jeune fille de bonne famille à New York, découvrant en Europe une culture qui lui ouvrit de nouveaux horizons. Tout en étant parfaitement intégrée dans la vie mondaine de son temps, l'auteure n'a donc jamais cessé de chercher sa propre voie « chez les heureux du monde ». *Le Temps de l'innocence*, qu'elle publie en 1920, n'est ainsi pas sans quelques accents autobiographiques. Son personnage principal est un jeune héritier qui maîtrise parfaitement les codes de son milieu. Destiné à un mariage qui a tout pour le combler, avec une jeune et douce héritière de son milieu, il est pourtant préoccupé par l'idée de se frayer son propre chemin au sein de cet univers très réglé. La rencontre de la comtesse Olenska bouleverse alors son existence. Ce personnage, comme celui de la comtesse, rappelle bien des éléments du parcours de la romancière elle-même. Le récit s'achève d'ailleurs à Paris, que le roman, nous le verrons, figure en terre d'émancipation pour les personnages. Leur créatrice s'y nourrit aussi de rencontres et rédigea nombre de ses œuvres au sein de l'espace français.

Le Temps de l'innocence lui vaut le prestigieux prix Pulitzer en 1921, le premier décerné à une femme. Il est alors préféré au roman moderniste de Sinclair Lewis, *Main Street*, dont les audaces auraient déplu à un jury très partagé. Edith Wharton s'est dite très contrariée par un tel contexte. Si, comme nous le verrons, elle rédigea ce roman pour se replonger dans le monde confiné de son enfance, après les terribles années du premier conflit mondial, celui-ci n'est pas pour autant édifiant, ni encore moins conservateur ; raison pour laquelle il aurait pourtant plu à une majorité du jury [1]. Des

1. Voir, sur ce point, Linda Wagner-Martin, The Age of Innocence. *A Novel of Ironic Nostalgia*, New York, Twayne Publishers, 1996, p. 7.

questions complexes y sont posées, à une époque où, de fait, « [l]e mythe américain de pureté et de régénération est de plus en plus mis à mal [1] » ; Wharton y soulignant en particulier, dans le cadre fermé de la haute société new-yorkaise, le problème de la relation entre l'individu et la communauté.

Si la société, en tant qu'avatar de la communauté, est en effet définie par « ce que nous constituons tous ensemble », elle repose en même temps sur le paradoxe de la relation qu'elle entretient avec les individus qui la composent : comme le souligne Norbert Elias, « bien que toutes [les] sociétés n'aient été et ne soient de toute évidence constituées de rien d'autre que d'individus isolés, ce passage d'une forme de vie collective à une autre n'a manifestement été programmé par aucun de ces individus ». Dans le même temps pourtant, « on ne peut comprendre l'individu qu'à partir de sa forme de coexistence avec les autres et dans le cadre de la vie collective », dans la mesure où « [l]a structure et la forme du comportement d'un individu dépendent de la structure de ses relations avec les autres individus » [2].

La « communauté », définie comme un ensemble organique et solidaire autant que par la proximité, affective et culturelle, qui réunit ses différents membres, n'entretient pas un lien moins complexe avec l'individu. Ce dernier peut naturellement s'y intégrer, ou ressentir, au contraire, son irréductible singularité. Il ne la rejoint en effet pas forcément du fait de sa propre volonté, mais par le hasard de la naissance, par exemple. À l'image d'un Balzac et d'un Stendhal dont elle contribue à théoriser la nouveauté, la romancière entend ainsi montrer qu'« on ne peut cerner une personnalité d'un simple trait noir », mais que « chaque être se fond insensiblement dans son entourage et son environnement », comme le « produi[t] de [ses] conditions matérielles et de [son] milieu » [3]. Impliqué dans

1. Marc Amfreville, Antoine Cazé, Claire Fabre, *Histoire de la littérature américaine*, Paris, Puf, 2010, p. 83.

2. Norbert Elias, *La Société des individus*, trad. J. Étoré, Paris, Fayard, 1991 [1987], p. 37, 104.

3. Edith Wharton, *Les Règles de la fiction*, traduit de l'anglais et présenté par Jean Pavans, Paris, Viviane Hamy, 2006 [1925], p. 25.

une ou *des* communauté(s), saisi *dans* et *par* ses mouvements complémentaires ou distincts, l'individu peut pourtant chercher, dans le même temps, à y tracer sa propre voie. De quelle latitude dispose-t-il alors pour embrasser, ou non, les valeurs et les principes de la communauté dont il est issu ? Peut-il exister pleinement en son sein, ou est-il condamné à en respecter les codes, au détriment de sa personnalité ? Comment, le cas échéant, se libérer de ces carcans ? Cela implique-t-il forcément de s'extraire de la communauté ?

Figurés dans le roman, ces problèmes sont d'autant plus complexifiés que la communauté ne s'y entend jamais qu'au pluriel. Elle peut s'incarner dans le couple, la famille, la haute société et la société tout entière, si tant est que ces dernières entités puissent effectivement se retrouver dans un commun. Elle connaît aussi ses déclinaisons genrées (la communauté des hommes, des jeunes gens, des femmes et des mères, si puissamment évoquées comme on le verra) ou socioprofessionnelles (la communauté des notables, des intellectuels ou des artistes), chacune étant motivée par ses logiques et ses intérêts propres, éventuellement contradictoires et conflictuels. Pour le montrer, Edith Wharton n'hésite paradoxalement pas à déployer cette « bonne humeur » qu'elle apprécie tant chez les grands écrivains anglais, comme Thackeray. Mais cet enjouement, loin de « gên[er] l'expression des drames », « aide plutôt à mettre en relief l'amertume finale de certaines scènes » [1]. Dans ce contexte, une architecture extrêmement serrée lui permet de montrer comment l'individu parvient à se forger, lui aussi, au fil du temps. Les trente-quatre chapitres du roman ne nous laissent que peu de temps d'arrêt ; les morceaux de bravoure s'y mêlent à des portraits d'époque et à des instants suspendus dont la poésie fait résonner les charmes d'un passé révolu, autant qu'il en souligne aussi, par contraste, une dimension plus ambiguë.

L'architecture présente ainsi une vocation morale, appliquée au roman comme à ses personnages. « Tout sujet considéré en soi doit

1. *Ibid.*, p. 68.

avant tout répondre d'une façon ou d'une autre à ce mystérieux besoin de jugement sur la vie dont ne peut se détacher même la plus distante des intelligences », écrit ainsi la romancière dans *Les Règles de la fiction*. Dans la mesure où tout roman doit présenter « une sorte de réponse rationnelle à la question intérieure inconsciente mais insistante du lecteur : "Pour quelle raison me raconte-t-on cette histoire ? Quel jugement sur la vie a-t-elle à m'apprendre ?" », un « bon sujet » doit donc « contenir en soi un élément qui répande une lumière sur notre expérience morale » [1].

Dans *Le Temps de l'innocence*, ce « bon sujet » est en grande partie celui de l'individu en communauté, incarnée dans l'espace new-yorkais de la fin du XIXe siècle. Cette communauté est-elle un refuge pour l'individu, susceptible d'accompagner ses expériences et ainsi de le forger en tant qu'être singulier, ou vise-t-elle au contraire à l'aliéner, afin de perpétuer son ordre propre ?

I. La communauté et l'individu : cadre et rempart ?

Charme et cadre structurant : tels sont les aspects dont la communauté semble initialement dotée dans le roman. Des figures d'autorité y assurent un ordre traditionnel, visant sa propre immuabilité. Newland et May sont pleinement inscrits dans ce « milieu », qui représente apparemment pour eux, mais aussi pour d'autres individualités admises en son sein, un repère, autant qu'un rempart.

« *The old New York* », ou le grand théâtre de la communauté

Le roman s'ouvre sur une représentation, au sens théâtral et musical du terme, de cet univers vénérable qu'est « le vieux New York », dont l'adjectif antéposé traduit bien, dans la version française, la valeur affective qui lui est attribuée. Cet espace de magnificence et de plaisirs confinés s'apparente à un monde de

1. *Ibid.*, p. 39, 40-41.

traditions bien désignées, dont la romancière n'est pas sans évoquer le caractère charmant.

Un âge d'or

L'espace et le temps du roman d'Edith Wharton sont ceux de ses toutes premières années. Empli de « vertus thérapeutiques » après la Première Guerre mondiale, le roman devient pour elle « un acte de mémoire » qui lui permet « de ressusciter l'Amérique de son enfance » [1]. Les images qu'elle y fixe sont ses propres souvenirs, des « détails », note Linda Wagner-Martin, « dont un enfant pourrait se souvenir », et qu'elle évoque non sans une certaine nostalgie [2].

Ces images sont l'écho d'un temps regretté, historiquement défini comme tel dans et par l'expression de « *Gilded Age* » : un âge d'or, qui correspond en effet à une période de l'histoire des États-Unis particulièrement féconde. Si elle apparaît déjà chez William Shakespeare dans *The Life and Death of King John* (*La Vie et la Mort du roi Jean*), l'expression est consacrée au XIXe siècle dans l'ouvrage de Mark Twain et Charles Dudley Warner, *The Gilded Age: A Tale of Today* (*L'Âge d'or : un conte moderne*). La guerre de Sécession fratricide et sanglante qui a divisé la jeune nation vient de prendre fin : s'ouvre alors aux États-Unis, de 1865 à 1901, une période de prospérité et de reconstruction, *a posteriori* perçue comme un Éden perdu bien que le développement y soit en réalité demeuré très inégal, le Sud restant en particulier économiquement meurtri après les années de conflit. Malgré la crise bancaire que connaît également le pays en 1873, la période est celle d'une croissance économique, industrielle et démographique sans précédent.

1. Anne Ullmo-Michel, *Edith Wharton,* The Age of Innocence. *L'art du contretemps*, Paris, Ellipses, 2001, p. 5.

2. « *The vestiges of that all-but-lost world, such an important element in* The Age of Innocence, *are in some ways the kind of details a child might remember* » (« Les vestiges de ce monde presque perdu, qui constituent un élément important de *L'Âge de l'innocence*, sont en quelque sorte le genre de détails dont un enfant pourrait se souvenir » ; nous traduisons). Voir Linda Wagner-Martin, The Age of Innocence. *A Novel of Ironic Nostalgia, op. cit.*, p. 17.

Dans le New York des années 1870, les rivalités et les violences de la guerre ne sont plus qu'un écho lointain. L'aristocratie qui y domine par sa puissance économique, politique et culturelle n'hésite pas à afficher sa suprématie et se présente comme une communauté aux contours bien établis. En compagnie de son ami Ward McAllister, Caroline Schermerhorn Astor, l'épouse de William Astor Jr., en dresse une liste circonstanciée, nécessaire à la composition de ses événements mondains. Le 16 février 1892, à la demande de McAllister, le *New York Times* ira jusqu'à publier la liste « officielle » des membres de cette communauté des « 400 » (selon le nombre d'invités que pouvait contenir la salle de bal des Astor, la liste ne comprenant en réalité « que » trois cent neuf noms) afin de contrer d'autres listes désormais concurrentes, dont l'existence même confessait tout le prestige de ces invités triés sur le volet.

Un monde de plaisirs mondains et confinés

Cet univers est bien celui dans lequel baignent les personnages du *Temps de l'innocence.* Si la « chute » y est proche, le récit, note Anne Ullmo, « ne s'en inscrit pas moins dans un contexte d'avant la faute originelle »[1]. La ville de New York y est auréolée d'un grand prestige, désignée dans et par l'architecture des lieux emblématiques de son rayonnement culturel et mondain, opéras et salles de bal, espaces que la romancière nous invite successivement à arpenter dans les trois premiers chapitres du roman. À l'opéra, tout d'abord, la représentation apparaît à la fois sur scène et dans la salle. Le cadre en est somptueux : « [a]ucune dépense » n'y est « épargnée pour les décors », dont « la beauté satisfaisait même les familiers des Opéras de Paris et de Vienne » (I, p. 23-24[2]). Le « monde élégant » se plaît donc « à se rassembler » dans cette « accueillante et vieille Académie », dont le « brillant auditoire » fait ici l'objet d'un premier portrait circonstancié, le lecteur étant à travers lui plongé dans l'univers fastueux et familier de ce « milieu » (I, p. 21, 25).

1. Anne Ullmo-Michel, *Edith Wharton,* The Age of Innocence. *L'art du contretemps*, *op. cit.*, p. 9.

2. Les références paginées, précédées du numéro du chapitre dont elles sont issues, renverront à l'édition du *Temps de l'innocence*, Paris, Flammarion, « GF », 2021.

À l'opéra succède la demeure des Beaufort, « de celles », précise à nouveau l'instance narrative, « que les New-Yorkais montraient avec fierté aux étrangers » (III, p. 38). Il s'agit donc d'un nouveau lieu emblématique de la communauté. Au soir du bal, le « salon "bouton d'or" », élégamment nommé, y devient le cadre d'un emballement feutré, où les couples qui dansent « gliss[ent] » de manière légère et comme surnaturelle « sur le parquet luisant ». La « lumière des bougies » y éclaire « de tournoyantes jupes de tulle » et les « ornements étincelants des jeunes femmes », dans une atmosphère guindée qui n'est pas sans évoquer celle d'un songe enchanté (III, p. 39-40). Au fil de ses chapitres, la romancière nous fera cheminer à travers d'autres demeures luxueuses de l'élite new-yorkaise, celles de Mrs. Mingott ou des Van der Luyden, où trône en majesté le portrait de la maîtresse de maison, peint, comme la narratrice prend alors le soin de le préciser, « par Huntington, le peintre attitré de l'aristocratie new-yorkaise », marquant par là même encore son apparente unité (VII, p. 68).

Ces lieux connaissent aussi, du reste, leurs prolongements champêtres : à Newport, où les Welland « allaient toujours » en été, ce qui marque avant tout est une forme de plénitude. « La pelouse ensoleillée, bordée de géraniums rouges et de coléus », y « éten[d] jusqu'à la falaise son gazon d'émeraude ». Et Wharton d'ajouter, comme fascinée par la réminiscence de ce lointain : « Au-delà, on voyait la grande mer étincelante » (XXI, p. 200). Le monde ainsi représenté paraît inscrit dans un temps suspendu, ce qui ajoute encore à son charme. La répétition « annuelle » de ces festivités les inscrit dans une durée réconfortante, car non soumise aux aléas de l'existence et du commun. « Des femmes en toilettes d'été, des hommes en redingote grise et chapeau haut de forme » y dressent un portrait d'époque où semble régner la plus grande tranquillité, une « harmonie d'arc-en-ciel » où « les mousselines claires, les chapeaux enguirlandés de fleurs » se mêlent et forment « un groupe vraiment délicieux », convoquant le plaisir des sens autant qu'un imaginaire discrètement pastoral (XXI, p. 200, 205). Un tel cadre semble bien refléter un « temps de l'innocence » désuet, et en cela regretté.

Le ballet de la « vie mondaine » à New York est lui aussi marqué par son inscription dans la durée. Après l'été, dans un ordre bien réglé, « [t]ous les ans, le quinze octobre, la Cinquième Avenue rouvrait ses persiennes, déroulait ses tapis et raccrochait ses triples rideaux. » Et le roman d'ajouter : « Vers le premier novembre, ces préparatifs étaient terminés et la vie mondaine recommençait. Vers le quinze, la saison battait son plein » (XXVI, p. 237) : l'évocation de l'opéra fait alors retour sur le début du roman, dans une parfaite cyclicité. À travers elle, Wharton paraît exprimer sa nostalgie pour un tel univers hors du temps, bien loin des soubresauts de la supposée « modernité ». Comme l'explique Linda Wagner-Martin, « pour Wharton, le véritable moteur de l'écriture du *Temps de l'innocence* était moins sa fascination pour une époque "perdue" que son désir de réaffirmer bon nombre des valeurs culturelles qu'elle avait fini par considérer, en 1919, comme "perdues". La dévastation cataclysmique de la Grande Guerre ne l'avait pas seulement isolée de l'Amérique, elle l'avait convaincue – peut-être nécessairement – de la folie inhérente à toute civilisation [1] ». Linda Wagner-Martin cite alors Wharton, qui aurait été convaincue du fait que, durant les années 1870, « les Américains des États d'origine, qui, dans les moments de crise, façonnaient encore le point de vue national, étaient les héritiers d'une vieille tradition de culture européenne que le pays [avait] aujourd'hui », dans le XXe siècle naissant, « totalement rejetée » [2], comme l'indique alors l'enthousiasme effréné

1. « *[T]he real impetus for Wharton's writing* The Age of Innocence *was less her fascination with a "lost" age than it was her desire to reaffirm many of the cultural values she had, in 1919, come to see as "lost". The cataclysmic devastation of the Great War had not only isolated her from America, it had convinced her –perhaps necessarily– of the inherent madness of all civilization* » (Linda Wagner-Martin, The Age of Innocence. *A Novel of Ironic Nostalgia, op. cit.*, p. 22 ; nous traduisons).

2. « *[T]he Americans of the original States, who in moments of crisis still shaped the national point of view, were the heirs of an old tradition of European culture which the country has now totally rejected* » (Edith Wharton, *A Backward Glance*, New York, Appleton-Century, 1934 ; citée par Linda Wagner-Martin, The Age of Innocence. *A Novel of Ironic Nostalgia, op. cit.*, p. 23 ; nous traduisons).

pour les téléphones, les cinémas et autres lieux communs de la « modernité ».

Des figures d'autorité

Pour fonder et orienter la communauté, un tel espace nécessite des figures d'autorité, garants d'un ordre à tenir afin d'assurer la pérennité du « milieu ». Autour de quelques figures secondaires mais non moins signifiantes s'affirme la prévalence des Van der Luyden, maîtres incontestés de la communauté.

Sillerton Jackson, Lawrence Lefferts, et New York personnifié

Au sein du « milieu », certaines figures sont là pour dire la conformité à l'ordre établi. La communauté semble tacitement leur reconnaître la faculté de délimiter les frontières de ce dernier. Le tout premier chapitre du roman nous présente ainsi les figures de Lawrence Lefferts et de Sillerton Jackson. Lefferts est « le premier arbitre de New York en matière de "bon ton" » (I, p. 25), ce qu'il doit au temps qu'il a consacré, bien plus que d'autres, à cette « étude compliquée et captivante », en plus du « sens inné et particulier du "bon goût" » qui le caractérise, lui qui « savait porter avec tant d'aisance des vêtements impeccables et tirer parti de sa grande taille avec tant de grâce nonchalante » (I, p. 26). Le double superlatif traduit ici parfaitement la maîtrise totale des codes de l'élégance au sein d'un milieu qui voit en cette vertu un caractère distinctif, une condition à la fois physique et morale d'insertion dans le grand monde. Son « autorité » n'est donc « jamais discutée ».

Sillerton Jackson, quant à lui, est aussi pourvu d'une grande « autorité » : celle qu'il détient « sur le chapitre de la "famille" était aussi incontestée que celle de Lawrence Lefferts sur le chapitre du "bon ton" » (*idem*). La mise entre guillemets des catégories de la « famille », du « bon goût » ou du « bon ton » les érige en impératifs observés et respectés, communément entendus. Il s'agit en effet de respecter ce qui apparaît comme un écosystème aux atours vertueux. Dans ce chapitre inaugural où s'est rassemblée toute la communauté du vieux New York, la métaphore végétale souligne à quel point l'ordre qui y prévaut est perçu dans sa naturalité, ancestrale et puissante. Sillerton Jackson se présente comme le dépositaire de ce savoir, lui qui maîtrise parfaitement les arcanes de « cette forêt d'arbres généalogiques » que constituent les grandes familles de la cité. À travers lui, le lecteur accède à la connaissance de « toutes les ramifications des cousinages de New York », dans un passage où la romancière présente ainsi, par l'intermédiaire d'un personnage qu'elle introduit à cette fin, les « parentés compliquées », mais aussi les « caractéristiques de chaque famille » (I, p. 27). Aussi les sentences de Jackson sont-elles considérées comme des « oracle[s] » (I, p. 28), comme le chapitre finit par l'indiquer non sans comique, tout comme Lefferts sera qualifié plus loin de « prêtre du bon ton », prompt à « prophétis[er] » (VI, p. 61 ; X, p. 99). Cet humour n'en suggère pas moins le caractère sacré de la fonction qui leur est arrogée et, à travers elle, la « foi » éprouvée par la communauté dans la nécessaire permanence de ses valeurs et de son intégrité.

Cette communauté est d'ailleurs elle-même désignée par le biais de New York, personnifié. Dans son étendue et son impersonnalité, ponctuellement incarnée par des figures telles que celles de Lefferts et de Jackson, la ville s'affirme et s'affiche comme une autorité diffuse et d'autant plus forte. Ainsi de la reconnaissance de la beauté : « aux yeux de New York », ce don « justifiait tous les succès et excusait un certain nombre de faiblesses » (II, p. 30-31). La cité elle-même se pose donc ici comme la maîtresse de valeurs qu'elle définit en critères singuliers à respecter, l'individu étant alors, à cette condition, pleinement accueilli au sein de la communauté.

Des repères : les Van der Luyden et le « bloc » de la communauté

Les Van der Luyden se situent tout au sommet de la pyramide du pouvoir et de l'autorité. Le chapitre VII, qui les introduit dans le roman, est particulièrement éclairant quant aux perspectives de compréhension qu'il nous offre des arcanes du pouvoir tel qu'il est conféré à certaines individualités dans le vieux New York.

Mrs. Archer les invoque comme de quasi-divinités, capables de résoudre la difficulté posée par l'arrivée de la comtesse. Selon elle en effet, « New York a toujours été une communauté commerciale, où trois familles à peine peuvent se réclamer d'une origine aristocratique dans le sens réel du mot » : les Dagonet, les Lanning et les Van der Luyden, donc, « descendants directs du premier gouverneur hollandais de New York », « apparentés depuis plusieurs générations aux aristocraties française et anglaise ». Aussi les considère-t-elle comme étant « au-dessus d'eux tous, disparaiss[ant] dans une sorte de pénombre ultraterrestre » (VI, p. 66). Ils ne descendent d'ailleurs que rarement à New York dans leur hôtel de Madison Avenue, retranchés qu'ils sont le plus clair de leur temps à Skuytercliff, leur « grand domaine sur l'Hudson », figuré dans le roman comme un Olympe.

Quand Mrs. Archer décide d'aller les consulter, elle est reçue avec la plus grande attention. Mrs. Van der Luyden, « peu confiante par nature et par éducation », est cependant « très bonne pour ceux auxquels elle était vraiment attachée » (VII, p. 68), et si nous étudierons plus loin l'ambivalence de ce premier portrait, il n'en confirme pas moins la juste autorité conférée à ce personnage, qui s'entend avec son mari afin de régler le problème avec une discrète efficacité. Mr. Van der Luyden, qui agit « avec la simplicité d'un souverain régnant » et fait preuve d'une « bienveillance croissante » au cours de la scène (VII, p. 73), se montre en parfait accord avec elle. Newland ne peut qu'observer « le sentiment de leur majesté », leur posture marquant « une sorte de dignité royale », signe du pouvoir qui leur est attribué presque malgré eux : « Le sort les obligeait à rester les arbitres sociaux de leur petit monde, la dernière cour d'appel du protocole mondain, alors qu'ils eussent préféré vivre dans la simplicité et la réclusion, entretenant leurs beaux jardins de Skuytercliff et faisant, le soir, des patiences » (VII, p. 71). Et la romancière d'insister plus loin : « Par nature timides et réservés, ayant peu de goût pour le rôle d'arbitres suprêmes du bon ton que la destinée leur avait dévolu, ils ne demandaient qu'à se cacher dans la sylvestre solitude de Skuytercliff » (VII, p. 72). L'autorité dans la communauté est ici figurée en responsabilité, presque en contrainte, que les Van der Luyden assument en dépit de leur réticence : ils « emblématisent la perte, collectivement souhaitée, de l'individualité et le devoir de sacrifice à la cohésion sociale [1] ». Ils organisent donc un dîner en l'honneur du duc de Saint-Austrey, pour y introduire officiellement la comtesse. C'est bien au nom de la communauté que la résolution en est prise, comme l'affirme Van der Luyden : « Tant qu'une famille de notre milieu soutient un de ses membres, on doit considérer la question comme résolue » (*idem*). Dans sa dimension nucléaire, la communauté s'affiche et s'affirme ainsi comme un bloc à qui rien ni personne ne doit résister.

« De pareilles choses ne doivent pas se passer à New York, et ne se passeront pas tant que je pourrai les en empêcher », conclut même le personnage, « avec une mansuétude souveraine » (VII, p. 74). Est-ce alors en tant qu'individu « souverain » qu'il s'oppose à l'ostracisation dont la comtesse Olenska est menacée, comme le suggère l'emploi de la première personne du singulier, ou en tant qu'incarnation suprême de la communauté, dont on ne pourrait dès lors vraiment le dissocier ? Lui et sa femme paraissent avant tous mus par un réflexe de clan, comme le soulignait déjà Mrs. Archer à la toute fin du chapitre précédent, soucieuse comme durant tout le roman de voir les traditions et la communauté perdurer : « Si nous ne tenons pas entre nous, c'est l'effondrement de la société » (VI, p. 67). On notera du reste qu'au gré des intérêts convergents la communauté peut s'étendre en effet à la « société » tout entière, du moins celle du grand monde new-yorkais. L'indique en particulier, dans la dernière partie du roman, la demande à nouveau faite au couple de se « montrer à l'opéra et même d'ouvrir [leurs] salons », en gage de permanence et de respectabilité, au moment où le « milieu » est déstabilisé par les difficultés financières de Beaufort : « on leur avait fait observer que leur présence à New York

1. Anne Ullmo-Michel, *Edith Wharton*, The Age of Innocence. *L'art du contretemps*, *op. cit.*, p. 23.

était indispensable : n'étaient-ils pas les piliers de cette société ébranlée par la faillite ? » (XXXII, p. 278). Dans l'alcôve de leur « salle à manger lambrissée de noyer », les Van der Luyden ne peuvent « rester sourds à cet appel » lancé par la communauté. C'est en ce sens tout un monde bruissant de rumeurs et d'exigences qui se pose en rempart contre l'adversité.

Telle est du reste la manière dont la comtesse Olenska commence par l'envisager. C'est parce qu'elle croyait l'Amérique terre de libertés, plus ouverte aux idées nouvelles que la « vieille » Europe où le divorce « n'est pas admis », qu'elle s'y est réfugiée : elle a « cru se conformer aux usages américains en demandant sa liberté » (XVI, p. 151). Cet univers lui paraît caractérisé par un ordre qu'elle oppose aux passions de l'étranger. « Si vous saviez comme je l'aime, précisément à cause de cela », commence-t-elle en effet par s'enthousiasmer : « toutes ces lignes droites, dans tous les sens, avec toutes ces grandes étiquettes honnêtes sur chaque chose ! » (IX, p. 91). Droiture et honnêteté lui apparaissent comme des marques d'intégrité qu'elle trouve chez les membres de la communauté qui la reçoit en dépit du scandale, s'offrant à elle comme un rempart – les Van der Luyden jouant un rôle éminent dans cette partie. C'est parce qu'elle dit avoir « horreur d'être différente » qu'elle confère tout d'abord à l'uniformité du « milieu » la valeur d'un cadre réconfortant (XII, p. 121).

À Newland qui lui dit un peu rapidement qu'elle y est « au milieu d'amis », elle confirme ainsi expressément sa volonté d'intégration dans ce monde aussi structuré qu'apparemment structurant : « Oui, je le sais, je le sens, partout où je vais. C'est pourquoi je suis revenue. Je veux tout oublier, redevenir une parfaite Américaine, comme les Mingott, les Welland, vous et votre charmante mère… » La comtesse veut « devenir comme tout le monde ici », comme elle le confie encore un peu plus loin (VIII, p. 80 ; XII, p. 120). L'ambition en est radicale, qui va de l'intégration à l'assimilation, en faisant s'évaporer l'identité, au nom d'un besoin d'« affection » et de « sécurité » (IX, p. 89). Or tout le roman tend à montrer que renoncer à son individualité, comme vouloir l'affirmer, n'est pas sans danger.

Newland et May, deux figures inscrites dans la communauté

Au début du roman, May et Newland offrent quant à eux l'image d'une parfaite conformité à l'ordre établi. Lors de la scène du bal, ils se comportent d'ailleurs « comme il convenait à des fiancés » (III, p. 41). Comme ceux et celles de leur milieu, leur individualité paraît se fondre dans la communauté, dans ce qui apparaît d'abord comme une évidence, parfois même un confort, vécu de manière différenciée.

May Welland, jeune première et gardienne du temps de la communauté

May est une jeune première élégante et bien née, que Wharton décrit en parfaite conformité avec son « milieu ». Aux « premières heures des fiançailles », Newland lui confère une aura quasi sacrée, comme le soulignent le lexique et la modalité exclamative quand il songe à l'existence qu'il s'apprête à mener auprès d'elle : « Quelle vie nouvelle il envisageait, avec cette blancheur, ce rayonnement, cette bonté, à ses côtés ! » (*idem*). C'est avec une « sorte de terreur respectueuse » qu'il contemple un peu plus loin son portrait, comme impressionné par le lien qu'il va bientôt contracter, « contempl[ant] » alors « le front pur, les yeux sérieux, la bouche innocente et gaie de la jeune créature qui allait lui confier son âme ». Les adjectifs utilisés, l'emploi même du mot de « créature » et du verbe « contempler » contribuent encore à déréaliser l'être ainsi portraituré, figuré en idéal bien plus qu'en individu propre. La suite immédiate du passage insiste d'ailleurs sur sa parfaite inscription dans le canon, et sur l'accord tout aussi univoque de Newland avec ce modèle immuable, May étant présentée comme le « produit redoutable du système social dont il faisait partie, et auquel il croyait » (VI, p. 60) : « redoutable » par sa perfection même, qui n'admet aucune contrariété – puisqu'il « n'y avait, à aucun point de vue, de meilleur parti à New York que May Welland » (V, p. 54).

Avec ses « yeux candides » et sa « beauté radieuse » (III, p. 40 ; VI, p. 62), May semble incarner ce « temps de l'innocence » que la romancière fait revivre en en restituant le charme suranné. Elle s'apparente en ce sens à une figure de la permanence. Se découvrant la proie d'une passion inattendue, Newland la voit comme l'incarnation vivante et contraire du cadre stable et structurant de la communauté : « La vérité, la réalité, la vraie vie se trouvaient là ! », s'exclame-t-il par exemple au tout début du chapitre XVI, cherchant à se distancier des tourments du désir et de l'amour fou qu'il commence à éprouver pour la comtesse. Il souhaite alors « vivement […] se trouver seul » à ses côtés : « Pour les nerfs tendus d'Archer », la « vision » de la jeune femme, de nouveau sacralisée, « était aussi apaisante que le ciel bleu et la rivière paresseuse » ; signaux de tranquillité qui renvoient à une nature pourvoyeuse de sens et de repères, tout aussi bien affectés comme on l'a vu au « milieu » de la communauté : « C'était boire à une source fraîche sous le soleil » (XVI, p. 148-149). Les propos de May ne font-ils pas résonner « la note du vieux New York » auprès de Newland, cette « note » que le jeune homme « aimerait toujours à retrouver chez sa femme », comme indiqué quelques chapitres auparavant, déjà, dans le roman (XI, p. 109) ?

Une telle mention l'érige elle-même en figure d'autorité, gardienne du temple de la communauté, dont la fragilité apparente ne doit pas tromper. May se dévoile en effet comme une force de la nature qui apparaît en majesté chez les Van der Luyden : « Grande, élancée, dans sa robe blanche ceinturée d'argent, avec ses cheveux couronnés de fleurs d'argent, c'était Diane en personne » (VIII, p. 81). Le rapprochement est significatif : nous y reviendrons.

Newland Archer, un héritier

L'évolution et la prise de conscience de Newland Archer, au contact de la comtesse Olenska, sont au cœur du roman. Wharton commence pourtant à nous le représenter comme un être sciemment inscrit dans un monde dont il partage les préjugés (il est « [t]héoriquement [...] presque aussi hostile que sa mère à l'idée du divorce » ; XI, p. 107), acceptant l'« état de[s] choses comme faisant partie de la structure de son univers » (XII, p. 116). Il tire aussi un bénéfice matériel et symbolique de son inscription dans le milieu, qui lui confère aisance et grandeur au sein de la société, dans un ordre dont il ne cesse d'ailleurs pas vraiment de se montrer le chevalier, y compris dans la dernière partie du roman : jamais il ne cesse véritablement de se comporter « comme il convenait à un jeune homme de son monde » (III, p. 39). Il agit d'ailleurs lui-même, à l'occasion, « à la manière prudente du vieux New York » (XII, p. 124-125), ce qui annonce d'emblée son inflexibilité à l'égard de Beaufort, à la fin du récit. Son attitude signe alors à nouveau sa parfaite inscription dans l'univers des valeurs de sa communauté : « Lui aussi était trop profondément imbu du code de l'honnêteté financière pour céder à la pitié : une probité sans tache était le "noblesse oblige" du vieux New York des affaires » (XXVII, p. 249).

Les mille « nuances » qui caractérisent la cité lui font « chéri[r] son vieux New York », encore une fois personnifié, évoqué non sans affection comme le suggère ici l'emploi du déterminant possessif (VIII, p. 78). C'est bien souvent à travers Newland que nous observons d'ailleurs ce vieux monde. La focalisation interne nous invite à embrasser son regard dès le premier chapitre où, quand il « détourn[e] les yeux de la scène pour les plonger dans la loge d'en face », nous découvrons cette dernière avec lui (I, p. 23). Dans cet espace, une loge est aussi « réservée à son cercle », indiquant d'emblée sa pleine appartenance à un milieu dont il partage tous les codes. Les règles surannées qui régissent sa propre existence sont acceptées avec la même évidence que la « loi immuable et incontestée du monde musical », qui « voulait que le texte allemand d'un opéra français, chanté par des artistes suédois, fût traduit en italien, afin d'être plus facilement compris d'un public de langue anglaise », ce qui semble « aussi naturel à Newland Archer que toutes les autres conventions sur lesquelles sa vie était fondée » (I, p. 22-23).

L'existence de Newland est ainsi organisée autour de rites par lesquelles il est reconnu, et se reconnaît lui-même, comme inscrit dans sa communauté. Il en observe les codes aussi bien que les manières de penser : c'est parce qu'il le sait « partagé par tous [l]es messieurs » qui l'entourent « dans la loge du cercle » qu'il peut se « content[er] » d'un certain point de vue sur les femmes, et sur May en particulier, « sans l'analyser » (I, p. 25). Il est aussi soucieux de ce « bon goût » défini comme on l'a vu par des figures d'autorité : « Peu de choses [lui] semblaient plus pénibles qu'une offense » faite à « cette lointaine divinité dont le "bon ton" était comme la représentation visible » (II, p. 32). Aussi commence-t-il par être choqué, en même temps qu'intrigué, par l'allure et le comportement de la comtesse. Sur ce point, la fin du chapitre IV le montre en parfait accord avec Mrs. Welland, scandalisée par le fait qu'Ellen ait pu se promener avec Beaufort dès « le lendemain de son arrivée », « à l'heure de la foule élégante ». Si le mécontentement de Newland est alors motivé par une jalousie croissante à l'égard de son rival supposé, le personnage n'en corrobore pas moins « mentalement » les propos de sa future belle-mère, en se félicitant « d'être un citoyen de New York, [...] sur le point de s'allier à une jeune fille de son espèce » – ce dernier terme étant marqué par une certaine grégarité (IV, p. 49).

Le roman suggère que cet « instinct de clan » perdure alors même qu'il s'éprend de la comtesse. « Il voulait bien parler de New York sur un ton cavalier, mais il n'aimait pas que d'autres prissent la même liberté », note ainsi l'instance narrative alors qu'Ellen s'autorise une comparaison que Newland juge déplacée, déplorant qu'elle n'ait pas intégré les codes qu'il chérit et dont il se veut malgré tout le garant : « l'idée que, pour la jeune femme, les distinctions sociales de New York n'existaient pas encore, l'agaçait vaguement » (IX, p. 89).

Le vieux New York, espace mondain et raffiné, offre ainsi son cadre au roman comme à ses figures majeures. Il est orienté par des figures d'autorité, garantes d'un « bon goût » naturellement associé aux familles les plus éminentes de la cité. En leur sommet trônent les Van der Luyden, qui contribuent à l'accueil de la comtesse Olenska, quand son irruption au sein du « milieu » menaçait de faire éclater un équilibre ancestralement édifié. Leur portrait fait resurgir un temps suranné, que la romancière évoque non sans affection et nostalgie. Dans le même temps, pourtant, ces personnages font l'objet de son ironie, car si leur autorité structure le « milieu », tel un rempart contre l'adversité, elle peut aussi aliéner. En cela, l'évocation du charme et du « cadre » de la communauté comporte une grande ambiguïté, la cité apparaissant en réalité plus fragmentée qu'il n'y paraît, protégeant ou entravant, tour à tour, les voix de la singularité.

II. De l'aliénation en communauté : l'individu entravé

Le vieux New York est-il chez Wharton une « cage dorée » ou une « Terre promise » pour les individus qui le composent ? Le titre de l'ouvrage d'Irene Billeter Sauter, ainsi posé, dresse efficacement l'alternative : si certains peuvent trouver dans la cité l'opportunité de « transformer leurs vies », d'autres s'y perdent, avalés par son immensité [1]. De fait, par-delà son charme suranné, la communauté du vieux New York se présente comme un lieu normé, dont les codes sont marqués par une grande rigidité. Elle adopte une attitude contrastée à l'égard des individus quand ils prétendent exprimer leur singularité, laissant dès lors apparaître un visage bien plus inquiétant.

Par-delà le masque raffiné : les lois de la communauté

La communauté du vieux New York est marquée par un certain nombre de lois, qui lui confèrent un visage fermé. Loin de

1. Irene Billeter Sauter, *New York City : « Gilt Cage » or « Promised Land » ? Representations of Urban Space in Edith Wharton and Anzia Yezierska*, Bern, Peter Lang, 2011, p. 17.

rassurer, son monde bruissant de rumeurs en fait aussi un lieu d'hypocrisie et de rejet.

Normes et lois d'un monde replié sur lui-même

New York est un « labyrinthe », bien plus que cet univers de « lignes droites » pour lequel Ellen avait commencé par s'enthousiasmer, croyant y trouver un possible refuge afin d'y retrouver la liberté. Dans cet univers, des « étiquettes » sont collées « sur les choses » autant que « sur les personnes », en cela réifiées (IX, p. 91). Ce « monde élégant » n'est pas un monde ouvert, mais une société « exclusive », que le roman commence par portraiturer (III, p. 36). La « structure rigoureuse » de tout ce passage est efficacement analysée par Anne Ullmo, qui y voit une « juxtaposition raisonnée des différentes sous-parties qui forment le groupe social dont il est question » ; « [l]es “conservateurs”, les “sentimentaux”, et les “mélomanes” » étant « ironiquement placés dans des loges que l'anglais appelle précisément *boxes* ». « Les nuances apportées quant aux motivations de chacun », surtout, « ne peuvent dissimuler l'unicité de leur désir et sa convergence vers un même but, la conservation d'une société holistique qui, à l'image de l'opéra qui la représente, a une valeur mémorielle » [1]. Ce n'est donc pas tant pour son « excellente acoustique » que la haute société s'y réunit qu'en raison de l'entre-soi que son exiguïté permet en elle-même de favoriser : « petite et incommode, elle éloignait, de ce fait même, les nouveaux riches dont New York commençait à sentir à la fois l'attraction et le danger » (I, p. 21). Chaque loge y est « réservée » à un « cercle » : Newland nous y est d'abord présenté comme rejoignant naturellement le sien (I, p. 22). Dans ce « milieu », les jeunes gens ne s'unissent qu'entre membres de la même « espèce » (IV, p. 49), terme qui évoque une forme de consanguinité, sinon d'animalité, dirigée par un « instinct de clan » (XXV, p. 234).

Ce monde est farouchement, comme « naturellement » replié sur ses propres rites, ce qui est encore illustré par ces soirées dont

1. Anne Ullmo-Michel, *Edith Wharton*, The Age of Innocence. *L'art du contretemps*, *op. cit.*, p. 10.

tous les invités sont « parfaitement assortis : tous faisant partie de la même bande qui, pendant la longue saison d'hiver, dînait et dansait ensemble inlassablement » (VI, p. 64). *Le Temps de l'innocence* souligne ainsi « la part du rituel dans un univers marqué par le respect des traditions », comme le note Anne Ullmo. La richesse « du sémantisme de la ressemblance et de la conformité » y témoigne « de l'importance structurelle de ces notions dans la peinture de la bonne société ». Le seul premier chapitre voit ainsi abonder « adverbes, adjectifs et noms dotés du préfixe "co" (du latin "*cum*", "avec") tels que "*convenient*", "*conventions*", "*consecrated*" », qui affirment par là même « la cohésion d'une société qui se regroupe tout entière autour des mêmes valeurs, en adoptant les mêmes manières ». Lorsque Newland déplore que tous les membres de sa société soient « tous aussi pareils les uns aux autres que ces poupées découpées dans une feuille de papier plié » (X, p. 97), son image, « qui fait étrangement écho à la définition que Michel Foucault donne de "*l'aemulatio*", l'une des formes de la similitude », inscrit les personnages « dans une perspective de la duplication, les rapports de gémellité qu'ils entretiennent les uns avec les autres se répercutant sur leurs comportements sociaux » [1].

L'emploi de déterminants possessifs de la première personne du pluriel signifie aussi régulièrement les préceptes de ce monde clos, comme l'appartenance des membres du clan à ce dernier. Newland reconnaît que la « société de New York » est « un monde bien petit » par rapport à celui qu'a quitté la comtesse Olenska. Ce « petit monde », ajoute-t-il dans une expression dont la traduction française et l'adjectif antéposé renforcent la connotation péjorative, est du reste mené par « quelques personnes » qui ont « des idées un peu arriérées », l'euphémisme désignant alors prudemment l'étroitesse de vue ainsi dénoncée : « Nos idées sur le mariage et le divorce tout particulièrement… Notre législation favorise le divorce… nos habitudes sociales ne l'admettent pas » (XII, p. 123). Les membres

1. Anne Ullmo-Michel, *Edith Wharton. La conscience entravée*, Paris, Belin, 2021, p. 21-22.

du « clan » se méfient donc des « étrangers », que Mrs. Archer juge par exemple « ridicule » de recevoir « quand ils viennent à New York », l'opposition des pronoms personnels étant là encore très significative d'une vision binaire et en cela très limitée du monde : « Ils pensent que nous dînons à deux heures, et que nous favorisons le divorce… […] Ils acceptent notre hospitalité, retournent chez eux et racontent toujours sur nous les mêmes sottes histoires » (XVI, p. 151).

Le roman est pourtant bien traversé par la mention de toutes les « inexorables conventions » qui définissent l'appartenance à la communauté du vieux New York, « l'aveugle obéissance à la tradition qui sévit », comme le dira la comtesse Olenska elle-même, « dans notre milieu », le verbe utilisé insistant sur la dimension répressive d'un tel environnement (VI, p. 61 ; XXIV, p. 226). Ces conventions, contraignantes et pesantes, portées par l'« inexorable chœur » de la communauté (XXVII, p. 249), constituent des impératifs auxquels nul ne saurait déroger. À l'opéra, par exemple, la représentation de *Faust* autorise un certain nombre de libertés limitées, comme cela nous est incidemment indiqué par le détour d'une parenthèse qui en dit long, en réalité, sur le caractère très corseté des règles du milieu : un jeune homme est autorisé à parler car « il était convenu que l'on pouvait causer dans les loges pendant la scène de Méphistophélès et de Marthe » (II, p. 32). La mise en scène est alors réglée selon un « usage » dont la narration nous délivre les clés, comme l'indiquent en particulier les prémices du bal donné chez les Beaufort, ainsi présentées : « Mrs. Beaufort avait donc, selon l'usage, fait son apparition dans sa loge juste avant "l'Air des Bijoux" ; selon l'usage, elle s'était levée à la fin du troisième acte ; et, ramenant sa sortie de bal sur ses nonchalantes épaules, elle avait disparu » ; cette disparition étant elle-même un signal à connaître et à déchiffrer entre initiés : « Ceci voulait dire qu'une demi-heure plus tard le bal commencerait » (III, p. 38).

Tout dans ce système souligne le respect des convenances, qui font signe et sens auprès de celles et ceux qui se réclament d'une même communauté ou prétendent s'y intégrer. Des fiançailles au mariage, tout est parfaitement réglé. Les premières relèvent d'un « cérémonial », d'un « rite [...] précis et inflexible », par lequel « [i]l faut passer » (IV, p. 44 ; V, p. 55). Au cours des visites qui sont alors scrupuleusement respectées, chacun agit en affectant les mines adaptées : une hésitation « de convenance », « les sourires et les protestations qui convenaient » (IV, p. 47). Les fiancés sont soumis au strict respect d'un protocole qui n'admet que de rares entorses, toujours à justifier : si, « selon la vieille coutume de New York », May doit accompagner ses parents à l'église « matin et après-midi », sa mère lui accorde une promenade dans Central Park aux côtés de Newland, fermant alors exceptionnellement les yeux « sur cette infraction aux usages » (X, p. 95).

Le mariage, enfin, est très encadré. Tout y semble vieilli, moisi, par contraste avec la jeunesse et la « journée de printemps » qu'un tel moment est censé célébrer. Le chapitre qui lui est en grande partie consacré commence par évoquer ces « vieilles dames des deux familles », qui « avaient exhumé leurs zibelines décolorées et leurs hermines jaunies » ; une « odeur de camphre » s'élevant symboliquement « des premiers bancs de l'assistance, étouffant le doux parfum de printemps qui montait des lys autour de l'autel » (XIX, p. 180). Dans cette scène, note David Holbrook, « la panoplie des conventions reçues étouffe » en effet « tout espoir de vie », masquant une « horreur » absolue [1]. Newland, lui, doit attendre seul l'arrivée de sa fiancée, « en s'exposant ainsi [...] aux regards de l'assemblée » : « [c]'était la règle ». L'accumulation souligne à quel point « rien » n'est alors « oublié » : « ni les huit bouquets de lilas blanc et de muguet des demoiselles d'honneur, ni les boutons de manchettes (saphirs à montures d'or) des garçons d'honneur, ni l'épingle de cravate (un œil-de-chat) choisie pour le jeune Van der Luyden ». Tout doit se dérouler selon un « rite immémorial », qui

1. « *The panoply of received conventions smothers all hope of life; behind it all is the horror indicated by hints* » (« La panoplie des conventions reçues étouffe tout espoir de vie ; et derrière tout cela se cache l'horreur indiquée par un certain nombre d'indices » ; nous traduisons). Voir David Holbrook, *Edith Wharton and the Unsatisfactory Man*, New York, St. Martin's Press, 1991, p. 127.

« semblait venir de la nuit des temps », Newland effectuant les gestes « que tous les mariés avaient fait avant lui », Mrs. Welland avançant avec « la solennité voulue » (XIX, p. 181-182, 184).

Les Mingott ont donc beau jeu de défendre par « solidarité de famille » la comtesse et les membres de leur « souche » qui se seraient égarés : il s'agit avant tout pour eux de soigner leur prétendue « irréprochab[ilité] » (II, p. 29). Or les « règles de leur code » sont présentées comme une entrave aux singularités : Newland Archer n'est pas sans penser qu'ils vont « un peu loin », sans oser le leur signifier (V, p. 55). Durant toutes les fiançailles, « la tournée accomplie », il éprouve du reste « le sentiment d'avoir été montré comme un captif dans un "triomphe" », privé par conséquent de sa liberté (IX, p. 84).

Masques et hypocrisie : une communauté fragmentée

S'il offre aux yeux de tous un aspect réconfortant dans son immuabilité, se présentant apparemment comme un cadre et un rempart, le monde tel qu'il est figuré dans le roman est aussi un monde hypocrite et bruissant de rumeurs, où chacun semble arc-bouté sur des croyances muées en lois de la communauté. Par là même, il s'agit d'un monde « fictif », où personne « n'osait envisager la réalité, ni même la penser » (VI, p. 62). Le monde a beau changer, le vieux New York s'acharne à perpétuer les valeurs d'un autre temps, et les impose à chaque membre de son clan, empêchant par là même tout être singulier. Sillerton Jackson n'y est pas que l'éminent spécialiste des « parentés compliquées ». Il tient également « un registre de la plupart des scandales et mystères [ayant] couvé sous la surface paisible de New York », depuis « un demi-siècle ». Les « ramifications » de la communauté laissent ici entrevoir un (éco)système frelaté, « dont les racines semblent remplacées par une sorte de nappe phréatique » [1], composée de tous les « secrets » que Jackson a « soigneusement gardés sous clef dans son for intérieur » (I, p. 27).

1. Anne Ullmo-Michel, *Edith Wharton*, The Age of Innocence. *L'art du contretemps*, *op. cit.*, p. 11.

Dans cet univers règne une « fausse pruderie » (II, p. 29), dont Newland comprend bien qu'elle affectera le jugement porté sur la comtesse. Lui-même est révulsé par « le jeu clandestin de l'adultère », auquel il lui déplaît de se plier (XXXI, p. 271). Le « rôle de l'éternel mensonge » lui est insupportable, comme le souligne l'accumulation, témoin des innombrables compromissions qui lui sont liées : « mensonge des sourires, des badinages, des gentillesses, mensonge de jour, mensonge de nuit, mensonge du regard, mensonge dans les caresses et mensonge même dans les querelles, mensonge de chaque parole et de chaque silence ». Et dans le même temps « rentr[er] chez lui », « retrouv[er] May » et, avec elle, « l'habitude de la vie conjugale, l'honneur du foyer », bien ironiquement évoqué ici, « toutes les convenances que lui et les siens avaient toujours respectées », dans la plus parfaite hypocrisie. « Non, il ne pourrait se résigner à cette vie de mensonge et de complicités », conclut-il, alors même que Lefferts et Chivers viennent « discrètement » de s'éloigner, en faisant mine de ne pas le surprendre en compagnie de la comtesse. Ce geste de « solidarité masculine », lui-même l'avait « souvent pratiqué », dissimulant ainsi les infidélités de ses semblables (XXXI, p. 271, 273) : en ce sens, si la communauté fait bloc, c'est plus dans l'hypocrisie et le reniement de ses prétendues valeurs que dans la défense réelle de ces dernières.

D'une certaine manière, Beaufort est une autre « victime » de cette duplicité de la communauté. Ses infidélités notoires ne semblent en effet rien peser par rapport aux risques financiers que le « milieu » considère en réalité comme une faute bien plus impardonnable. Au début du roman, « [t]out pli[e] devant [lui] ; tout New York défil[e] dans ses salons », quand bien même « [l]e bruit courait qu'il avait dû quitter l'Angleterre, avec la connivence secrète de la banque dont il faisait partie ». Beaufort est un étranger à New York, aux « ascendants inconnus » (III, p. 37). Il a rejoint la communauté grâce à son autorité, à la manière qu'il a « de s'imposer », nourrie par le faste et les plaisirs qu'il a su offrir à la haute société. Sa demeure, qui est « devenue la plus recherchée de New York », l'« une des rares » à posséder une salle de bal, constitue pour lui « une incontestable supériorité » et « rach[ète] ce que le passé » de son couple « pouvait avoir eu de regrettable » (III, p. 36-37). L'administration des membres « étrangers » de la communauté repose ainsi sur une économie des privilèges et de la réputation dont le roman souligne, là encore, l'hypocrisie, mais aussi la cruauté.

« Nous avons tous quelques chéris dans la racaille », ose en effet penser Mrs. Archer au sujet de Beaufort. Loin de susciter la réprobation, cet axiome « os[é] » est partagé par plus d'un membre de la société, qui « en avouait secrètement la vérité » (III, p. 36). Les réceptions de Beaufort suscitent le plus grand intérêt, la société s'y délectant d'« être traité[e] avec des plats et des vins de choix au lieu d'un insipide champagne de l'année », signalant par là même son caractère superficiel et sa vénalité. Nul dans la communauté ne méconnaît pourtant ses « habitudes de dissipation », ses infidélités (III, p. 37). Mrs. Archer et sa fille Janey connaissent en particulier « tous les détails du mystère Beaufort », bien qu'« en public » la première persiste « à prétendre que le sujet n'était pas convenable pour les jeunes filles » (V, p. 53).

La règle est donc celle du non-dit, jusqu'à ce que le scandale affecte le domaine financier. « Personne n'aimait véritablement Beaufort, et on n'eût pas été fâché d'apprendre les pires choses sur sa vie privée », se voit-on confirmer dans la dernière partie du roman. « Cependant, qu'il pût entacher d'un déshonneur financier la famille de sa femme, c'était là un scandale dont ses ennemis eux-mêmes ne pouvaient se réjouir. » Et l'instance narrative d'ajouter : « Le vieux New York d'Archer tolérait l'hypocrisie dans les relations privées, mais en affaires il exigeait une honnêteté complète et inattaquable » (XXVI, p. 239). La menace d'un « krach Beaufort » et les « révélations » que Sillerton Jackson ne manque pas alors d'annoncer font voler en éclats la réputation si superficiellement édifiée du personnage : « Ce sera », prophétise Jackson, « la plus vilaine des lessives. Car ce n'est pas pour Regina qu'il a dépensé son argent » (XXVI, p. 241). Toute l'hypocrisie du vieux New York est encore à travers lui dénoncée, la haute société s'étant jusqu'alors terrée dans un silence aussi complaisant qu'intéressé.

En ce sens, la « communauté » apparaît donc aussi très fragmentée, traversée par des tensions que masque habilement son harmonieuse mais illusoire unité. Son caractère très hiérarchisé l'apparente à une « petite pyramide solide » mais « glissante », dont la base est formée par « ce que Mrs. Archer appelait "des gens modestes" », composée « d'une majorité de familles honorables, telles que les Spicer, les Lefferts, les Jackson », qui « s'étaient élevées au-dessus de leur milieu par des alliances avec les clans dirigeants ». « Sur ces fondements solides, mais sans éclat, la pyramide s'élevait en diminuant vers le sommet », portant en son firmament les Van der Luyden (VI, p. 65-66). Si ces derniers considèrent les « gens modestes » avec un « doux mépris », « aucune fissure apparente ne s'était encore produite » au sein de cette « pyramide ». Une telle image dépeint alors la communauté en antiquité, enlisée dans le spectacle de sa propre grandeur, tout en redoutant les signaux de son inéluctable « désagrégation » (VI, p. 65 ; VII, p. 71). Ce monde veille donc farouchement à préserver les fondations de sa propre stabilité, quels qu'en soient les moyens : il s'oppose sans pitié à tous ceux qui, selon ses propres normes, rongeraient son ordre et sa « respectabilité ». Le modèle est celui d'une surveillance et d'un contrôle généralisés. Quel espace un tel ordre peut-il dès lors réserver aux individualités ?

Les tentatives d'affirmation de la singularité

De fait, ce milieu engoncé dans ses valeurs figées ne laisse que peu de latitude à l'expression des individualités. Certaines apparaissent parfois comme un potentiel que les lois de la communauté rendraient incapables de germer. Ainsi, « [p]ersonne n'avait jamais su ce que voulaient dire [les] brusques sorties » de Janey Archer, « sujette à des envolées inattendues qui montaient de sources romanesques depuis toujours comprimées » (V, p. 52). Certaines figures de la communauté font pourtant bien preuve d'« audace », en s'extrayant par là même des carcans. La comtesse Olenska en est la figure emblématique, révélant par sa fréquentation la singularité jusqu'alors entravée de Newland Archer.

De l'« audace » en communauté : Mrs. Mingott, Julius Beaufort

Le terme d'« audace » revient à plusieurs reprises au début du roman, comme un leitmotiv éclairant de possibles affirmations de la singularité au sein du « clan ». Il ne s'agit alors pas tant de ces transgressions feutrées, telles que le « léger baiser » que Newland prend soin de déposer sur les lèvres de May dans un moment de « solitude momentanée », cherchant immédiatement à « atténuer l'effet de cette audace » en entraînant sa fiancée dans le jardin d'hiver des Beaufort (III, p. 41 ; « *audacity* » en anglais [1]), ni de la manière « audacieuse » (« *boldly* [2] ») dont Janey fait résonner le mot divorce « comme une bombe dans la paisible salle à manger » (V, p. 58), que d'actions revendiquées, qui exposent l'être et peuvent le mettre, nous le verrons, en danger.

Mrs. Mingott en est la figure la plus caractéristique, bien qu'ambivalente. C'est « la matriarche » des Mingott, sur qui elle conserve par conséquent une certaine autorité : pour Newland, elle incarne le « clan », dans sa dimension la plus coercitive (XI, p. 107). En retour, ce dernier fait communauté autour d'elle, constituant comme on l'a vu un « bloc » de résistance au moment de l'arrivée de la comtesse, afin de la préserver et, surtout, de *se* préserver. En même temps, cependant, Mrs. Mingott se montre « [p]eu embarrassée de préjugés », « indifférente aux fines distinctions sociales », ce en quoi elle fait déjà preuve d'une « sorte de hauteur audacieuse » (« *haughty effrontery* [3] ») et d'un fort « esprit d'indépendance » (XII, p. 115 ; II, p. 31 ; IV, p. 45). De fait, Archer n'ignore pas qu'elle a « l'habitude de pousser son audace jusqu'aux dernières limites »,

1. Edith Wharton, *The Age of Innocence*, New York, Penguin Books, 1996 [1920], p. 20.
2. *Ibid.*, p. 33.
3. Le terme d'« effronterie » paraît ici plus fort que celui d'« audace », quand bien même il désigne, dans les deux cas, la même « hauteur » (*ibid.*, p. 11).

comme en témoigne alors la présence d'Ellen à ses côtés (II, p. 30) ; le caractère innommable et donc littéralement inconcevable de cette invitation étant désigné par la répétition du verbe « oser », adjoint au démonstratif « cela » (I, p. 28 ; II, p. 29-30 [1]). Newland l'a par conséquent « toujours admiré[e] » pour la manière dont elle a su conduire sa famille, et surtout pour la « témérité » dont elle n'a jamais manqué, jusque dans la construction de sa demeure, dont la singularité est marquée par la position géographique, « dans le quartier lointain de Central Park », autant que par les matériaux utilisés – la grande maison étant faite de « pierres de taille blanches, alors que la pierre brune n'était pas moins de rigueur que la redingote l'après-midi » (II, p. 30). « Quand j'ai bâti cette maison », commentera-t-elle de son propre chef et non sans l'aplomb qui la caractérise, « on aurait cru que je partais pour la Californie. Personne ne s'était aventuré plus loin que la Quarantième Rue » (XVII, p. 158).

Ces « détails » soulignent un décalage par rapport aux normes, éclairé d'emblée par les origines modestes du personnage, qui « n'était que Catherine Spicer, sans fortune, ni position sociale suffisante pour faire oublier que son père s'était publiquement déshonoré » ; la singularité provenant ici d'un tempérament, autant que d'une histoire et d'une nécessité de se forger pour exister (II, p. 30). Son alliance avec le chef « de la riche lignée des Mingott » lui a permis de changer de position ; mais, à la mort de ce dernier, « l'audacieuse [2] Catherine poursuivit son chemin sans crainte ». Et le roman d'égrener la somme de ses fréquentations et de ses choix singuliers : elle « se mêla à la société étrangère, maria ses filles dans Dieu sait quels milieux mondains et corrompus, fréquenta des ducs et des ambassadeurs, fraya familièrement avec des catholiques ultramondains, […] – sans que jamais (comme Mr. Sillerton Jackson était le premier à le proclamer) aucun souffle eût terni sa réputation » (II, p. 31). Elle déplore à travers ses choix l'uniformité de

1. C'est d'ailleurs le verbe « *to dare* » (oser) qu'Edith Wharton utilise ici pour désigner le caractère transgressif du personnage et son « audace » (*ibid.*, p. 10).

2. « *Bold* », dans le texte original (*ibid.*, p. 11).

son milieu, se lamentant du fait que les Mingott soient « [t]ous les mêmes », « [n]és dans une ornière d'où rien ne peut les tirer », cherchant encore à « faire ce que tous les autres auraient fait » (XVII, p. 158).

Ce parcours singulier, cette autorité qui lui a permis de se hisser au plus haut rang de la communauté la rapproche d'un Beaufort, qui « la valait en audace [1] », et pour qui elle avait donc « toujours professé une grande admiration ». Comme le note alors l'instance narrative, « ils se ressemblaient par une certaine similitude dans leurs manières dominatrices et par les raccourcis qu'ils faisaient à travers les grands chemins des conventions » (XII, p. 116 ; IV, p. 48). Beaufort n'a-t-il pas eu « l'audace » (« *audacity* [2] ») d'accrocher dans son salon « bouton d'or » le nu « si discuté de Bouguereau », *L'Amour victorieux* (III, p. 39) ? Mrs. Mingott comprend aussi avec lui que la communauté (elle emploie alors la première personne du pluriel) a « besoin de sang et d'argent nouveaux » ; et si elle est alors qualifiée de « carnivore », ce qui suppose une forme de prédation, le passage suggère plutôt de sa part une ouverture, une invitation au renouvellement, qui s'opposerait à l'entre-soi de la communauté, à sa quasi-consanguinité (IV, p. 48). En ce sens encore, les deux personnages affirment bien leur individualité au sein de la haute société.

Or Mrs. Mingott, qui « aime le courage par-dessus tout », ne se reconnaît qu'une seule héritière en matière de singularité : « il n'y a », dit-elle, « parmi tous les miens, que ma petite Ellen qui tienne de moi ». Tous les autres, ajoute-t-elle, sont faits sur le même « moule » (XXX, p. 268 ; XVII, p. 158, 160).

Ellen Olenska, figure de l'altérité

Mrs. Mingott admire le courage de la comtesse, et partage avec elle un même attrait pour l'ailleurs et pour l'Europe en particulier : si elle ne peut désormais se déplacer, sa maison prétend d'ailleurs « imiter les hôtels de l'aristocratie parisienne » (II, 30). Non sans

1. « [*He*] *was her match in daring* », écrit Edith Wharton (*ibid.*, p. 83).
2. *Ibid.*, p. 19.

provocation, elle dit espérer « que la maison sera plus gaie, maintenant qu'Ellen est ici » (IV, p. 48 [1]), la comtesse étant censée apporter une joyeuse luminosité au sein des habitudes engoncées de la cité. Mais aussi une forme d'autorité, liée à l'affirmation de sa différence, et le mélange de réprobation et de fascination qu'elle inspire, « ce je ne sais quoi de dominateur que donne la beauté, le port de tête éta[nt] assuré, et dans la liberté du regard se lis[ant] la conscience de son pouvoir » (VIII, p. 77) ; la comtesse se montrant peu soucieuse de « l'étiquette » qui prévaut à New York (VIII, p. 79). « Plus que le simple contrepoint de l'innocence qui caractérise une Amérique enfermée dans ses carcans factices », Ellen Olenska brise ainsi les règles, et son expérience agit comme un « grain de sable dans les rouages trop bien huilés d'une société codifiée » : « un accroc dans la trame uniforme des conventions » [2].

Chez elle, l'être coïncide avec le paraître. Elle est loin de « prend[re] plaisir à se singulariser », comme l'en soupçonne le vieux New York tel qu'il finira par s'incarner dans la figure de May (XXXI, p. 276). « [L]'étrangère » s'oppose en ce sens à l'hypocrisie d'un monde qui avance volontiers masqué : Newland finira par voir en elle, au contraire, « la femme la plus sincère [qu'il ait] jamais connue » (III, p. 42 ; XXIX, p. 259). Les différents costumes dont elle se pare le soulignent paradoxalement bien, en dépit de leur caractère souvent osé : elle ne correspond pas aux codes, à commencer par ceux qui régissent les lois vestimentaires, non tant pour se distinguer que pour exprimer une singularité, une modalité d'être étrangère à celle du « milieu ». Dès sa première apparition à l'opéra, elle semble « inconsciente de l'attention qu'attirait sa toilette originale » (I, p. 26). « [I]nsoucieuse de la tradition » dans sa propre demeure, elle est « vêtue d'un long fourreau de velours rouge », « un bras nu jusqu'au coude », dans une affolante sensualité, alors que « l'usage » voulait « que les dames qui recevaient le soir

1. Wharton écrit : « *with a glorious effrontery* » (*ibid.*, p. 25), ce que Madeleine Taillandier traduit à nouveau par « avec une superbe audace ».

2. Anne Ullmo-Michel, *Edith Wharton. La conscience entravée*, *op. cit.*, p. 65.

portassent de "simples robes de dîner" » (XII, p. 118). Au contraire, chez les Van der Luyden, elle déjoue les attentes en montrant « plus de vraie simplicité que la plupart des femmes présentes », et l'« on fut déçu de ne pas lui trouver ce dernier cri d'élégance que New York appréciait par-dessus tout » (VIII, p. 77). En ce sens, quel que soit le lieu de ses apparitions, elle aimante encore et toujours les regards, devient le centre des attentions, car elle se montre ouvertement décalée, en tout cas « trop différente » aux yeux de la communauté (XXXI, p. 276).

Cette différence est éclairée par son histoire, et illustrée par la seule originalité de sa demeure à New York. Ses parents, apprend-on ainsi, avaient « toujours mené une vie errante », témoignant par là même d'un certain décalage par rapport aux normes de la cité (VIII, p. 75). À leur mort, âgée d'à peine 10 ans, Ellen est recueillie par sa tante Medora Manson, « une voyageuse aussi », qui navigue au fil de ses « déplacements répétés » de New York, où elle « rev[ient] toujours » pour se fixer, à l'étranger, muée par un permanent désir de « courir le monde ». Aussi « déplorait[-on] » « de voir confiée à cette extravagante la petite Ellen, dont les parents, en dépit de leur goût pour la vie vagabonde, avaient été très aimés à New York ». Sous la direction de Mrs. Manson, soumise à ses « aberrations », la jeune fille reçoit en effet « une éducation peu banale » (VIII, p. 76), transportée d'un refuge à l'autre, jusqu'à son mariage avec un « noble polonais, [...] puissamment riche ». Cette union, dans laquelle elle « disparaît » quelques années durant « dans une sorte d'apothéose », prend fin dans un « désastre » (VIII, p. 77), qui la pousse à rejoindre enfin la terre de ses aïeux, parée cependant d'une éducation et d'un parcours très singuliers.

Cette singularité prend forme dans la demeure qu'elle trouve au sein de la cité. « Ma famille méprise mon petit refuge », comprend-elle pourtant, signalant par là même à quel point ces lieux font offense à la communauté (IX, p. 87). Newland, quant à lui, les découvre émerveillé, dans un moment suspendu, hors du temps, comme le dit symboliquement « l'unique pendule » qu'il y remarque d'emblée, et qui « ne marchait pas » (IX, p. 85). Tout y est charmant, jusqu'au « pétill[ement] » du « feu de bois », ou l'odeur qui « faisait rêver à des bazars lointains » (IX, p. 84, 86). Newland y savoure « le charme enveloppant et discret » d'un salon très « différent de ceux auquel il était habitué » (IX, p. 85). Même les tableaux qu'il y découvre le « déconcert[ent] », tant ils « ne ressemblaient à rien de ce qu'il avait accoutumé de voir », et, « par conséquent, de comprendre ». Or l'atmosphère « si particulière » de ces lieux, dont le personnage cherche à analyser le « mystère », tient à la manière dont la comtesse les a agencés. Elles sont le reflet de sa personnalité, et non le miroir d'un goût dominant, communément accepté. Ce qui « frapp[e] » Newland en effet, est « la façon dont Mme Olenska [...] avait su donner un accent personnel à cette pauvre pièce misérablement meublée ». Si le quartier qu'elle s'est choisi « n'est pas à la mode », conforme au « bon goût » de la majorité, il s'agit avant tout pour elle de « se faire sa mode à soi », d'exister et de s'affirmer en tant qu'individu singulier, profondément attaché à sa liberté (IX, p. 85-86, 88).

Comme le note Anne Ullmo, la comtesse, « indifférente aux distinctions de classe », apporte « exotisme et érotisme dans un monde qui ne voyage que selon un schéma mis au point depuis plusieurs générations ». Pour ce monde, « le cadastre new-yorkais est excessivement quadrillé » : « l'esprit pionnier en berne », il « ose à peine s'aventurer aux confins de la Cinquième Avenue ». La comtesse, au contraire, décide justement de trouver refuge au sein d'un quartier périphérique – à l'image de Mrs. Mingott en son temps. Et ce quartier prend des « allures de terre étrangère dans laquelle le personnage masculin vient se perdre pour mieux se trouver [1] ».

Un éveil : Ellen, et la révélation de Newland en tant qu'individualité

L'inscription de Newland au sein de la communauté est une aliénation, comme tend à le montrer le roman : il est « comme emprisonné dans le convenu », soumis à la « pression des chaînes

1. *Ibid.*, p. 67-68.

Mingott », à « tout ce que le clan se croyait en droit d'exiger » (IX, p. 87 ; XI, p. 107-108). Il n'est pourtant pas sans se distinguer de ses pairs, bien avant d'avoir rencontré la comtesse. Il « s'amus[e] » des excentricités de Mrs. Mingott, qui « scandalis[ent] » la plupart des visiteurs, allant jusqu'à « admir[er] » cette « femme intrépide » qui, si elle l'avait voulu, se serait « offert » un amant « sans l'ombre d'[une] hésitation » (IV, p. 46). Dès le premier chapitre du roman, il dit se sentir « nettement supérieur » aux autres jeunes gens de son milieu : « Il avait plus lu, plus pensé, et plus voyagé que la plupart des hommes de son clan. » Et si, « en bloc », ces derniers « représentaient "New York" » et que, « par une habitude de solidarité masculine », il « acceptait leur code en fait de morale », « [i]solément », Newland stigmatise leur grande « médiocrité intellectuelle », par laquelle il se différencie clairement d'eux (I, p. 25). Contrairement encore à ses collègues de travail, qui se tiennent « occupés » dans l'« inutile assujettissement » de leur office, lui « résist[e] à la stagnation », en « essay[ant] de se "tenir au courant", comme il l'avait dit un jour à Mme Olenska » (XIV, p. 136-137).

Cette dernière agit sur lui comme un révélateur. Elle lui montre la voie : auprès d'elle, il ressent la nécessité de suivre ses propres inclinations. Il ne sait toutefois comment réagir à son arrivée, tiraillé qu'il est d'abord entre son inscription dans la communauté, et son attrait pour une femme dont il perçoit vite l'extraordinarité. Si tout d'abord, à l'opéra, son « visage pâle et sérieux » lui semble « convenir à la fois à la circonstance et à son malheur », « la manière dont le velours libre du corsage glissait de ses fines épaules le choqu[e] et le troubl[e] », car « [l]a pensée de May Welland exposée à l'influence d'une jeune femme si insouciante des principes du bon goût, lui [est] insupportable » – quoique l'on voie bien ici qu'une telle sensualité n'est pas sans lui déplaire (I, p. 32). Elle est en effet proclamation de liberté, en ce qu'elle s'émancipe des normes d'un espace-temps, affirmant une singularité.

S'il a parfaitement conscience « que les femmes "bien élevées" » ne « revendiqueraient jamais le genre de liberté auquel il faisait allusion », une liberté dont il sait aussi que « jamais il n[e l']accorderait à sa femme », le « cas » d'Ellen « troubl[e] en lui de vieilles convictions traditionnelles », en ouvrant pour lui la voie d'un déplacement (VI, p. 60-61). C'est May qui lui apparaît ainsi peu à peu « comme une étrangère », et leur relation comme un dépérissement, symptomatique d'un dévoiement de l'amour vrai, bien loin de son « idéal de bonheur » : « il frissonna en songeant qu'un jour leur union, comme tant d'autres, pourrait se réduire à une morne association d'intérêts matériels, soutenue par l'ignorance d'un côté et l'hypocrisie de l'autre. » Par opposition, l'émancipation d'Ellen lui fait envisager « un problème considéré dans son monde comme inexistant », auquel il se confronte dans ce moment d'intense questionnement des valeurs et des pratiques qui sont à la fois les siennes et celles de son milieu.

Si la comtesse Olenska demande à Newland de lui délivrer les clés qui lui permettront de s'inscrire au sein du « labyrinthe » de la communauté, c'est donc bien plutôt le jeune héritier qui voit en elle un révélateur et un guide : elle lui fait « voir sa ville natale objectivement », c'est-à-dire « singulièrement petit et distant » (IX, p. 90-91). L'arrivée de la jeune femme lui apparaît ainsi, intuitivement, comme l'occasion d'un renouvellement : « Il sentait qu'elle était femme à changer en lui toute l'échelle des valeurs », s'exclamant même, plus loin, qu'elle fut la première à lui faire entrevoir « ce que serait une vraie vie », par opposition à l'univers sclérosant de la communauté (XII, p. 117 ; XXIV, p. 227). De fait, Ellen n'est attirée que par « [l]'art et la beauté », ce que le roman présente comme le résultat de ses influences européennes : « des tableaux, un mobilier sans prix, de la musique, une conversation brillante », soit « des choses », explique sa tante, « dont on n'a aucune idée ici » (XVII, p. 165). Elle se plaît aussi à fréquenter les marginalisés, ceux que Mrs. Archer appelle sèchement « les gens tarés », dès lors qu'ils ne correspondent pas aux normes de la haute société (XXXII, p. 279). Sa sollicitude à l'égard de Regina Beaufort, abandonnée de tous après la faillite de son mari, le soutien qu'elle apporte aussi à la jeune Fanny, marquent la fin du roman. Un tel détachement n'est pas sans courage, qui appelle encore la plus vive admiration : elle « avait besoin d'être libre », tel un « oiseau » incapable d'être « enferm[é] dans une cage conjugale ». Newland s'émeut de cette « soif » de « liberté », dont il comprend qu'elle est pour elle un aiguillon, et pour lui-même une possible inspiration (XXX, p. 267 ; IX, p. 91).

« Ah ! Vous ne nous aimez pas ! », reproche-t-il toutefois à la comtesse, qui s'agace de l'absence d'intimité à New York, où chaque instant est marqué par l'intrusion de la communauté ; Newland opposant alors clairement, par le jeu des pronoms personnels, l'altérité de la jeune femme et sa propre adhésion au « clan » (XV, p. 142). Il n'en souffre pas moins lui-même de ce déferlement permanent de la société qui scrute et surveille les faits et gestes de chacun, empêchant toute forme de repli sur soi. Devoir « proclamer » ses fiançailles « dans la cohue d'une salle de bal » lui semble ainsi « ravir le charme de l'intimité qui convient aux sentiments profonds », ce en quoi il s'accorde alors avec May (III, p. 41). Sa chambre à lui est « accueillante et intime » ; il en trouve un possible reflet dans la « petite maison intime » où Ellen l'invite à « causer tranquillement », loin du flot de la société ; cette maison, comme son « petit refuge » à New York, s'ouvrant « pour eux comme par enchantement » (VI, p. 60 ; XV, p. 143).

Il en vient par là même à réaliser l'inanité de sa propre existence. Lui qui « avait fait son droit », « comme presque tous les jeunes gens de son monde », travaille désormais « dans l'étude d'un avocat distingué », et se sait voué à mener une vie bien réglée, dénuée de toute forme de surprise, puisque « jusqu'à la fin de sa vie il ferait vraisemblablement toujours la même chose à la même heure, et dans le même cadre », d'où sa lamentation sur la « monotonie » de l'existence qui l'attend : « Ce mot l'obsédait. » Il entend pourtant échapper à l'emprise de la conformité qui règne en majesté sur son milieu, où « les mêmes figures connues, coiffées des mêmes chapeaux haut de forme, se montraient toujours à la même heure » (X, p. 99). Alors qu'auparavant « tout ce qui concernait les coutumes de son petit monde lui semblait revêtir le caractère de l'absolu », il s'indigne à présent des « enfantillages » dans lesquels « s'agit[ent] » les membres de sa communauté, comme s'il s'agissait d'éléments de la plus haute importance. De telles vanités désignent un monde encore une fois contrefait, un monde de fiction par opposition au « monde réel », où les individus « se débattent dans la vérité de la vie » (XIX, p. 183-184).

Les apparences de la communauté sont ainsi dévoilées, où le pire est tu au nom de normes douteuses et dépassées : Newland s'insurge contre le sort réservé à la comtesse Olenska, et se dit « écœuré de l'hypocrisie qui veut enterrer vivante une jeune femme parce que son mari lui préfère des cocottes » (V, p. 59). Il semble alors clairement se distancier des règles du « milieu », dont il lui arrivait déjà, « dans son for intérieur », de « discuter » certains préceptes (V, p. 52). La prise de conscience de « problèmes sociaux qu'il aurait préféré laisser dormir » est encore renforcée par « l'arrivée » apparemment « inopportune », mais ô combien inspirante pour lui, de la comtesse : ainsi de l'égalité entre homme et femme au sein du couple, lequel ne constitue en réalité qu'une « communauté » de surface, ce dont il prend conscience en s'avouant qu'au plus profond de lui il ne « pouvait trouver aucune raison valable pour refuser à sa fiancée une liberté d'expérience égale à la sienne » (VI, p. 63). « Pour la première fois », dira-t-il encore un peu plus loin, « il fut amené à réfléchir sur les principes qui l'avaient jusque-là dirigé » (XI, p. 110).

L'affirmation d'une singularité reste donc une option possible au sein de la communauté, quand le poids et la « monotonie » qui lui sont liés s'avèrent insupportables aux yeux de celles et de ceux, rares, qui tentent de se « rebiff[er] » (XI, p. 108). Wharton semble pourtant souligner combien leur espace est limité : « une fois marié », se demande ainsi Newland, « que deviendrait cette étroite marge que se réservait sa personnalité ? » (XIV, p. 137).

L'impossibilité d'exister en tant qu'individu, ou le tribunal de la communauté

Cette marge est bien étroite, tant la volonté d'affirmer sa souveraineté est récusée par la communauté. New York devient alors un tribunal aux allures de mort, et l'« innocence » même de ce temps révolu, apparemment charmant, prend les atours d'un piège.

Du danger « de faire cavalier seul » : le tribunal du vieux New York, ou l'espace mortifère de la « tribu »

« Ma famille méprise mon petit refuge. En tout cas, c'est moins triste que chez les Van der Luyden ! », ose affirmer la comtesse à Newland, « ébloui par tant d'audace » (IX, p. 87-88). Par opposition à elle, les deux souverains de la communauté paraissent effectivement retranchés dans un espace mortifère, qui reflète la communauté dans ce qu'elle a de plus aliénant. Le corps de Mrs. Van der Luyden semble ainsi « pris dans les glaciers », gardant « miraculeusement les couleurs de la vie », cependant que son mari s'adresse à Newland avec une « douceur glaciale », dans un passage qui n'est pas sans inquiéter (VII, p. 69). Anne Ullmo voit dans leur maison de Skuytercliff une « maison-mausolée » : « Avec son frontispice corinthien, ses pilastres, ses terrasses et ses urnes, cette version américaine du style classique n'aboutit en effet qu'à la mise en évidence d'une défaillance du sens : déplacées de leur contexte historique et géographique, les idiosyncrasies de l'architecture italienne ne sont plus que des signifiants en quête d'un signifié », « mort et décadence » minant dès lors « métaphoriquement un récit mettant en lumière la nature arbitraire des codes de la bonne société » [1]. Newland ne sentira-t-il pas lui-même que « son sort était fixé », dès lors qu'il songe au mariage avec May, et qu'il se voit traverser « [p]our le reste de ses jours » le « vestibule pompéien » de sa future demeure conjugale (IX, p. 86) ?

Les Van der Luyden lui offrent ainsi le portrait d'une seule identité pétrifiée : « Le mari et la femme étaient si parfaitement semblables qu'Archer se demandait comment, après quarante ans d'intimité conjugale, ces deux êtres pouvaient se dissocier suffisamment pour être jamais d'un avis différent » (VII, p. 69). À travers eux, le couple apparaît comme un lieu de dissolution des identités. Newland ne s'y trompe pas, lui qui comprend au contact d'Ellen à quel danger il se confronte en épousant May. Sa vie conjugale

1. Anne Ullmo-Michel, *Edith Wharton*, The Age of Innocence. *L'art du contretemps*, *op. cit.*, p. 14.

auprès d'elle lui semblera effectivement « pareille à la mort » : dans leur demeure, il a « besoin d'air », éprouve la sensation d'« étouff[er] » (XXX, p. 264-265). Il ne saisit donc pas pourquoi la comtesse ne retourne pas en Europe : « Chez nous », lui dit-il en effet, « il n'y a ni personnalité, ni caractère, ni variété. Nous sommes ennuyeux à mourir » (XXIV, p. 226). L'espace de la communauté apparaît bien comme celui d'un tombeau, dont on ne pourrait sortir qu'embaumé.

Au début du roman, Ellen dit l'avoir quitté depuis si longtemps qu'elle s'imagine « déjà morte et enterrée ». L'opéra lui apparaît alors comme le « paradis », comparaison dont Newland perçoit peut-être mieux qu'elle la signification profonde, lui qui voit en cette image une manière « irrespectueuse » de « décrire la société de New York » (II, p. 35). Tous deux finissent pourtant par se retrouver dans la même situation. Si lui s'insurge du fait que la haute société veuille « enterrer vivante » la comtesse Olenska, il finit par éprouver, quand il ne la voit plus, la même sensation : « La monotonie de sa vie lui mettait dans la bouche comme un goût de cendres ; par moments, il avait le sentiment d'être enterré vivant » (V, p. 59 ; XV, p. 147). La force de vie d'Ellen leur permet de résister tous deux à ce mouvement mortifère, du moins pour un temps. Nul espace ne semble ici préservé pour l'être singulier.

Dans cet univers, Newland sentait d'emblée, « instinctivement », qu'« en fait de morale » « il serait à la fois incommode et de mauvais goût de faire cavalier seul » (I, p. 25). À la lecture du roman, la formule se révèle euphémistique, tant en réalité le « milieu » se montre impitoyable à l'égard des différences. L'« audace », dont nous avons noté la possibilité, s'y paie au prix le plus fort. Même « la vieille Mrs. Mingott », qui l'a poussé « jusqu'aux dernières limites », n'échappe pas à une forme de rejet, ses filles, « mariées à l'étranger », « ne reven[ant] jamais [la] voir ». Elle vit toutefois la situation dans une « placidité complète », et continue à « trôn[er] » dans sa demeure, ce qui n'est pas le cas des Beaufort, victimes d'une mise à l'écart extrêmement brutale à la fin du roman. Newland et la comtesse Olenska, surtout, sont brisés dans leur élan. Le premier reste aliéné, défini et limité par son appartenance à la communauté, à la suite de son mariage : « Que suis-je désormais ? [...] je suis un gendre, rien de plus » (XXI, p. 208). Tout y est fait pour endormir les consciences propres, comme il le comprend chez les Welland, dont le « luxe », « cette atmosphère chargée du poids de tant de détails jugés indispensables », « toutes les frivolités tyranniques qui unissaient les heures les unes aux autres et chaque membre de la famille à tous les autres », soudant par là même tous les membres du « clan », agissent sur lui « comme un narcotique » (XXI, p. 210). La comtesse Olenska, elle, est cette « brebis galeus[e] » que la « souche irréprochable » des Mingott commence par défendre avant de la contraindre au départ, à la fin du roman (II, p. 29). Sa « soif » de « liberté » a un prix : celui d'une grande « solitude » (IX, p. 91), qu'elle ne peut briser en vivant son amour pour Newland, ce dont elle a d'ailleurs parfaitement conscience ; la « désillusion » venant aussi, et peut-être avant tout, « d'elle-même, elle qui sait qu'il n'y a pas de "*beyond*", pas d'au-delà des conventions sociales » [1] – un tel pays « n'exist[ant] pas » (XXIX, p. 261).

Dès l'ouverture du roman, Newland comprend du reste que la présence d'Ellen au bal organisé par les Beaufort constituerait un danger : « Le ton des propos échangés dans la loge du cercle lui avait fait comprendre qu'une telle erreur serait grave » (III, p. 39). S'agit-il alors d'un constat ou d'une menace ? Seule l'intervention des Van der Luyden permet d'apaiser la situation. Mais si ces derniers éloignent alors la comtesse « du gouffre où la société de New York avait failli la précipiter », c'est pour mieux la diriger : Mr. Van der Luyden lui donnera aussi « un avertissement amical », en l'invitant plus tard à surveiller ses fréquentations (XIV, p. 138 ; X, p. 103). Les dehors de son affabilité sont aussi redoutables que tout le reste : il s'agit bien, à chaque fois, d'avertissements, qu'il faut entendre et suivre à la règle pour continuer à faire partie du clan, en renonçant pour ce faire à ses inclinations propres.

1. Denise Ginfray, *Edith Wharton. L'objet et ses fictions*, Rennes, Presses universitaires de Rennes, 2003, p. 91.

Dans le même temps cependant, Van der Luyden agit aussi pour préserver la dignité du clan, menacé par « l'étrangère ». Lieu de mort, le vieux New York inflige ainsi des sentences mortelles aux inconvenants, décide de l'espace et de l'identité de ceux qui ont « droit de cité » en son sein (III, p. 37). Il se mue en tribunal inflexible, comme le souligne bien le lexique employé dans le roman. C'est « aux yeux de la loi et du monde », ainsi unifiés, qu'Ellen est jugée scandaleuse, elle dont il est dit qu'elle a fui avec le secrétaire de son époux, ce qui la rendrait semblable à ce dernier, et la mettrait même « hors la loi » (XIII, p. 128 ; V, p. 57). À son arrivée, Newland a parfaitement conscience que « la société de New York » est une « redoutable machine » prête à la « broyer » ; le passage insistant dans la foulée sur le « péril » et le « danger » auxquels elle a échappé (IX, p. 89).

Alors qu'Ellen lui oppose le prix de sa liberté (« Mais… ma liberté : n'est-ce rien ? »), Newland la convaincra lui-même de renoncer au divorce, comme le lui ont commandité Letterblair et, à travers lui, les Mingott et tout le vieux New York. Il lui parle des « journaux », de leurs « vilenies », de tout ce tribunal « injuste » et « stupide » qui s'apprête à la condamner, et de l'impossibilité de « changer la société ». Et d'ajouter alors : « L'individu, dans ces cas-là, est presque toujours sacrifié à l'intérêt collectif » (XII, p. 124). L'énoncé tombe comme une sentence, qui dit la cruelle vérité de la « tribu » : ce terme finit par être utilisé dans le roman pour signifier la réalité primitive de la « haute société » qui, menacée par la possible déviance de l'individu, cherche à trouver une victime expiatoire. Anne Ullmo s'appuie ici sur les analyses de René Girard dans *La Violence et le Sacré* (1972) pour montrer comment le roman s'inscrit dans un « schéma sacrificiel ». « Décrite en termes de "tribu" respectant les rituels primitifs à la manière des peuples anciens, la Famille bourgeoise », explique-t-elle, « a besoin d'un bouc émissaire pour assurer sa cohésion. Le thème du sacrifice est par conséquent développé avec constance dans un récit ponctué de signes annonciateurs » [1].

1. Anne Ullmo-Michel, *Edith Wharton,* The Age of Innocence. *L'art du contretemps, op. cit.*, p. 72.

L'individualité sacrifiée, ou le piège de l'« innocence » organisée

Si la comtesse Olenska, « en tant que membre du groupe et extérieure à ses rituels », est « la victime expiatoire désignée », le piège se referme à la fois sur elle et sur Newland, « son "champion" qui, bien que servant d'intermédiaire légal entre sa cousine et le clan », est bientôt lui-même « frappé d'ostracisme », en lieu et place de celle qu'il aime [1] : face à eux, le « temps de l'innocence » est aussi celui de la plus grande cruauté. Il est mené par les femmes de la « tribu », à travers lesquelles Wharton paraît suggérer que les individus les plus aliénés par le système deviennent aussi ses plus farouches défenseurs, ce principe étant celui-là même par lequel s'exerce la domination.

Wharton fait ainsi le portrait d'un « système » dont les femmes en particulier sont présentées non comme des individualités propres, mais comme un « produi[t] » que leurs époux peuvent « façonn[er] » à leur « convenance », afin de « satisfaire [leurs] goûts personnels » et d'exercer leur « droit de seigneur » (I, p. 25 ; VI, p. 61, 63). May en est l'emblème, dont « l'âme » reste « enfermée dans une armature aussi rigide que sa taille fine » (XXXIV, p. 295). Elle se présente comme le « centre de ce système de mystification soigneusement élaboré », dont l'instance narrative semble moquer la « tranquille ignorance », « l'absence d'imagination » et la transparence absolue : « Elle était franche, la pauvre chérie, parce qu'elle n'avait rien à cacher » (XIX, p. 188 ; VI, p. 62). Newland sait qu'elle « comprendrait toujours », qu'elle « dirait toujours ce qu'il faudrait », ce dont il se satisfait d'ailleurs très bien au début du roman, bien qu'en même temps l'idée d'une telle soumission lui « oppress[e] le cœur » (III, p. 41 ; VI, p. 63 ; X, p. 96).

À la fin du roman, dérogeant à cet ordre des choses, Ellen commet la « lourde faute » de ne pas rejoindre son époux, malgré l'insistance de ce dernier et celle de toute la communauté. Elle contrevient alors à la règle impérative du foyer, qui veut, « [a]près

1. *Ibid.*, p. 72, 74.

tout », que « la place d'une jeune femme [soit] sous le toit de son mari », comme l'énonce Mrs. Archer, sans la moindre empathie (XXVI, p. 241). Cette dernière ne cesse d'ailleurs de déplorer les « menus signes » annonciateurs d'une « désagrégation » de l'ordre établi (XXVI, p. 237). Elle voit donc en May « [son] idéal » (XVII, p. 158), qui s'inscrit en effet dans un ordre immémorial de la communauté des femmes ; la « pureté factice » de la jeune fille ayant été « adroitement fabriquée par la conspiration des mères, des tantes, des grands-mères, jusqu'aux lointaines aïeules puritaines », destinée au bon plaisir des hommes, mais aussi, et surtout, à la perpétuation de l'ordre sur lequel repose en réalité tout l'édifice familial et social, qui est celui de la reproduction [1]. May n'est-elle pas « l'exacte reproduction de sa mère », qui tend à faire de Newland « un second Mr. Welland » (VI, p. 62-63 ; XXX, p. 264) ?

En ce sens, elle semble plus consciente qu'il n'y paraît. « Ne croyez pas que les jeunes filles soient aussi ignorantes que l'imaginent leurs parents... On écoute, on observe ; on a ses sentiments et ses idées... », dit-elle ainsi à Newland avant même qu'ils ne s'unissent ; et si ce dernier commence par s'attendrir de ce qu'il voit encore comme de la naïveté, puisqu'il pense alors que May se méprend sur la nature de son trouble à lui, peut-être fait-elle déjà preuve, au contraire, de la plus grande clairvoyance à ce sujet, en proclamant ne pas souhaiter « devoir [son] bonheur à un tort, à une déloyauté envers une autre » (XVI, p. 154-155).

De fait, bien plus qu'à une vierge effarouchée, May s'apparente à une puissance de la nature, à une idole de la communauté : dans son apparente innocence, elle « semblait être la divinité tutélaire de toutes les traditions » que Newland « avait révérées » (XX, p. 195). Le fait qu'elle soit régulièrement rapprochée de Diane est en ce sens très significatif : son apparente fragilité cache une détermination

1. Dans l'un des passages coupés de la traduction de Madeleine Taillandier, qui ne figure donc pas dans notre édition, Newland voit ainsi en May « l'image incarnée de la Famille » (« *the embodied image of the Family* »), cette dernière étant ici sacralisée par l'emploi de la majuscule. Voir Edith Wharton, *The Age of Innocence*, *op. cit.*, p. 274 (nous traduisons).

farouche, une force guerrière par laquelle elle use de ses propres armes pour défendre son foyer – que le roman s'applique en grande partie à déconstruire en tombeau de l'individualité. Si son visage « semblait appartenir à un type plutôt qu'à une personne », c'est bien qu'elle semble elle-même dénuée de toute individualité propre, pour incarner, comme toutes ses prédécesseures, la permanence héréditaire du foyer, de la communauté et de ses valeurs : Newland se dit d'ailleurs qu'« elle aurait pu poser pour une vertu civique ou pour une divinité grecque » (XIX, p. 188).

Elle arbore en effet les attributs de la déesse. L'arc qu'elle manie avec tant d'adresse est le symbole d'une force par laquelle elle surpasse effectivement son époux en incarnant pleinement son nom – Archer – et à travers lui sa puissance supposée. Newland n'est-il pas cet homme « dilettante » et « contemplatif » que se plaisent à souligner l'ouverture et la conclusion du roman (I, p. 22 ; XXXIV, p. 293) ? À Newport, May ne prend-elle pas elle-même, symboliquement, « les rênes » de leur « petit phaéton », cependant que son époux reste assis à ses côtés (XXI, p. 205) ? « [S]on arc à la main », elle apparaît alors pleine d'une « grâce souveraine », « [s]velte et fière, sa robe blanche et ceinturée de vert pâle et son chapeau couronné de lierre fais[ant] d'elle, comme au bal Beaufort, une Diane chasseresse ». Newland a « la sensation de n'avoir pas encore pénétré jusqu'à l'âme de la jeune femme », effectivement énigmatique, autant qu'apparemment imperturbable, « aucune émotion » ne paraissant alors « troubler son cœur » (XXI, p. 204-205).

Alors que lui ne cesse de se morfondre, de tergiverser, May la « chasseresse » parvient à éloigner la comtesse, avec l'appui de toute la communauté, tout en reflétant la plus grande douceur, dans la plus grande ambiguïté – son portrait comme celui des autres personnages du roman n'ayant rien de linéaire. Comme le montre Anne Ullmo, « l'ironie d'Edith Wharton vient bientôt miner les certitudes du héros dont les fantasmes d'innocence l'empêchent de saisir la nature du danger qui le cerne : sous l'œil attentif du demi-cercle de matrones, véritable tribunal social », il « se laisse prendre au piège de la naïveté dont il soupçonnait cependant la fausseté ».

May, « la femme-enfant », ne paraît ainsi « jamais aussi candide qu'au moment même où le piège se referme » sur son époux : « Malgré son air enfantin », elle « agit comme la "barbare" que la famille » – la « tribu » – « se défend d'être, ayant menti à Ellen Olenska, en précipitant l'annonce de sa grossesse pour l'inciter à quitter New York » [1].

« May veut que sa cousine dise en Europe que nous ne sommes pas tout à fait des barbares », dit ainsi (innocemment ?) Mrs. Archer à Newland dans l'avant-dernier chapitre du roman, peu avant le départ de la comtesse (XXXIII, p. 286). La fête que May organise en cette occasion, « les yeux triomphants » (XXXIII, p. 288), révèle un pur moment de violence rituelle, une dernière fois masquée sous les dehors du plus grand raffinement. Newland a été soigneusement tenu à l'écart des tractations qui ont mené à l'éviction de la comtesse, la famille ayant « cessé de le consulter, avertie par quelque profond instinct de clan qu'il ne la suivrait plus ». Il est donc réduit à l'impuissance, « tacitement exclu de leurs conseils », cependant que May s'accorde parfaitement avec « la discipline de tribu » (XXV, p. 234). Lors du « dîner d'adieu » (XXXIII, p. 285), la comtesse occupe « la place d'honneur », ce qui souligne avec « finesse » qu'« on ne la tenait plus tout à fait pour une parente », et qu'elle est désormais exclue de la communauté. Newland « assiste » à la scène (XXXIII, p. 288), « avec un étrange sentiment de détachement », comme si la violence réelle du moment suscitait en lui un mouvement de dissociation : il s'agit pour lui d'un « complot », contre « lui-même et la pâle jeune femme assise à sa droite », mené par « une file de conspirateurs muets ». Le paraître et l'hypocrisie du « milieu » l'emportent alors, semble-t-il, définitivement : alors que « toute la tribu se ralliait autour de May », il était « entendu que personne ne savait rien », et qu'« [a]ux yeux de tous, cette réception ne devait avoir d'autre motif que le désir naturel de May de se séparer affectueusement de sa cousine ». Ces apparences feutrées cachent pourtant bien la plus grande barbarie, comme le souligne assez brutalement la métaphore de l'amputation : « dans le

1. Anne Ullmo-Michel, *Edith Wharton. La conscience entravée*, *op. cit.*, p. 61-62, 64.

vieux code de New York », conformément aux règles de la communauté, de la « tribu », ce dîner est en effet « le dernier ralliement du clan autour du membre qui allait en être retranché »[1]. Et l'instance narrative d'insister : « C'était ainsi dans ce vieux New York, où l'on donnait la mort sans effusion de sang » (XXXIII, p. 288).

Dès lors qu'il prétend vivre sa singularité, par-delà les codes et le « confort » apparent de la communauté dans laquelle il s'inscrit, l'individu est ainsi rituellement achevé dans ce vieux New York que Wharton dépeint de manière si ambivalente. Tribunal spectral et languissant, il prononce des sentences irrévocables au nom de la « tribu », dont la romancière suggère la violence barbare, autant qu'insoupçonnée. *Le Temps de l'innocence*, dont le titre apparaît donc si paradoxal, ne se termine pourtant pas sur une note aussi amère.

III. L'individu en communauté : issues et représentations

Des espaces de résistance, sinon de réconciliation, y sont en effet bien suggérés, entre l'individu et la communauté. Ils nous inviteront ici, dans un dernier temps, à surmonter la noirceur affichée d'un roman très ambivalent, dont le pessimisme est à nuancer à l'aune d'un dénouement très ouvert. Le suggèrent en particulier les autres voies possibles qui y sont mises en scène, très tôt dans le roman, et qui permettent, peut-être, de penser la relation entre individu et communauté sous un jour nouveau. Dans le dernier chapitre, surtout, si le personnage principal du roman navigue entre résignation et acceptation, le travail de la durée semble agir dans le sens d'un renouvellement profond.

1. La version originale du passage insiste davantage sur l'image de la tribalité, comme le souligne le polyptote : « *in the old New York code, [it] was the* tribal *rally around a kinswoman about to be eliminated from the* tribe » (nous soulignons), ce que l'on peut littéralement traduire de la manière suivante : « dans l'ancien code de New York, il s'agissait du rassemblement tribal autour d'une parente sur le point d'être éliminée de la tribu ». Voir Edith Wharton, *The Age of Innocence*, *op. cit.*, p. 276.

Une alternative ? La communauté « bohème » des intellectuels et des artistes

Un espace de liberté paraît s'ouvrir dans le roman à travers la communauté « bohèm[e] » des intellectuels et des artistes (XIV, p. 135), que les membres du « clan » figurent en altérité absolue.

L'apparente liberté d'une communauté d'individualités

Ce monde est celui que fréquentait Ellen en Europe, et dont elle désire retrouver l'équivalent à New York. Dans sa jeunesse, son éducation « peu banale » avait déjà consisté en une fréquentation rapprochée des arts : « Elle dessina (chose inouïe) d'après le modèle, et apprit à tenir la partie de piano dans des quatuors avec des artistes de profession » (VIII, p. 76). En Europe, aux côtés de son mari, sa maison était aussi « toujours pleine d'artistes » qui « remplissaient sa vie », comme elle l'énonce avec nostalgie dans le vieux New York (XII, p. 119-120).

Un tel univers séduit aussi Newland, que May voit comme un « original », un « artiste », deux termes qu'elle associe intérieurement (X, p. 97-98). Au début du roman, le jeune homme a même tendance à confondre le rêve artistique et la réalité, fantasmant déjà les charmes d'un amour romanesque auprès de sa bien-aimée : « Nous lirons *Faust* ensemble au bord des lacs italiens », se dit-il, « les scènes de sa future lune de miel se confondant vaguement dans sa pensée avec les chefs-d'œuvre de la littérature que son privilège d'époux lui réservait de révéler à la jeune femme » (I, p. 24). Il s'agit pour lui du « plus romanesque des romans », comme il le confiera plus loin à la comtesse, émue par un tel scénario (VIII, p. 80). Si l'art semble ici vecteur d'illusion, puisque de telles projections ne se réaliseront jamais, il n'en signale pas moins en Newland, là encore, une singularité qu'il partage avec Ellen, que l'on voit « rayonn[er] de sympathie » à son égard en l'écoutant parler de sa vision romanesque de l'amour.

Le jeune homme trouve dans l'art et dans le monde des idées les conditions d'un enrichissement. Il ne se rend en effet pas à l'opéra pour s'y livrer à des mondanités : tel un poète, il « flân[e] » avant de s'y montrer, afin de « savourer d'avance un plaisir » qui lui donnera « une satisfaction plus subtile que le plaisir même » (I, p. 22). Ce plaisir est superlativé : il est « d'une qualité si rare et si exquise » que Newland aimerait pouvoir en contrôler l'effet. Le personnage se présente donc ici comme un esthète qui, par opposition aux superficialités de son milieu, aime à intellectualiser sa relation à l'art comme à l'existence elle-même – le « plaisir délicat » qu'il éprouve à l'opéra étant identique à « la plupart des siens » (*idem*). Il parle « avec aisance » de Botticelli, ne manque aucune exposition quand il se rend « à Paris ou à Londres », se « piqu[e] d'être connaisseur en art italien », ce qui n'est pas sans indiquer chez lui une certaine vanité, liée à la « supériorité » qu'il sait avoir par rapport à « la plupart des hommes de son clan » (XII, p. 120 ; IX, p. 85 ; I, p. 25). S'il essaie ainsi « de se "tenir au courant" », résistant à la « stagnation » de son milieu (XIV, p. 137), le passage souligne dans le même temps combien sa propre culture est issue de ce dernier.

De telles références ne l'empêchent pourtant pas d'être « déconcert[é] » par les tableaux qu'il découvre chez la comtesse. De même, les livres qu'il découvre « épars » dans le salon de la jeune femme éveillent son attention « par des noms nouveaux », tout droit venus de Paris : « Paul Bourget, Huysmans, les frères de Goncourt » (IX, p. 85 ; XII, p. 117). Là encore, c'est bien auprès de la jeune femme qu'il découvre de nouveaux horizons, et s'émancipe par là même des codes de son clan ; mais l'on voit plus précisément ici combien l'art joue un rôle majeur dans ce mouvement de libération.

Cet univers autoriserait l'entière floraison de l'individualité. La réunion de ses membres forme aussi une communauté, mais il s'agit alors, semble-t-il, d'une communauté d'individualités distinctes, justement définies par le partage de leur singularité, et non par leur conformité aux normes d'un milieu ; le leur étant apparemment caractérisé par le refus de toute obédience à de telles contraintes.

Paradoxalement alors, c'est dans le terreau même de cette communauté que peut s'épanouir l'individualité. Pour reprendre les termes de Norbert Elias, « le langage des autres » y ferait « naître [...] chez le sujet qui grandit quelque chose qui lui appartient entièrement en propre, qui est *sa* langue et qui est en même temps le produit de ses relations avec les autres, l'expression du réseau des relations humaines dans lequel il vit » ; le « commerce des autres » permettant l'épanouissement « chez l'individu des pensées, des convictions, des réactions affectives, des besoins et des traits de caractère, qui lui sont tout à fait personnels, qui constituent son "véritable" moi, et au travers desquels s'exprime donc en même temps le tissu de relations dont il est issu et dans lequel il est inscrit » [1].

Si elles sont « depuis toujours comprimées », c'est bien à des « sources romanesques » que Janey doit par exemple ses « envolées inattendues », qui laissent son entourage, et sa mère en particulier, circonspect (V, p. 52). L'éducation « peu banale » de la comtesse Olenska l'enrichit de même, mais se voit sévèrement jugée par le « milieu » : « Tout cela ne menait à rien de bon » (VIII, p. 76). C'est bien en ce sens que le monde des arts et des lettres paraît transgressif aux yeux du vieux New York. L'invention de soi lui paraît insupportable, fût-elle établie par le biais d'un partage : l'« audace » de Mrs. Mingott consistait déjà à recevoir « des artistes de l'opéra » et d'être « l'amie intime » de Jenny Lind (1820-1887), une cantatrice suédoise, comme le soulignait Wharton dans son premier portrait du personnage (II, p. 31).

Le roman paraît donc opposer les deux communautés. La « région hétéroclite » où vivent les « artistes » et les « gens qui écrivent » s'y étend « [a]u-delà de la glissante pyramide qui compos[e] le monde de Mrs. Archer », celui du vieux New York. Le passage insiste alors sur la singularité et la marginalité d'un tel *autre* milieu, tel qu'il est envisagé par les membres du « clan » dominant : « Ces échantillons épars de l'humanité n'avaient jamais essayé de s'amalgamer avec la société. En dépit de leurs originalités, on

1. Norbert Elias, *La Société des individus*, *op. cit.*, p. 71-72.

les disait pour la plupart dignes d'estime ; mais ils préféraient rester entre eux » (XII, p. 114-115). Certes, le vieux New York ne rejette pas « [l]a littérature et les arts », « hautement appréciés » par exemple chez les Archer (ce qui contribue d'ailleurs à expliquer l'inclination de Newland à leur égard) ; Mrs. Archer elle-même « s'évertu[ant] toujours à expliquer à ses enfants combien la société était plus agréable à l'époque où elle comprenait des gens de lettres comme Washington Irving, Fitz Greene Halleck et l'auteur de *The Culprit Fay* », tous des « gentlemen ». Mais si les « inconnus qui leur avaient succédé » étaient « peut-être » aussi d'« honnêtes gens », « leur origine, leur tenue, leurs tignasses incultes, leurs relations avec les acteurs et les chanteurs empêchaient de les classifier d'après le critérium du vieux New York » (XII, p. 115).

Mr. Van der Luyden et Mrs. Archer voient ainsi d'un très mauvais œil qu'en compagnie du duc de Saint-Austrey Ellen fréquente le salon de Mrs. Struthers, qui « reçoi[t] » des musiciens « tous les dimanches » (IX, p. 93). Le visage d'Ellen « s'illumin[e] de plaisir » à cette invitation, et si Newland décline pour sa part, ce monde l'intrigue et l'attire, comme le suggèrent les propos qu'il tient un peu plus loin à sa fiancée : « [N]e pourrions-nous pas être un peu nous-mêmes, May ? » (X, p. 97). Ce qui choque le monde puritain du vieux New York est précisément la démonstration de liberté que lui oppose ce monde bohème. À Newland qui lui fait valoir « la bonne musique » que l'on entend chez Mrs. Struthers et la « distraction » que ses soirées offrent à des gens « qui meurent d'ennui », le monde « continu[ant] à tourner » alors que « tout cela est arrivé », sa mère répond ainsi : « De la bonne musique ? Tout ce que je sais, c'est qu'il y avait chez elle, dimanche dernier, une créature qui est montée sur la table, et qui a chanté des choses comme celles qu'on chante dans les endroits où tu vas à Paris. On a fumé, et bu du champagne. » « New York n'est ni Paris ni Londres », ajoute-t-elle, « nous sommes d'ici, et, quand on vient parmi nous, on doit respecter nos habitudes » (X, p. 101). Le « nous » du vieux New York investi des valeurs de la tradition se distingue alors clairement d'un monde jugé inconvenant et par conséquent dangereux.

Newland en conçoit le plus grand agacement. La communauté des intellectuels et des artistes, des écrivains et des poètes, est de celles qui constituent à ses yeux « tout un monde au-delà de son monde », dont l'appel le « soulag[e] » quand il se sent contraint par la vie du « clan » (XXX, p. 264-265).

Une communauté fragile et fragmentée : précarisation, instrumentalisation

Les artistes et ceux qui les fréquentent n'ont cependant pas les mêmes priorités. Il est difficile par conséquent de voir quelle serait leur « communauté », aussi fragmentée en réalité que celle du vieux New York. Le roman souligne ainsi la précarité des artistes, dont Newland rappelle qu'ils « ne forment pas un milieu » dans la cité, mais qu'ils y sont tenus à distance, et stigmatisés : « On les tient plutôt en marge » (XII, p. 120). Les figures de Ned Winsett et de M. Rivière permettront ici de l'illustrer.

À New York, Ellen habite un « bizarre quartier » où se mêlent « [d]es petites couturières, des empailleurs d'oiseaux exotiques » et « des "gens qui écrivaient" », mis au même plan par leur seule énumération ; cet assemblage hétéroclite culminant avec la mention d'individus que même Newland aurait du mal à désigner, comme le souligne ici l'emploi des guillemets. Il ne découvre pas sans appréhension la maison de la comtesse, dont la façade est « lézardée » : en ce sens alors, il apparaît bien comme un représentant de sa communauté d'origine. Le quartier lui semble douteux ; il l'a découvert en compagnie de Winsett, son ami journaliste, « au cours d'une promenade nocturne », ce qui l'a amené à se demander « avec un petit frisson, si, dans les autres capitales, les hommes de lettres étaient aussi pauvrement logés » (IX, p. 83). S'agit-il alors d'un simple réflexe de classe, révélateur de préjugés, ou d'un véritable constat social, par lequel la situation des intellectuels à New York serait dénoncée ? Bien qu'il trouve Winsett « intéressant », et que sa compagnie lui offre le « stimulant intellectuel » qui lui manque tant chez les hommes de son propre « clan », Newland déplore en tout cas la « vie si médiocre » qu'il s'est selon lui « résign[é] » à mener (XIV, p. 134).

Il sait du reste que Winsett n'est journaliste que par défaut : il « avait une vraie vocation d'écrivain ». Mais « [a]près avoir publié un petit livre exquis de critique littéraire », témoin de son talent, mais dont « cent vingt exemplaires seulement avaient été vendus et trente donnés, il avait abandonné sa véritable voie et pris une situation de petit rédacteur dans un magazine féminin où les réclames se mêlaient aux patrons de robes, aux romans d'amour et aux affiches de boissons antialcooliques » – très loin par conséquent de ses capacités, comme de ses ambitions premières. Pour Newland, la verve et l'enjouement dont il fait preuve à ses côtés sont un masque : celui de « l'amertume d'un homme, jeune encore, qui avait lutté et se déclarait vaincu ». En se comparant alors à lui, l'héritier du clan Archer comprend que le sort des membres du milieu « bohème » n'est pas plus enviable que le sien. S'il dénonce en effet « le vide, l'inutilité de sa propre vie », celle du journaliste lui paraît « plus vide et plus inutile encore » (XIV, p. 135).

À Londres avec May, Newland rencontre aussi M. Rivière, dont la conversation lui semble aussi stimulante que celle de Winsett. C'est un idéaliste, pour qui « [l]'air qui circule autour des idées est le seul air respirable », mais que May trouve « bien commun » (XX, p. 197-198). Newland, au contraire, est très favorablement « impressionné par les connaissances variées et les dons naturels du jeune Français », qui a « le démon de la littérature » et a « connu Flaubert, fréquenté le grenier des Goncourt et causé avec Mérimée » (XX, p. 196). Il est par conséquent très étonné que le jeune homme souhaite vivre à New York : pour M. Rivière en effet, New York est « le centre de la vie intellectuelle », ce qui ne laisse pas d'intriguer l'héritier du clan Archer. Un nouveau monde inconnu de lui émergerait-il à New York, sur les ruines de l'ancien ? Bien qu'il pense ne pas pouvoir « trouver un emploi pour un jeune intellectuel français dans le New York qu'il connaissait », les propos de M. Rivière lui font en tout cas humer « un air nouveau » (XX, p. 198-199).

Mais tout comme Winsett, « le succès n'avait pas couronné [les] rêves d'écrivain » du jeune Français, ce en quoi sa « situation pécuniaire » ne s'avère pas « meilleure » que celle du journaliste américain. De son plein gré, lui a toutefois décidé de devenir « précepteur », afin de « [g]arder intactes sa liberté intellectuelle, ses facultés critiques », qui lui semblent valoir « la peine de vivre dans une mansarde » (XX, p. 196-197). Mais si Newland finit bien par le retrouver en Amérique, ce n'est pas parce que M. Rivière s'apprête à y faire carrière. Il y a été envoyé en « mission particulière » par le comte Olenski, qui l'a chargé des négociations visant au retour de son épouse ; entreprise qu'il refuse désormais de mener à bien (XXV, p. 232). À la fin de ce chapitre, les deux hommes « s'étreign[ent] » ainsi (XXV, p. 236) ; réunis par leur préoccupation commune à l'égard de la comtesse, mais peut-être aussi par la reconnaissance mutuelle de leur propre communauté d'êtres sensibles. Entre « leur existence fictive dans l'univers diurne et glorieux du désir » et « les profondeurs délétères de l'introspection et de l'intellectualité », « [r]ares » sont ainsi « les créateurs épanouis dans les œuvres de Wharton, comme si l'artiste se devait d'être, sinon torturé, du moins caché, et subir les brimades que lui impose bien volontiers un univers fondamentalement hostile à la différence » [1].

Le roman ne se contente pourtant pas d'opposer schématiquement deux communautés. Newland comme Ellen sont attirés par le cadre feutré du vieux New York, comme par la transgression du milieu plus cosmopolite des artistes, des gens de lettres et de toutes celles et ceux qui se réclament de leur compagnie. Mais ce milieu n'est pas non plus sans vanité. Pour les mondains qui l'ont investi, les écrivains et les artistes ne sont en effet que de simples employés. Leur cosmopolitisme rime alors avec superficialité. Mrs. Struthers dit ainsi avoir « rencontré tout le monde, ici, à Paris, ou à Londres ».

1. Anne Ullmo-Michel, *Edith Wharton. La conscience entravée*, *op. cit.*, p. 117.

« Tous les diplomates », ajoute-t-elle, « viennent chez moi ». Elle est aussi représentée de manière quelque peu ridicule comme une « grosse dame, coiffée d'une perruque noire surmontée de plumes rouges », emmitouflée dans « d'abondantes fourrures » (IX, p. 92-93). Si elle apprécie comme on l'a vu la compagnie des artistes, Mrs. Mingott, elle, est en réalité « peu cultiv[ée] », de même que Beaufort, qui ne considère les écrivains que « comme des pourvoyeurs salariés, préposés au plaisir des riches » (XII, p. 116). On ne voit plus très bien ici en quoi consisterait la « communauté » de ces individus censément soudés par un même amour de l'art et des lettres.

Newland se montre assez lucide sur ce point. Il rêve de la « vieille société européenne », où dans certains milieux, les hommes d'art et de savoir sont « aussi recherchés que les princes ». Il « aim[e] à se figurer quel avait dû être le plaisir de vivre dans des salons où l'on s'entretenait avec ses auteurs favoris ». Mais il sait pertinemment qu'un tel « rêve » est « irréalisable » à New York (*idem*). Si lui-même rencontre « avec plaisir » les jeunes artistes « au Century Club, ou dans les petits cercles littéraires et musicaux qui commençaient à naître », il n'en va pas de même « chez les Blenker, où ils se trouvaient mêlés à des femmes du monde aussi ferventes que mal fagotées, qui les exhibaient comme des curiosités ». Il ne peut ainsi s'empêcher de penser que « si son monde à lui était bien restreint, le leur l'était encore davantage », dans un pays où, de fait, « la vie intellectuelle [...] meurt d'inanition » (XII, p. 116 ; XIV, p. 136).

L'idéal serait donc pour Newland de pouvoir fondre les deux communautés en une seule et même entité, dans laquelle il se retrouverait : « le seul moyen de les élargir l'un et l'autre serait d'arriver à les fondre ensemble » (XII, p. 116). L'univers « fermé » du vieux New York autorise-t-il seulement une telle union (XIV, p. 134) ? « La vieille Mrs. Mingott aurait pu relier les deux milieux », considère Newland, mais elle ne voit dans le monde artistique qu'un lieu prompt à satisfaire ses propres vanités : « elle n'ouvrait jamais un livre, ne regardait jamais un tableau ; et la musique lui rappelait seulement les soirées de gala aux Italiens, à l'époque de ses triomphes aux Tuileries ». Beaufort « aurait pu » lui aussi « essayer de combler le fossé », mais il instrumentalise les écrivains, tout en « intimid[ant] » les artistes en raison de ses « salons [1] somptueux » (XII, p. 115-116). Mais, dans le même temps, Newland déplore aussi l'« éternelle discussion » qui l'oppose à Winsett. Ce dernier, qui ressent « une horreur farouche pour les usages "du monde" », lui semble incarner l'« insupportable pose des "bohèmes" », « la mauvaise volonté obstinée des "intellectuels" à fréquenter le monde élégant » (XIV, p. 134-135).

D'un côté comme de l'autre, la méfiance paraît donc irrémédiable. Mais à travers elle, surtout, ce sont les deux facettes de Newland que le roman juge apparemment irréconciliables.

Une impasse ? De la résignation à l'acceptation

Dans *Le Temps de l'innocence*, l'individu entravé par la communauté n'est pas pour autant condamné à subir une fin tragique. Si Newland finit par accepter son sort apparemment très commun, par-delà ses rêves d'évasion, il n'en a pas moins vécu une vie dont le dénouement souligne le caractère (relativement) accompli, suggérant notamment la voie d'une inscription dans la citoyenneté, nouveau rapport possible entre l'individu et la communauté.

Un individu sans aspérité

L'individualité peut-elle vraiment s'afficher au sein du « clan » ? On a vu comment Mrs. Mingott y faisait autorité, tout en s'autorisant des audaces que nul n'osait lui reprocher ouvertement. Le professeur Emerson Sillerton, quant à lui, n'est que très incidemment évoqué dans le roman. Son cas particulier n'en suggère pas moins qu'il est encore possible de vivre de manière « insolite » au sein du « milieu », même si de telles « excentricités » ne sont socialement acceptées que dans la mesure où leur agent occupe une place de

1. Nous lisons « talons » dans notre édition de référence. Cependant, cette traduction semble ici plus appropriée, le texte original évoquant la demeure des Beaufort (« *his grand house* »). Voir *The Age of innocence*, *op. cit.*, p. 83.

premier plan dans la communauté – Emerson Sillerton étant « une épine dont on ne pouvait se débarrasser parce qu'elle sortait d'une souche vénérable et vénérée » (XXII, p. 211-212). À travers lui toutefois, note Carol J. Singley, Wharton souligne à quel point une position singulière est possible, dans un univers où les « frontières sociales » sont plus fluides qu'il n'y paraît [1]. Le duc de Saint-Austrey, que ses cousins Van der Luyden accueillent avec faste à New York, ne respecte pas non plus les codes de la civilité lors de la soirée donnée en son honneur : ni lui ni la comtesse Olenska, plongés « dans une conversation amicale », ne « sembl[ent] se douter » des hommages qu'ils auraient dû rendre aux autres invités (VIII, p. 79). Et bien qu'il soit d'abord dit « totalement insignifiant », il n'en mène pas moins Ellen « dans le monde », suscitant la réprobation de son cousin : « on ne peut s'attendre à ce que des gens habitués à la vie des cours tiennent compte de nos petites distinctions républicaines », explique ainsi ce dernier. « Le duc va où il s'amuse » (X, p. 103-104).

En prenant la « décision » de quitter New York, la comtesse Olenska se donne aussi la possibilité de vivre une autre vie. Elle rompt avec les conventions dans lesquelles sa liberté s'était figée. Le lecteur, tout comme le personnage principal du roman, en est réduit à imaginer l'existence qu'elle a pu mener à Paris. Newland l'associe à la plénitude et au renouveau du printemps. « Combien de fois Archer n'avait-il pas pensé à Paris comme au cadre où vivait Mme Olenska ! », peut-on lire ainsi au dernier chapitre. « Seul, tard le soir, dans sa bibliothèque, quand toute la maison reposait, il avait évoqué le retour radieux du printemps le long des avenues de marronniers, les fleurs et les statues des jardins publics, les bouffées des lilas entassés dans les charrettes, le cours majestueux du fleuve sous

1. « *In fact, change is possible ; moreover, the social boundaries between insiders and outsiders have always been more fluid than* [*Newland*] *realizes* » (« En fait, le changement est possible ; de plus, les frontières sociales entre les initiés et les exclus ont toujours été plus fluides que ne le réalise [Newland] »). Voir Carol J. Singley, « Wharton, innocence, and American individualism », dans Arielle Zibrak (éd.), *Edith Wharton's* The Age of Innocence, Londres, Bloomsbury, 2020, p. 34 (nous traduisons).

les arches des ponts, et la vie d'art, d'étude et de plaisir qui roulait impérieusement dans les artères de la grande ville » (XXXIV, p. 298). L'accumulation des détails, la personnification des « artères », de l'impétuosité et de la majesté de la « grande » ville, la douceur des sensations et des images qui lui sont liées, tout tend ici à ériger Paris en lieu de plaisir et d'accomplissement.

À Paris, dont la « lumière dorée devi[e]nt pour lui la lumière même où Ellen vivait », il songe à la « riche atmosphère » dans laquelle elle dut être baignée durant ces « près de trente ans ». L'accumulation témoigne à nouveau de l'amplitude qu'il confère à cet espace : « Il pensa à tous les beaux spectacles auxquels elle avait dû assister, aux tableaux qu'elle avait dû regarder, aux sobres et magnifiques demeures où elle avait dû entrer. » Et plus encore : « Il pensa aux gens avec qui elle avait dû causer, aux idées, aux curiosités, aux images et aux comparaisons que remue sans trêve une race d'une intense sociabilité, dans le charme d'une politesse traditionnelle » (XXXIV, p. 302). À l'évocation d'un tel univers – et d'une telle *autre* communauté, Newland ne peut qu'éprouver l'impression de sa propre insuffisance : alors que « [m]aintenant, le spectacle était devant lui », il se sent ainsi « timide et suranné : un pauvre être insignifiant comparé à l'homme d'énergie qu'il avait rêvé d'être » (XXXIV, p. 298).

Lui « avait vécu avec son souvenir ; mais autour d'elle il y avait eu toute une société, toute une vie », se dit-il aussi non sans mélancolie (XXXIV, p. 302). Cette voie, lui ne l'a pas empruntée. Dans le roman pourtant, comme le note Carol J. Singley, « le problème n'est pas qu'Archer manque d'options, mais plutôt qu'il ne les exerce pas [1] ». « Tout réseau humain de taille assez importante et assez diversifié présente à la fois deux aspects : il est très rigide et en même temps très élastique », explique aussi Norbert Elias. « À l'intérieur, de nouveaux espaces s'ouvrent à la décision individuelle. Les individus se voient offrir de nouvelles occasions qu'ils peuvent

1. « [*T*]*he issue is not that Archer lacks option, rather, it is that he fails to exercise them* » (*idem* ; nous traduisons).

saisir ou laisser passer [1]. » Les propos doux-amers du personnage ne nous le présentent pourtant pas comme « enlisé » totalement dans sa propre nostalgie (XXXIV, p. 296). Lui-même a vécu ; et s'il a bien conscience d'avoir été, ou de s'être privé de « la fleur de la vie », cette réflexion n'est exprimée par lui que sur le mode de la concession. Dans le souvenir qu'il a conservé d'elle, au plus profond de lui, la comtesse « était devenue l'image de tout ce dont il avait été privé » (XXXIV, p. 294). En refusant de la retrouver à Paris, il choisit sciemment de continuer à la percevoir sur le mode imaginaire de l'« illusion » : « Je la retrouve mieux que si j'étais là-haut à côté d'elle », finit-il ainsi par se dire « à haute voix » (XXXIV, p. 304). Mais bien avant, tout au long de ces années passées sans elle, « si légère et ténue » qu'eût été cette même « vision », elle « l'avait empêché de penser à d'autres femmes. Il avait été ce qu'on appelle un mari fidèle, et quand May était morte, [...] il l'avait sincèrement pleurée » (XXXIV, p. 294).

Le roman n'est pas loin de le présenter comme un personnage sans aspérité, dont le refoulement de l'intériorité, d'abord vécu sur le mode d'une violence radicale, finit par être intégré. La résignation semble avoir laissé place à l'acceptation, à la pleine inscription dans un retour à la coutume, comme si la proclamation de son individualité n'avait été pour lui qu'une étape. Tel est pour lui l'enseignement majeur que lui a délivré la communauté, tel qu'elle est incarnée, encore une fois, par son épouse, et par la vie menée à ses côtés : « Les longues années qu'ils avaient passées ensemble lui avaient enseigné que le mariage le plus ennuyeux n'était pas une faillite, tant qu'il garde la dignité d'un devoir. » Et l'instance narrative d'ajouter : « Archer honorait ce passé dont il portait le deuil : après tout, il y avait du bon dans les anciennes traditions » (*idem*). Faut-il ne voir dans ces propos qu'une ironie cruelle de la part de l'auteure ?

1. Norbert Elias, *La Société des individus*, *op. cit.*, p. 91.

L'inscription dans la cité, ou la figure du « bon citoyen »

Auprès de la comtesse, Newland n'a cessé de fuir le bouillonnement de la cité, lui préférant comme on l'a vu des lieux plus propices aux confidences et à l'expression de leur singularité. Au terme du roman, « la lumineuse solitude de Paris » semble pour lui le lieu ultime de l'apaisement et des retrouvailles avec soi – à défaut de retrouvailles avec Ellen (XXXIV, p. 300-301). Le parcours du personnage, tel qu'il nous est présenté dans ce dernier chapitre, indique cependant, brièvement, une autre modalité possible d'inscription dans la communauté, dans le sens le plus noble de la « cité ».

Newland revient en effet « d'une réception officielle pour l'inauguration des nouvelles galeries de Metropolitan Museum » (XXXIV, p. 292). Il n'a donc pas renoncé à son amour des arts, qui le singularisait tant ; mais le passage insiste aussi sur sa notabilité d'homme installé dans son « milieu ». Aussi songe-t-on à lui pour entamer une carrière politique. Pour Theodore Roosevelt lui-même, qu'il a reçu chez lui, « ce sont des hommes comme [lui] qu'il faut au pays ». Mais si l'invitation le « soul[ève] d'enthousiasme », Newland n'est « pas bien sûr » d'un tel destin pour lui (*idem*). Là encore, le passage est si elliptique que le lecteur doit en combler les lacunes. « [A]près avoir siégé pendant un an à l'Assemblée départementale », Newland n'est en effet pas réélu : le roman voit dans son dilettantisme de nature la raison de cet échec. « [I]l n'était pas fait pour la vie publique », lit-on encore : est-ce à dire aussi qu'il continue d'en refuser les compromissions et l'hypocrisie ? Lui-même ne voyait dans sa jeunesse aucun « homme propre » dans la politique, déplorant « la triste fin des rares gentlemen qui avaient sali leurs manchettes dans les affaires municipales ou dans la politique d'État » (XIV, p. 136). Vingt-neuf ans plus tard, il n'en continue pas moins d'œuvrer pour la vie publique et pour le bien commun, s'étant « retranché dans les modestes, mais utiles travaux de la vie municipale », écrivant aussi « des articles dans des revues qui essayaient de secouer l'apathie du pays » (XXXIV, p. 293). On observera du reste qu'il se replie volontiers sur la sphère de l'individualité, et que c'est à cette échelle que Wharton choisit de présenter son engagement, dont la modestie paraît finalement honorable.

Se passionnant « pour de belles causes », « [i]l avait été », conclut-elle, « ce qu'on commençait à appeler à New York “un bon citoyen” » (*idem*). Son avis est sollicité de toutes parts par la communauté : « tout nouveau mouvement, philanthropique, municipal ou artistique, avait compté avec son opinion, avait demandé son appui. Qu'il fût question de fonder une école d'infirmières, de réorganiser le Musée, de fonder un cercle de bibliophiles, d'inaugurer une nouvelle bibliothèque, ou de former une société de musique de chambre, on disait toujours : “Il faut demander l'avis d'Archer” » (XXXIV, p. 294). Une telle position semble alors, malgré tout, ancrer le personnage dans le présent.

Un horizon possible ? Figures de la « nouvelle génération »

Si les toutes dernières lignes du roman le figurent en pleine contemplation d'une « illusion », livré à la méditation d'un souvenir charmant, il n'en a pas moins éprouvé au Louvre, quelques heures auparavant, le bref éclat d'un ressaisissement : « Soudain, devant un triomphal Titien, il se prit à dire : “Mais je n'ai que cinquante-sept ans !” Puis il se détourna » (XXXIV, p. 301). Pour illusoire qu'il semble avoir été, son élan suggère que le temps est là pour permettre d'exister et de réinventer son rapport à la communauté ; un tel mouvement étant pris en charge par la nouvelle génération évoquée au terme du roman.

Le travail de la durée

Tous les ans, Mrs. Archer se lamentait du fait que « New York [ait] bien changé », énumérant tous les « menus signes » de sa « désagrégation », et si Newland s'« amus[ait] » de cet « oracle annuel », il en était lui-même venu à reconnaître, « le second hiver après son mariage », que « si le changement n'était pas encore accompli, certainement il était en cours ». Sillerton Jackson ne pouvait pas non plus « nier que la société changeât », étant divisée entre « [l]es nôtres », comme les appelle Mrs. Archer, le « petit nombre » de celles et ceux « qui gardent les traditions », et les autres, qui s'emploient à les réformer ou souhaitent même les abandonner (XXVI, p. 236-237).

De ce point de vue également, la communauté n'apparaît donc pas comme un tout uniforme, mais loin de viser cette fois la conservation d'un ordre immuable, les tensions qui la traversent proclament au contraire, pour elle, la nécessité d'une adaptation. Il ne s'agit plus d'excentriques que la communauté tolère en raison de leur position, tel Emerson Sillerton, dont l'attitude contribue toutefois au mouvement. Au contraire, la communauté est ici travaillée par des individualités qui sont issues d'elle, mais qui refusent ouvertement de supporter ses exigences ou plus simplement de s'y conformer, inventant par là même un possible nouveau, autorisé par le travail de la durée. Si la demeure conjugale de Newland comporte d'ailleurs un « vestibule pompéien » qui l'apparente à une antiquité, les « jeunes architectes » ont choisi pour la construire les « pierres d'un jaune verdâtre » qu'ils « commençaient à employer pour réagir contre les pierres brunes dont le ton uniforme faisait de New York une vaste glace au chocolat » ; le passage soulignant bien alors un mouvement de « réaction », d'opposition à l'« uniformité » (IX, p. 86).

Dans cet élan vers le nouveau, les individualités sont paradoxalement aidées par l'hypocrisie même du « milieu », prompt à embrasser les nouvelles normes qu'il avait commencé par rejeter dès lors qu'elles devenaient dominantes, sans qu'il ait pu les en empêcher, habile, de la même manière, à abandonner celles qu'il défendait auparavant avec férocité, jusqu'à ce qu'elles ne soient plus respectées que par une minorité. Dans le vieux New York se produisent ainsi des changements imperceptibles qui, une fois sédimentés, figurent la possibilité de microrévolutions : « une fois qu'une coutume était tombée en désuétude », Sillerton Jackson lui-même, gardien de l'ordre et figure d'autorité, « affectait toujours de ne jamais l'avoir observée » [1].

1. La remarque est tirée de l'une des quatre nouvelles qu'Edith Wharton regroupe en 1924 sous le titre *Old New York*, dans lesquelles réapparaissent un certain nombre de ses personnages du *Temps de l'innocence*, dont Mr. Jackson et les Van der Luyden. Voir « Jour

Le vieux New York change, comme l'indiquent certains signaux de modernité. Mrs. Mingott l'a très bien compris, qui tout à son « audace », s'est très tôt livrée à un pari sur l'avenir en construisant sa demeure dans « le quartier lointain de Central Park », habitée par la « certitude » que « bientôt, les terrains à bâtir, les carrières, les bistrots, les misérables potagers avec leurs serres délabrées, [...] disparaîtraient dans le surgissement de résidences aussi somptueuses que la sienne » (IV, p. 44-45). Comme pour la comtesse Olenska, il s'agit alors de « se faire sa mode à soi » (IX, p. 88), en dépit des critiques et du rejet ; car cette mode deviendra peut-être bientôt celle de la majorité.

Un nouveau rapport des individus à la communauté ?

« Les protagonistes urbains d'Edith Wharton ne mènent jamais de vies épanouissantes et passionnées parce qu'ils se soumettent aux contrôles rigoureux et aux décrets inflexibles de la ville de New York, se résignant ainsi à un destin dans la "cage dorée" de la société », écrit Irene Billeter Sauter. « Tout comme la ville embrasse le changement, les protagonistes urbains doivent eux aussi l'embrasser s'ils veulent atteindre leur propre "Terre promise". Et c'est l'espoir qui alimente ce changement [1]. » Dans le roman, cet élan semble incarné par les figures de la nouvelle génération, à travers lesquelles se joue un nouveau rapport entre l'individu et la communauté.

Les enfants de Newland et de May, Dallas et Mary plus particulièrement, sont l'emblème de ce mouvement, en ce qu'ils ne semblent pas liés par des contraintes venues de l'extérieur. Ils sont au contraire mus par une grande liberté d'action, par contraste avec

de l'an », *Vieux New York*, trad. Cl. Malroux, Paris, Flammarion, « GF », 1993 [1924], p. 224.

1. « *Edith Wharton's urban protagonists never lead fulfilling and passionate lives because they submit themselves to the stringent controls and unyielding decrees of NY City, thereby resigning themselves to a fate in the "gilt cage" of society. Just as the city embraces change, urban protagonists, too, must embrace change if they desire to reach their personal "promise land". And it is hope that fuels this change* » (Irene Billeter Sauter, *New York City...*, *op. cit.*, p. 254 ; nous traduisons).

la position de leurs parents. Alors que Newland avait manqué « la fleur de la vie » et qu'il se sent alors quelque peu « enlisé », il comprend bien que « tout changeait autour de lui », et se demande ce qu'il restait « du petit monde où il avait grandi » (XXXIV, p. 294, 296). Quant à May, elle est restée jusqu'à la fin fidèle à ses valeurs et aux traditions, « si dénuée d'imagination, si peu ouverte aux idées, que le monde de sa jeunesse avait pu tomber en miettes et se reconstruire sous ses yeux, sans qu'elle eût pris conscience du changement ». Cette « incapacité de s'adapter au mouvement du temps », lequel est pourtant désigné comme un mouvement créateur et nécessaire, « avait amené ses enfants à lui cacher leurs pensées, comme Archer lui avait toujours caché les siennes », tous s'affairant à maintenir autour d'elle « l'illusion de l'uniformité » (XXXIV, p. 295). Un aveuglement : voilà comment le travail de la durée présente ici l'inscription dans la tradition, ou plutôt son acharnement.

Dallas et Mary sont au contraire pleinement inscrits dans leur temps, que la romancière présente comme celui du renouveau, de l'émancipation, d'un rapport plus serein de l'individu à la communauté – et inversement. Mary est dotée d'une attitude « nonchalante » que permet, écrit Wharton, « la nouvelle mode ». Elle se montre d'une « indifférence invincible » pour la carrière des « arts d'agrément », leur préférant une « passion » pour « le sport et la bienfaisance » (XXXIV, p. 293, 295). En elle s'accomplit pleinement la vocation sportive de sa mère – qui, note-t-on au chapitre XX, en plus du tir à l'arc, se plaisait à pratiquer l'alpinisme, la natation, la marche et l'équitation, au grand dam de son mari (XX, p. 194). Mais Mary, elle, peut accomplir « ses hauts faits d'athlétisme » parce qu'elle n'est pas corsetée dans une « armature [...] rigide » comme l'était sa mère, détail cruel qui matérialise *a contrario* sa propre liberté.

Quant à Dallas, il est doté de « goûts artistiques bien modernes » qui le rapprochent de son père. Sa « curiosité » l'a conduit à rejoindre un bureau d'architectes, ce en quoi il incarne un nouveau changement générationnel, « [c]ar maintenant, les jeunes gens désertaient le barreau et les affaires pour s'adonner à l'archéologie ou à l'architecture » – domaines dont on peut penser ici qu'ils sont plus ouverts et créatifs que le morne office dans lequel Newland lui-même déplorait son « inutile assujettissement » (XXXIV, p. 293 ; XIV, p. 136). Si Newland croit voir en lui « un éclair de la malice de son arrière-grand-mère Mingott », il appartient avant tout « de tout son être à la nouvelle génération » (XXXIV, p. 299). En ce sens, comme l'explique Anne Ullmo, il soumet son père « à une nouvelle grille de lecture du réel » et du « commun » ; « il permet la mise en perspective d'une époque révolue dont l'auteur[e] a gardé, en dépit d'un récit cruel, une certaine nostalgie » [1]. Peut-être incarne-t-il la fusion des deux mondes rêvés par son père, semble-t-il impensable en son temps (et *pour* son temps), où l'ordre bourgeois se mêlerait à l'univers des arts et de la création, permettant le plein épanouissement de l'individu.

Mais ce sont aussi, et peut-être surtout, deux communautés différentes, réunies au temps du vieux New York sous le masque d'une trompeuse et hypocrite harmonie, que le mariage de Dallas avec Fanny Beaufort permet à la fin du roman de redessiner. « Si les choses vont de ce train, nos enfants épouseront les bâtards de Beaufort ! », s'exclamait Lawrence Lefferts, comme s'en souvient Newland alors même qu'il songe aux principes qui l'avaient « dominé et enchaîné » (XXXIV, p. 296-297). Or si cette « railleuse prophétie » s'est bien produite, c'est dans le contexte nouveau d'un accueil réjoui, et non d'une « effusion de sang », fût-elle symbolique : « au lieu de [...] regarder » la jeune Fanny « avec une sorte de méfiance, la société l'avait joyeusement acceptée ». Et l'instance narrative d'ajouter : « Personne n'avait l'esprit assez étroit pour lui faire un grief du passé de son père, ni de son origine à elle » (XXXIV, p. 297).

La société a donc bien changé, et avec elle le rapport de la communauté aux individus. Tout va désormais plus vite, les

1. Anne Ullmo-Michel, *Edith Wharton,* The Age of Innocence. *L'art du contretemps, op. cit.*, p. 18.

communications sont facilitées par de nouveaux outils, comme le téléphone, dont Wharton souligne l'apparition révolutionnaire : « Comme on était loin du temps où toute communication rapide à New York se faisait par les jambes des petits *messenger boys* à livrée bleue ! » (XXXIV, p. 295). Dans ce nouveau contexte, pense la romancière, nul n'a plus le temps d'inférer dans le parcours singulier des individus. Si la modernité n'est pas non plus sans aliéner les jeunes gens (Dallas dit au sujet de sa génération qu'elle n'a « pas le temps » de se livrer à l'introspection ; XXXIV, p. 300), la norme n'y ferait plus loi, ce en quoi Wharton l'oppose bien au passé du « vieux » New York. À la fin du roman, l'apparition de la nouvelle génération des familles de la cité éclaire en tout cas son récit d'une note optimiste. « Rien ne pouvait donner plus exactement la mesure du chemin que le monde avait parcouru », écrit-elle ainsi. « On était trop absorbé par les réformes et les mouvements sociaux, par les engouements et les modes du jour, pour s'inquiéter beaucoup du passé de ses voisins » – comme de leur histoire et de leurs singularités (XXXIV, p. 298).

Conclusion : le roman, espace critique

La communauté du vieux New York que Wharton cherche à restituer apparaît donc comme le lieu d'une extrême ambivalence. La romancière trouve dans son évocation détaillée la possibilité d'un apaisement à la suite du terrible premier conflit mondial. Le cadre enchanté du vieil opéra, qui ouvre le récit, reflète les us et coutumes d'un monde suranné, aux contours bien établis. Des figures d'autorité y sont là pour assurer un ordre apparemment immuable : Sillerton Jackson, Lawrence Lefferts, les Van der Luyden, tout en haut de l'échelle sociale, font l'objet de portraits dont le comique est mêlé d'une certaine nostalgie. La comtesse Olenska vient elle-même trouver refuge dans ce « milieu » qu'elle voit comme un cadre structurant, un rempart contre l'adversité. Les normes et les lois dont les membres du « clan » affirment la pérennité apparaissent pourtant comme des carcans : leur extrême rigidité semble empêcher toute singularité.

Dans ce contexte, certes, des individus marquent leur différence. Mrs. Mingott affirme son autorité sur son « clan » tout en faisant preuve d'une « audace » que nul ne songerait à lui reprocher ouvertement. Julius Beaufort, lui, reçoit la communauté sans discontinuer, en dépit de ses « habitudes de dissipation ». La comtesse apparaît surtout comme « l'étrangère » individualité dont l'irruption vient enrayer la mécanique apparemment si bien huilée de la communauté. Son modèle a tout d'une inspiration pour Newland, qui à travers elle perçoit la possibilité d'un élan : ne pourrait-il pas suivre ses inclinations profondes, en choisissant de ne plus se conformer à son destin d'héritier modèle, engagé dans une union qui ne l'est pas moins avec le « meilleur parti » de la cité, la si radieuse et « innocente » May ?

Wharton souligne cependant avec une grande âpreté la condamnation socialement déterminée d'un tel projet. La communauté du vieux New York, plus fragmentée que ne le laissent apparaître ses belles apparences de civilité, s'applique à faire observer ses lois : à travers elle, le « paradis » rêvé par la comtesse se révèle être un marécage. Tout contrevenant y est immédiatement rappelé à l'ordre, avant d'être châtié, la « communauté » révélant dès lors le visage bien plus sombre d'un tribunal mortifère, dont les figures d'autorité ne sont pas non plus sans inquiéter. La « Famille », avant tout préoccupée par le respect de l'ordre et des règles du foyer, s'y mue en « tribu » dont Wharton dépeint la cruauté. May en est l'idole au double visage, que l'intuition du danger transfigure en Diane chasseresse, gardienne du temple de la communauté.

Mais si tel un membre « retranché », la comtesse Olenska « choisit » par conséquent de quitter la cité, Newland étant quant à lui pris au « piège » de son propre « milieu », Wharton propose un dénouement plus ouvert. D'autres voies possibles avaient déjà été indiquées. La communauté « bohème » des artistes et des intellectuels semble en particulier plus ouverte à l'expression des individualités, mais elle reste aussi très fragmentée, instrumentalisée et précarisée. Le personnage de Newland oscille quant à lui entre résignation et acceptation de son propre sort : son engagement dans l'action citoyenne, modestement revendiquée, n'en représente pas moins une autre forme d'inscription possible dans la société. Mais dans le roman, c'est surtout le travail de la durée qui paraît autoriser un nouveau rapport entre individu et communauté. Les enfants de Newland et de May y semblent moins contraints par des carcans.

Dans la toute dernière scène du roman, Newland choisit toutefois de ne pas rejoindre la comtesse, bien que son fils l'y ait invité. Il paraît alors se replier dans le souvenir enchanté de leur histoire ; et, « [c]omme un œil qui se clôt (la fenêtre, les persiennes, les stores en seraient les métonymes) », se referme alors « l'histoire d'un amour sublime, sublime, parce qu'érigé dans la contrainte du symbolique, de ses règles, codes, rites qui préexistent au sujet », appartenant pleinement à la communauté [1]. S'émouvoir de cet amour implique-t-il toutefois que l'on doive attribuer aux carcans sociaux l'origine d'une telle intensité ?

Les dehors charmants du vieux New York ne doivent en tout cas pas tromper : le roman nous invite à les questionner, en réinterrogeant par là même les deux notions d'individu et de communauté. Wharton semble en effet actualiser, ou plutôt anticiper ce que Norbert Elias appellera « l'une des plus grandes polémiques de notre temps » : la « querelle entre ceux qui affirment que la société dans ses différentes manifestations [...] ne représente jamais qu'un "moyen" dont la "fin" serait le bien-être de chaque individu », et « ceux qui affirment que l'individu est secondaire, que "le plus important", la véritable "fin" de la vie individuelle serait la perpétuation de la collectivité sociale dont l'individu constitue l'une des parties » [2]. En apportant à ce débat des éléments de réponse circonstanciés, en jetant sur ses personnages un regard tour à tour amusé, lucide ou cruel, le roman occupe alors pleinement sa fonction d'espace critique. Wharton la remplit par un usage très efficace de

1. Denise Ginfray, *Edith Wharton. L'objet et ses fictions*, *op. cit.*, p. 94-95.
2. Norbert Elias, *La Société des individus*, *op. cit.*, p. 42-43.

l'ironie : sous sa plume, l'« innocence » est réelle mais peut aussi menacer. La vanité et les compromissions des gardiens du temple de la communauté sont aussi dénoncées. Ces derniers, reclus dans l'univers « fictif » de leur « clan », ne se soucient en réalité pas de *la* « communauté », dès lors qu'elle s'élargit à l'espace de la société tout entière : « La mélancolique pensée qu'il fallait bien tuer le temps hant[e] » ainsi Mrs. Welland, « comme le problème des chômeurs angoisse le philanthrope » (XXII, p. 212-213)... La « haute » société paraît alors totalement indifférente au monde environnant.

Dans le roman, la frontière entre bourreaux et victimes est toutefois finement estompée, Newland n'étant pas notamment sans complaisance vis-à-vis de son clan, tout au long du roman. Portrait d'époque et de personnages, *Le Temps de l'innocence* répond ainsi parfaitement au souci que tout grand romancier devrait, selon Wharton, « garder en tête » : « rechercher non pas ce que la situation est susceptible de faire des personnages, mais ce que les personnages, étant ce qu'ils sont, sont susceptibles de faire de la situation »[1]. L'ordre de priorité, ainsi reposé, n'invite-t-il pas à reconsidérer les grandes figures du roman, si minimes qu'aient été leurs marges de manœuvre au sein de la communauté ?

1. Edith Wharton, *Les Règles de la fiction*, *op. cit.*, p. 118-119.

Comparaison des œuvres

L'exigence des concours est celle d'une excellente maîtrise des œuvres au programme qui serviront à nourrir les dissertations et la réflexion plus générale, personnelle et éclairée, sur le thème de l'année. La fréquentation régulière des *Suppliantes* et des *Sept contre Thèbes* d'Eschyle, du *Traité théologico-politique* (chapitres XVI-XX) de Spinoza, et du *Temps de l'innocence* d'Edith Wharton, est donc requise : les analyses qui précèdent ont pour but de vous accompagner dans cet effort. L'étude ne saurait toutefois se contenter d'envisager les œuvres indépendamment les unes des autres : il faut les confronter en repérant des enjeux communs, liés aux grandes problématiques attachées à la question de l'individu et de la communauté. Le parcours que l'on en présentera ici, et qui n'a bien sûr rien d'exhaustif, proposera donc différentes synthèses à même de guider votre propre pratique de la comparaison.

Individu

Du latin *individuus*, l'individu désigne une « indivisible » singularité. Il se définit comme un être distinct, par opposition au groupe, à la société, ou plus spécifiquement à la communauté dans laquelle il s'inscrit ou non, par complémentarité ou par opposition.

Eschyle souligne une grande ambivalence en l'individu dans le rapport qu'il entretient avec la communauté. Il peut en être le porte-parole désigné, comme Danaos ou Pélasgos dans *Les Suppliantes*, ou les différents chefs de guerre dans *Les Sept contre Thèbes*, qui portent à leur tête les deux figures d'Étéocle et de Polynice, emblématiques de leur communauté, comme le sont aussi les coryphées dans les deux pièces. Danaos se présente comme le père et le guide des Danaïdes. Il les invite à se comporter prudemment chez les Argiens. Pélasgos, lui, est le roi de ces derniers, figure d'autorité qui prend la mesure du choix qui lui est demandé en ce moment grave et décisif pour la cité. Il est le seul à prendre la parole au nom de son peuple : la consultation à laquelle il se livre auprès d'eux n'est pas représentée. Il se présente longuement lors de son entrée en scène, se définissant par sa lignée ; mais en retour c'est aussi toute la communauté qui est définie par son nom : « Je suis le fils de Palaichtôn, qui naquit de la terre, Pélasgos, chef suprême de ce pays ; et le peuple des Pélasges qui cultive ce sol a naturellement pris le nom de son roi » (p. 59). L'individu est donc au cœur de la communauté ; c'est lui qui la représente ici et la défend face aux Égyptiades. C'est également le cas dans *Les Sept contre Thèbes* où, dans une parfaite symétrie, les sept guerriers choisis par Polynice sont nommés, présentés et opposés aux sept guerriers du camp adverse, celui d'Étéocle : Tydée, Capanée, Étéoclos, Hippomédon, Parthénopée, Amphiaraos et Polynice lui-même étant destinés à combattre Mélanippe, Polyphonte, Mégareus, Hyperbios, Actor, Lasthénès et Étéocle, chacun étant précisément décrit par son nom, son caractère, son allure, son équipement guerrier, et surtout son bouclier, à chaque fois porteur de motifs symboliques et chargés de puissance. Le dénouement va plus loin encore dans l'affirmation d'une singularité en faisant apparaître le personnage d'Antigone, qui seule contre tous s'oppose au décret de la cité : « [son] audace », affirme-t-elle, « saura trouver des moyens d'agir » (p. 175). L'individu se présente alors comme une figure de la résistance et comme l'expression d'une conscience propre, contre la communauté. Il peut donc alors représenter une menace pour cette dernière. On songe en particulier à la figure de Laïos et de sa faute, qui rejaillit sur l'ensemble de sa lignée et sur toute la cité : la ville entière paie le prix de sa démesure, comme le souligne le funeste destin de ses héritiers.

Dans le chapitre XVI, Spinoza part quant à lui de la question de savoir ce que sont « les règles de la nature de chaque individu », règles « suivant lesquelles nous concevons chaque être comme déterminé à exister et à se comporter d'une certaine manière » ; ce droit s'étendant « aussi loin que s'étend [la] puissance » de l'individu (XVI, p. 261). Quand il est naturellement gouverné par ses affects, l'individu est en effet défini par son effort à persévérer dans son être, son droit absolu à exercer sa puissance, pour augmenter sa puissance d'agir ou pour se conserver lui-même, chacun agissant conformément à la nécessité de sa propre nature. Loin d'envisager un individu naturellement violent à l'égard des autres avant qu'un État fort ne le soumette, comme chez Hobbes, ou de concevoir un bon sauvage vivant en harmonie auprès de la nature avant qu'il ne soit perverti par la société, comme chez Rousseau, Spinoza commence par réinsérer l'individu dans l'ensemble des êtres naturels, comme l'indique dès le début du chapitre XVI l'exemple des poissons ; chaque être étant le fruit d'un « Droit Naturel » avec lequel il ne fait qu'un, et auquel rien ne peut le forcer à renoncer. Nous ne sommes en effet pas différents de ces poissons qui sont « déterminés par la Nature à nager, les grands poissons à manger les petits, [...] en vertu d'un droit naturel souverain » (XVI, p. 261). Spinoza rapproche cet état d'une forme d'ignorance, dans la mesure où l'individu ne sait pas alors qu'il n'est qu'une partie de la nature, et que c'est par la seule nécessité de cette dernière qu'il est déterminé à agir comme il le fait. Il ignore l'ordre global, mû qu'il est par son seul appétit, motivé lui-même par l'utilité. Par conséquent, seule l'utilité nouvelle et supérieure reconnue au droit partagé dans et par la communauté déterminera l'adhésion de l'individu à ce dernier, chacun comprenant vite que l'entraide et la vie en communauté qui en est la condition sont préférables à l'isolement et au danger. En ce sens, Spinoza articule aussi politique et religion : non seulement l'individu comprend qu'il lui est plus utile de vivre en communauté, mais cet état fait aussi résonner en lui les préceptes tels que celui de l'amour du prochain. Les individus ne perdent toutefois jamais la possibilité de critiquer le pouvoir, sinon de se rebeller : « Nul en effet ne pourra jamais, quel abandon qu'il ait fait à un autre de sa puissance et conséquemment de son droit, cesser d'être homme » (XVII, p. 277). S'il n'est pas question de faire l'apologie de l'individualisme, qui peut générer l'anarchie, la conclusion du *Traité* insiste ainsi sur l'importance pour l'État d'offrir « à chacun » la possibilité « de penser ce qu'il veut et de dire ce qu'il pense », car l'individu ne peut renoncer à son droit naturel et à la possibilité de faire appel à son jugement (XX, p. 327).

L'individu semble pourtant avoir bien du mal à trouver sa place dans *Le Temps de l'innocence.* Il est défini par son appartenance à un groupe dont il doit scrupuleusement respecter les codes, au risque de se voir rappelé à l'ordre, et finalement châtié. Certes, l'individu peut à certaines conditions exprimer sa singularité. Emerson Sillerton n'est que très incidemment évoqué dans le roman, mais son cas particulier n'en suggère pas moins qu'il est encore possible de vivre de manière « insolite » au sein du « milieu », même si de telles « excentricités » ne sont socialement acceptées que dans la mesure où leur agent occupe une place de premier plan dans la communauté (XXII, p. 211). Mrs. Mingott, surtout, est régulièrement caractérisée par son « audace » au début du récit, ne serait-ce que par ses fréquentations (elle côtoie des ducs, des ambassadeurs et des artistes) ou par la demeure qu'elle s'est choisie dans un quartier excentré – et par conséquent perçu comme « excentrique », comme le sera aussi celui de la comtesse (IX, p. 88). Ces « détails » soulignent un décalage par rapport aux normes, éclairé d'emblée par les origines modestes du personnage, qui « n'était que Catherine Spicer, sans fortune, ni position sociale suffisante pour faire oublier que son père s'était publiquement déshonoré » avant de s'unir à la riche lignée des Mingott ; la singularité provenant ici d'un tempérament, autant que d'une histoire et d'une nécessité de se forger pour exister (II, p. 30). Sa décision de présenter Ellen à ses côtés, et de l'introduire officiellement à l'opéra, apparaît comme une provocation. Elle qui dit « aime[r] le courage par-dessus tout », reconnaît en effet la jeune femme comme sa seule héritière en matière de singularité : « il n'y a », dit-elle, « parmi tous les miens, que ma petite Ellen qui tienne de moi ». Tous les autres, ajoute-t-elle, sont faits sur le même « moule » (XXX, p. 268 ; XVII, p. 158, 160). Au contraire, la comtesse est aussi perçue comme un personnage singulier, « trop différent » aux yeux de la communauté

(XXXI, p. 276). L'atmosphère si particulière de sa demeure tient à la manière dont elle l'a agencée, comme un reflet de sa personnalité, et non comme le miroir d'un goût dominant, communément accepté. Et si le quartier qu'elle s'est choisi « n'est pas à la mode », conforme au « bon goût » de la majorité, il s'agit avant tout pour elle de « se faire sa mode à soi », d'exister et de s'affirmer en tant qu'individu singulier (IX, p. 88). Elle agit en ce sens comme un révélateur de la personnalité profonde de Newland, tiraillé entre son inscription au sein de sa communauté, dans laquelle il trouve des avantages matériels et symboliques, liés à sa condition privilégiée, et son aspiration vers un ailleurs, qui lui permettrait de s'exprimer pleinement. Mais si l'individu est entravé dans ce mouvement, la nouvelle génération représentée dans le dénouement semble moins figée dans des carcans. À travers elle, Wharton fait état d'un travail de la durée, susceptible de donner une place plus importante à l'individualité.

Communauté(s)

La communauté désigne ce qui est commun à plusieurs personnes, dont l'ensemble est constitué de liens d'intérêts, d'habitudes, d'opinions ou de caractères partagés. Elle admet une pluralité d'acceptions, régies par l'ordre politique, économique, culturel ou religieux dont elle est issue et dont elle défend les positions.

Dans le roman d'Edith Wharton, la notion de communauté ne s'entend jamais qu'au pluriel, de manière fragmentée, par-delà les belles apparences d'unité affichée par le vieux New York. Ce dernier est en lui-même subdivisé en différentes strates que Mrs. Archer assimile aux étages d'une pyramide, dont la base est formée par ceux qu'elle appelle les « "gens modestes" » (les Spicer, les Lefferts, les Jackson), et qui voit trôner en son sommet les Van der Luyden (VI, p. 65-66). Mais il faut aussi compter avec d'autres types de communauté en son sein, définis autant par le genre (la communauté des hommes, des jeunes gens ; celle des jeunes filles, des épouses et des mères), la catégorie socioprofessionnelle (les notables, les intellectuels, les artistes), que par des espaces, des valeurs et des intérêts, communs ou divergents. Le « bon goût » ou le « bon ton » y apparaissent comme des qualités dans lesquelles chacun est censé se reconnaître et que chacun, surtout, doit respecter. La belle unité affichée dans les espaces de sociabilité mondaine que sont l'opéra ou la salle de bal des Beaufort masque ainsi une réalité plus ambiguë, traversée par de sourdes tensions, des conflits et des exclusions. Si la communauté dans son entier peut en effet apparaître comme un cadre sécurisant et même un rempart contre l'adversité (comme la comtesse Olenska le pense en venant y trouver refuge, ce en quoi sa communauté commence par faire « bloc » autour d'elle, pour la protéger autant que pour se protéger elle-même), elle s'avère bien plutôt cruelle, comme en témoigne le glissement de mots qui, au fil du roman, fait passer du « milieu » au « clan », puis à la « tribu », signalant un espace fermé, replié sur des valeurs d'un autre temps. L'image de la pyramide, c'est-à-dire d'une antiquité, ou les atours néoclassiques des demeures le signalaient déjà bien : l'apparente atemporalité du vieux New York a ses charmes, mais elle renvoie aussi à un temps dépassé, littéralement moisi, comme le suggère aussi la présence, lors des noces de Newland et de May, de ces « vieilles dames des deux familles », qui « avaient exhumé leurs zibelines décolorées et leurs hermines jaunies », une « odeur de camphre » s'élevant symboliquement « des premiers bancs de l'assistance » (XIX, p. 180). Le terme de « tribu » est quant à lui caractérisé par une forme de primitivité apparemment bien loin, là encore, des beaux atours de la communauté. Ellen en est exclue comme un « membre qui allait en être retranché », lors d'un dîner pourtant raffiné, donné en son honneur au moment de son départ ; le passage insistant bien plutôt sur la réalité bien moins feutrée d'une telle éviction : « C'était ainsi dans ce vieux New York, où l'on donnait la mort sans effusion de sang » (XXXIII, p. 288). La représentation de la communauté dans le roman est donc extrêmement ambivalente. Il s'agit à la fois d'un espace charmant et suranné que la romancière se plaît à ressusciter, autant qu'un lieu d'aliénation de l'individualité : en ce sens, si son évocation est pour Wharton un réconfort après les horreurs du premier conflit mondial, elle en annonce aussi la déshumanisation totale et la brutalité [1].

Les communautés sont plurielles aussi chez Eschyle, qui en représente l'unité comme les conflits. Chaque communauté est généralement affectée par le malheur d'un individu auquel elle est liée, qu'il s'inscrive en son sein ou qu'il lui soit étranger. Les pièces représentent ainsi des moments de crise paroxystique qui mettent en danger l'intégrité d'une communauté, qui se défend alors et cherche à se reconstituer. Le pluriel des Danaïdes et des Argiens, dans *Les Suppliantes*, des Thébaines, des partisans des deux frères ennemis, et à travers eux de la lignée maudite des Labdacides (dont la « faute ancienne [...] dure encore », occasionnant pour les Thébains « une mer de maux », p. 166), dans *Les Sept contre Thèbes*, signale à chaque fois des unités d'intérêts, de valeurs ou de ressentiment, chacune étant engagée dans des rapports de pouvoir. Aussi les différents guerriers chargés de défendre ou de faire céder Thèbes ne sont-ils pas tant à la recherche d'une gloire personnelle que du triomphe de leur clan : afin de répondre du « destin de Thèbes », chacun doit « se donn[er] au rôle qui convient à ses forces, porter secours à la cité, aux autels des dieux du pays » (p. 147, 143). L'individu n'en est que le représentant, tel le roi des Argiens lui-même, dans *Les Suppliantes*, lorsqu'il affirme que « quel que soit [son] pouvoir » il ne « saurai[t] rien faire sans le peuple » (p. 65). Le chœur, dont la présence sur scène est continue dans la plupart des tragédies mais qui s'incarne plus particulièrement au cours des *stasima*, représente en face de lui un autre collectif dont le coryphée n'est aussi qu'une émanation. Ses mots sont avant tout ceux d'un groupe qui poursuit un même objectif, au nom d'un même refus (celui des assauts de leurs cousins pour les Danaïdes), ou d'un ensemble qui craint pour la survie de la cité tout entière (pour ce qui est des

1. C'est l'analyse qu'en propose en particulier Linda Wagner-Martin dans The Age of Innocence. *A Novel of Ironic Nostalgia*, *op. cit.*, p. 5.

Thébaines épouvantées par le conflit qui vient). Dans *Les Suppliantes*, plus encore, le chœur formule sa demande d'asile en insistant sur son ascendance grecque, sa généalogie mythique s'inscrivant dans la double filiation de Zeus et d'Argos, puisque les Danaïdes descendent elles aussi d'Io, ce en quoi elles portent également en elles tout un pan des malheurs liés à la condition féminine, en tant qu'elle s'oppose à la sauvagerie intrinsèque de la condition des hommes – ici incarnée dans et par l'impiété de leurs cousins. C'est une manière pour les Danaïdes de se rapprocher des Argiens, de signaler en eux une même communauté, ce en quoi Pélasgos ne pourra leur refuser son aide : « sans se partager, tous » seront en effet « [leurs] sauveurs », et c'est avec « confiance » que les filles de Danaos pourront entrer dans la cité protectrice et « bien close », dans « l'appareil de ses remparts élevés » (p. 84). C'est pourtant le devenir de sa propre cité que le roi d'Argos redoute au moment où il est sommé de prendre sa décision. Les communautés s'entremêlent par conséquent, au gré d'intérêts convergents et divergents que le dramaturge met en évidence.

Spinoza cherche à penser les conditions de possibilité d'une communauté solide, qui libère les individus au lieu de les contraindre et d'aller ainsi contre leur nature. Quand il aborde les liens entre l'individu et la communauté, on a vu qu'il ne défendait pas un individualisme qui irait à l'encontre d'une organisation commune, provoquant un morcellement du corps social en divers partis ou factions. Il lutte au contraire contre les manipulations qui viseraient à diviser la communauté. Dans le même temps, ne pas reconnaître aux individus le droit de s'opposer au groupe revient à fragiliser ce dernier, car les individus suivent leurs appétits et ne peuvent agir que de manière conforme à leur complexion naturelle. Toute une tradition s'emploie par ailleurs à entraver la pensée, dont la communauté des théologiens qui, dans son opposition aux politiques ou aux philosophes, souligne à quel point la société dans son entier est fragmentée. Il faut donc concevoir une complémentarité entre individu et communauté, les deux s'impliquant l'un et l'autre : on ne peut penser l'individu sans le tout, ni le tout sans les individus qui l'expriment. Pour l'individu, la joie peut en ce sens résider dans le sentiment d'accomplissement et d'harmonie qu'il ressent à l'égard de la totalité dont il fait partie, la religion pouvant dès lors redevenir le cœur éthique indispensable à la vie en commun. En retour, la communauté reconnaît un droit absolu à la singularité des opinions. Mais pour que l'individu renonce à son droit naturel et en accepte la délégation, il faut, comme on l'a aussi noté, qu'il reconnaisse l'utilité supérieure pour lui du pacte social que lui offre la communauté dans laquelle il choisira dès lors de s'inscrire (qu'il s'agisse de provinces, de confédérations diverses ou de nations), et qui lui permettra en effet de se fortifier : c'est ainsi « pour vivre dans la sécurité et le mieux possible » que « les hommes ont dû nécessairement aspirer à s'unir en un corps et ont fait par là que le droit que chacun avait de Nature sur toutes choses appartînt à la collectivité et fût déterminé non plus par la force et l'appétit de l'individu mais par la puissance et la volonté de tous ensemble » (XVI, p. 264). Dans ce nouveau contexte, le vote majoritaire est reconnu par tous les individus comme l'émanation de la volonté générale. C'est pourquoi chacun doit le respecter, bien qu'il soit « rare qu'une décision soit prise à l'unanimité » (XX, p. 330). De ces figures de la communauté, le philosophe propose plusieurs exemples, de l'État des Hébreux qu'il aborde au chapitre XVII pour en étudier le cas particulier, à la ville d'Amsterdam, « très florissante » et « très éminente », qu'il finit par évoquer comme un modèle voué « à l'admiration de toutes les nations » (XX, p. 334).

Normes et lois

L'inscription dans la communauté est caractérisée par un certain nombre de normes et de lois à respecter. Il peut alors s'agir de cadres structurants comme de contraintes aliénantes, que la philosophie et la littérature s'emploient à célébrer ou à dénoncer.

Les personnages sont tenus de respecter les lois de la religion chez Eschyle, dans une société où ce qui permet de caractériser le juste et l'injuste repose essentiellement sur la référence à la norme du sacré. Refuser de se soumettre à ces lois serait faire preuve d'une impiété qui, dans les œuvres, est systématiquement dénoncée et châtiée. Le « regard favorable » de Zeus est ainsi invoqué dès les tout premiers vers des *Suppliantes*, en tant que « Suppliant » lui-même, mais aussi protecteur des suppliantes, d'autant plus légitime et puissant qu'il est la divinité la plus haut placée dans le panthéon des dieux. D'emblée, par conséquent, le dramaturge indique que la justice et le respect des lois sacrées de la religion seront au cœur de la pièce, en tant qu'ils sont définis par ce qui est approuvé par la divinité. Il est à noter que *Les Suppliantes* s'achèvent également par un appel à l'autorité du dieu, garante d'une « juste sentence » face à « l'appel de la justice » délivré par le chœur des Danaïdes (p. 51, 87). C'est donc l'ensemble de la tragédie qui est placé sous le signe de sa loi, par laquelle s'exprime la justice qui accorde sa protection aux plus vulnérables ; Zeus étant du reste un dieu grec, dont invoquer la loi permet donc au chœur de se rapprocher des Argiens. Le vote favorable de ces derniers est motivé par les lois sacrées de l'hospitalité, dont Zeus est l'instigateur direct et qui sont censées prévaloir sur les lois humaines, constituant pour eux un devoir. Cette loi qui s'applique à tous et dans laquelle se retrouve et s'exprime la communauté est ici un rempart contre les Égyptiades, dont l'attaque est sacrilège puisque les Danaïdes sont désormais sous la protection d'Argos et de ses dieux. Dans *Les Sept contre Thèbes*, les premiers mots renvoient aussi aux enjeux de la justice. La puissance et les lois sacrées sont perçues comme relevant d'une vérité suprême, le « pouvoir céleste » étant « plus puissant encore » que le « succès » des hommes, comme l'énonce le chœur : « [c]'est lui qui souvent, quand l'homme plongé dans des maux sans issue, en sa détresse amère, voit un brouillard déjà descendre sur ses yeux, brusquement le relève » (p. 149). Antigone finit ainsi par opposer à la loi de Créon les principes élémentaires de la justice et de la religion, qui se font alors l'expression de sa conscience, contre la « justice » communément rendue par la cité, finalement désignée par le héraut qui doit « proclamer ici ce qu'ont jugé et décrété les commissaires du peuple de la cité cadméenne » (p. 174).

Des normes et des lois caractérisent aussi le commun dans le traité de Spinoza. « La Nature ne crée pas des nations, mais des individus », écrit ainsi le philosophe, et ces derniers « ne se distinguent en nations que par la diversité de la langue, des lois et des mœurs reçues ». Mais « seules, parmi ces traits distinctifs », précise-t-il, « les lois et les mœurs peuvent faire que chaque nation ait une complexion singulière, une condition propre, des préjugés à elle » (XVII, p. 295). Elle doit régir le bien commun, tant il est vrai que « le salut du peuple est la loi suprême à laquelle doivent se rapporter toutes les lois tant humaines que divines » (XIX, p. 317). Aussi, si l'individu ne peut être poursuivi et condamné pour ses pensées et ses paroles, il doit l'être quand il contrevient aux règles de la cité, quand ses actions désobéissent aux décrets communs : sinon, les individus autant que la communauté qu'ils composent perdront de leur puissance en générant dans un même mouvement la haine et la tristesse qui s'opposent à la joie d'une pleine inscription dans la totalité. L'individu qui a jugé utile pour lui de déléguer à la société la puissance qui lui appartient doit donc continuer à suivre la loi même s'il la pense infondée, sachant qu'il conserve toujours la possibilité de la critiquer, qu'il « peut dire et enseigner ce qu'il pense » à son sujet, tant que cela ne porte pas atteinte à l'ordre public et à la sécurité générale : « c'est à la condition qu'il laisse au souverain le soin de décréter sur toutes actions, et s'abstienne d'en accomplir aucune contre ce décret, même s'il lui faut souvent agir en opposition avec ce qu'il juge et professe qui est bon » (XX, p. 330). Mais tant que sa position ne sera pas devenue majoritaire et qu'il n'aura pas convaincu dans le débat d'idées, il doit se plier aux règles édictées. Quand bien même il jugerait utile pour le bien de la communauté de les enfreindre, il doit s'y refuser, sous peine d'être puni ; la désobéissance n'étant jamais tolérée au niveau des actes. Chacun, sinon, se saisirait en permanence d'un tel prétexte pour agir à son gré, tant il est « impie » en effet « de faire quelque chose selon son jugement propre contre le décret du souverain de qui l'on est sujet, puisque, si tout le monde se le permettait, la ruine de l'État s'ensuivrait » (*idem*). Ces règles, tout comme les normes politiques et morales qui leur sont liées, sont du reste placées dans une stricte continuité par rapport aux lois de la nature ; aussi sont-elles abordées de la même manière, et parallèlement, par le philosophe. Elles doivent également refléter le message des Écritures, que chacun peut et doit lire selon sa complexion propre (puisqu'il n'y a pas d'intermédiaire entre l'individu et Dieu : « [A]ux individus de lire et de relire constamment tout seuls avec la plus grande attention le livre de la Loi » ; XVII, p. 290). Ce message repose sur des préceptes éthiques simples et universels comme ceux de la charité et de la justice (« Aime ton prochain, aie en haine ton ennemi » ; XIX, p. 318), qui permettront effectivement de fonder une communauté d'individus obéissant à la loi. Mais c'est avant tout au dirigeant d'en décider, pour ce qui concerne aussi bien la loi civile que la loi religieuse, les religieux n'ayant pas vocation à former un État dans l'État.

La manière dont Edith Wharton dépeint les normes et les lois du vieux New York paraît plus légère. Elle n'est pas dénuée d'une certaine nostalgie, ni d'un humour marqué. Dès le début de son roman, le double portrait de Lawrence Lefferts et de Sillerton Jackson permet de représenter des figures d'autorité dont le rôle est de dire la conformité par rapport aux règles du « milieu ». Lefferts, par exemple, est « le premier arbitre de New York en matière de "bon ton" » (I, p. 25), ce qu'il doit au temps qu'il a consacré, bien plus que d'autres, à cette « étude compliquée et captivante », en plus du « sens inné » du « "bon goût" » qui le caractérise, lui qui « savait porter avec tant d'aisance des vêtements impeccables et tirer parti de sa grande taille avec tant de grâce nonchalante » (I, p. 26). Mais, dans le même temps, par-delà le masque charmant et raffiné, ces règles sont érigées en impératifs auxquels nul ne saurait déroger. La communauté les impose en aliénant par là même toute tentative de singularité. Si elle offre aux yeux de tous un aspect réconfortant dans son immuabilité, se présentant apparemment comme un cadre et un rempart, elle est aussi un monde hypocrite et bruissant de rumeurs, où chacun semble arc-bouté sur des croyances muées en lois de la communauté. Elle veille donc farouchement à préserver les fondations de sa propre stabilité, quels qu'en soient les moyens, s'opposant sans pitié à tous ceux qui, selon ses propres normes, rongeraient son ordre et sa « respectabilité », le modèle étant celui d'une surveillance et d'un contrôle généralisés. Les personnages « audacieux » du roman sont par conséquent plus ou moins disqualifiés, sans parler de ceux que Mrs. Archer appelle sèchement les « gens tarés », qui ne correspondent pas, ou plus, aux normes édictées par le « milieu » (XXXII, p. 279). Ces normes deviennent alors des carcans, dont l'extrême rigidité empêche toute forme d'individualité propre. La comtesse Olenska ne peut ou ne veut les observer, comme le signale son histoire, mais aussi ses vêtements, qui ne correspondent pas aux codes attendus, ou la demeure qu'elle occupe à New York dans un quartier qui n'est « pas à la mode », ni conforme au « bon goût » de la majorité (IX, p. 88). Elle est en cela proclamation de liberté, en ce qu'elle s'émancipe des normes d'un espace-temps, affirmant une personnalité. Dans la seconde partie du roman, elle est donc progressivement perçue comme une menace qu'il convient d'éloigner, de soustraire aux membres de la communauté, puisqu'elle met en danger les règles de la « Famille » et du foyer. C'est pourtant bien une femme émancipée de tous ces codes que Newland imagine avoir vécu à Paris, dans le dernier chapitre, lui qui n'a pas su, ou voulu, s'en émanciper.

Pouvoir

Le pouvoir est-il détenu par l'individu ou la communauté dans la société ? Conféré aux uns plutôt qu'aux autres, au bénéfice ou au détriment des particuliers, il adopte en tout cas des visages très différents dans les œuvres.

À travers son *Traité*, Spinoza veut lutter contre l'autorité des prêtres qui cherchent bien souvent à opposer les foules aux responsables politiques, provoquant des dissensions au lieu de veiller à l'établissement d'une communauté solide. Il remet donc en question le pouvoir des prêtres en soulignant l'illégitimité de ces derniers à revendiquer l'exercice d'un magistère sur les croyances populaires. Les théologiens qui mettent en avant la conception d'un Dieu monarque ont en effet l'objectif caché d'idéaliser la monarchie, de sacraliser le pouvoir afin de s'en accaparer tout un pan, quitte à collaborer avec les défenseurs de la monarchie absolue – ce qui est effectivement en train de se produire au moment où Spinoza rédige son *Traité*. En ce sens, contrairement à ce que le titre de son œuvre paraît suggérer, il ne s'agit pas de penser une collaboration quelconque entre le théologique et le politique, mais de souligner la nécessité d'une désunion nette entre ces deux domaines, en rétablissant le primat du politique sur le religieux et en insistant sur la souveraineté de l'État face aux communautés religieuses. « Nous ne pouvons donc douter », écrit Spinoza, « qu'aujourd'hui les choses sacrées [...] ne relèvent du seul droit du souverain et que personne, sinon par leur autorité, ou en vertu d'une concession reçue d'eux, n'ait le droit et le pouvoir d'administrer ces choses » ; « cela [étant] de première nécessité pour le maintien tant de la Religion elle-même que de l'État » (XIX, p. 320). Il faut donc en même temps maintenir le cœur positif de la foi, à savoir l'amour du prochain qui se décline en esprit de justice, de charité et de tolérance dans la société. Mais pour ce faire, il faut aussi prendre en considération le pouvoir propre de l'individu, voué à suivre sa propre nature afin d'accroître ou de conserver sa puissance, ce en quoi le pouvoir étatique présente clairement des limites ; manière pour Spinoza de dénoncer la tentation de l'absolutisme, l'État devant se contenter de régler non pas les pensées mais les seuls actes répréhensibles. Mais dans le même temps il faut veiller à ce que l'individu, qui ne se soumet que tant que cela lui est utile, ne cherche pas à dominer les autres, à fragmenter la société en partis ou en clans repliés sur eux-mêmes, suscitant des conflits et même des guerres, autant d'instruments effectivement propres à déstabiliser l'État. L'établissement d'un pouvoir juste, où chacun trouverait sa place, est ainsi, là encore, présenté comme un ouvrage à l'équilibre délicat, puisqu'il doit faire en sorte « que l'individu transfère à la société toute la puissance qui lui appartient », de sorte qu'elle soit « seule à avoir sur toutes choses un droit souverain de Nature, c'est-à-dire une souveraineté de commandement à laquelle chacun sera tenu d'obéir » (XVI, p. 266).

La question du pouvoir est centrale aussi dans les deux pièces d'Eschyle au programme. Elle est d'abord incarnée par la figure de Zeus, premier des dieux du panthéon grec, « dieu des souffles propices » selon le chœur des Danaïdes, que nul autre pouvoir ne saurait contester : « [a]ucun pouvoir ne siège au-dessus du sien. Sa loi n'obéit pas à une loi plus forte » (p. 72). C'est parce qu'ils s'opposent à son autorité que les Égyptiades sont déclarés impies et renversés. Les souverains clairement nommés de l'ordre terrestre se réclament tous de son autorité, quand la leur est testée ou menacée, ce en quoi ils sont appelés à l'affirmer. Pélasgos, le roi des Argiens, Étéocle, celui de Thèbes, doivent affronter les Égyptiades ou l'armée d'étrangers réunie par Polynice. Immédiatement après sa lignée, c'est par son pouvoir que Pélasgos choisit de se présenter auprès du coryphée : « Je suis maître de tout le pays que traverse le Strymon sacré, à partir de sa rive occidentale. J'englobe les terres des Perrhèbes », ajoute-t-il encore, « et celles qui, au-delà du Pinde, touchent à la Péonie, et les montagnes de Dodone, jusqu'au point où les eaux des mers viennent former ma frontière : en deçà, tout m'appartient » (p. 59). Le chœur ne s'y trompe pas, qui reconnaît en lui l'administrateur absolu de la communauté. Plus encore, selon lui, le roi se confond avec toutes les instances de la communauté : « C'est toi, la cité ; c'est toi, le Conseil ; chef sans contrôle, tu es le maître de l'autel, foyer commun du pays ; il n'est point d'autres suffrages que les signes de ton front, d'autre sceptre que celui que tu tiens sur ton trône ; toi seul décides de tout » (p. 64). Il a donc toute autorité sur elle, ce qui ne l'empêchera pas de vouloir fonder sa décision sur le plein accord de son peuple, ce en quoi il se montre juste et soucieux du bien commun. Étéocle, le « vaillant seigneur des Cadméens », se présente quant à lui d'emblée comme celui qui doit « dire ce que l'heure exige », engageant sa responsabilité dans le conflit à venir : c'est selon ses propres termes un « chef qui, tout à sa besogne, au gouvernail de la cité, tient la barre en main, sans laisser dormir ses paupières ». Il encourage aussi la vaillance de son peuple, comme l'indique la succession des exclamations : « aux créneaux ! aux portes des remparts ! Tous debout ! courez armés de pied en cap ! » (p. 143-144). L'autorité du pouvoir peut pourtant être contestée : Antigone finit par lui opposer sa propre singularité en affirmant sa volonté d'offrir une digne sépulture à Polynice, comme l'affirme la prévalence dans ses propos de la première personne du singulier, clairement opposée au pouvoir en place : « [e]t je déclare, moi, aux chefs des Cadméens : si personne ne veut aider à l'ensevelir, c'est moi qui l'ensevelirai » (p. 175).

Une telle contestation du pouvoir voit ses limites confirmées dans *Le Temps de l'innocence*. Le pouvoir n'y a certes pas la même portée, ni les mêmes visages. Il est pourtant bien difficile de s'y opposer. Il est incarné par des figures d'autorité qui en proclament les usages et les font respecter. L'image de la pyramide en illustre le caractère très hiérarchisé. Sa base est formée par « ce que Mrs. Archer appelait "des gens modestes" », composée « d'une majorité de familles honorables, telles que les Spicer, les Lefferts, les Jackson, qui s'étaient élevées au-dessus de leur milieu par des alliances avec les clans dirigeants ». « Sur ces fondements solides, mais sans éclat », la pyramide s'élève et voit trôner en son sommet trois familles d'extrêmes « privilégiés » : les Dagonet, les Lanning, et surtout les Van der Luyden, « descendants directs du premier gouverneur hollandais », « apparentés depuis plusieurs générations aux aristocraties française et anglaise ». Ces derniers sont par conséquent « au-dessus d'eux tous, disparaiss[ant] dans une sorte de pénombre ultra-terrestre », presque sacralisés (VI, p. 65-66). La communauté fait appel à eux dans les moments de crise, afin de rétablir l'ordre et la sérénité sur lesquels repose tout l'édifice social. Ils accueillent ainsi la comtesse afin de contrer le scandale annoncé. Dans la dernière partie du roman, la demande leur est à nouveau formulée de se « montrer à l'Opéra et même d'ouvrir [leurs] salons », en gage de permanence et de respectabilité, au moment où le

« milieu » est déstabilisé par les difficultés financières de Beaufort (XXXII, p. 278). Newland ne peut qu'observer « le sentiment de leur majesté », leur posture marquant « une sorte de dignité royale », signe du pouvoir qui leur est attribué presque malgré eux : « Le sort les obligeait à rester les arbitres de leur petit monde, la dernière cour d'appel du protocole mondain, alors qu'ils eussent préféré vivre dans la simplicité et la réclusion, entretenant leurs beaux jardins de Skuytercliff et faisant, le soir, des patiences » (VII, p. 71). L'autorité dans la communauté est ici figurée en responsabilité, presque en contrainte, que les Van der Luyden assument en dépit de leur réticence. À travers eux, dans la communauté du vieux New York, c'est donc aux grandes familles que le pouvoir est attribué. C'est un pouvoir aux allures civilisées, mais qui se révèle sans pitié à l'égard de ceux qui perturbent son ordre. Les Mingott excluent ainsi la comtesse Olenska de leur rang. May, la jeune épouse du foyer, incarnation vivante de la « Famille », se mue alors en Diane chasseresse, figure de la divinité plus inflexible et déterminée que ses douces apparences ne le laissent supposer. L'arc qu'elle manie avec tant d'adresse est le symbole d'une force par laquelle elle surpasse effectivement son époux en incarnant pleinement son nom – Archer –, et à travers lui sa puissance supposée. À Newport, ne prend-elle pas elle-même, symboliquement, « les rênes » de leur « petit phaéton », cependant que son époux reste assis à ses côtés (XXI, p. 205) ?

Cité

La cité est une communauté politique indépendante, soumise à des lois propres. Celles et ceux qui y ont « droit de cité » jouissent de tous les droits des citoyens qui lui sont liés. Elle est donc censée garantir un certain équilibre et autoriser le bien-être des individus qui la composent.

Dans l'Antiquité, la cité désigne une communauté d'hommes libres qui constituent une société politique indépendante et partagent un gouvernement, des lois, une religion et des mœurs propres. Elle se caractérise aussi par des rites, des festivités telles que les grandes dionysies au cours desquelles un concours de tragédies était notamment organisé. Le règlement de l'épreuve obéit alors aux mêmes normes institutionnelles que les assemblées et tribunaux populaires ; le choix des poètes, des acteurs et des juges étant dévolu aux plus hauts magistrats de la cité. L'épanouissement de la tragédie a donc été rendu possible par une politique religieuse et civile qui l'a encouragé. Mais cette scène de débat, où les spectateurs observent et commentent, par le truchement du chœur, les actes et les paroles des protagonistes sur scène, est surtout liée à une période historique bien particulière. Jean-Pierre Vernant montre en quoi elle est une « institution sociale que la cité met en place à côté de ses organes politiques et judiciaires » : loin de n'être qu'un simple reflet de la réalité sociale qu'elle représente, la tragédie met en question les valeurs fondamentales de la société. Ce que Vernant appelle « le moment historique » de la tragédie est donc un moment d'indécision, une confrontation entre les traditions mythiques (portées à la scène avec les anciennes légendes héroïques) et les formes nouvelles de la pensée juridique et politique en cours d'élaboration [1]. Les pièces d'Eschyle, qui fut l'un des premiers à exprimer et à élaborer le sentiment d'une identité commune autour d'Athènes, illustrent bien l'idée d'un débat, d'une confrontation entre individus et communauté. Les intrigues s'y déroulent dans des espaces communs, un « tertre consacré aux dieux d'une cité » dans *Les Suppliantes*, ou l'agora de Thèbes dans *Les Sept contre Thèbes*, place publique où se réunissait l'assemblée des citoyens, centre politique, économique et religieux autour duquel se rangeaient une partie des édifices publics : c'est en ces lieux que Pélasgos entend la demande des Danaïdes et choisit de s'en remettre à la décision de son peuple, et qu'Étéocle exhorte les Thébains à assurer la défense de leur cité (p. 57, 143). Le dramaturge fait à chaque fois entendre ce qu'est

1. Jean-Pierre Vernant, « Le moment historique de la tragédie : quelques conditions sociales et psychologiques » ; repris dans Jean-Pierre Vernant, Pierre Vidal-Naquet, *Mythe et tragédie en Grèce ancienne*, Paris, La Découverte, 1989, p. 14.

une parole publique, inscrite dans l'espace de la cité à qui elle s'adresse, face à ses concitoyens ou face aux jeunes femmes qui lui demandent asile (les Danaïdes), confrontés à des ennemis déclarés tels que les Égyptiades ou l'« armée étrangère » réunie par Polynice (p. 174). Dans *Les Suppliantes* en particulier, l'accueil ou non des Danaïdes et la mise en péril d'Argos font l'objet de débats, selon le souhait du roi lui-même qui dit vouloir être accompagné de « Persuasion » (p. 69). Par son entremise et l'accord du peuple (car c'est bien ce dernier qui rend « un décret décisif » et se prononce « d'une voix unanime »), « la cité bien close » et ses « remparts élevés » se muent finalement en lieu de protection (p. 72, 84). Dans *Les Sept contre Thèbes*, soumise à la colère d'Antigone et à l'horreur du sang versé des deux frères, elle devient au contraire un objet de « peur » aux yeux du coryphée, qui veut alors « détourner la terreur que [lui] inspire la cité » (p. 176).

Contre la monarchie et le despotisme, Spinoza définit la démocratie comme « l'union des hommes en un tout qui a un droit souverain collectif sur tout ce qui est en son pouvoir » (XVI, p. 266). Son éloge dans le *Traité* apparaît d'autant mieux qu'il contraste avec l'examen de la théocratie. Dans ce dernier régime, la patrie commune s'incarne dans le partage des mêmes mœurs et dans la diversité des cérémonies. L'État des Hébreux n'est toutefois pas un idéal, car il préfère finalement la guerre à la paix, entretient une haine féroce à l'égard des autres nations, avant de se diviser en tribus caractérisées par leur insoumission. La communauté n'y est qu'apparente, car dépourvue du consentement de chacun, qui pourrait assurer sa cohésion. La démocratie, elle, apparaît au contraire comme la forme la plus adaptée de gouvernement. Spinoza en analyse la spécificité : si elle invite chacun à renoncer à son droit naturel et à obéir absolument sur tout à l'État, comme dans les autres régimes, elle permet en même temps à chacun de s'exprimer pleinement, dans une égalité totale par rapport aux autres individus. Chacun s'y inscrit ainsi de son plein gré, en déléguant la puissance qui lui appartient au dirigeant. En retour, ce dernier doit lui garantir le droit d'exprimer ses pensées, de critiquer les lois tant que par ses actes il n'y contrevient pas et qu'il continue de les respecter, même si elles lui paraissent inutiles ou infondées : alors « certes il mérite bien de l'État et agit comme le meilleur des citoyens » (XX, p. 330). La « piété envers la Patrie » devient « la plus haute sorte de piété qu'un homme puisse montrer » : « supprimez l'État en effet, rien de bon ne peut subsister », ajoute Spinoza ; « nulle sûreté nulle part ; c'est le règne de la colère et de l'impiété dans la crainte universelle » (XIX, p. 317). Dans un tel cadre, le philosophe évoque la joie qu'il y aurait à éprouver de l'amitié pour ses concitoyens dans une cité où règnent la justice et la charité, l'égalité entre les individus et le droit à exprimer librement ses opinions personnelles, alors même qu'elles ne s'accorderaient pas avec la majorité. La démocratie se caractérise en effet par le fait de consentir au vote majoritaire, et par la joie qu'un tel mouvement suscite encore ; la confrontation démocratique des idées étant toujours possible afin de les faire évoluer dans le cadre du débat. Spinoza croit donc en une puissance modératrice de la démocratie au sein de la cité, son règne permettant idéalement la fin de la corruption et l'observation plus constante des lois par des individus qui n'en seraient pas pour autant réduits à n'être que des pantins.

Chez Wharton, le vieux New York est une partie de la cité qui vit selon ses propres lois et défend farouchement ses intérêts. Il déroge en ce sens à l'espace commun dont il ne semble pas se soucier, figé qu'il est dans son propre espace-temps. Être singulier, aliéné par sa communauté en dépit des efforts qu'il accomplit pour s'en extraire, Newland éprouve quant à lui la curiosité de côtoyer des individus qui n'appartiennent pas à son milieu. Bien qu'il soit quelque peu effrayé par le quartier douteux où vit son ami Winsett, attristé par la « vie [...] médiocre » qu'il y mène selon lui, le personnage n'en trouve pas moins en ce dernier le « stimulant intellectuel » qui lui manque tant chez les hommes de son propre « clan » (XIV, p. 134-135). De même auprès de M. Rivière, dont l'expérience et les fréquentations intellectuelles l'impressionnent favorablement, il a l'impression de humer « un air nouveau » (XX, p. 198). Dans les deux cas pourtant, les différents milieux formant la cité semblent irréductiblement fragmentés. Il faut attendre la fin du roman pour voir se réactualiser chez Newland un intérêt pour l'altérité. Il consacre du temps à la communauté, s'inscrit pleinement, par là même, dans la citoyenneté. Au début du dernier chapitre, Newland revient en effet « d'une réception officielle pour l'inauguration des nouvelles galeries du Metropolitan Museum » (XXXIV, p. 292). Il n'a donc pas renoncé à son amour des arts, qui le singularisait tant ; mais le passage insiste aussi sur sa notabilité d'homme installé dans son « milieu ». Theodore Roosevelt lui-même a songé à lui pour siéger au sein d'une assemblée, ce qu'il a fait pendant un temps, sans être réélu. « [I]l n'était pas fait pour la vie publique », lit-on alors (*idem*) : est-ce à dire aussi qu'il en a refusé les compromissions et l'hypocrisie ? Lui-même ne voyait dans sa jeunesse aucun « homme propre » dans la politique, déplorant « la triste fin des rares gentlemen qui avaient sali leurs manchettes dans les affaires municipales ou dans la politique d'État » (XIV, p. 136). Vingt-neuf ans plus tard, il continue pourtant d'œuvrer au bien commun, s'étant « retranché dans les modestes, mais utiles travaux de la vie municipale », écrivant aussi « des articles dans des revues qui essayaient de secouer l'apathie du pays » (XXXIV, p. 293). Il se replie volontiers sur la sphère de l'individualité, et c'est à cette échelle que Wharton choisit de présenter son engagement, dont la modestie paraît finalement honorable. Il se passionne « pour de belles causes », et « avait été [...] ce qu'on commençait à appeler à New York “un bon citoyen” » (*idem*). Son avis est sollicité de toutes parts par la communauté : « tout nouveau mouvement, philanthropique, municipal ou artistique, avait compté avec son opinion, avait demandé son appui. Qu'il fût question de fonder une école d'infirmières, de réorganiser le Musée, de fonder un cercle de bibliophiles, d'inaugurer une nouvelle bibliothèque, ou de former une société de musique de chambre, on disait toujours : “Il faut demander l'avis d'Archer.” » (XXXIV, p. 294). Une telle position semble alors, malgré tout, ancrer le personnage dans son temps.

Raison et passions

Dans les rapports qu'ils entretiennent l'un à l'égard de l'autre, l'individu et la communauté oscillent entre l'usage de la raison et le dévoiement dans des passions qui peuvent aussi, paradoxalement, leur offrir l'occasion d'un approfondissement de leur être.

Dans la tragédie, le but de la catharsis est celui d'une purgation des passions. Vécu individuellement, transféré à toute la communauté (comme la malédiction de Laïos qui s'abat sur toute sa lignée), subi par l'individu, en raison de son appartenance à la communauté, le châtiment attend bien souvent celles et ceux qui adoptent une attitude et des propos excessifs. En s'opposant à la raison, en traçant des lignes de conduite qui s'apparentent soit à un défaut d'humanité (telle que la sauvagerie dans laquelle versent les Égyptiades), soit à un excès de comportements typiquement humains (comme la frayeur, l'angoisse incontrôlée), les personnages saisis d'*hubris* sortent du cadre contrôlé de la cité, brisent la tempérance et font ainsi basculer la communauté dans des extrémités nuisibles. Or, d'une certaine manière, dans les deux pièces, chacun des personnages fait preuve de démesure ; le terme apparaissant d'ailleurs lui-même très régulièrement dans la traduction de Paul Mazon. La première intervention du chœur vise ainsi à susciter terreur et pitié dans le cœur des spectateurs. Les Danaïdes et les Thébaines y dénoncent l'*hubris* à l'œuvre chez l'ennemi qui cherche à les abattre ou à les posséder ; elles-mêmes n'étant pas dépourvues d'une telle démesure. Les premières en appellent aux divinités pour frapper l'« intolérable démesure » des « mâles insolents » dénoncés par le coryphée (p. 79, 52). Elles demandent à Zeus en particulier d'observer « la démesure humaine », telle qu'elle est « incarnée à nouveau dans la race » des Égyptiades qui, pour obtenir l'« hymen » de leurs cousines, « s'épanoui[ssen]t en funestes et folles pensées » : les fils d'Égyptos se comportent en effet comme des « [o]rgueilleux, tout dévorants d'audace impie comme des chiens sans vergogne », « sourds à la voix des dieux » (p. 54, 77). Les Thébaines, elles, clament leur « peur » et leurs « douleurs immenses » face au spectacle de leur pays « livré au fracas des sabots » et des guerriers de Polynice, « bouillant[s] de vaillance », tels « des lions aux yeux pleins d'Arès » (p. 145-146, 144). Face aux Danaïdes et aux Thébaines, Pélasgos et Étéocle se parent des attributs de la raison – bien que le roi de Thèbes ne soit pas pour rien dans le déchaînement de violence que s'apprête à subir sa cité. Le premier, surtout, tient à raisonner, à peser le pour et le contre, étant parfaitement conscient que son choix, quel qu'il soit, provoquera « de tous côtés d'invincibles soucis » (p. 67). Il écoute les arguments des Danaïdes et s'appuie sur la délibération du peuple pour prendre sa décision. Il n'hésite pas pour ce faire à faire appel à la persuasion, afin de susciter la compassion des Argiens et qu'ils se « sent[ent] mieux disposé[s] » à l'égard des Danaïdes (p. 68). Il reprochera au héraut des Égyptiades de « commettre bien des fautes » et d'user, quant à lui, « de bien peu de sens » (p. 82). À travers Pélasgos, c'est donc une « leçon de mesure » qu'entend donner Eschyle, bien fragile toutefois si l'on en croit le destin futur de ses personnages (p. 87).

Spinoza cherche à concevoir un régime politique qui serait justement guidé par l'usage de la raison et qui le favoriserait au sein de la communauté, contre les passions nuisibles au bien commun. Il rappelle du reste que la philosophie elle-même est gouvernée par cette faculté qui permet de penser la relation entre individu et communauté : il lui faut « examiner cette question avec méthode », tant il est vrai que « le sage a un droit souverain de faire tout ce que la Raison commande, autrement dit, de vivre suivant les lois de la Raison » (XVI, p. 261-262). Cette faculté permet d'accéder à des connaissances vraies, obtenues par une démonstration logique et rigoureuse. Spinoza critique au contraire la dégénérescence de la religion en superstition, et s'oppose au dogmatisme des Églises, ouvertes à toutes les manipulations qu'autorise également un pouvoir usurpé. Le *Traité* invite ainsi à réinterpréter le combat entre la raison et les passions. Selon Spinoza, en effet, les individus ne peuvent pas maîtriser leurs passions. Leur état naturel est celui d'un appétit sans limites qui leur porte en réalité préjudice. Mais s'ils ne peuvent supprimer l'efficacité de ces affects, qui les déterminent comme leur nature propre, ils réalisent aussi que c'est par la réunion de leurs puissances au sein d'une société, et plus particulièrement d'une société démocratique, qu'il leur sera plus utile de se conserver et d'augmenter leur puissance d'agir, plutôt que de demeurer seuls ou de se livrer à des conflits permanents. Ils peuvent ainsi se libérer de la servitude à l'égard des passions en passant d'un mode de connaissance gouverné par l'imagination, qui leur fait croire que des biens leur sont utiles alors qu'ils ne le sont pas réellement, à un mode de connaissance gouverné par la raison. La raison nous élève ainsi à la communauté, en réfrénant nos appétits : elle prend chez Spinoza le relais des passions en l'homme, car la nature même de ce dernier est d'être rationnel, et de comprendre par là même qu'il lui est plus utile de s'unir avec d'autres pour être plus puissant, tant que ses actions ne dérogent pas au droit commun. Il peut alors y défendre ses opinions par « la Raison seule, non par la ruse, la colère ou la haine, ni dans l'intention de changer quoi que ce soit dans l'État de l'autorité de son propre décret » (XX, p. 329-330). Un tel équilibre est toutefois extrêmement difficile à conserver, les individus restant malgré tout animés par un principe de plaisir, par des passions qui « occupent et agitent leurs âmes », telles que le « luxe », l'« avidité » ou la « gloire ». « Aussi bien les gouvernants que ceux qui sont gouvernés sont tous des hommes », écrit en effet Spinoza, « c'est-à-dire des êtres enclins à abandonner le travail pour chercher le plaisir ». Et d'ajouter : « non la Raison, en effet, mais les seules affections de l'âme la gouvernent [la multitude] ; incapable d'aucune retenue, elle se laisse très facilement corrompre ». La communauté n'est par conséquent pas marquée par le triomphe de la raison. Le vécu pernicieux des passions y peut toujours adopter le visage de l'insoumission, comme celui d'une dérive potentielle vers la tyrannie. « Prévenir tous ces maux, constituer dans la cité un pouvoir tel qu'il n'y ait plus de place pour la fraude ; bien mieux, établir partout des institutions faisant que tous, quelle que soit leur complexion, mettent le droit commun au-dessus de leurs avantages privés » reste par conséquent « l'œuvre laborieuse à accomplir » dans la cité (XVII, p. 279-280).

Les passions apparaissent au contraire, dans une certaine mesure, comme une voie d'épanouissement possible dans le roman d'Edith Wharton. Elles sont à interroger et même à dénoncer quand elles prennent le visage sinistre de la « tribu » et de sa cruauté, sous couvert de civilité. Leurs codes rigides se prévalent de la plus grande rationalité, en ce qu'ils organisent le quotidien par des rituels immuables qui vont jusqu'à toucher la succession des festivités, du spectacle à l'opéra au bal donné chez les Beaufort. Mais ils laissent en réalité apparaître un monde dévitalisé, car totalement replié sur lui-même : le corps de Mrs. Van der Luyden, garant suprême de l'autorité qui régit le vieux New York, semble ainsi « pris dans les glaciers », gardant « miraculeusement les couleurs de la vie », cependant que son mari s'adresse à Newland avec une « douceur glaciale », dans un passage qui n'est pas sans inquiéter ; le couple offrant ainsi le portrait d'une seule identité pétrifiée : « Le mari et la femme étaient si parfaitement semblables qu'Archer se demandait comment, après quarante ans d'intimité conjugale, ces deux êtres pouvaient se dissocier suffisamment pour être jamais d'un avis différent » (VII, p. 69). Lieu de mort, le vieux New York inflige ainsi des sentences mortelles aux inconvenants, décide de l'espace et de l'identité de ceux qui ont « "droit de cité" » en son sein (III, p. 37). Il se mue en tribunal inflexible, comme indiqué par le lexique : c'est « aux yeux de la loi et du monde », ainsi unifiés, qu'Ellen est jugée scandaleuse, au nom d'une rationalité froide et contestable (XIII, p. 128). La comtesse lui oppose le prix de sa liberté. Elle est très loin d'être dépourvue de raison, comme le souligne en particulier sa prudence à l'égard de Newland, la manière dont elle tente de le raisonner, jusqu'à sa « décision » finale de quitter le vieux New York. Cet univers lui paraissait d'ailleurs caractérisé par un ordre qu'elle opposait aux passions de l'étranger. « Si vous saviez comme je l'aime, précisément à cause de cela », commence-t-elle en effet par s'enthousiasmer : « toutes ces lignes droites, dans tous les sens, avec toutes ces grandes étiquettes honnêtes sur chaque chose ! » (IX, p. 91). Newland découvre pourtant à ses côtés la joie d'une existence plus intense. La maison d'Ellen est caractérisée par un désordre plaisant, remplie qu'elle est de tableaux et de livres ignorés jusqu'alors par le jeune homme, qui l'oppose immédiatement dans son esprit au vestibule néoclassique et « "pompéien" » de sa future demeure avec May (IX, p. 86). Et, si leur relation est impossible, la fin du roman ouvre la voie d'une possible réalisation de soi, qui ne trahirait pas l'expression des passions propres, mais en permettrait au contraire le plein épanouissement, Dallas et Mary suivant leurs propres inclinations au lieu de rentrer dans le moule, de se conformer aux attentes de la société.

Liberté

En ce qu'elle s'oppose à l'esclavage et à la servitude, à la dépendance et à l'enfermement, la liberté apparaît comme un idéal, par lequel l'individu s'émancipe des contraintes et des pouvoirs qui le freinent dans son épanouissement. L'une des questions est ici de savoir si la communauté l'accompagne dans ce mouvement ou l'entrave en l'aliénant.

La liberté est un objectif majeur à réaliser selon Spinoza, dans le cadre de la démocratie. Le contexte politique de son *Traité* est des plus troublés, puisque les monarchistes absolutistes et les théologiens dogmatiques rivalisent alors d'assauts pour fragiliser la libre république d'Amsterdam, le philosophe défendant quant à lui la « Parti de la Liberté », tout en cherchant à récuser les soupçons d'athéisme dont il fait l'objet. En 1665, dans l'une de ses lettres à Oldenburg, il indique ainsi son triple objectif : lutter contre les « préjugés des théologiens », qui « s'opposent surtout à ce que les hommes puissent appliquer leur esprit à la philosophie », empêchant la foi elle-même de se libérer d'une théologie fermée ; contrer « l'opinion qu'a de [lui] le vulgaire », qui « ne cesse de [l]'accuser d'athéisme » ; défendre enfin « la liberté de philosopher », qu'il désire « établir par tous les moyens ». Le sous-titre de son ouvrage note d'ailleurs d'emblée que la « paix de l'État », des affaires communes à tous, est étroitement liée à la « liberté de philosopher », qui « non seulement peut être accordée sans danger pour la piété et la paix de l'État », mais que l'on ne peut aussi « la détruire sans détruire en même temps la paix de l'État et la piété ». Le philosophe cherche ainsi à penser les conditions de possibilité d'une communauté solide qui libère les individus au lieu de les contraindre en allant contre leur nature ; l'objectif étant que les individus soient laissés libres de penser, tant qu'ils respectent dans leurs actes le cadre du droit commun. L'individu est en effet déterminé par son appétit, face auquel il se croit libre, sans réaliser sa détermination. Or, comme l'explique Spinoza, « être captif de son plaisir et incapable de rien voir ni faire qui nous soit vraiment utile, c'est le pire esclavage, et la liberté n'est qu'à celui qui de son entier consentement vit sous la seule conduite de la Raison » (XVI, p. 267). Il lui est possible de se libérer de cette servitude dans laquelle le placent ses affects, en s'élevant comme on l'a vu d'un mode de connaissance gouverné par l'imagination à un mode de connaissance gouverné par la raison. Être libre ne consiste alors pas à céder à tous ses caprices ou à faire des choix arbitraires : nul individu ne peut être dit absolument libre, mais il doit faire en sorte d'évoluer dans une république où il pourra penser et dire ce qu'il veut sans risquer pour cela d'être puni, dans la mesure où il n'affectera pas l'autorité communément confiée au souverain. Il n'est plus question alors de la puissance aveugle des affects, mais de la liberté civile, encadrée par des lois. Alors l'individu « peut avec une entière liberté opiner et juger et en conséquence aussi parler, pourvu qu'il n'aille pas au-delà de la simple parole ou de l'enseignement ». En retour, le gouvernement sera d'autant plus modéré et garanti de se conserver durablement que l'individu sera laissé libre de penser. « La fin de l'État », peut donc affirmer Spinoza, « est donc en réalité la liberté » (XX, p. 329).

Les tenants de la démocratie athénienne étaient déjà attachés à la notion de liberté. Eschyle en fait une valeur à défendre dans les deux pièces au programme, de manière différenciée. C'est bien la liberté que pourchassent avant tout les Danaïdes dans leur fuite, comme le chœur le souligne très vite au début de la pièce. Elles rappellent alors significativement leur inscription dans la lignée d'Io, elle aussi vouée à fuir en raison des passions qu'elle avait suscitées : « [q]ue les enfants d'une auguste mère échappent aux embrassements des mâles, libres d'hymen, libres de joug ! » (p. 55). Elles en appellent aux divinités du tertre où elles se réfugient, dont Hermès qui leur signifiera, espèrent-elles, « un doux message de liberté » (p. 58). La terre d'Argos est l'espace de délibération qui leur permet d'entrevoir le repos. « Par un vote unanime », les Argiens ont en effet décidé qu'ils les prendront sous leur protection : c'est par « le clair langage d'une bouche libre » que le roi l'annonce au héraut des Égyptiades, face à qui il se pare de cette vertu comme de sa puissance ; l'échange, le débat, mais aussi la liberté étant représentés ici comme des qualités distinctives, par opposition à la force brute (p. 83). Le chœur peut ainsi célébrer la liberté que les Argiens lui ont offerte, du moins pour un temps. Dans *Les Sept contre Thèbes*, Étéocle se prévaut aussi de la liberté de la cité pour défendre la continuité de son trône. Il en appelle aux dieux pour ne pas « courb[er] [...] un pays libre, une ville fondée par Cadmos, sous un joug d'esclave » (p. 145). Le chœur n'en demeure pas moins effrayé, ce par quoi il ne semble pas servir la cité : Étéocle l'accuse de livrer Thèbes « à l'esclavage » en ne cessant de prononcer des paroles désespérées et funestes (p. 151). Les Thébaines invoquent pourtant aussi les « divinités amies », qu'elles invitent à « envelopp[er] » Thèbes de leur « secours libérateur », les assauts guerriers de l'armée « étrangère » de Polynice étant à nouveau définis comme illégitimes (p. 148). Or si la ville échappe finalement « au joug de l'esclavage », il s'agit alors d'une libération bien coûteuse, les deux frères s'étant entre-tués, prolongeant la malédiction de Laïos. Le chœur n'insiste-t-il pas sur le « sinistre augure » de cette « rencontre de lances » (p. 169), immédiatement actualisé par la décision d'Antigone ?

La liberté semble aussi très relative au sein du vieux New York. L'individu y voit ses marges de manœuvre très circonscrites. À l'opéra, par exemple, la représentation de *Faust* autorise un certain nombre de libertés limitées, comme cela nous est incidemment indiqué par le détour d'une parenthèse qui en dit long, en réalité, sur le caractère très corseté des règles du milieu : un jeune homme est autorisé à parler car « il était convenu que l'on pouvait causer dans les loges pendant la scène de Méphistophélès et de Marthe » (II, p. 32). Dans cet univers, même la liberté « bohème » des intellectuels et des artistes semble connaître des limites. Newland lui-même n'en admet d'ailleurs au départ qu'un usage très restreint : « Il voulait bien parler de New York sur un ton cavalier, mais il n'aimait pas que d'autres prissent la même liberté » (IX, p. 89), note ainsi l'instance narrative alors qu'Ellen s'autorise une comparaison qu'il juge déplacée. La communauté est alors choquée par la liberté dont fait preuve « l'étrangère », « ce je ne sais quoi de dominateur que donne la beauté, le port de tête éta[nt] assuré, et dans la liberté du regard se lis[ant] la conscience de son pouvoir » (VIII, p. 77). Les personnages ont le droit d'y penser comme ils le veulent, bien que les préjugés du « clan » les rappellent immanquablement à l'ordre. C'est d'ailleurs parce qu'elle croyait l'Amérique terre de libertés, plus ouverte aux idées nouvelles que la « vieille » Europe où le divorce « n'est pas admis », qu'Ellen s'y est d'abord réfugiée : elle a « cru se conformer aux usages américains en demandant sa liberté » (XVI, p. 151). Or toutes les lois qui y règnent sont présentées comme une entrave aux singularités. Durant ses fiançailles, une fois « la tournée accomplie », Newland éprouve ainsi « le sentiment d'avoir été montré comme un captif dans un "triomphe" », ce qu'il comprend pleinement auprès d'Ellen (IX, p. 84). S'il a parfaitement conscience « que les femmes "bien élevées" » ne « revendiqueraient jamais le genre de liberté auquel il faisait allusion », une liberté dont il sait aussi que « jamais il [ne l']accorderait à sa femme », le « cas » de la comtesse « troubl[e] » en effet en lui « de vieilles convictions traditionnelles », et ouvre par là même la voie d'un déplacement (VI, p. 60-61). La comtesse paie toutefois cette liberté au prix d'une grande « solitude » (IX, p. 91). En prenant finalement la « décision » de quitter

New York, elle se donne aussi la possibilité de vivre une autre vie. Elle rompt avec les conventions dans lesquelles sa liberté s'était figée, contrairement à Newland. Mais bien que les nouveaux outils de communication ne soient pas sans les aliéner, les enfants de ce dernier semblent mus par une plus grande liberté d'action. Mary se montre d'une « indifférence invincible » pour la carrière des « arts d'agrément », leur préférant une « passion pour le sport et la bienfaisance » (XXXIV, p. 295, 293). En elle s'accomplit pleinement la vocation sportive de sa mère – qui, note-t-on au chapitre XX, en plus du tir à l'arc, se plaisait à pratiquer l'alpinisme, la natation, la marche et l'équitation, au grand dam de son mari (XX, p. 194). Mais Mary, elle, peut accomplir « ses hauts faits d'athlétisme » parce qu'elle n'est pas corsetée dans une « armature [...] rigide » comme l'était sa mère, détail cruel qui matérialise *a contrario* sa propre liberté. Quant à Dallas, sa « curiosité » l'a conduit à rejoindre un bureau d'architectes, ce en quoi il incarne un nouveau changement générationnel, « [c]ar, maintenant, les jeunes gens désertaient le barreau et les affaires, pour s'adonner à l'archéologie ou à l'architecture » – domaines dont on peut penser ici qu'ils sont plus ouverts et créatifs que le morne office dans lequel Newland lui-même déplorait son « inutile assujettissement » (XXXIV, p. 295, 293 ; XIV, p. 136). À travers eux, mais aussi grâce à l'effet de suspens présent dans le dénouement, le roman fait du travail de la durée celui d'une possible émancipation des individus face aux lois aliénantes de la communauté.

SECONDE PARTIE
Outils

Citations commentées des œuvres

Citations commentées des *Suppliantes* et des *Sept contre Thèbes*

Les Suppliantes

Le chœur : « nous errons en bannies ; non qu'aucune cité ait porté contre nous la sentence d'exil qui paie le sang versé ; mais, pleines d'une horreur innée de l'homme, nous détestons l'hymen des enfants d'Égyptos et leur sacrilège démence. » (p. 51)

Ces paroles prononcées à l'orée de la pièce permettent de poser le cadre de la fuite des Danaïdes : elles errent, en « bannies », loin des rivages du Nil où elles sont nées, à la recherche d'un lieu qui les accueille et les protège de leurs ennemis. Paradoxalement, elles n'ont pas été exilées par la volonté d'un souverain extérieur, mais de leur propre chef, afin de fuir ceux qui les poursuivent inlassablement. Ces derniers, les fils d'Égyptos, veulent les prendre pour femmes de force. C'est en cela qu'il s'agit d'une « sacrilège démence », une folie furieuse de la part de ces hommes qui outrepassent la volonté des femmes. Cette citation reconduit également l'ambiguïté mise en évidence dans le chapitre du commentaire d'Eschyle : fuient-elles avant tout le mariage avec les Égyptiades, ou bien le contact des hommes, quels qu'ils soient ? Cette « horreur innée de l'homme » pourrait en effet nous faire penser que les Danaïdes, dans le fond, se rapprochent des suivantes de la déesse Artémis, vierge éternelle et protectrice de celles qui veulent le rester.

⋆

Le chœur : « Telles sont les tristes douleurs que disent mes cris aigus, mes sanglots sourds, mes torrents de larmes, et même, hélas ! ces clameurs qui distinguent les chants funèbres : vivante, je conduis mon propre deuil. » (p. 54)

Cette citation permet de comprendre la douleur infinie des Danaïdes, par un oxymore poignant : ce groupe de femmes, vivantes, entonne des chants de deuil, tant la menace qui pèse sur elles leur semble assimilable à celle de la mort. L'accueil à Argos est une véritable question de vie ou de mort pour elles.

★

Danaos : « L'oiseau reste-t-il pur, qui mange chair d'oiseau ? Comment donc serait pur celui qui veut prendre une femme malgré elle, malgré son père ? » (p. 58-59)

Cette métaphore employée par Danaos, l'une des plus célèbres phrases de cette tragédie, peut être interprétée de deux manières. Ou bien il dénonce ici l'union incestueuse recherchée par les Égyptiades, qui ne sont autres que les cousins des Danaïdes ; ou bien l'aspect sacrilège de l'union repose dans le fait qu'elle n'est souhaitée ni des jeunes femmes elles-mêmes ni de leur père surtout. Aux yeux de Danaos, tel est bien le problème : qu'on veuille épouser ses filles sans son accord, ce qui, en Grèce ancienne, est effectivement répréhensible, dans la mesure où les femmes sont en permanence sous la tutelle d'un homme, qu'il s'agisse d'abord de leur père, puis de leur époux, voire de leurs frères ou oncles. L'ambiguïté de ce passage montre bien le conflit entre la volonté individuelle de Danaos et l'*hubris* collective des Égyptiades, qui prétendent ne pas respecter la première.

★

Le roi : « La souillure soit pour mes ennemis ! Mais vous secourir, je ne le puis sans dommage. Et pourtant il m'est pénible aussi de dédaigner vos prières. Je ne sais que faire ; l'angoisse prend mon cœur : dois-je agir ou ne pas agir ? Dois-je tenter le Destin ? » (p. 64)

Ce questionnement rhétorique nous plonge dans le dilemme éprouvé par le roi Pélasgos : s'il accueille les Danaïdes, il respecte leurs prières ainsi que le respect dû à Zeus Suppliant. Le droit des suppliants, en Grèce, était effectivement un droit sacré, et l'hospitalité des personnes en détresse était exigée dès lors qu'elles se plaçaient sous la protection d'une divinité. Mais en respectant ce droit Pélasgos encourt le risque de déclencher une guerre contre les Égyptiades : c'est sa cité tout entière, Argos, qu'il met en danger. Dès lors, en tant que roi, quel droit, quelle communauté doit prévaloir sur l'autre ? Celle des étrangères, ou sa propre cité ? Les questions qu'il se pose illustrent ainsi le style rhétorique qu'est la délibération, y compris lorsqu'elle se fait dans l'intimité d'une conscience.

★

Danaos : « [Le peuple argien nous accorde] la résidence en ce pays, libres et protégés contre toute reprise par un droit d'asile reconnu ; nul habitant ni étranger ne pourra nous saisir ; use-t-on de violence, tout bourgeois d'Argos qui ne nous prête aide est frappé d'atimie, exilé par sentence du peuple. » (p. 72)

Le peuple argien, appelé à voter sur l'avenir des Danaïdes, a statué : les voilà placées sous leur protection. Le « droit d'asile » s'exerce, Argos prendra les armes en cas d'attaque de la part des Égyptiades. L'ensemble de la population se devra de respecter cette décision démocratique. En cas de violation de ce serment, le contrevenant s'expose à une sentence d'« atimie », c'est-à-dire à la privation de ses droits civiques. Cette citation permet ainsi de comprendre l'importance de la notion d'hospitalité chez les Grecs : ce n'est pas simplement un accueil au rabais, mais bien l'acceptation par l'ensemble de la population accueillante d'un groupe qui, d'étranger qu'il était initialement, finit par occuper une place extrêmement importante dans la cité. La communauté des Danaïdes est intégrée à celle des Argiens – bien qu'elles ne reçoivent pas les droits essentiels à la citoyenneté argienne, tels que le vote. Elles obtiennent ainsi le statut des « métèques », c'est-à-dire qu'elles restent des étrangères, mais qu'elles ont le droit de vivre chez les Argiens en bénéficiant de leur protection.

★

Danaos : « Aie confiance : avec le temps, au jour fixé, tout mortel qui méprise les dieux reçoit son châtiment. » (p. 76)

Les Grecs croyaient au destin et craignaient les dieux. Cette citation permet de comprendre la confiance qu'ils accordaient en un châtiment divin qui remettrait à leur place les individus ayant la prétention, l'*hubris*, de passer outre leurs commandements. Danaos intime ainsi à ses filles de croire en ce châtiment divin ; leur « confiance » doit s'exercer, vis-à-vis de Zeus aussi bien que des Argiens, pour faire respecter leur volonté.

★

Le héraut : « Les dieux du Nil sont les dieux que j'adore. »

Le roi : « Et ceux d'ici alors ne sont rien pour toi ? Je l'entends de ta bouche. » (p. 82)

Au cours du dialogue, sous forme de stichomythies, conduit entre le héraut des Égyptiades et le roi Pélasgos, ce dernier intime à l'ennemi des Danaïdes de respecter les dieux locaux, à savoir Zeus Suppliant, ainsi que les « devoirs d'un étranger » (p. 82), en laissant les jeunes femmes tranquilles. Le héraut s'y refuse, car il n'honore pas les mêmes dieux que les Argiens, et n'a donc rien à craindre de leur colère. Cela montre l'importance, en Grèce ancienne, des divinités honorées dans des cultes locaux, circonscrits géographiquement. Chaque cité se plaçait sous la protection d'un dieu ou d'une déesse spécifiquement ; les lois de l'hospitalité exigeaient toutefois que les voyageurs respectent les divinités des contrées où ils se rendaient. Les Égyptiades, en s'y refusant, font donc preuve d'un comportement sacrilège.

★

Danaos : « une troupe inconnue ne se fait apprécier qu'avec le temps ; quand il s'agit d'un étranger, chacun tient prêts des mots méchants, et rien ne vient plus vite aux lèvres qu'un propos salissant. Je vous invite donc à ne pas me couvrir de honte, puisque vous possédez cette jeunesse qui attire les yeux des hommes. » (p. 85)

À l'issue de la pièce, alors que les Danaïdes sont désormais protégées par les Argiens, leur père leur prodigue d'ultimes conseils : sagesse, modestie, pudeur surtout. Si la protection politique est acquise, il leur revient toutefois de se faire pleinement accepter par les Argiens, individuellement, en adoptant une attitude faite de retenue et de respect et en refusant de se laisser séduire. Danaos montre une grande lucidité quant au statut des étrangers : il est aisé de se retourner contre eux au moindre faux pas commis…

Les Sept contre Thèbes

Étéocle : « Peuple de Cadmos, il doit dire ce que l'heure exige, le chef qui, tout à sa besogne, au gouvernail de la cité, tient la barre en main, sans laisser dormir ses paupières. » (p. 143)

Cette adresse au peuple de Cadmos ouvre la tragédie. Comme on l'a expliqué dans la partie consacrée au commentaire, Étéocle adopte ici la posture du « chef » de la cité, de manière incontestable ; Eschyle lui donne d'emblée la parole, sans l'introduction généralement conduite par le chœur. La métaphore navale de la conduite de la cité est récurrente ; le chef est celui qui manœuvre son peuple, les affaires publiques, comme un marin conduit son navire, « la barre en main ». Le chef ne dort jamais, jamais son attention ne se relâche ; il est celui qui fait preuve de la plus grande vigilance, à tout moment. C'est bien ce qui distingue les personnes détentrices d'une autorité, d'un pouvoir, du reste des citoyens. L'individualité et le confort du chef s'effacent devant les intérêts collectifs, afin de protéger ces derniers, quel qu'en soit le prix à payer. On verra plus tard qu'Étéocle assume jusqu'au bout cette fonction, en se portant volontairement au combat contre son propre frère, malgré la souillure et l'abomination de ce duel fratricide, car c'est le seul moyen de préserver la cité de Thèbes.

★

Le chœur : « Et voici le sol de mon pays livré au fracas des sabots, qui s'approche, vole et gronde, tel le torrent invincible qui bat le flanc de la montagne. » (p. 146)

Alors que le discours d'Étéocle se veut rassurant et mobilisateur, les propos affolés du chœur des Thébaines sont un cinglant démenti de son efficacité. L'article déictique « voici » donne plus de force à la violence de ce qui est décrit par le chœur ; elles imaginent le « fracas des sabots » ennemis qui se rapprochent, et qui viennent presque sous les yeux des spectateurs. L'ensemble du tableau est très imagé, fait pour susciter la terreur. Le rythme ternaire « qui s'approche, vole et gronde » rythme le passage pour lui faire gagner en fluidité et en puissance évocatoire. C'est là que s'exprime tout le talent poétique d'Eschyle : mettre la scène, qui est supposée se dérouler hors des murs de la cité, donc hors scène, comme sous les yeux du public, pour lui faire éprouver la terreur des Thébaines.

★

Étéocle : « Je vous le demande à vous-mêmes, intolérables créatures : est-ce là faire ce qui convient et ce qui sauvera la ville ? est-ce là donner confiance à ce peuple assiégé, que de vous jeter sur les statues des dieux thébains avec des cris, des hurlements qui font horreur aux gens sensés ? » (p. 148)

La semonce d'Étéocle vis-à-vis des Thébaines est d'une grande violence : son intérêt à lui est de rassurer la population, de lui donner courage face à l'ennemi qui s'approche, et voilà ce chœur de femmes qui se répand en supplications, en lamentations et en « hurlements ». L'exact opposé de ce qu'il réclame ! Son devoir de chef est, en toutes circonstances, de rétablir l'ordre : à la fois à l'extérieur, en triomphant des ennemis, et à l'intérieur, en garantissant l'unité de sa communauté. Les femmes sont ainsi considérées comme d'« intolérables créatures », à la limite de l'humanité, qui ne font pas preuve d'un comportement « sensé » mais se livrent entièrement à leurs passions et à leur terreur. Il va les sermonner, puis les menacer, jusqu'à ce qu'elles se calment ; mais ce sera peine perdue…

★

Étéocle : « C'est aux hommes à offrir aux dieux des hécatombes, à questionner le sort en tâtant l'ennemi. Ton rôle, à toi, est de te taire et de rester dans ta maison. » (p. 150)

Le message est clair et retranscrit globalement le partage des tâches entre les hommes et les femmes en Grèce ancienne. Elles ne jouissaient d'aucun droit civique et ne participaient en rien à la vie de la cité ; au sein de la communauté, elles étaient marginalisées, confinées dans les maisons, au soin des affaires domestiques et des enfants. Étéocle reproche ici aux Thébaines de vouloir prendre trop de place, elles qui se mêlent des affaires de la cité en invoquant directement ses dieux protecteurs.

★

Le chœur : « Quand une cité succombe, hélas ! innombrables sont ses maux. Tel vainqueur fait des prisonniers, tel autre tue ; ailleurs, on incendie. La fumée souille la ville entière. » (p. 153)

Le chœur évoque ici les malheurs qui attendent les Thébaines, voire la ville tout entière, si elle devait tomber aux mains de Polynice et de ses alliés. L'issue malheureuse d'un combat résultait le plus souvent en la réduction en esclavage de la population ; les hommes étaient tués ou vendus comme esclaves à d'autres cités – contrairement à ce qu'on pourrait croire, la population esclave en Grèce était composée de vaincus, y compris sur le continent grec, non d'étrangers. Il en allait de même pour les femmes qui, une fois captives, faisaient l'objet d'esclavage sexuel. Les personnes âgées et les enfants étaient ou bien emmenés, ou bien tués sur place. L'ensemble de la ville était alors détruit, d'où cette mention de l'incendie qui ravage tout. On comprend donc la terreur qui saisit les Thébaines à la perspective de ces malheurs.

★

Le chœur : « Arès souffle en furieux, domptant les hommes, violant tout ce qu'on révère. » (p. 153)

Une fois que le combat est déclaré, le dieu de la guerre, Arès, commande tout : la violence guerrière empreint le cœur des hommes, les domine, et conduit à la violation des droits individuels et collectifs. C'est le souffle tragique qui s'exprime ici, pour conduire un frère à s'opposer à son propre frère, au-delà de la décence, au-delà de la morale.

★

Étéocle : « L'armure d'un guerrier n'a rien qui m'effraie, moi. » (p. 155)

Au cours de la longue litanie des sept guerriers ennemis opposés aux sept guerriers thébains, le rôle du chef est, encore et toujours, de rassurer et de montrer qu'il garde le contrôle de la situation. En l'occurrence, alors que le message décrit successivement des individus plus menaçants (et orgueilleux) les uns que les autres, l'objectif d'Étéocle est de désamorcer le caractère effrayant de leur posture ou de leur armement. Ici, alors que le bouclier de Tydée représente un ciel nocturne pouvant symboliser le désastre qui attend Thèbes, Étéocle montre son indifférence et balaie les craintes que pourrait susciter une telle symbolique.

★

Étéocle : « Hyperbios [...] a sur son écu Zeus, père des dieux, ferme en son trône, les carreaux de feu dans la main – et personne que je sache, n'a vu encore Zeus vaincu ! » (p. 159)

Répondant à la « jactance » des ennemis qui affichent des emblèmes tous plus prétentieux et effrayants les uns que les autres, Étéocle affirme une nouvelle fois sa posture de chef, pour rassurer sa communauté. Il oppose ainsi au guerrier Hippomédon le Thébain Hyperbios, dont le bouclier est orné de la figure de Zeus, le « père des dieux » ; rien à craindre de sa défaite donc, car il serait impensable que le roi des dieux soit vaincu au combat. On comprend ici l'effet psychologique du choix de ce guerrier et de son équipement, faits pour effrayer les ennemis autant que pour rassurer les Thébains.

★

Le messager (rapportant à Étéocle l'inscription qui figure sur le bouclier de Polynice, représentant la justice) : « Et je ramènerai cet homme, pour qu'il recouvre sa ville et l'accès de sa demeure paternelle. » (p. 162)

Ces paroles expriment la légitimité de Polynice à prendre les armes contre son frère : il s'agit de réclamer son droit, légitime, au trône, qu'Étéocle lui a refusé. Tout ce que veut Polynice, c'est retrouver son droit et la demeure de son père Œdipe, dans le palais de Thèbes.

★

Étéocle : « Ah ! race furieuse, si durement haïe des dieux ! Ah ! race d'Œdipe – ma race ! – digne de toutes les larmes ! Hélas ! voici accomplies aujourd'hui les malédictions d'un père ! » (p. 163)

Les violentes exclamations d'Étéocle marquent sa reconnaissance de la malédiction lancée par Œdipe contre ses deux fils. C'est bien parce qu'ils appartiennent à la « race d'Œdipe » qu'Étéocle et son frère sont condamnés. Les individualités s'effacent ici devant l'appartenance à la communauté constituée par les Labdacides, race maudite entre toutes.

★

Étéocle : « Roi contre roi, frère contre frère, ennemi contre ennemi, j'engagerai le combat avec lui. » (p. 163)

Aucun moyen d'échapper à la tragédie et à sa fatale issue : c'est bien d'un duel fratricide qu'il s'agit, *in fine*, et Étéocle ne tarde pas, malgré ses délibérations, à en prendre conscience. Le rythme ternaire donne toute sa force à l'impiété d'un tel combat, qui oppose deux individus partageant bien plus de traits communs que de différences. Ils sont égaux, dans leur statut, dans leurs prétentions politiques, dans leur place au sein de la famille, ce qui rend leur duel plus sacrilège que jamais – mais nécessaire pour la protection de la communauté thébaine.

★

Le chœur : « Hélas ! renverseurs de murailles, vous avez attaqué celle de votre propre maison ! rois, vous avez connu une royauté douloureuse ! et vous voilà désormais réconciliés par le fer ! » (p. 170)

L'ironie tragique s'exprime dans ces propos du chœur, qui rappelle que Polynice, en attaquant Étéocle, s'en prenait hélas à sa propre maison, à sa propre famille. C'est uniquement dans la mort que les deux frères sont réconciliés, « par le fer », c'est-à-dire dans l'issue tragique de ce combat.

★

Le chœur :
« Frappé, tu as frappé.
— Et toi, tu es mort après avoir tué.
— Ta lance a tué.
— Une lance l'a tué.
— Tu as créé des douleurs.
— Tu as subi des douleurs. [...]
— Tu as succombé sous un frère.
— Et c'est un frère que tu as tué.
— Double chagrin à rappeler.
— Double chagrin à regarder. » (p. 172-173)

Le chant funèbre entonné par le chœur réconcilie les deux frères dans la mort, en créant une indistinction au cours de ces vers : impossible de savoir qui en particulier est mentionné. Polynice retrouve toute sa place dans ce chant de deuil, lui qui n'a jamais eu droit à la parole dans la pièce et qui a toujours été considéré comme un ennemi, alors qu'il avait aussi le droit pour lui dans ce combat. Paradoxalement, c'est donc au moment où ils sont privés de nom que ces deux individus sont le plus justement reconnus, et que leur sacrifice pour la communauté, si cruel soit-il, est mis en valeur, avec le lot de chagrins et de souffrances pour Thèbes qui en découle.

Citations commentées du *Traité théologico-politique*

« [C]haque individu a un droit souverain sur tout ce qui est en son pouvoir, autrement dit que le droit de chacun s'étend jusqu'où s'étend la puissance déterminée qui lui appartient. » (XVI, p. 261-262)

Chaque individu a selon un droit naturel qui le détermine à exister et à se comporter d'une certaine manière un certain pouvoir qu'il peut étendre sans limites. Il se définit donc par le désir de se conserver et de se perpétrer dans son être. Tout ce qu'il juge lui être utile, que ce soit sous la conduite de la droite raison ou par la violence des passions, il peut le désirer, par la force, par la ruse ou par quelque moyen que ce soit. Rien ne peut s'opposer à cela.

★

« [P]our vivre dans la sécurité et le mieux possible les hommes ont dû nécessairement aspirer à s'unir en un corps et ont fait par là que le droit que chacun avait de Nature sur toutes choses appartînt à la collectivité et fût déterminé non plus par la force et l'appétit de l'individu mais par la puissance et la volonté de tous ensemble. » (XVI, p. 264)

Bien que chaque individu dispose du droit d'étendre sa puissance à ce qu'il juge utile selon ses passions, le plus utile s'avère pour chacun de suivre la raison et l'entraide apparaît comme la solution pour se maintenir dans son existence. Bien que beaucoup n'arrivent pas à vivre sous la conduite de la seule raison, former un corps social est la meilleure solution qui s'impose à l'individu, qui doit donc par un pacte transférer à la société toute la puissance qui lui appartient.

★

« La Démocratie se définit ainsi : l'union des hommes en un tout qui a un droit souverain collectif sur tout ce qui est en son pouvoir » (XVI, p. 266).

La démocratie est le régime le plus adapté pour conserver à chaque individu l'égalité et la liberté dont il dispose à l'état de nature, car le vote selon le principe de la majorité lui permet de participer le plus directement possible à l'exercice du pouvoir.

★

« Des Confédérés sont des hommes de deux cités qui, pour ne pas être exposés au péril d'une guerre ou pour quelque autre raison d'utilité, s'engagent par contrat à ne pas se faire de mal les uns aux autres, mais au contraire à s'assister en cas de besoin » (XVI, p. 269).

Entre cités, comme entre individus, il peut y avoir aussi d'utiles pactes, qui permettent de coordonner les puissances des uns et des autres contre les ennemis.

★

« [L]'individu privé de Raison vit dans l'état de nature suivant les lois de l'Appétit en vertu du droit souverain de la Nature. » (XVI, p. 271)

L'individu n'est pas gouverné par la seule raison, car l'homme est un être de désir, d'imagination, qui se leurre souvent sur ce qui lui est utile. Vivre selon le droit révélé et vivre selon la droite raison lui sont toutefois plus utiles que de suivre ses seuls appétits, mais vivre selon ses seuls appétits est possible en droit à l'individu, même s'il risque d'en mourir et d'encourir des périls infinis.

★

« Nul en effet ne pourra jamais, quelque abandon qu'il ait fait à un autre de sa puissance et conséquemment de son droit, cesser d'être homme ; et il n'y aura jamais de souverain qui puisse tout exécuter comme il voudra. » (XVII, p. 277)

Le pouvoir n'est jamais stable car les individus peuvent toujours avoir le droit de se rebeller, être critiques face au pouvoir et à la société formée, donc le gouvernement rencontrera toujours des résistances et des contre-pouvoirs, il ne sera jamais un pouvoir absolu. L'individu se réserve une grande part de son droit, suspendu à son seul décret propre.

★

« [C]e n'est pas la raison pour laquelle il obéit, c'est l'obéissance qui fait le sujet » (XVII, p. 278).

On peut quand on obéit suivre sa droite raison ou bien suivre simplement ce que commande le dirigeant, cela est en quelque sorte égal, car ce qui importe, au fond, c'est qu'on obéisse et qu'on s'assujettisse aux lois communes. Mais l'obéissance bien comprise comporte une part d'extériorité, un comportement adéquat des individus quant à leur action, et une part d'intériorité, car le consentement est important pour assurer la stabilité du régime. Il est utile que les individus acquiescent aux lois au lieu de penser qu'elles sont mauvaises ou bien de parler contre elles.

★

« [O]n ne commande pas aux âmes comme aux langues » (XVII, p. 279).

Spinoza défend la liberté que conserve tout individu de penser et de parler, de s'exprimer, éventuellement pour critiquer les lois, pourvu que dans ses actions il se plie à ce que veut le souverain, même quand cela est absurde. Le pouvoir des dirigeants ne peut s'étendre jusqu'à commander aux âmes des individus d'être en accord avec eux : il n'est jamais absolu, sauf en démocratie, où l'individu se reconnaît dans la majorité qui se dégage du vote.

★

« Aussi bien les gouvernants que ceux qui sont gouvernés sont tous des hommes, en effet, c'est-à-dire des êtres enclins à abandonner le travail pour chercher le plaisir. Qui même a éprouvé la complexion si diverse de la multitude, est près de désespérer d'elle » (XVII, p. 279).

Tous les gouvernements sont fragiles, car d'un côté les dirigeants peuvent toujours faillir, puisqu'ils restent des individus comme les autres, susceptibles d'être ballottés par leurs appétits au lieu de suivre leur raison, tandis que de l'autre la foule est si bigarrée qu'elle oscille et change de direction sans cesse.

★

« [O]n n'est jamais arrivé au point que la sécurité de l'État fût moins menacée par les citoyens que par les ennemis du dehors » (XVII, p. 280).

L'État n'est pas tant menacé par des ennemis extérieurs que par la guerre civile qui sourd continuellement. Le corps social peut se rompre en diverses factions, partis, sectes qui s'affrontent et essaient de séduire le peuple de manière démagogique contre ses intérêts véritables.

★

« Dans cet État donc le droit civil et la Religion qui, nous l'avons montré, ne consiste que dans l'obéissance à Dieu, étaient une seule et même chose. » (XVII, p. 283)

L'État hébreu se caractérise par une fusion entre le niveau politique et le niveau théologique qui présente l'intérêt d'être très puissante, car il n'y a pas comme dans d'autres États politiques un État dans l'État formé par le pouvoir religieux qui affaiblit le pouvoir politique. Dans cet État hébreu, il n'y a pas de médiateur entre l'individu et Dieu, et donc tous les individus restent égaux, se partageant à égalité le pouvoir de recevoir, d'interpréter les lois divines et de se charger de l'administration de l'État. Spinoza critique ici le rôle des médiateurs, pontifes ou autres, qui se présentent comme des médiateurs indispensables entre les individus et Dieu, et s'arrogent des droits invraisemblables qui limitent le pouvoir des dirigeants politiques en manipulant la foule.

★

« [L]e peuple, l'arche d'alliance était portée au milieu de l'armée, de façon que le peuple, combattant comme s'il voyait son Roi présent, donnât tout ce qu'il avait de force. » (XVII, p. 286)

L'État hébreu est très puissant car le peuple s'identifie à lui et est donc prêt à combattre de toutes ses forces, car c'est pour lui-même qu'il combat en combattant pour l'État : il s'agit d'une vraie alliance entre les individus, symbolisée par l'arche dans laquelle tout le monde est uni.

★

« [A]ux individus de lire et de relire constamment tout seuls avec la plus grande attention le livre de la Loi » (XVII, p. 290).

Comme il n'y a pas d'intermédiaire entre l'individu et Dieu, chacun lit les commandements de Dieu lui-même et il y porte plus d'attention que si des intermédiaires s'interposaient pour les lui imposer. À chacun d'interpréter les lois divines selon sa complexion propre.

★

« [L]es chefs des Hébreux n'étaient tous attachés les uns aux autres que par le seul lien de la Religion ; si l'un y avait fait défection et avait entrepris de violer le droit divin de l'individu, il pouvait être traité en ennemi » (XVII, p. 291).

La religion signifie étymologiquement le fait d'être relié aux autres individus en même temps que chaque individu se trouve relié à Dieu. Les Hébreux avaient ce lien très fort encore très vivant entre eux, ce qui engendrait chez eux l'amour de la patrie et une piété qui n'était pas sans engendrer de la haine contre les nations ennemies. Ils étaient extrêmement disciplinés par une éducation qui réglait tous leurs actes selon les prescriptions de la Loi : personne n'osait porter de jugement sur les choses divines.

★

« La Nature ne crée pas des nations, mais des individus, lesquels ne se distinguent en nations que par la diversité de la langue, des lois et des mœurs reçues » (XVII, p. 295).

Malgré la constitution de nations, utiles à la conservation des individus, quand on en revient à ce que la nature produit, on se souvient qu'elle n'engendre que des individus, naturellement égaux en droits. La diversité des individus n'est creusée que par l'éducation reçue dans le sein d'une nation. Il convient de s'en souvenir pour faire cesser l'impression que des nations nous seraient par nature ennemies et des individus par nature hostiles. Il convient d'être tolérant face à la diversité des manières de parler, d'agir et d'adopter telle ou telle coutume.

★

« Quoi de plus insupportable en effet pour les rois que de régner à titre précaire et d'avoir à souffrir un État dans l'État ? » (XVII, p. 298)

Le plus à redouter pour la stabilité des États est la constitution de corps intermédiaires qui s'arrogent des pouvoirs sur la foule, par exemple des partis, des organisations religieuses, des sectes. Il vaut donc mieux que ce soit le souverain qui règle à la fois le droit civil et le droit religieux. Tout comme les individus ne doivent pas se considérer comme un empire dans un empire, étant déterminés par la nature comme une partie du tout, les religieux ne doivent pas se considérer comme un État dans l'État en oubliant qu'ils font partie de la société au même titre que tous les autres citoyens. Aucun individu, parti ou groupe religieux n'a le droit de s'arroger du pouvoir à l'intérieur d'un gouvernement en s'imaginant disposer d'un libre arbitre qui le couperait de l'ensemble qui le détermine.

★

« [L]'exercice du pouvoir ne va pas sans la pire violence dans un État où l'on tient pour crimes les opinions qui sont du droit de l'individu auquel personne ne peut renoncer ; et même dans un État de cette sorte, c'est la furieuse passion populaire qui commande habituellement. » (XVIII, p. 307)

Les individus doivent obéir au souverain mais ils conservent leur droit de se former une opinion contraire aux commandements auxquels ils se plient et le droit de s'exprimer et de débattre ceux-ci. Mais souvent, au lieu d'individus qui raisonnent sur les commandements, on a à faire face à une multitude qui est régie par des appétits divers, irrationnels et contradictoires. Le peuple n'est pas simple à gouverner, car les hommes ne sont pas mus que par leur seule rationalité. La démocratie est donc fragile, même si c'est la forme de gouvernement susceptible de se conserver le mieux.

★

« [O]n ne peut trouver de moyen plus sûr que de faire consister la piété et le culte de la Religion dans les œuvres seules, c'est-à-dire dans le seul exercice de la justice et de la charité, et, pour le reste, de l'abandonner au libre jugement de chacun » (XVIII, p. 308).

Spinoza ne pense pas que ce soit la grâce divine qui soit le principal facteur à retenir pour comprendre comment atteindre la béatitude, contrairement à ce que pensent les calvinistes : ce sont au contraire nos œuvres, nos actions bonnes qui comptent pour notre salut et elles seules. Il réduit les commandements divins à des préceptes moraux très simples et compréhensibles par tous, à savoir la justice et la charité prônées par le Christ. Libre à chacun d'interpréter ces préceptes à sa guise : chacun peut selon sa complexion propre voir ces valeurs comme il veut et se faire du culte intérieur l'opinion qu'il veut.

★

« Il est certain que la piété envers la Patrie est la plus haute sorte de piété qu'un homme puisse montrer ; supprimez l'État en effet, rien de bon ne peut subsister » (XIX, p. 317).

Bien que la liberté de l'individu soit le point de départ et la finalité de la constitution de l'État, l'État demeure indispensable pour que l'effort que fait naturellement chaque individu pour persévérer dans son être puisse être récompensé.

★

« [L]e salut du peuple est la loi suprême à laquelle doivent se rapporter toutes les lois tant humaines que divines. » (XIX, p. 317)

La démocratie est selon Spinoza l'État suprême, car il est celui qui est le plus utile à l'individu et qui est le plus susceptible de se maintenir durablement.

★

« Aime ton prochain, aie en haine ton ennemi » (XIX, p. 318).

Spinoza oppose Moïse, qui s'adresse au peuple hébreu élu en suscitant à la fois amour de leur patrie et haine des ennemis, à la figure du Christ, qui s'adresse à tous les peuples universellement et invite avant tout à aimer son prochain, c'est-à-dire à être à la fois charitable et juste. L'amour devient universel.

★

« La religion chrétienne n'a pas été primitivement enseignée par des rois, mais par des particuliers qui, contre la volonté du gouvernement dont ils étaient les sujets, s'accoutumèrent longtemps à se réunir en Églises privées, à instituer et à administrer les offices sacrés, à ordonner et décréter toutes choses sans tenir aucun compte de l'État. » (XIX, p. 322)

Spinoza critique le privilège que s'arrogent indûment certains particuliers d'exercer un pouvoir sur d'autres en usant de démagogie pour contrer le pouvoir souverain de l'État.

★

« [D]ans un État libre il est loisible à chacun de penser ce qu'il veut et de dire ce qu'il pense. » (XX, p. 327)

La liberté de penser de l'individu et la liberté d'expression ou d'enseignement sont les clés d'un État libre et modéré, les nier est le signe d'un État violent.

★

« [I]l ne peut se faire que l'âme d'un homme appartienne entièrement à un autre ; personne en effet ne peut transférer à un autre, ni être contraint d'abandonner son droit naturel ou sa faculté de faire de sa raison un libre usage et de juger de toutes choses. » (XX, p. 327)

Penser ne se délègue point : il serait absurde d'exiger d'un individu qu'il pense comme nous le voulons ou de penser à sa place. La liberté de penser est inaliénable.

★

« [E]ntre les têtes la différence n'est pas moindre qu'entre les palais. » (XX, p. 328)

Les individus ne se ressemblent pas : chacun diffère physiquement quant aux possibilités que lui offre son corps, et psychiquement par l'originalité de ses opinions et conceptions. Il faut être tolérant face à la diversité irréductible des manières de penser, qui est une richesse en démocratie.

★

« [C]e n'est pas pour tenir l'homme par la crainte et faire qu'il appartienne à un autre que l'État est institué ; au contraire c'est pour libérer l'individu de la crainte, pour qu'il vive autant que possible en sécurité » (XX, p. 329).

S'opposant à Hobbes, Spinoza ne fait pas de la crainte qu'auraient les sujets d'un Léviathan, d'un monstre terrible, le ressort de la stabilité d'un État, mais de la confiance qu'ont les citoyens dans une démocratie qui assure leur liberté. La finalité de l'État est la liberté et la sécurité ne s'obtient que parce que les citoyens libres jugeront impie de ne pas suivre ce que la majorité souhaite.

★

« Il est rare qu'une décision soit prise à l'unanimité des suffrages, et cependant tout décret est rendu par la totalité des membres aussi bien par ceux qui ont voté *contre* que par ceux qui ont voté *pour*. » (XX, p. 330)

Le vote majoritaire est reconnu par tous les membres comme émanant de tous les individus, donc les individus s'y identifient et s'y plient, même quand ils ne sont pas en accord avec le résultat du vote : ils adhèrent au principe commun du vote majoritaire.

★

« [O]n ne fera point que tous répètent toujours la leçon faite » (XX, p. 332).

Les séditions restent toujours possibles, car la désobéissance fait partie de la nature humaine. D'une part, les individus ne sont pas tous rationnels et peuvent s'opposer à la société en la menaçant injustement, d'autre part, il se peut que les dirigeants mettent en place des lois jugées injustes et que les individus aient alors raison de discuter, tant qu'ils ne remettent pas en cause la stabilité du gouvernement.

★

« [L]es lois concernant les opinions menacent non les criminels, mais les hommes de caractère indépendant » (XX, p. 332).

Les États violents croient utile de réguler les opinions en restreignant les libertés individuelles, mais cela ne fonctionne pas, car ils empêchent ainsi les hommes rationnels de discuter utilement la pertinence des lois et de s'exprimer pour les améliorer, et cela n'empêche pas les criminels d'opérer contre l'ordre public. Un État juste réussit à contenir les fureurs de la foule et à profiter des âmes fières des individus qui par leur liberté de parole dynamisent la démocratie.

★

« Pour que la fidélité donc et non la complaisance soit jugée digne d'estime, pour que le pouvoir du souverain ne souffre aucune diminution, n'ait aucune concession à faire aux séditieux, il faut nécessairement accorder aux hommes la liberté du jugement et les gouverner de telle sorte que, professant ouvertement des opinions diverses et opposées, ils vivent cependant dans la concorde. » (XX, p. 334)

La diversité d'opinion, loin de menacer la démocratie, la renforce car elle n'empêche aucunement la concorde : c'est le fait de savoir que chaque individu peut être entendu qui fait que chacun est disposé à tolérer les propos divergents des autres.

★

« Dans un État démocratique (c'est celui qui rejoint le mieux l'état de nature) nous avons montré que tous conviennent d'agir par un commun décret, mais non de juger et de raisonner en commun » (XX, p. 334).

La démocratie invite à prendre acte des lois communes, mais laisse chacun juger et raisonner individuellement.

★

« [L]es schismes ne naissent pas d'un grand zèle pour la vérité (ce zèle est, au contraire, une source de bienveillance et de mansuétude), mais d'un grand appétit de régner. » (XX, p. 335)

Ceux qui s'isolent du groupe en prétendant détenir des vérités absolues qui doivent être imposées à chaque individu témoignent seulement de la volonté d'asseoir leur pouvoir sur le groupe et de devenir abusivement un empire dans un empire. Quand on atteint la vérité, on ne souhaite au contraire que tolérer la diversité des opinions individuelles au lieu de s'imposer dogmatiquement.

★

« [Q]ue le droit du souverain de régler toutes choses tant sacrées que profanes se rapporte aux actions seulement et que pour le reste il soit accordé à chacun de penser ce qu'il veut et de dire ce qu'il pense » (XX, p. 336).

Le souverain doit être obéi sur le plan des actions : il ne faut pas aller contre ses décrets, si absurdes soient-ils, mais on a le droit individuellement de penser ce que l'on veut de ces décrets et de s'exprimer contre. Il faut dissocier l'action et la pensée.

Citations commentées du *Temps de l'innocence*

« Il s'était attardé, d'abord, parce que New York n'était pas une de ces villes de second rang où l'on arrive à l'heure à l'Opéra, – et ce qui "se fait" ou "ne se fait pas" jouait un rôle aussi important dans la vie de Newland Archer que les terreurs superstitieuses dans les destinées de ses aïeux, des milliers d'années auparavant. » (I, p. 22)

Le New York des années 1870 apparaît comme un espace de représentation pour ses membres les plus éminents, qui forment une élite aux codes impénétrables pour ceux qui n'en font pas partie. Newland Archer est de ceux qui en maîtrisent les subtilités : les codes du vieux New York font pleinement partie de sa vie, et à travers eux des siècles de traditions bien ancrées. Ces dernières l'inscrivent dans un espace collectif immémorial, destiné à perdurer : de fait, dans l'incipit du roman, le jeune homme ne semble pas prêt à renoncer à cette communauté.

★

« Il avait plus lu, plus pensé, et plus voyagé que la plupart des hommes de son clan. Isolément, ceux-ci trahissaient leur médiocrité intellectuelle ; mais en bloc, ils représentaient "New York" et, par une habitude de solidarité masculine, Newland Archer acceptait leur code en fait de morale. Il sentait instinctivement que, sur ce terrain, il serait à la fois incommode et de mauvais goût de faire cavalier seul. » (I, p. 25)

L'incipit du roman souligne à quel point Newland Archer, bien que parfaitement intégré au système, est déjà singulièrement décalé par rapport à ses semblables. Ce n'est que par « solidarité » avec les membres de sa communauté qu'il se plie aux règles. Le risque de faire « cavalier seul », en marquant son individualité, apparaît pourtant déjà comme une position intenable au sein du « clan ».

★

« Mrs. Beaufort avait donc, selon l'usage, fait son apparition dans sa loge juste avant "l'Air des Bijoux" ; selon l'usage, elle s'était levée à la fin du troisième acte ; et, ramenant sa sortie de bal sur ses nonchalantes épaules, elle avait disparu. Ceci voulait dire qu'une demi-heure plus tard, le bal commencerait. » (III, p. 38)

Le monde du vieux New York est fait de rituels qu'aucun initié ne saurait ignorer, eux qui sont précisément définis par la connaissance qu'ils en ont. De l'opéra au bal organisé dans la foulée chez les Beaufort, c'est « l'usage » qui prévaut, soit un ensemble d'habitudes, de règles tacites, qui font autorité. Telles sont à nouveau ici les lois de la communauté.

★

« Et, en dépit des goûts cosmopolites dont il se piquait, Newland remercia le ciel d'être un citoyen de New York, et sur le point de s'allier à une jeune fille de son espèce. » (IV, p. 49)

Newland a beau s'éprouver comme un être singulier, plus sensible aux différences et cultivé que la plupart des hommes de sa communauté, la seule pensée du scandale suscité par l'arrivée de la comtesse Olenska commence par l'inquiéter. Il se félicite alors de son repli sur les membres de son « espèce », dans une forme d'instinct marqué par la grégarité. Tout est alors question d'alliance, d'inscription dans une « tribu » – le terme apparaîtra d'ailleurs plus loin dans le roman, faisant éclater le vernis de civilité qui masque la véritable nature de la communauté.

★

« — À la mode ? Attachez-vous tant d'importance à la mode ? Pourquoi ne pas se faire sa mode à soi ? Peut-être ai-je toujours vécu avec trop d'indépendance. En tout cas, je veux faire ce que vous faites tous : je veux sentir de l'affection et de la sécurité autour de moi. » (IX, p. 88-89)

Le personnage de la comtesse Olenska s'affiche ici dans toute son ambivalence. Elle défend d'un côté le bénéfice de la singularité contre l'uniformité de la mode : selon elle, mieux vaudrait « se faire sa mode à soi » plutôt que d'être « à la mode » ; la construction, l'élaboration propres se substituant alors au sentiment d'une appartenance et d'une aliénation (être *à* la mode). D'un autre côté pourtant, ce sentiment d'appartenance est un confort, une « sécurité » pour le personnage qui cherche un ancrage. En ce sens, elle et Newland apparaissent dans toute leur complémentarité.

★

« — Original ? Nous sommes tous aussi pareils les uns aux autres que ces poupées découpées dans une feuille de papier plié. Ne pourrions-nous pas être un peu nous-mêmes, May ? » (X, p. 97)

Alors que May vient de s'amuser de son originalité, Newland comprend à quel point leur dialogue de jeunes fiancés est entièrement dicté par la tradition. Il n'est rien d'original pour lui dans le comportement de chacun des membres de la communauté, dont l'unité rime avec conformité. Par opposition, dans ce passage où il paraît tenté de se révéler à sa future épouse, Newland en appelle à la singularité, sur un mode prudent mais dont l'interrogation rhétorique souligne ici, en même temps, la véhémence. Aussi ne peut-il être que déçu par l'incompréhension et l'innocence de May, qui « sentait très bien que ce qu'il voulait était impossible », tout en ne trouvant « pas de raison à lui opposer ».

★

« "Monotonie !... monotonie !..." soupira-t-il. Ce mot l'obsédait. En rentrant ce soir-là, il ne s'était pas arrêté au cercle comme d'habitude. À la vue des grandes fenêtres derrière lesquelles les mêmes figures connues, coiffées des mêmes chapeaux haut de forme, se montraient toujours à la même heure, le courage lui avait manqué. Il devinait non seulement ce dont on parlait, mais comment chacun en parlait. » (X, p. 98)

La comtesse Olenska a révélé à Newland un monde de plénitude et d'entrain qui s'oppose à l'éternel retour des « mêmes » séquences, à la « monotonie » du quotidien tel qu'il est vécu sans l'être aimée. Le personnage traduit ici la litanie de ces heures perdues par le biais d'une répétition qui justifie son découragement. Aucune surprise n'en rompt le cours, dressé par une uniformité sans fin. À ce stade du roman, une telle prise de conscience apparaît déjà dans son caractère obsédant, comme une urgence.

★

« — [...] Les étrangers ne connaissent pas nos habitudes. Comment les connaîtraient-ils ? Tandis que la comtesse Olenska est une New-Yorkaise, et devrait avoir égard aux sentiments de New York. » (X, p. 102)

Le passage révèle la position intenable que le vieux New York, par la voix de Mrs. Archer, exige de la comtesse Olenska, considérée comme une native mais en même temps accusée d'étrangeté. Originaire de la cité mais élevée dans un ailleurs européen que les membres du clan affectent de tous les vices, elle est sommée d'en respecter les usages alors même qu'elle tient à défendre sa liberté, signe de sa singularité dans un univers marqué par un ensemble de codes aliénants, masqués ici par le doux nom de « sentiments ».

★

« — Vous ne serez jamais comme tout le monde.

— Ne dites pas cela !... Si vous saviez combien j'ai horreur d'être différente ! » (XII, p. 120-121)

La comtesse Olenska se révèle là encore dans toute son ambivalence. Sa « soif » de liberté n'est pas sans conséquence, tant elle comporte de « solitude » (IX, p. 91). Elle se montre ouvertement décalée par rapport aux coutumes du vieux New York auquel elle cherche pourtant à s'intégrer, tout en continuant à vivre sa singularité. Elle révèle ainsi dans ce passage un « masque tragique » (XII, p. 121) qui dit la difficulté de son dilemme.

★

« — La société de New York est un monde bien petit auprès de celui où vous avez vécu... et il est mené, ce petit monde, par quelques personnes qui ont... des idées un peu arriérées... Nos idées sur le mariage et le divorce tout particulièrement... Notre législation favorise le divorce... nos habitudes sociales ne l'admettent pas. » (XII, p. 123)

Les normes et les valeurs du vieux New York sont ici désignées par l'emploi de déterminants possessifs de la première personne du pluriel. Mandaté par « [l]e vieux Mr. Letterblair, le conseil accrédité de la haute société de New York depuis trois générations », qui « trôn[e] » en majesté « derrière son bureau d'acajou » (XI, p. 106), et à travers lui pour tous les membres de la communauté, Newland essaie ici de convaincre Ellen de renoncer au divorce, en l'avertissant des dangers qui la guettent si elle ne s'y plie pas. La raison en est la « petit[esse] » du « milieu », ses idées « arriérées », dont Newland semble ici reconnaître qu'elles sont d'un autre temps, ses hésitations (ou sa difficulté à trouver les mots justes afin d'emporter la conviction de son interlocutrice ?) étant marquées par les nombreux points de suspension qui ponctuent ses énoncés. En ce sens, dès ici, le personnage semble tiraillé entre son inscription dans le système de valeurs ancestrales de sa communauté et sa remise en question.

★

« — [...] Pensez aux journaux, à leurs vilenies... C'est stupide, c'est injuste ; mais comment changer la société ? [...]

— L'individu, dans ces cas-là, est presque toujours sacrifié à l'intérêt collectif » (XII, p. 124).

Tout en essayant de convaincre la comtesse de renoncer au divorce, à l'unisson de toute la communauté qui voit le scandale affleurer, Newland évoque la « société » comme un monstre prompt à s'acharner contre les individualités qui contreviendraient aux règles communes. Le passage semble ici annoncer le terme de « tribu », utilisé plus loin au sujet des Mingott et de leur « intérêt collectif » (XXV, p. 234), au moment du « sacrifice » d'Ellen, sur l'autel du mariage et de la respectabilité familiale.

★

« Archer frissonnait à la pensée que lui-même pourrait en être là. Il résistait à la stagnation, il passait ses vacances à voyager, il cultivait les "intellectuels", il essayait de se "tenir au courant", comme il l'avait dit un jour à Mme Olenska. Mais une fois marié, que deviendrait cette étroite marge que se réservait sa personnalité ? » (XIV, p. 137)

Newland songe ici à ses collègues de travail, et à « l'inutile assujettissement » auquel tous se livrent en se rendant quotidiennement à leur office, sans pouvoir ni vraiment vouloir s'y opposer. Lui « résist[e] » au contraire à cette injonction de la communauté : il refuse la « stagnation » en voyageant, en cultivant ses fréquentations intellectuelles et sa vie culturelle. Le passage se conclut toutefois par une interrogation, qui souligne combien est « étroite » la marge de manœuvre que s'octroie ainsi sa « personnalité », pour un temps limité : le mariage, et avec lui l'inclusion (ou la fusion ?) dans la communauté, ne signera-t-il pas le coup d'arrêt de sa volonté ?

★

« — [...] Oh ! ces Mingott ! Tous les mêmes ! Nés dans une ornière d'où rien ne peut les tirer. Quand j'ai bâti cette maison, on aurait cru que je partais pour la Californie. [...] Non, non, ils sont tous pareils : ils veulent tous faire ce que tous les autres auraient fait. Je rends grâce au ciel de n'être qu'une humble Spicer ; il n'y a, parmi tous les miens, que ma petite Ellen qui tienne de moi. » (XVII, p. 158)

Mrs. Mingott apparaît en de nombreux points comme la matriarche de la communauté. C'est un personnage pourtant très singulier : sa force de caractère l'érige en individualité, qui a souffert des préjugés et les a affrontés dans le passé. Mais en dépit du scandale annoncé, les Mingott acceptent d'accueillir Ellen parce qu'elle l'a décidé – autour de ce choix, d'ailleurs, les membres du clan feront bloc. Dans ce passage, Mrs. Mingott s'offusque cependant de l'uniformité des membres de sa famille, « tous les mêmes », « tous pareils », ce que le roman tend d'ailleurs à confirmer. Elle affirme par opposition une communauté de valeurs et de caractère entre elle et la comtesse, qui jusqu'au bout du roman pourra compter sur son soutien.

★

« — Chez nous il n'y a ni personnalité, ni caractère, ni variété. Nous sommes ennuyeux à mourir. Je ne sais pas, fit-il subitement, pourquoi vous ne retournez pas là-bas. » (XXIV, p. 226)

Newland dresse ici un portrait de sa communauté. Le « nous » qu'il invoque est celui de l'uniformité, des codes et des traditions du vieux New York qui, n'admettant aucune forme de singularité, génèrent un ennui dont le personnage se découvre le porteur et l'héritier. Par opposition, c'est l'Europe dont la comtesse est issue qui est présentée comme une terre d'ouverture et de contrastes, lieu de possibles échappées.

★

« Quand il se trouva sur le bateau, parmi les autres touristes, Archer se sentit pénétré d'un calme qui lui apportait à la fois de l'étonnement et de la force. [...] C'était le résultat de l'équilibre parfait que Mme Olenska avait su établir entre ce qu'ils devaient de loyauté aux autres et de franchise à eux-mêmes. » (XXV, p. 230)

Dans ce passage à nouveau, la comtesse Olenska apparaît comme un révélateur, au sens chimique du terme, ou comme une inspiration, aux yeux de Newland Archer. Lui reste engoncé dans le péril des conventions et de la communauté. Mais au contact de celle dont il s'est épris en partie pour cette raison, il tire une force née de cet « équilibre parfait » qu'elle tient entre ce que l'on doit aux autres de la communauté et à soi, en tant qu'être singulier. Emporté par ses sentiments, le personnage se montre pourtant bien peu lucide sur la suite des événements : cet « équilibre » supposé sera marqué par une grande précarité, lui qui consiste en une relation platonique et secrète, jamais avouée, étouffant les sentiments passionnés.

*

« [Newland] comprit que la famille avait cessé de le consulter, avertie par quelque profond instinct de clan qu'il ne la suivrait plus. [...] Le résultat avait été communiqué à la famille, et Archer tacitement exclu de leurs conseils. Il admirait la discipline de tribu qui soumettait May à cette décision. » (XXV, p. 233-234)

La communauté familiale connaît parfaitement les moyens de défendre ses intérêts. Elle se mue alors en « tribu », terme qui n'est pas sans connoter une forme de sauvagerie qui se dévoile en cet épisode perçu comme décisif pour l'honneur de la communauté. Contre le clan, les individualités n'ont plus aucune chance car elles représentent alors un danger. Il convient donc de les exclure tout en ménageant les apparences de la civilité, de manière hypocrite mais aussi parfaitement maîtrisée.

★

« — […] Elle est trop différente. Elle fréquente des gens si bizarres. On dirait qu'elle prend plaisir à se singulariser. Cela tient sans doute à la vie agitée qu'elle a menée dans cette société d'Europe ; nous devons lui paraître bien ennuyeux ! » (XXXI, p. 276)

May voit ici la comtesse comme un être « trop » singulier, qui prendrait de surcroît « plaisir à se singulariser », comme s'il s'agissait là d'une incongruité, sinon d'un vice importé d'Europe, lieu de tous les dévoiements supposés comme le suggère l'emploi du démonstratif. Dans ce passage, le jeu des pronoms personnels contribue à opposer la figure de la comtesse (« elle ») à celle de la communauté (« nous »), dans laquelle May s'inscrit pleinement là encore.

★

« Il y avait des choses qu'il fallait faire sans marchander et, parmi celles-ci, dans le vieux code de New York, était le dernier ralliement du clan autour du membre qui allait en être retranché. […]

Maintenant, toute la tribu se ralliait autour de May, et il était entendu que personne ne savait rien, n'avait jamais rien soupçonné. […]

C'était ainsi dans ce vieux New York, où l'on donnait la mort sans effusion de sang » (XXXIII, p. 288).

La scène est ici celle de la dernière réception donnée en l'honneur de la comtesse, qui s'apprête alors à quitter New York. Tout semble avoir été parfaitement orchestré par la communauté pour éloigner sans faire de vagues les deux individualités susceptibles d'entacher l'honneur et le bel équilibre du « clan » : le texte évoque d'ailleurs à plusieurs reprises le terme de « complot ». Une grande violence est ici masquée derrière les apparences policées du « milieu », lequel s'apparente pourtant à un corps (social) dont il s'agirait de « retranch[er] » le « membre » gangrené, dans le seul but d'assurer sa survie. Tel est le sort réservé aux individualités par la « tribu », expression par laquelle la société voit encore une fois révélée sa forme de sauvagerie dissimulée.

★

« [Newland Archer] n'était pas bien sûr que des hommes comme lui fussent vraiment ceux dont le pays avait besoin. En effet, après avoir siégé pendant un an à l'Assemblée départementale de New York, il n'avait pas été réélu, et c'est avec soulagement qu'il s'était retranché dans les modestes, mais utiles travaux de la vie municipale. [...]

Il avait été, somme toute, ce qu'on commençait à appeler à New York "un bon citoyen". [...] on disait toujours : "Il faut demander l'avis d'Archer." Ses jours étaient remplis, et remplis avec honneur. N'était-ce pas tout ce qu'un homme de bien pouvait demander ? » (XXXIV, p. 293-294)

Le dernier chapitre du roman nous offre un aperçu des quelque vingt-neuf années qui se sont écoulées depuis le mariage de Newland. Le personnage aliéné par la pesanteur des contraintes et des lois de la communauté y a expérimenté un autre type de rapport avec la cité, engagé dans et par la question de la citoyenneté. Ce thème, qui point à la toute fin du récit, l'est de manière assez rapide, mais significative : si Newland pense qu'il « n'était pas fait pour la vie publique », ses conseils ont toujours été sollicités quant aux affaires communes. Le passage n'en culmine pas moins sur une interrogation, d'où point une mélancolie d'autant plus grande que le roman paraît lui apporter une réponse immédiate en évoquant ce qui « avait manqué » au personnage : « la fleur de la vie », à laquelle il songe maintenant « comme à une chose hors d'atteinte ». S'agit-il alors d'un renoncement ?

★

« Cette incapacité de s'adapter au mouvement du temps avait amené ses enfants à lui cacher leurs pensées, comme Archer lui avait toujours caché les siennes. Père et enfants s'étaient inconsciemment entendus pour maintenir autour d'elle l'illusion de l'uniformité. » (XXXIV, p. 295)

L'uniformité correspond ici aux valeurs traditionnelles de la communauté. May Archer a vécu dans l'illusion de leur pérennité, entretenant par là même le souvenir et la flamme des valeurs d'antan, au risque de s'éloigner de ses proches, inconsciente du travail et des effets de la durée. Être gardienne du temple de la communauté semble avoir été pour elle un devoir autant qu'un réconfort, puisqu'il nous est précisé que May a « quitté ce monde » en étant « convaincue qu'il était plein de ménages aimants et harmonieux comme le sien » ; mais le roman n'est pas sans suggérer le pathétique d'une telle position, et la solitude qui lui est liée.

★

« Longtemps, il demeura ainsi dans l'envahissement du crépuscule, sans quitter des yeux le balcon. À la fin, une lumière perça les fenêtres. Un moment après, un domestique vint relever les stores et fermer les persiennes.

Comme si c'était le signal qu'il attendait, Newland Archer se leva lentement et revint seul à son hôtel. » (XXXIV, p. 304)

Le roman se clôt sous le signe de la solitude de Newland Archer, de manière très énigmatique et ouverte. Le récit est alors nimbé d'une aura crépusculaire, qui rend plus grave encore l'effet d'attente liée à la question des retrouvailles en suspens des deux anciens amants. Jusqu'au bout, deux individus se sont fait face : sont-ils jamais parvenus à faire communauté, sinon de manière très ponctuelle, ou dans le fantasme et les velléités de passage à l'acte ?

Technique du résumé et de la dissertation

Nature de l'épreuve

Elle diffère suivant les concours, en nature (résumé dissertation, ou seulement dissertation) et en durée (4 heures ou 3 heures).

Filières MP/PC/PSI/TSI

Écrits ENS	Dissertation sur programme (note ne comptant que pour l'admissibilité) Durée : 4 heures
Écrits X-Polytechnique	Dissertation sur programme Durée : 4 heures
Écrits concours commun Mines-Ponts	Dissertation sur programme Durée : 3 heures
Écrits Centrale	Résumé dissertation sur programme Durée : 4 heures
Écrits CCP	Résumé dissertation sur programme Durée : 4 heures
Écrits E3C	Dissertation sur programme 3 heures

Oral X-Polytechnique	Résumé et commentaire d'un texte hors programme Durée : 1 heure (30 minutes préparation, 30 minutes passage)
Oral concours commun Mines-Ponts	Analyse et commentaire d'un texte hors programme d'après 1945 Durée : 1 heure (30 minutes préparation, 30 minutes passage)
Oral CCP	Entretien de personnalité et motivation Durée : 30 ou 45 minutes
TPE et EIVP	Analyse et commentaire d'un texte hors programme d'après 1945 Durée : 1 heure

Filières PT

Français A	Dissertation sur programme Durée : 4 heures
Français B	Résumé dissertation Durée : 4 heures

Filières BCPST

Agro Véto	Dissertation sur programme Durée : 3 heures
G2E	Dissertation sur programme Durée : 3 heures
TBE	Analyse développement sur programme Durée : 3 heures

L'épreuve de français-philosophie forme un tout composé d'un résumé et d'une dissertation pour la banque d'épreuves Centrale et CC-INP, l'ensemble étant à réaliser en 4 heures.

Pour le concours Centrale-Supélec, le texte à résumer et le résumé sont plus longs que pour le concours CC-INP.

Le texte type CentraleSupélec comporte entre 1 000 et 1 200 mots, et il est à résumer en 200 mots pour les MPSI et PCSI, et en 150 mots pour les TSI. De plus, il faut que la dissertation du concours CentraleSupélec comporte moins de 1 800 mots. L'esprit de synthèse est explicitement encouragé dans l'intitulé du sujet de ce concours, ainsi que l'appel à des citations précises des textes du corpus, ce qui est moins explicitement souligné dans d'autres banques d'épreuves. Il est à noter que vous n'aurez aucun ouvrage à votre disposition le jour de l'épreuve. Il vous faudra donc apprendre des citations par cœur. Le résumé et la dissertation sont notés globalement en une seule et unique note pour le concours CentraleSupélec.

Le texte type CC-INP compte quant à lui entre 700 et 900 mots, et il est à résumer en 100 mots pour toutes les filières. Il n'y a dans ce cas-là pas de limite haute du nombre de mots pour la dissertation. Pour ce concours, le résumé est noté sur 10 points et la dissertation sur 20 points, chaque exercice étant noté de manière séparée.

Pour ce qui est de la qualité des textes et du type de textes choisis, il est à remarquer que les textes donnés sont souvent récents (XXe et XXIe siècle), assez généraux pour aborder de manière transversale tous les aspects du thème et éclairer l'ensemble du corpus. Ce ne sont que très rarement des textes usant d'un vocabulaire technique et proposant des argumentations spécifiques et pointues.

N.B. : on peut, en droit, tomber sur le programme de la première année de classes préparatoires, mais dans les faits cela n'arrive que très rarement. Néanmoins il faut avoir en tête cette éventualité, en relisant ses cours de première année avant le concours.

Méthodologie du résumé de texte

Remarques préliminaires

L'organisation du temps

Il s'agit d'un point décisif de l'épreuve car il vous faut répartir l'exécution de plusieurs tâches en un temps somme toute restreint. Il est donc très important d'avoir, dès les entraînements réalisés au long de l'année, une organisation stricte du temps imparti et une bonne gestion des priorités.

Il faut réserver environ une heure et demie sur quatre à la lecture du texte et à la rédaction du résumé. Pas moins d'une heure et demie, en effet, sinon la lecture et la compréhension du texte risquent d'être bâclées et le hors-sujet vous guette pour la dissertation, ainsi que la perte de points liée à un résumé rédigé à la va-vite. Mais pas plus d'une heure et demie non plus, car sinon la rédaction complète de la dissertation en sera compromise. Il faut réserver en effet au moins deux heures et demie à la dissertation. Plus précisément, pour le brouillon de la dissertation, on réservera 40 minutes, pour la rédaction de la dissertation, on comptera une heure et demie et pour la relecture au minimum 20 minutes.

La lecture complète de tout le sujet

Avant toute chose, il convient de commencer par une lecture complète du sujet, c'est-à-dire du texte et du sujet de dissertation, avec sa consigne précise. Soulignez bien les exigences précises formulées dans le sujet. Il est souhaitable de prendre connaissance du sujet de dissertation avant de faire le résumé, bien qu'elle ne soit réalisée que dans un second temps. En effet, on peut tout en travaillant sur le résumé se faire une petite fiche au brouillon avec des concepts-clés repérés dans le texte en vue de la dissertation. Cela nourrira le corps de votre développement et vous permettra de ne pas oublier des pistes à exploiter pour étoffer vos paragraphes une fois votre plan de dissertation élaboré. La lecture attentive du sujet de dissertation peut en outre aiguiller sur le sens global du texte, son intérêt. Les concepteurs du sujet mettent en avant pour la dissertation une des phrases essentielles du texte, ou une de celles les plus en lien avec le thème annuel d'une part et avec le corpus d'autre part, afin que le candidat se positionne face à la thèse soutenue par l'auteur dans cet extrait précis. La lecture du sujet de dissertation peut aider à saisir ce qu'il faut mettre en relief dans le texte à résumer.

Faire le résumé, c'est se donner les moyens de maîtriser le texte, c'est-à-dire ses concepts-clés, sa progression. C'est aussi anticiper la dissertation et l'argumentation que l'on va développer pour débattre avec l'auteur. La réalisation du résumé et celle de la dissertation sont intimement liées. Qui a bien réalisé son résumé réussira souvent bien sa dissertation, et réciproquement ; qui a lu le sujet de dissertation avant de faire le résumé pour anticiper sur la suite réussira à coup sûr mieux son résumé.

À titre préliminaire, on peut conseiller, à la fin de la première lecture du texte, de toujours bien noter le titre de l'ouvrage d'où il est extrait, ainsi que la date de parution et, si on connaît l'auteur, d'imaginer quelle importance cela peut avoir pour ne pas oublier dans le développement de la dissertation d'exploiter ces données. Si l'auteur est un homme politique célèbre, un romancier, etc., cela peut avoir son importance de le souligner. Parfois, le titre du texte offre une réelle clé de compréhension, en faisant surgir un concept qui n'est pas explicitement dans le texte, mais qu'il faut utiliser pour éclairer le texte ou en synthétiser des parties, car implicitement le texte tourne autour de cette notion que le titre nous révèle.

Définition du résumé

Une contraction du texte

Le résumé doit être une contraction du texte, autrement dit une réduction, une maquette ou un modèle réduit. C'est un point de méthode très important à intégrer, car cela est spécifique par rapport à d'autres types de résumés que vous auriez pu avoir à faire par ailleurs au collège ou au lycée, par exemple de la synthèse de documents divers en cours d'histoire ou un dossier thématique. Il ne faut donc ni commenter le texte, ni l'analyser, ni le critiquer dans le résumé, car ces tâches sont réservées à la dissertation. Il ne faut pas ajouter des éléments, hormis des liens logiques permettant de restituer la progression des arguments du texte. Vous ne devez jamais dire : « L'auteur… dans son œuvre… dit que… »

Vous devez conserver les personnes utilisées par l'auteur (dites « je » si l'auteur dit « je », dites « nous » s'il dit « nous », « on » s'il dit « on »…), les temps employés (gardez les mêmes temps et modes, utilisez l'indicatif si c'est de l'indicatif, le subjonctif si c'est du subjonctif, etc.), les moyens rhétoriques (s'il y a des adresses au lecteur, vous pouvez les restituer), la tonalité (lyrique, emphatique, critique, polémique…). S'il y a un exemple et qu'il est long et décisif, vous pouvez choisir de le maintenir en le raccourcissant bien évidemment. S'il y a une longue liste d'exemples, vous pouvez choisir de conserver l'idée de liste, d'énumération, mais en plus restreinte.

Reformuler la pensée d'autrui sans la dénaturer

Bien comprendre l'objectif de l'exercice est primordial. En tant que futur ingénieur ou dirigeant d'entreprise, en tant qu'enseignant-chercheur en biologie ou vétérinaire, on veut savoir si vous savez restituer correctement la pensée d'autrui sans la travestir, sans la juger, sans la dénigrer, avec une forme de neutralité absolue à son égard. Il faut donc respecter absolument la pensée de l'auteur, y être fidèle, ne pas s'en écarter, s'y tenir. On veut aussi mesurer la qualité de votre langue française, votre maîtrise des subtilités de la grammaire, votre usage des synonymes, la pertinence des liens logiques que vous faites surgir.

Reformuler suppose de construire un nouveau texte et c'est la qualité de chaque nouvelle phrase qui compte. Un résumé est par nature bref. Tout y prend par conséquent de l'importance, y compris la ponctuation. Une seule phrase bancale peut vraiment ruiner tout votre résumé, ce qui n'est pas le cas pour la dissertation, où le correcteur pardonne volontiers une tournure malheureuse.

Il ne faut pas déformer la pensée de l'auteur en la rendant floue, vague, imprécise. Il ne s'agit pas de dire « mal » ce que l'auteur a si « bien » dit. Il faut donc éviter soigneusement le mot « chose », « quelqu'un », « des personnes pensent que », « depuis la nuit des temps », « depuis toujours », « il y a des gens qui... », etc. Le mot « chose » peut être par exemple utilement remplacé par « état », « élément », « facteur », « fonction », suivant le sens de la phrase. Utilisez des ressorts comme les pronoms relatifs « duquel », « auquel », « dont » qui élèvent, bien employés, la qualité de la langue.

Le résumé doit au maximum consister en une reformulation, avec vos expressions propres, du texte initial. Il ne s'agit pas d'appauvrir le niveau de langue du texte ou de trop le simplifier, nous l'avons dit. Au contraire, vous devez rester très précis et choisir la formule adéquate. Vous ne devez pas vous contenter de sélectionner les phrases importantes et les coller « bout à bout ». Il faut absolument éviter de faire un « patchwork » du texte, assemblage maladroit dont se contentent souvent trop facilement les candidats, omettant une partie de l'exercice, à savoir la reformulation. Il ne suffit pas de réduire les idées du texte, il faut aussi les retraduire par des synonymes, des mots qui résument bien tout un pan de phrase initiale.

Parfois, certains mots ne peuvent pas être reformulés sans obscurcir le sens. En ce cas, il faut absolument les maintenir et les modifier serait alors une erreur. C'est souvent le cas des notions phares du programme autour desquelles tournent les textes proposés au concours. Les conserver est ici judicieux.

La clarté du résumé

Du point de vue de la clarté et du style, il faut éviter les « phrases-fleuves ». On veut dire par là qu'il ne faut pas se laisser aller à écrire « au fil de la plume », passer « du coq à l'âne », mais au contraire surveiller constamment le sens précis de chaque phrase, contrôler systématiquement la production de l'enchaînement des mots dans la phrase et des phrases entre elles.

Dans le même ordre d'idées doivent être évitées les « phrases à rallonge », où le correcteur, en dépit de sa bonne volonté, se perd. Pensez ici à vérifier la ponctuation, pour faire respirer la phrase aux bons endroits.

Les « phrases à tiroirs » ou « en cascade » doivent également être prohibées. Par exemple, une cascade de « qui » et de « que » est à éviter, car le lecteur finit par ne plus savoir ce qui est qualifié. Le mieux est bien souvent, quand on sent une phrase s'alourdir, de faire deux petites phrases au lieu d'une, en les reliant correctement par un lien logique précis. Une idée par phrase bien souvent suffit, à moins de parfaitement maîtriser la grammaire française et de connaître l'art rhétorique, mais n'est pas Victor Hugo qui veut... La modestie en la matière, si elle garantit la maîtrise parfaite de ce que vous dites et voulez dire, sera appréciée, ou en tout cas ne prêtera pas le flanc à la critique. Pour faire bref sur ce point important, il vaut mieux faire deux phrases courtes bien solides qu'une phrase plus longue mais présentant une construction grammaticale incorrecte. Essayez de bien évaluer le niveau d'expression qui est le vôtre et de ne pas viser trop haut : en voulant mieux faire, vous feriez pire. D'autres moins audacieux vous passeraient alors devant... À vous de savoir être bon stratège en connaissant votre niveau, en sachant manier vos armes.

Préférez les liens logiques forts (« toutefois », « néanmoins », « or », « mais », « par contraste »...) aux liens logiques faibles (« puis », « ensuite »...), qui juxtaposent simplement les idées, les collent les unes aux autres, mais sans donner la véritable logique de l'articulation du propos, sans en éclairer la progression, alors que c'est précisément ce à quoi doit tendre votre résumé.

Pour finir, évitez les « phrases bancales », qui offrent par exemple une proposition relative sans la subordonnée, ou qui annoncent un balancement qui ne vient pas (« tandis que »...). Évitez encore les phrases en « style télégraphique », ainsi que les phrases nominales, sans verbe conjugué. Ce n'est pas au correcteur de finir vos phrases. Toute abréviation est formellement interdite, ainsi que les indications de numérotation pour vos parties de résumé ou de dissertation. Tout doit être rédigé. Évitez dans le même ordre d'idées les tirets ou astérisques, que certains croient possible d'utiliser pour indiquer plusieurs points ou plusieurs arguments pour leurs résumés. On ne fait ni une fiche de résumé de cours ni une « carte mentale » du texte. Le résumé doit être un texte complet dont toutes les phrases tiennent par elles-mêmes et sont bien reliées entre elles. Des phrases qui laisseraient le sens en suspens, flottant, et contribueraient à créer du flou, alors que l'on recherche la clarté de l'expression, sont à retravailler jusqu'à l'entière satisfaction du candidat.

Atouts d'un bon résumé

Restituer toutes les idées centrales du texte

Les critères d'un bon résumé sont, dans l'ordre d'importance, tout d'abord la restitution de *toutes* les idées principales du texte, y compris *celles de la fin du texte*, souvent omises par absence de vue d'ensemble et par mauvaise gestion du temps. De plus, les idées principales doivent occuper dans le résumé la même proportion que dans le texte initial. Le contenu est donc primordial. Le résumé n'est pas qu'un exercice formel, creux, vide, superficiel. Il indique le mouvement du texte, ses points forts, ses inflexions et aide à comprendre ce que défend son auteur et la manière dont il s'y prend.

Atteindre la clarté

Compte en second lieu la clarté du résumé produit, qui devrait en droit être compris par quelqu'un qui n'a pas lu le texte initial. Par conséquent, évitez toute allusion vague au texte. Vérifiez cela en vous demandant si une personne lambda comprendrait ce que vous dites.

Viser la justesse de l'expression

La justesse de l'expression en découle à titre de troisième critère. Comme dans une grille de mots croisés, qui constitue soit dit en passant un excellent entraînement à l'enrichissement de votre vocabulaire pour faire de bons résumés, il faut « se creuser la tête » pour trouver le bon mot, la meilleure expression, celle que l'on nomme « l'expression consacrée », autrement dit le bon mot-clé ou le concept parfait.

Il faut ensuite vérifier les prépositions, restituer les tournures adéquates, vérifier la concordance des temps. Pour garantir que l'on a bien trouvé la bonne préposition, on peut sortir l'expression de la phrase du résumé : par exemple, on dit « se consacrer à », « aspirer à », « se satisfaire de », « se souvenir de »... Sortir l'expression de la phrase permet parfois de rectifier une préposition initialement mal choisie qui va obscurcir le sens de votre texte.

La correction orthographique est prise en compte et a une grande importance, ce qui est toujours rappelé dans les intitulés des sujets et dans les rapports de jury. On peut souvent facilement corriger, en y réfléchissant quelques minutes, les accords sujet/verbe, nom/adjectif... Encore faut-il s'en donner la peine. Un résumé sans aucune faute au milieu d'un océan de résumés qui en sont truffés constitue un véritable bain de Jouvence pour votre correcteur, qui sera prêt à être indulgent sur d'autres points.

Adopter des tournures élégantes

L'élégance du style, pour finir, se gagne en travaillant à cela tout au long de l'année. Ne craignez jamais d'user d'un vocabulaire trop raffiné ou de vous rendre ridicule en usant d'un « nonobstant le fait que », « d'une part... d'autre part...», « de manière générale... », « plus particulièrement...», car on attend précisément de vous que vous jouiez le jeu de l'élégance stylistique. Cela fera la différence avec ceux qui en restent à des formulations banales, « bateau », plates, naïves, enfantines... Réussir un concours consiste bien souvent non pas à faire *différemment* des autres, mais simplement *mieux* que les autres, à dire plus finement ce que d'autres ont dit trop grossièrement.

On entend par l'élégance stylistique la légèreté de l'écriture, la rareté de son vocabulaire, sa précision. La capacité à faire du résumé un tout unifié, organique, où chaque élément trouve sa juste place.

On veut un texte qui progresse de manière limpide, sans aucun « cheveu sur la soupe ».

Utilisez des métaphores, des comparaisons, si cela s'y prête, des expressions travaillées. Usez d'une ponctuation ne négligeant pas l'usage des points-virgules. Le candidat ne doit pas écrire comme il parle. Évitez tout langage commun, toute expression familière, toute apostrophe qui donne l'impression d'oralité, ainsi que les expressions « forcément », « bien sûr », « eh bien », « eh oui », qui doivent être remplacées respectivement par « nécessairement », « évidemment », « en l'occurrence », « certes ». Vous ne devez de manière générale jamais, au cours de la copie, vous adresser directement au correcteur. Ne lui faites aucun clin d'œil, ne faites aucun sous-entendu (« vous l'avez bien compris… ») et ne témoignez d'aucune familiarité (« vous tomberez en cela d'accord avec moi… »).

Organiser la rédaction du résumé

Il est possible de procéder pour le résumé en trois temps. Certes, d'autres méthodes pertinentes sont toujours possibles et il vous faut suivre celle qui vous convient le mieux, en prenant en compte les conseils et les astuces de votre professeur ainsi que votre propre personnalité. Néanmoins, en règle générale, employer toujours la même méthode toute l'année, que ce soit en DS, en concours blanc ou au véritable concours, est vivement recommandé. Il ne faut pas en effet improviser la méthodologie le jour J, ne pas « changer de monture » en cours de route. Votre méthode de résumé, quelle qu'elle soit, doit être parfaitement « rodée » avant le concours et contribuer à vous rassurer le jour J, à rester parfaitement lucide et concentré lors de l'exercice. Vous ne devez pas être contraint de vous demander par où commencer. Toutes les étapes à suivre doivent vous être au contraire bien connues. Vous devez suivre le jour du concours la méthode en laquelle vous faites confiance pour réussir, en vous mettant comme sur une sorte de rail. Si l'oubli d'une idée centrale est sanctionné, il est à noter que des résumés assez différents peuvent très bien restituer le texte initial. Les idées centrales peuvent être restituées différemment. Il existe de nombreux bons résumés d'un même texte.

N'oubliez pas que les mots sont à compter avec précision et qu'il faut indiquer leur nombre final de façon claire en fin de résumé et ce sans se tromper, ainsi que marquer par des barres les groupements de 20 ou 40 mots, suivant ce que le sujet exige dans ses consignes. Il convient de bien souligner ces consignes, pour ne pas oublier de le faire en fin de résumé et suivre scrupuleusement ce qui est demandé sans aucune rature. Pour les mots composés, soyez bien attentifs, car on compte autant de mot que d'unités de sens dans le mot : « c'est-à-dire » compte par exemple pour 4 mots, car les quatre petits mots qui composent cette expression ont chacun un sens pris à part, et cette expression n'est donc pas très efficace, car elle emploie beaucoup de mots pour peu d'effet ; « aujourd'hui » compte pour sa part pour seulement un mot, car « hui » ne signifie rien pris isolément.

Le premier résumé : comprendre la logique du texte

Le premier jet du résumé doit permettre de relever les idées essentielles sans les reformuler, ou en les reformulant le moins possible pour être efficace. Il faut aller assez vite dans cette première démarche, en élaguant au maximum. L'idée est un peu de traverser la « jungle du texte » comme avec une « machette » : il faut délimiter, supprimer des éléments, « tailler » le chemin du texte, pour y voir clair dans sa progression et ses étapes.

Si, à la première lecture, vous ne comprenez pas une partie du texte, laissez-la en suspens dans un premier temps. Ne forcez pas son interprétation immédiate, surtout si ce que vous comprenez dans ce morceau de texte vous semble incohérent par rapport à l'ensemble, car c'est certainement le signe d'un contresens de votre part. Formulez diverses hypothèses au brouillon sans refermer le sens. Essayez d'éclairer ce passage par ceux qui l'entourent, rétrospectivement, après la lecture de l'ensemble. Avancer dans la lecture d'un texte, c'est sans cesse modifier le sens de ce qui a déjà été lu en fonction de ce qui vient d'être lu. Il convient de ne pas avoir les idées trop vite arrêtées sur une seule interprétation fermée, mais d'avoir en tête les diverses possibilités de compréhension qui se présentent d'abord à vous. Si vous ne comprenez pas du tout un morceau du texte après diverses tentatives infructueuses, essayez de formuler une idée proche qui, quant à elle, vous semble vraiment claire et cohérente par rapport à ce qui encadre cette partie que vous ne saisissez pas bien. À défaut de bien comprendre, et pour ne pas céder à la panique, il s'agit alors de recomposer en quelque sorte le maillon qui vous manque par déduction logique et de vous rassurer sur le fait que vous avez tout de même globalement saisi le texte. Le résumé ne doit en aucun cas contenir un passage obscur. En dernier recours, il vaut donc mieux escamoter une phrase mal comprise et fournir tout de même un ensemble cohérent faisant sens que de laisser une phrase que l'on sent soi-même obscure au beau milieu de son résumé, en espérant que le correcteur n'y verra que du feu. Ce serait tendre le bâton pour se faire battre, car si ce n'est pas clair pour vous il y a de très grandes chances que cela le soit encore moins pour votre correcteur. Il ne faut à aucun moment de la progression se bloquer psychologiquement, mais au contraire clarifier petit à petit son interprétation, avancer pas à pas, se conforter dans l'idée qu'on avance dans la tâche à accomplir. Rome ne fut pas faite en un jour…

Essayez à cette étape de regrouper ensuite les paragraphes qui enchaînent une même idée ou contiennent la même idée, par exemple en plaçant des accolades dans la marge.

Comptez le nombre de mots obtenus pour chaque groupe d'idées ainsi formé. Fixez ensuite pour chaque paquet un nombre de mots idéal à atteindre, pour que l'ensemble final fasse bien le nombre de mots global attendu (plus ou moins 10 %). Par exemple, si idée 1 idée 2 occupent, dans le premier résumé, 42 mots, on peut se fixer 30 mots dans l'idéal pour résumer cette partie ; si idée 3 occupe 54 mots, on peut raisonnablement fixer 40 mots pour le résumé final, car on sent qu'on pourra beaucoup gagner en synthèse pour cette partie, etc., cela de sorte que l'ensemble des projections chiffrées faites soit bien égal au nombre total de mots autorisés (100/150/200 mots). L'avantage de cette méthode est de se fixer des sous-objectifs faciles à remplir, de bien avoir en tête les proportions pour chaque idée et de ne pas se retrouver à recompter sans cesse l'ensemble des mots.

Ensuite, soulignez les morceaux de phrases qu'il vous semble au terme de cette première étape faciles de réduire pour le second résumé, c'est-à-dire soulignez les éléments non essentiels, à ôter définitivement : les exemples inutiles à la compréhension de l'argumentation générale, les idées qui apparaissent rétrospectivement secondaires, une fois le premier jet terminé, les citations d'un auteur que ferait l'auteur du texte et qu'il serait lourd de conserver, le nom d'un auteur dont parle le texte, une description à rallonge… Vous pouvez aussi souligner les éléments qui peuvent facilement être rassemblés en un seul mot-clé qui les résumerait bien. Pensez aux mots-clés et au vocabulaire technique vus pendant vos cours, notamment les cours d'introduction générale au thème, car ils peuvent habilement synthétiser un groupe d'idées tout en montrant que vous maîtrisez le vocabulaire spécifique au thème annuel. Soulignez également les éléments qui témoignent de répétition et pourront être synthétisés pour encore gagner en nombre de mots à l'étape suivante.

Le deuxième résumé : reformuler au maximum

Au second jet, vous essayez de reformuler *tous* les passages possibles à reformuler, au maximum. Vous devez sans cesse vous demander : puis-je trouver un synonyme pour ce mot sans perdre son sens initial ? Y a-t-il un concept technique approprié pour décrire le phénomène dont parle l'auteur dans ce paragraphe ?

Il ne suffit pas d'inverser l'ordre des propositions d'une phrase pour atteindre l'objectif de reformulation. Vous devez d'ailleurs veiller au maximum à conserver l'ordre des idées du texte. Mais si un parallèle est systématiquement établi entre deux termes dans tout un paragraphe du texte initial, et que ce parallèle se poursuit au paragraphe suivant, vous pouvez tenter de rassembler tout ce qui est dit pour qualifier le premier élément d'un côté et tout ce qui est dit pour qualifier le second élément de l'autre, avec un lien logique fort permettant de saisir le contraste, le parallèle, la balance, la tension, etc., entre les deux éléments. Cela évitera en effet de répéter les sujets des phrases plusieurs fois et montrera que vous avez compris sur quel contraste majeur le texte est construit.

Pour reformuler, on sera très attentif à éviter toute répétition. Le correcteur mesure votre esprit de synthèse, votre capacité à la concision sans perte de qualité du propos. Utilisez des pronoms de rappel appropriés (« ils », « ceux-ci », « ces derniers », « ceux-là », « les premiers », « lui », « y », « en »...). Veillez à ce que chaque pronom soit bien à la bonne personne et au bon nombre, et vérifiez que chaque pronom de rappel renvoie bel et bien à un terme mentionné auparavant dans le résumé, et ce sans figurer trop loin de lui, pour ne pas créer d'ambiguïté. Le résumé ne doit en aucun cas devenir un jeu de piste énigmatique. « Celui-ci » désigne le groupe nominal le plus proche dans la phrase précédente (équivalent de « ce dernier »), « celui-là », celui qui est le plus éloigné (équivalent de « le premier »).

Vous pouvez habilement réduire le nombre de mots en remplaçant une subordonnée relative par un adjectif qualificatif apposé au sujet (par exemple « cette femme qui a le courage de vivre dans l'adversité... » « Courageuse, cette femme... »). Faites attention, ce faisant, à ne pas trop cumuler d'idées dans une même phrase. Évitez de manière générale tout « agglomérat » d'idées, c'est-à-dire des idées présentées sans liant, sans ciment, sans articulation entre elles, « collées » les unes aux autres. Vous ne devez pas apporter à votre correcteur tout votre matériel de construction « en tas », empilé, entassé, comme souvent se contentent de le faire les candidats : à vous au contraire d'indiquer où sont posées vos fondations et de construire vous-même les murs.

Apprenez à aller au bout de votre idée et à poursuivre jusqu'aux finitions. Souvent, les candidats ont trouvé les bonnes idées, mais beaucoup ne font pas l'effort d'aller jusqu'au bout pour les transmettre correctement au correcteur. Or, c'est bien là l'essentiel de tout processus de communication quel qu'il soit. Ce n'est pas au correcteur d'imaginer ce que vous vouliez dire, de même que ce ne sera pas à vos futurs collaborateurs de deviner vos sous-entendus. Le correcteur n'a pas le temps de déchiffrer des rébus ou de tenter d'interpréter ce que vous avez peut-être eu comme idée. Il vous pénalisera s'il doit sans cesse chercher à comprendre ce que vous avez « voulu dire ». Une bonne copie se lit d'un trait, car le correcteur n'a à aucun instant à se demander ce que le candidat a bien voulu dire : cela coule de source.

Vous pouvez économiser des mots en remplaçant « c'est-à-dire » (4 mots) par « autrement dit » (2 mots), « par conséquent » (deux mots) par « donc » (1 mot), « en effet » (2 mots) par « car » (1 mot), « tandis que » (2 mots) par « quand » (1 mot)… Attention, toutefois, en voulant économiser absolument le nombre de mots, à ne pas rendre votre style trop « sec », ou même complètement « aride ». Il faut parfois préférer un « en effet » à un « car », s'il est plus fluide et s'il permet de mieux comprendre précisément l'enchaînement des idées.

Il faut chercher longuement le synonyme approprié, pour être sûr de ne pas déplacer le sens du texte. Ce conseil est très important, car souvent, en reformulant, les étudiants font dériver le sens du texte vers un autre sens. Cela leur coûte alors un contresens, fatal le jour du concours. Si vous n'êtes pas sûr de votre synonyme, autant conserver l'expression du texte initial telle quelle. Ce ne sera certes pas très « glorieux », mais cela évitera au moins une note divisée par deux pour prix de ce contresens. Il faut vérifier que chaque phrase du résumé ait du sens, et ce même pour un correcteur qui n'aurait pas pris connaissance du texte initial. En bref, il ne faut pas se contenter de faire des allusions vagues au texte initial, on l'a déjà dit, mais on ne saurait trop le répéter. Il faut que quelqu'un qui n'ait pas lu auparavant le texte puisse comprendre facilement tout ce que le résumé contient. Évitez par conséquent ce qui est dit de manière par trop « tortueuse ».

Il faut enfin à ce niveau du résumé ajouter des liens logiques entre les idées, pour qu'on comprenne bien la logique de l'enchaînement argumentatif (« toutefois », « certes », « or », « néanmoins »,

« tandis que », « par contraste », « *a priori* », « de fait », « en droit », « si », « alors »…).

Enfin, on vérifie, pour terminer cette seconde étape, qu'on parvient bien au nombre de mots idéalement fixé dans la première étape pour chaque paquet d'idées. Si ce n'est pas le cas, on réestime à nouveau les proportions pour chaque groupement d'idées et on réajuste les objectifs finaux. Si un passage semble maladroit, on le souligne pour l'améliorer encore dans la troisième et dernière version, qui est la version finale.

Troisième résumé : l'élégance du style

Le dernier jet peut se faire encore au brouillon, si on pense qu'on a encore le temps pour cela, c'est-à-dire s'il reste bien encore une demi-heure sur l'heure et demie consacrée au résumé, une fois arrivé à ce stade. Si l'on constate que l'on n'a plus assez de temps pour faire les finitions au brouillon, on reformule directement cette troisième étape au propre, en n'allant toutefois pas trop vite, pour éviter de raturer le texte ou d'utiliser des effaceurs qui risquent de rendre votre copie illisible avec le temps.

On peut aller plus vite pour compter le nombre de mots si on place à ce stade les mots dans une grille de 10 sur 10, avec 10 mots par ligne, 1 mot par case. Mais la grille ne doit figurer qu'au brouillon, et non dans la version finale, sauf pour les concours CCP où cela est demandé aux candidats expressément, une grille étant alors fournie.

Lors de la dernière étape, une attention particulière sera portée au style et à la correction de la langue. On essaye de bien traduire ce que le texte dit avec des expressions élégantes, raffinées, bien choisies… On arrive avec précision au nombre de mots prévu. On se permet de rajouter un mot si cela rend le texte plus fluide, plus léger et qu'on peut se le permettre, en fonction du nombre de mots imparti. On ajoute la ponctuation adéquate pour rythmer la lecture du correcteur et l'aider à comprendre comment on groupe les mots.

Cette étape doit aller vite, par contraste avec la seconde, qui demande plus de temps que les deux autres.

N.B. : pour les sujets type CCINP, les mots du résumé sont à aligner dans une grille qui est fournie avec le sujet. Veillez à marquer les paragraphes par des signes comme l'intitulé du sujet vous y invite.

Importance de la typographie et de l'écriture

Pour le résumé et la dissertation, la typographie est essentielle. Il convient de présenter d'abord le résumé sur la copie, en un seul « bloc », c'est-à-dire sans sauter de lignes au milieu du résumé, puis la dissertation. Toutefois, il faut marquer des alinéas clairs pour pointer visuellement les articulations du texte, comme dans l'introduction de la dissertation. Pour un résumé de 100 mots, nous conseillons au maximum trois alinéas ; pour un résumé de 200 mots, un maximum de six alinéas. Ne marquer aucun alinéa serait dommage. Il convient en effet de profiter de la typographie pour « dire » visuellement au correcteur comment les idées s'articulent entre elles et la typographie permet de le faire sans augmenter le nombre de mots. Faire trop d'alinéas morcellerait abusivement le texte. Il n'est absolument pas judicieux de revenir à la ligne à chaque phrase, comme on voit certains candidats le faire mécaniquement, ne songeant pas à l'effet ruineux que cela a sur la compréhension même du propos et sur un agacement créé chez le correcteur qui n'arrive plus à déterminer quand commence et quand finit un paragraphe, quand commence l'introduction, quand elle finit.

Il ne faut ni écrire en utilisant tous les petits carreaux de la copie, votre écriture serait trop tassée, fatigante à déchiffrer, illisible, ni sauter trop de lignes, comme si vous attendiez une correction entre vos lignes. C'est un concours, votre copie ne sera pas corrigée comme pour un devoir habituel. Vous pourriez donner la malencontreuse impression au correcteur de vouloir « remplir la page » et ce n'est en aucun cas l'objectif de l'épreuve, qui se joue sur la qualité du contenu. Il convient d'espacer tout simplement normalement les lignes. Parfois, vos correcteurs ont plus de deux cents copies à corriger, voire jusqu'à quatre cents, songez à leur fatigue ou à leur énervement si vous ne respectez pas cela. Ce qui vous semble peut-être secondaire sera de fait perçu comme un manque de maîtrise des codes élémentaires de communication par votre correcteur. Faire une bonne copie, c'est comprendre et suivre des règles : les connaître et les appliquer font partie de la note finale, c'est presque une question de politesse entre candidat et correcteur.

De même, la qualité de l'écriture est à soigner. Il est certes difficile de modifier notre écriture, tant elle est attachée à notre personnalité. Mais on peut ici aussi faire des efforts en s'entraînant toute l'année. Gonflez bien les lettres si vous avez une écriture qui a tendance à se tasser sur elle-même, écrivez lisiblement les fins de mots, où se joue la vérification de l'orthographe (les accords), marquez les barres des « t », les points en fin de phrase, les majuscules en début de phrase, les *p* doivent se distinguer des *r*, les *r* ne doivent pas s'effacer en *n*, les doubles consonnes (*nn*) doivent être apparentes, etc. Si on vous fait souvent des remarques concernant la lisibilité de votre écriture, écrivez plus lentement, souvent cela suffit à rendre une écriture plus lisible. Une certaine lenteur n'est pas un défaut au moment de la rédaction, car votre esprit de synthèse est particulièrement recherché, ainsi que la qualité de l'expression. On n'obtient pas une meilleure note pour une copie plus longue, bien qu'une certaine quantité de développement soit tout de même attendue, quel que soit le concours. On ne peut donner autant d'informations et faire preuve d'autant de nuances dans une copie de trois pages que dans une copie qui en compte six.

Résumés corrigés

Sujet n° 1

Sujet type Centrale – MP, PC, PCSI (200 mots).

Norbert Elias, *La Société des individus*, traduit de l'allemand par Jeanne Étoré, Paris, Fayard, 1991 [1987], p. 37-41.

Chacun sait ce que signifie le mot « société », chacun croit du moins le savoir. On se transmet ce mot de l'un à l'autre comme une pièce de monnaie dont on n'aurait plus besoin de vérifier la valeur. Lorsqu'un tel dit « société » et qu'un tel autre l'entend le dire, les deux se comprennent sans difficulté. Mais nous comprenons-nous vraiment ?

La « société » est – nul ne l'ignore – ce que nous constituons tous ensemble, c'est la réunion d'une multitude de personnes. Mais la réunion d'une multitude de personnes en Inde ou en Chine produit un autre genre de société qu'en Amérique ou en Angleterre ; la société que formaient ensemble une multitude de personnes en Europe au XIIe siècle était différente de celle du XVIe ou du XXe. Et bien que toutes ces sociétés n'aient été et ne soient de toute évidence constituées de rien d'autre que d'individus isolés, ce passage d'une forme de vie collective à une autre n'a manifestement pas été programmé par aucun de ces individus. En tout cas, rien ne semble indiquer qu'aucun homme du XIIe ni du XVIe siècle n'ait consciemment et délibérément œuvrer en faveur de l'évolution vers la société industrielle que nous connaissons.

Qu'est-ce donc que la structure commune de cette « société » que nous constituons tous ensemble et que pourtant personne d'entre nous, ni nous tous réunis, n'avons voulue ni projetée telle qu'elle existe aujourd'hui, et qui n'existe pourtant que par la présence d'une multitude d'hommes et ne continue de fonctionner que parce qu'une multitude d'individus veulent et font quelque chose, mais dont la construction et les grandes transformations historiques ne dépendent cependant manifestement pas de la volonté des individus ?

Si l'on considère aujourd'hui les réponses à ce type de questions et celles qui s'y rattachent, on constate, en gros, l'affrontement de deux camps.

Une partie d'entre nous aborde les structures historiques et sociales comme si elles avaient été créées, projetées et conçues, telles que les connaît aujourd'hui l'observateur rétrospectif, par une série d'individus ou de corporations. Quelques-uns des représentants de cette tendance se rendent vaguement compte que leur réponse est peu satisfaisante – de quelque façon qu'ils tournent et retournent leurs pensées pour rendre compte de la réalité, le schéma auquel ils sont liés est, et reste, celui de la construction programmée et rationnelle d'un ouvrage, comme un édifice ou une machine, par les individus. Pour expliquer l'existence d'un certain nombre d'institutions sociales, parlements, polices, banques, services fiscaux, et ainsi de suite, ils se reportent aux personnalités qui ont les premières créé ce type d'institutions. Lorsqu'il est question de genres littéraires, ils recherchent l'auteur qui a donné l'exemple aux autres. Lorsqu'ils se trouvent confrontés à des structures pour lesquelles ce type d'explication serait assez délicat, par exemple pour le langage ou l'État, ils font au moins *comme si* ces structures sociales pouvaient s'expliquer de la même manière que les autres, créées par des individus précis dans un but précis. Ils déclarent par exemple que l'objectif du langage est la compréhension entre les hommes, ou l'objectif de l'État le maintien de l'ordre, comme si véritablement dans l'histoire de l'humanité le langage ou l'organisation de certains groupes humains sous une forme étatique étaient le résultat de la démarche rationnelle d'individus qui auraient visé ces objectifs précis. Et plus d'une fois, devant les phénomènes sociaux qu'ils ne peuvent de toute évidence pas expliquer, par exemple l'évolution des styles artistiques ou la marche de la civilisation, ils s'arrêtent tout simplement de penser. Ils ne s'interrogent plus.

Dans le camp adverse, on méprise cette façon d'aborder les structures historiques et sociales. On n'y accorde absolument aucun rôle à l'individu. On se fonde avant tout sur certaines théories des sciences de la nature et plus particulièrement encore sur une optique biologique. Mais, comme bien souvent, ces considérations naturalistes et biologiques se fondent aisément et imperceptiblement dans une pensée religieuse et métaphysique pour donner une unité parfaite. On se représente la société comme une sorte d'entité organique supra-individuelle qui après la jeunesse, la maturité et la vieillesse irait irrémédiablement à sa mort. La philosophie de Spengler est un bon exemple à cet égard, mais des idées analogues se retrouvent de nos jours indépendamment de Spengler sous les colorations et les variantes les plus diverses.

Même si on ne se laisse pas entraîner par les expériences de notre époque à une théorie générale d'une nécessité naturelle de l'essor et du déclin des sociétés, les adversaires à l'intérieur de ce camp ont en commun la volonté d'expliquer les structures et les processus historiques et sociaux par l'action de forces anonymes supra-individuelles. Cela donne parfois, chez Hegel par exemple où cette tendance est plus marquée que nulle part ailleurs, une sorte de panthéisme historique : un esprit universel, ou Dieu même, semble alors s'incarner, non pas comme chez Spinoza sous la forme de l'État, mais dans l'univers mouvementé de l'histoire, et il sert à en expliquer l'ordre, la périodicité et la finalité. Ou encore on imagine qu'au moins certains groupes sociaux seraient possédés d'un esprit supra-individuel commun : ainsi parle-t-on de l'« esprit » de la Grèce ou de l'« esprit » de la France.

Alors que pour les partisans de la tendance opposée les actions individuelles sont au centre de l'intérêt, alors que pour eux les phénomènes qui ne s'expliquent pas sur le mode d'un projet et d'une création individuelle disparaissent plus ou moins du cercle de l'histoire, le centre d'intérêt est ici avant tout ce que l'on comprend mal ailleurs : les styles, les formes de culture ou les systèmes économiques et les institutions. Et tandis que dans le premier camp la façon dont s'établit en fait le lien entre les actes et les projets individuels et ces structures sociales reste mystérieuse, dans le second, que l'on s'en tienne à un schéma d'explication purement naturaliste reposant sur des forces mécaniques anonymes ou que l'on recoure à un schéma religieux panthéiste reposant sur des forces spirituelles supra-individuelles, on ne sait pas non plus très bien comment s'établit le lien entre ces forces et l'individu isolé avec ses projets et ses actes.

Mais on ne se heurte pas à des difficultés de cette sorte uniquement lorsqu'on se penche sur les phénomènes historiques et sociaux au sens le plus étroit des termes. On s'y heurte tout autant lorsqu'on tente d'aborder les hommes et leur société sous l'angle des fonctions psychiques. Même dans la science qui traite des phénomènes de cet ordre, on trouve d'un côté des courants de recherche considérant l'individu comme une entité que l'on pourrait isoler entièrement et qui tentent d'expliquer la structure de ses fonctions psychiques indépendamment de ses relations à tous les autres hommes. Et l'on voit, de l'autre côté, des courants de psychologie sociale ou de psychologie des masses où les fonctions psychiques de l'individu ne trouvent pas de véritable place. On attribue même parfois dans ce camp, comme chez les partisans d'une conception analogue des sciences historiques et sociales, une seule âme, au-dessus de l'âme individuelle, une *anima collectiva* ou « esprit de groupe » à des collectivités sociales tout entières, à des masses d'individus.

Même si l'on ne va pas jusque-là, on se contente le plus souvent de considérer les phénomènes de psychologie sociale comme la somme ou, ce qui revient au même, la moyenne des manifestations psychiques d'un grand nombre d'individus. La société apparaît alors simplement comme la réunion additive d'une multitude d'individus, le résultat statistique de données psychologiques, non pas un accessoire indispensable, mais bien plutôt l'objectif et la plus forte justification de la recherche psychologique. Et de quelque manière que procèdent dans le détail les diverses orientations de recherche de la psychologie individuelle et de la psychologie sociale, même de ce point de vue, le lien entre les deux objets demeure toujours plus ou moins mystérieux. Trop souvent on a l'impression que la psychologie des individus et la psychologie sociale sont deux disciplines entièrement séparables l'une de l'autre. Et les interrogations de l'une et de l'autre sont la plupart du temps formulées dès le départ comme s'il y avait réellement un gouffre infranchissable entre l'individu et la société.

Où que l'on se tourne on rencontre les mêmes antinomies : nous avons traditionnellement une certaine idée de ce que nous sommes en tant qu'individu. Et nous avons aussi une certaine idée de ce que nous entendons par « société ». Mais ces deux conceptions, la conscience que nous avons de nous-mêmes en tant que société, et la conscience que nous avons de nous-mêmes en tant qu'individus, ne coïncident jamais tout à fait. En même temps, nous nous rendons tous bien compte, plus ou moins clairement, qu'en réalité ce gouffre entre individu et société n'existe pas. Personne ne peut douter que les individus forment une société et que toute société est une société d'individus. Cependant, lorsque nous essayons de reconstituer par la pensée ce que nous vivons quotidiennement dans le réel, nous découvrons constamment d'un côté ou de l'autre de nouvelles ruptures et de nouvelles lacunes dans le déroulement de notre réflexion, comme dans un jeu de patience dont on n'arriverait pas à réunir les pièces qui forment un tout.

Ce qui nous manque – il faut bien s'en rendre compte –, c'est un mode de pensée, une vision d'ensemble qui nous permette de comprendre, en y réfléchissant, ce que nous avons en réalité sous les yeux tous les jours, qui nous permette de comprendre comment la multitude d'individus isolés forme quelque chose qui est quelque chose de plus et quelque chose d'autre que la réunion d'une multitude d'individus isolés – autrement dit, comment ils forment une « société » et pourquoi cette société peut se modifier de telle sorte qu'elle a une histoire qu'aucun des individus qui la constituent n'a voulue, prévue, ni projetée telle qu'elle se déroule réellement.

Corrigé

Premier résumé

Objectif : trouver les idées principales, mettre des liens logiques, fixer un nombre de mots idéal pour en rendre compte.

Idée 1. – Le mot société semble simple à saisir, il s'agit d'une multitude de personnes réunies, mais il faut commencer par préciser qu'il y a mille manières pour cette multitude de se réunir, selon les lieux et les époques. La difficulté est qu'elle ne résulte pas de la volonté ou du projet de ces individus.

Idéal 40 mots

Idée 2. – Pour l'expliquer, deux camps s'affrontent en effet en vain. D'un côté, ceux qui partent des individus fondateurs, mais ils n'arrivent pas à rendre compte de tout. Tandis que leurs opposants mettent l'accent sur les structures historiques et sociales et font de la société une entité organique supra-individuelle, en comparant la société à un être doté d'âme qui naîtrait et périrait comme un individu. Un même esprit universel animerait toute l'histoire et on pourrait parler de l'esprit des différents peuples, en s'appuyant sur des modèles religieux parfois. Le lien entre individu et société reste malgré tout de part et d'autre mystérieux.

Idéal 50 mots

Idée 3. – De plus, quand on aborde l'aspect psychique se reproduit cette division entre les tenants d'une explication qui part des individus sans prendre en compte les liens sociaux et ceux qui développent une psychologie des masses en développant l'idée d'esprit de groupe. Le lien entre individu et société demeure tout aussi vague que précédemment. On fait même comme si ces deux formes de psychologie étaient séparables. Tout se passe donc comme s'il y avait un gouffre entre individu et société.

Idéal 40 mots

Idée 4. – Il se présente de fait une forme d'antinomie : individu et société ne coïncident jamais vraiment en nous, il y a des failles entre les deux pôles, alors même que nous concédons que la société est faite d'individus et que les individus forment société.

Idéal 30 mots

Idée 5. – Il nous manque donc un mode de pensée qui nous permette de penser la société comme quelque chose de plus qu'une réunion d'individus, pour comprendre comment les individus forment société sans qu'il y ait eu pourtant de projet conscient de leur part.

Idéal 40 mots

Second résumé

Objectif : reformulation et bon nombre de mots.

Bien que la société, simple réunion d'une multitude d'individus, semble évidente, la diversité historique des sociétés et le fait qu'elle ne résulte pas d'un projet émanant des individus qui la forment questionnent.

36 mots

Deux théories s'opposent alors. L'une hypostasie les individus, l'autre les structures historiques et sociales. Comparant la société à une âme vivante, certains défendent même qu'un esprit universel unifierait l'histoire selon un modèle religieux. Le rapport entre individu et société n'en reste pas moins mystérieux.

50 mots

De même, la psychologie reproduit la division entre ceux qui partent des individus isolément et ceux qui partent des masses. Le rapport entre individu et société demeure tout aussi énigmatique, comme si ces deux formes de psychologie étaient séparables et qu'il y avait un gouffre entre individus et société.

50 mots

Comme si deux lois s'affrontaient, individu et société ne coïncident en effet jamais vraiment en nous, des failles se manifestant entre ces deux aspects, alors même que nous concédons que la société est faite d'individus et que les individus forment société.

43 mots

Il nous manque donc une discipline définissant la société comme quelque chose de plus qu'une association d'individus pour comprendre comment les individus forment société sans qu'il y ait eu pourtant de projet conscient de leur part.

38 mots

Total : 217 mots

Sujet n° 2

Sujet type CCINP – MP, PC, PCSI (150 mots).

Jean-Fabien Spitz, *John Locke et les Fondements de la liberté moderne*, Paris, Puf, 2001, p. 294-296.

Une des évolutions qui seraient ainsi consacrées avec Locke serait celle qui conduit de l'idée que le gouvernement politique d'une société se dit d'abord en termes de sagesse à l'idée inverse qu'il doit se dire en termes de volonté : diriger une société, ce n'est plus saisir rationnellement une norme de droit incréée et la transcrire dans le maniement des affaires quotidiennes, mais c'est désormais transformer en lois le désir et la volonté du plus grand nombre. En outre, comme nous l'avons vu, la soi-disant redéfinition lockienne de l'homme dans un sens hédoniste serait parfaitement cohérente avec une telle évolution. À nouveau se profile à l'horizon l'image d'un Locke disciple secret et honteux de Hobbes, et dont le seul mérite serait d'avoir montré en premier lieu que le souverain ne peut être nul autre que le peuple, en second lieu que si la forme de l'État implique une souveraineté indivisible, la volonté du plus grand nombre peut ne devenir effective que par l'exercice partagé de la souveraineté dans la forme du gouvernement.

Cette interprétation peut sans aucun doute s'appuyer sur certains passages du *Second Treatise of Civil Government* et, plus encore, sur d'autres composantes de la philosophie de Locke. Toutefois, elle nous paraît au fond irrecevable, parce qu'elle ne fait pas justice des préoccupations principales de Locke, en particulier son souci de défendre la thèse d'une *loi naturelle en un sens non hobbésien*, et de sa volonté de défendre le concept de *pouvoir limité* contre les séductions de l'idée de souveraineté. La première idée implique qu'en aucun cas la loi de la communauté ne peut passer de manière nécessaire et inévitable pour la norme de droit qui s'impose à tous les membres individuels de cette communauté : la notion d'une loi injuste demeure possible en droit. Quant à la seconde idée – celle de pouvoir limité –, il ne s'agit nullement d'une abstraction ou d'une impossibilité. Elle signifie simplement que les *individus* ne sont jamais membres d'une société civile – même lorsque celle-ci est « démocratique » – d'une manière telle que leur obligation d'obéir pourrait être inconditionnelle et constituée indépendamment de la substance même de ce qui leur est commandé.

En d'autres termes, la question de savoir quels sont les droits des *individus* dans une société ne peut pas se confondre avec la question de la détermination du titulaire du pouvoir, et il ne suffit pas que la forme de l'État soit démocratique pour que la question des droits des individus soit réglée. En ce sens, on peut dire que ceux-ci ont toujours *réservé* pour eux-mêmes le droit de juger de la loi de nature, et de pourvoir à leur propre préservation en tant qu'hommes, c'est-à-dire en tant que créatures morales, rationnelles et libres.

La thèse *politique* de Locke est donc que, au fond, lorsqu'il s'agit de juger des conditions qui nous mettent en mesure de satisfaire aux exigences de notre créateur (le fait que nous demeurions maîtres de ce qui nous définit comme des hommes, à savoir une vie qui n'est pas exposée aux caprices arbitraires d'autrui, des biens dont la possession nous est garantie contre toute saisie abusive, et une liberté de faire tout ce que la loi naturelle permet), nul ne doit jamais avoir délégué à autrui le droit d'en juger. La formation de la société civile ne peut jamais correspondre au sacrifice de l'être moral et de la responsabilité de l'individu. Au demeurant, un tel sacrifice serait contradictoire, puisque la formation de la société civile ne se justifie elle-même que parce qu'elle rend possible l'épanouissement de l'individu comme être moral.

Il est clair que, pour Locke, cette volonté de sauver les deux idées conjointes de loi naturelle en un sens transcendant et de gouvernement limité, dans un contexte intellectuel marqué par l'acceptation des prémisses philosophiques de l'individualisme moral, est l'occasion de difficultés quasiment insurmontables. En particulier, ces prémisses paraissent – à cause de l'absence de tout lien naturel de droit en acte qu'elles supposent – *interdire* littéralement de penser le peuple comme un sujet de droit capable d'une action autonome autrement qu'en la personne de son représentant, c'est-à-dire autrement que par la voix de sa majorité agissant de manière à obliger et à lier tous les membres de la communauté. De même, il paraît difficile de concilier la thèse selon laquelle le peuple décide en dernier ressort avec le principe de la liberté et de la responsabilité de l'individu. La seule issue paraît être de produire une acception du terme de peuple qui permette l'existence du collectif comme sujet de droit sans pour autant assujettir l'individu à la décision du corps ; le concept de peuple constituant (ou de *community*) paraît seul en mesure d'offrir ce double avantage.

Corrigé

Premier résumé

Objectif : repérer les idées et fixer le nombre de mots idéal pour en rendre compte.

Idée 1. – Le mérite de Locke serait d'être passé d'une communauté résultant de la sagesse divine à une communauté résultant de la volonté de la majorité. Laissant comme Hobbes une place au plaisir, il montrerait contrairement à lui que le souverain ne peut être que le peuple. Sa souveraineté étant indivisible doit pour être effective se partager dans la formation du gouvernement.

Idéal 30 mots

Idée 2. – Mais Locke n'entend pas la loi naturelle comme Hobbes et il cherche à limiter le pouvoir. La loi de la communauté ne peut passer pour la norme de droit qui s'impose nécessairement à tous les individus, car une loi peut être injuste. Les individus ne sont donc jamais obligés d'obéir inconditionnellement.

Idéal 30 mots

Idée 3. – La défense des droits individuels est décisive et ne se résume pas à la détermination d'un dirigeant, même en démocratie. Les individus ont toujours le droit de juger de la loi de nature et de pourvoir à leur propre préservation en tant que créatures morales, rationnelles et libres.

Idéal 20 mots

Idée 4. – Nul ne doit jamais déléguer le droit de juger en matière de salut religieux. La société civile ne doit pas conduire au sacrifice de la responsabilité morale de l'individu. Un tel sacrifice serait contradictoire, puisque la société civile ne se justifie que parce qu'elle rend possible l'épanouissement de l'individu comme être moral.

Idéal 20 mots

Idée 5. – Sauver la transcendance de la loi naturelle et la limitation du gouvernement dans le contexte de l'individualisme moral est très difficile. Cela paraît interdire de penser le peuple sujet de droit capable d'une action autonome autrement qu'en son représentant, par la voix de sa majorité agissant de manière à obliger et à lier tous les individus en communauté. Il paraît difficile de concilier la thèse selon laquelle le peuple décide en dernier ressort avec le principe de la liberté et de la responsabilité de l'individu. La seule issue paraît être de penser l'existence du collectif comme sujet de droit sans pour autant assujettir l'individu à la décision du corps ; le concept de peuple constituant (ou de *community*) paraît seul en mesure d'offrir ce double avantage.

Idéal 40 mots

Deuxième résumé

Objectif : reformulation, sans souci encore du respect du nombre de mots.

Loin de résulter de la sagesse divine, la communauté émanerait selon Locke de la volonté de la majorité. Laissant place au plaisir, il montrerait face à Hobbes que le souverain ne peut être qu'un peuple dont la souveraineté obligerait à la formation d'un gouvernement.

46 mots

Locke comprend la loi naturelle différemment de Hobbes et cherche à limiter le pouvoir. Le décret commun ne peut valoir de norme juridique nécessaire, car une loi peut être injuste, de sorte que les individus ne sont jamais obligés d'obéir inconditionnellement.

42 mots

Les droits individuels ne se résument pas à la détermination d'un dirigeant, même en démocratie. Les individus ont toujours le droit de juger de la loi de nature et de se défendre en tant qu'individus moraux, rationnels et libres.

41 mots

Nul ne doit jamais déléguer le droit de juger en matière de religion. La société civile ne doit pas conduire au sacrifice de la responsabilité morale de l'individu, puisque son but est son épanouissement comme être moral.

38 mots

Sauver la transcendance de la loi naturelle et la limitation du gouvernement dans un contexte d'individualisme moral est périlleux. Le peuple ne semble être capable d'autonomie qu'au travers de son représentant, la voix de la majorité obligeant et liant tous les individus en communauté. Il paraît difficile de concilier peuple libre et individu libre et responsable. La seule issue paraît de penser le collectif comme sujet de droit sans assujettir l'individu à la décision du corps ; le concept de peuple constituant paraît seul en mesure d'offrir cela.

92 mots

Total : 259 mots

Troisième résumé

Objectif : atteindre le bon nombre de signes.

Loin d'émaner de Dieu, la communauté naîtrait selon Locke de la volonté de la majorité. Contre Hobbes, il fait du peuple le souverain, formant un gouvernement et comprend la loi naturelle de telle sorte qu'elle limite le pouvoir. Nul n'est obligé d'agir inconditionnellement puisqu'une loi peut être injuste. Davantage que lors de l'élection, l'individu s'affirme en jugeant de la loi de nature et en se défendant au besoin librement. Juge en matière de religion, il ne peut être sacrifié par une société dont l'objectif est son bonheur.

Il est difficile de concilier transcendance de la loi naturelle et limitation du gouvernement dans le cadre de l'individualisme moral. Le peuple ne semble autonome que par son représentant, comme si les individus n'étaient pas vraiment responsables. Pour penser le collectif comme sujet de droit sans assujettir l'individu à la décision du corps, il faut imaginer un peuple constituant.

Total : 158 mots

Sujet n° 3

Sujet type CCINP – TSI (100 mots).

Émile Durkheim, *Sociologie et philosophie*, Paris, Puf, « Quadrige », 2002, p. 83-85.

Il en est des choses morales comme des choses économiques. Quand nous disons qu'elles sont sacrées, nous entendons qu'elles ont une valeur incommensurable avec les autres valeurs humaines. Car ce qui est sacré, c'est ce qui est mis à part, c'est ce qui n'a pas de commune mesure avec ce qui est profane. Et il est bien certain que les choses morales ont ce caractère ; car jamais nous n'admettrons, jamais, à ma connaissance, les hommes n'ont admis qu'une valeur morale puisse être exprimée en fonction d'une valeur d'ordre économique, je dirais volontiers, d'ordre temporel. Nous pouvons, dans certains cas, au nom de la faiblesse humaine, excuser l'homme qui a sacrifié son devoir pour conserver sa vie ; jamais nous n'oserions proclamer que ce sacrifice est légitime et mérite d'être approuvé. Et pourtant la vie est, de tous les biens profanes, amoraux, celui auquel nous tenons naturellement le plus, puisqu'il est la condition des autres.

Mais alors, pour que les choses morales soient à ce point hors de pair, il faut que les sentiments qui déterminent leurs valeurs aient le même caractère ; il faut qu'eux aussi soient hors de pair parmi les autres désirs humains ; il faut qu'ils aient un prestige, une énergie qui les mettent à part parmi les mouvements de notre sensibilité. Or les sentiments collectifs satisfont à cette condition. Précisément parce qu'ils sont l'écho en nous de la grande voix de la collectivité, ils parlent à l'intérieur de nos consciences sur un tout autre ton que les sentiments purement individuels ; ils nous parlent de plus haut ; en raison même de leur origine, ils ont une force et un ascendant tout particuliers. On conçoit donc que les choses auxquelles ces sentiments s'attachent participent de ce même prestige ; qu'elles soient mises à part et élevées au-dessus des autres de toute la distance qui sépare ces deux sortes d'états de conscience.

Voilà d'où vient ce caractère sacré dont est actuellement investie la personne humaine. Ce caractère ne lui est pas inhérent. Analysez l'homme tel qu'il se présente à l'analyse empirique, et vous n'y trouverez rien qui implique cette sainteté ; il n'y a rien en lui que temporel. Mais, sous l'effet de causes que nous n'avons pas à rechercher ici, la personne humaine est devenue la chose à laquelle la conscience sociale des peuples européens s'est attachée plus qu'à toute autre ; du coup, elle a acquis une valeur incomparable. C'est la société qui l'a consacrée. Cette espèce d'auréole qui entoure l'homme et qui le protège contre les empiétements sacrilèges, l'homme ne la possède pas naturellement ; c'est la manière dont la société le pense, c'est la haute estime qu'elle en a présentement, projetée au-dehors et objectivée. Ainsi, bien loin qu'entre l'individu et la société il y ait l'antagonisme qu'on a si souvent admis, en réalité, l'individualisme moral, le culte de l'individu humain est l'œuvre de la société. C'est elle qui l'a institué. C'est elle qui a fait de l'homme un dieu dont elle est la servante.

Peut-être se représentera-t-on mieux ainsi ce qu'est cette société dans laquelle je crois trouver la fin et la source de la morale. On m'a parfois accusé de donner ainsi à la vie morale un bien médiocre objectif en même temps qu'un théâtre bien étroit. Et sans doute, si l'on ne voit dans la société que le groupe d'individus qui la composent, l'habitat qu'ils occupent, le reproche se justifie sans peine. Mais la société est autre chose ; c'est avant tout un ensemble d'idées, de croyances, de sentiments de toutes sortes, qui se réalisent par les individus ; et, au premier rang de ses idées, se trouve l'idéal moral qui est sa principale raison d'être. La vouloir, c'est vouloir cet idéal, si bien que nous pouvons parfois préférer la voir disparaître comme une entité matérielle, plutôt que de renier l'idéal qu'elle incarne. Une société, c'est un foyer intense d'activité intellectuelle et morale et dont le rayonnement s'étend au loin. Des actions et des réactions qui s'échangent entre les individus se dégage une vie mentale, entièrement nouvelle, qui transporte nos consciences dans un monde dont nous n'aurions aucune idée, si nous vivions isolés. Nous nous en apercevons bien aux époques de crises, quand quelque grand mouvement collectif nous saisit, nous soulève au-dessus de nous-mêmes, nous transfigure. Si, dans le cours ordinaire de la vie, nous sentons moins vivement cette action parce qu'elle est moins violente et moins aiguë, elle ne laisse pas d'être réelle.

Corrigé

Premier résumé

Objectif : identifier les idées et le nombre de mots visé.

Idée 1. – Les valeurs morales n'ont pas de prix, tout comme les sentiments collectifs qui les génèrent. Écho de la collectivité en nous, ceux-ci parlent à notre conscience différemment des sentiments individuels et élèvent ceux qui en sont capables à un rang particulier. C'est pourquoi la personne humaine est considérée comme sacrée.

Idéal 33 mots

Idée 2. – Empiriquement, l'homme n'a rien de sacré en lui-même, c'est la société qui l'a sacralisé en Europe. Il n'y a donc aucune opposition entre les individus et la société car l'individualisme moral, le culte de l'individu humain est l'œuvre de la société.

Idéal 30 mots

Idée 3. – Selon moi, la source de la morale est sociale, mais elle n'est pas à restreindre aux individus qui la composent et aux aspects matériels de leur vie, mais inclut idées, croyances, sentiments qui se réalisent par les individus, dont l'idéal moral. La vie mentale propre à la vie en société nous emporte très loin et peut nous transfigurer en période de crise.

Idéal 36 mots

Second résumé

Objectif : atteindre le bon nombre de mots, reformuler.

Les valeurs morales et les sentiments collectifs qui les génèrent sont précieux, car la communauté résonne grâce à eux en chaque individu au point d'en faire un être digne du plus grand respect.

34 mots

C'est la société européenne qui s'est mise à considérer l'individu comme un dieu. Individu et société ne sont donc nullement contradictoires, puisque le culte rendu au premier provient de la seconde.

34 mots

La source de la morale est sociale, mais la société, plus qu'une union matérielle d'individus, recouvre convictions et affects susceptibles de créer en chaque individu un dépassement de soi, notamment en période critique.

35 mots

Total : 103 mots

Méthodologie de la dissertation

Remarques préliminaires

Éviter le spectre du hors-sujet

Avant de commencer l'analyse de votre citation, recopiez-la intégralement sur une feuille à part que vous garderez constamment à vos côtés, pour vérifier que vous ne glissez pas dans le hors-sujet et pour revenir sur les termes mêmes du sujet au début de chaque partie, au niveau des transitions et en conclusion. Ce conseil est un des plus importants à retenir, voire le plus précieux de tous. Vous ne devez jamais perdre de vue la citation fournie, elle doit rester au cœur de l'attention, d'un bout à l'autre de votre copie. Vous ne devez en effet jamais faire de la citation un prétexte pour réciter des morceaux de cours qui n'ont rien à voir avec elle. Une dissertation n'est en aucun cas un cours et ne doit pas se présenter comme tel. Vous devez commenter chacun des mots de la citation, retraduire vos thèses en usant d'expressions de la citation, commenter sa lettre, interroger l'usage des adverbes (« très », « uniquement », « spécifiquement »...), commenter les modalités sur lesquelles joue l'auteur (constat/devoir-être/possibilité)...

Faire un brouillon efficace

Au brouillon, organisez-vous pour que votre esquisse soit très proche de la version finale. Vous n'aurez plus qu'à suivre votre brouillon si celui-ci ne s'éparpille pas dans tous les sens.

Pour préparer l'introduction, marquez nettement sur une page quatre alinéas, correspondant respectivement à : 1) l'amorce ou l'accroche ; 2) la citation intégralement recopiée avec son auteur et le titre de l'ouvrage dont elle est extraite et son analyse (avec quatre astérisques pour la reformulation, les définitions, le thème abordé et la thèse défendue par l'auteur) ; 3) le problème/la problématique et le plan avec des liens logiques pour articuler les thèses entre elles ; 4) les œuvres du corpus simplement mentionnées ou bien « épinglées » par une courte expression qui les « pousse » vers le sujet à traiter (titre souligné, auteur, éventuellement date, dans l'ordre chronologique de parution des ouvrages de préférence).

Vous pouvez remplir ces cases du brouillon de l'introduction dans le désordre, par exemple, en commençant par le (4), facile à faire, puisque vous connaissez bien les œuvres de votre corpus et que cela peut vous donner des idées, puis passez au (2), central, ensuite au (3) qui en découle directement et enfin imaginez le (1), car on trouve souvent l'amorce après avoir analysé le sujet et trouvé la problématique. Pour finir, vérifiez l'enchaînement global et lissez le tout pour que cela soit cohérent.

En règle générale, et c'est un conseil décisif ici, il convient de faire remonter les bonnes idées trouvées à la fin du brouillon au début pour élever le niveau général de la copie et marquer votre correcteur dès la lecture de l'introduction. Cela vous permettra naturellement d'élaguer les idées trop vagues trouvées au début de la recherche. Donc attendez d'avoir votre plan détaillé finalisé au brouillon pour recopier votre introduction au propre.

L'introduction

L'amorce ou l'accroche

Elle doit former comme un cadre qui va mettre en relief le sujet posé, ou comme un arrière-plan sur lequel le sujet va venir se détacher. C'est comme un éclairage adéquat porté sur le texte : on allume la bonne lampe avant de lire la citation.

L'accroche ne doit pas être trop générale, auquel cas n'importe quel sujet pourrait être aussi bien introduit par celle-ci. Ce serait l'équivalent d'un vague néon qui n'éclaire rien. Il ne sert donc à rien d'apprendre une accroche bateau par cœur, elle sera toujours trop vague et donnera l'impression d'être « plaquée » sur le sujet.

L'accroche permet une entrée en matière progressive, pour ne pas arriver trop brutalement à la citation. Elle peut être historique, si la citation y invite, mentionnant par exemple des événements de l'histoire mondiale ou française célèbres, à portée symbolique ou universelle (la Seconde Guerre mondiale, la Révolution, la colonisation...). Elle peut par ailleurs être conceptuelle, auquel cas on amène progressivement une notion qui nous semble « phare » pour comprendre le sujet. Elle peut encore être fondée sur un exemple précis qui montre bien la complexité d'un problème, l'ambivalence d'une notion (la possibilité de la valoriser positivement d'un côté et négativement de l'autre). On peut aussi utiliser l'étymologie, si cela s'y prête, ou faire varier le sens d'un terme de la citation qui sera essentiel en montrant l'amplitude de sens qu'il peut avoir, sa déclinaison, son large spectre. Il faut choisir entre ces options d'accroche la plus percutante. C'est l'attaque de votre morceau.

Souvent, les étudiants veulent mobiliser une citation qu'ils ont apprise par ailleurs en cours ou vue en colle pour se rassurer en ayant une accroche déjà prête à l'emploi. Mais ce n'est pas à conseiller, car elle arrive souvent « comme un cheveu sur la soupe ». Vous avez déjà une citation à commenter avec votre sujet, il ne faut pas vous en distraire ou vous en éloigner. Il vaut mieux garder votre citation apprise par cœur pour le développement qui viendra, au moment approprié, et à ce moment-là prendre le temps de bien montrer son lien précis et exact avec le sujet de la citation, l'utilité de cette citation pour éclairer celle qui est au cœur du sujet. Explicitez alors cette citation, évitez de faire des allusions vagues et illustrez-la avec les œuvres du corpus pour en faire réellement quelque chose. De manière générale, il faut vous focaliser sur la citation à expliquer, à discuter, et sur votre corpus. Mobiliser d'autres auteurs plutôt que celui qui vous est proposé et ceux du programme n'est en principe pas à conseiller, sauf pour certains concours où l'on veut au contraire mesurer la culture générale des candidats (bien se renseigner auprès de votre professeur sur l'esprit de chaque concours). Vous pouvez utiliser les concepts d'un autre auteur que celui au programme pour nourrir votre réflexion, mais sans vous « étaler » sur lui, voire sans mentionner son nom : retraduisez son concept dans le vocabulaire des œuvres de votre corpus et illustrez sa pensée par des exemples tirés du programme. De cette manière, vous gagnerez en profondeur.

La citation et son analyse dans l'introduction

Pour cette étape qui suit l'amorce, vous devez recopier l'intégralité de la citation, ne pas la « tronçonner » en plusieurs morceaux. Vous devez mentionner le nom de son auteur et l'œuvre dont est tirée la citation, en soulignant le titre, sans guillemets (les guillemets sont réservés aux citations ou pour montrer une distance critique relativement à son propre propos).

Vous devez reformuler la pensée de l'auteur pour l'éclairer. Attention, il ne s'agit pas en cela d'en rester à la simple paraphrase ou à la tautologie. Pour le tester, vérifiez que chaque phrase ajoute bien une nouveauté, qu'elle apporte un plus en termes de précision, de distinction, par rapport à la citation telle quelle.

Expliciter consiste à repérer les concepts importants, à les définir, à faire surgir les concepts implicites. Vous devez dégager à la fois le thème de la citation (ce sur quoi porte la citation, son objet) et la thèse de l'auteur (ce qu'il défend par rapport à ce thème, sa position, son angle d'attaque pour aborder ce thème). Pour expliciter, vous pouvez aussi donner un exemple court et parlant.

Pour être certain de bien comprendre la citation, il faut garder en tête l'ensemble du texte dont elle est tirée et la comprendre dans la continuité de celui-ci. Faites attention à ne pas vous focaliser sur un seul des aspects de la citation et à vous jeter tête baissée vers la problématique et le plan, car on reprocherait alors à votre argumentation de n'avoir fourni qu'une analyse partielle de la citation. Vous devez relier les diverses thématiques qui surgissent en une thèse et en éclairer toutes les facettes, même celles qui paraissent secondaires.

Tous les mots de la citation comptent, y compris et surtout les petits adverbes (« très », « nécessairement », « trop »...), sur lesquels il vous faudra jouer pour construire votre problématique et nuancer le propos de l'auteur. Vous pouvez aussi souligner la tonalité de la citation (emphatique, lyrique, polémique, ironique, théâtrale...) et indiquer des champs lexicaux spécifiques, relever des figures de style (métaphore, comparaison, litote, oxymore…). N'oubliez pas d'en faire quelque chose par la suite, car souvent les candidats annoncent de belles idées dans l'introduction et oublient de les développer dans la suite, ce qui est bien dommage et déçoit le correcteur.

Si au brouillon on trouve trop d'idées pour cette analyse, on sélectionne lors du passage au propre les idées essentielles et on garde les autres pour nourrir le développement, notamment les transitions.

La problématique et l'annonce du plan

La problématique doit découler de l'analyse. L'analyse met en effet au jour des tensions, des contradictions, des paradoxes, des difficultés, des décalages, des ambiguïtés dans la compréhension de tel ou tel terme. La problématique qui en découlera prendra par exemple cette forme : « Comment se fait-il que… alors que… ? » Énoncez les difficultés que présente la thèse de l'auteur avant de rassembler toutes les questions qui naissent dans une seule et même problématique qui va venir unifier solidement votre plan. Si vous trouvez plusieurs questions au brouillon au titre de candidates à la problématique, cherchez une formulation qui puisse les unifier sans être ni trop complexe, ni trop alambiquée ou bien sélectionnez la plus générale, la plus simple et la plus claire, la plus proche de la citation et conservez les questions secondaires pour relancer le questionnement au niveau des transitions de votre développement. Le questionnement ne doit en effet pas être réservé qu'à l'introduction, il faut continuer à s'interroger tout au long de la dissertation. Si une question s'éloigne trop de la citation mais vous semble intéressante tout de même pour traiter la citation, c'est sans doute qu'il s'agit non pas de la problématique, mais de l'enjeu. Vous pouvez la garder en tête et y répondre en fin de troisième partie, à titre de prolongement ultime de la réflexion.

Une bonne problématique doit couvrir l'ensemble des thèmes abordés par la citation. Elle ne doit donc être ni trop large, ni trop étroite. Elle doit épouser parfaitement la citation. Pour reprendre le vocabulaire d'Henri Bergson, elle ne doit pas être une « cote mal taillée ». Elle doit être bien ajustée à la citation. Elle doit également contenir une tension pour donner envie d'y répondre, montrer l'urgence d'un problème (exemple : « Faut-il aller jusqu'à défendre que… s'il est vrai que… ? »). Elle peut ouvrir sur plusieurs voies possibles, plusieurs thèses qui vont successivement être abordées par la suite dans votre plan (exemples : « Faut-il comprendre que… ou bien plutôt au contraire que… ? » ; « Ne faudrait-il pas mesurer les limites qu'il y a à soutenir que… ? »). Une bonne problématique est « grosse » du plan à venir. Le plan en découle directement, il en émerge, il en « naît » littéralement.

Le plan doit articuler des thèses plutôt que des thèmes, pour plus de clarté dans le propos. Il ne faut pas se contenter d'indiquer des « axes » de manière flottante. Des axes sont souvent interchangeables et ce n'est pas cela que l'on recherche pour bâtir une dissertation solide. Un plan thématique reste confus d'un point de vue argumentatif. C'est une argumentation qu'il faut produire, non pas un cours ou un commentaire libre. Si vous avez trouvé des thèmes ou des axes, incluez-les dans des thèses, autrement dit des prises de position qu'il est possible de défendre pour répondre à la problématique choisie. En bref, développez les thèmes trouvés (objets de réflexion) en thèses (défenses de position). Cela va vous permettre de mieux trouver les arguments pour étayer ces thèses ensuite.

Plusieurs plans sont tout à fait possibles. Mais on peut conseiller d'aller toujours d'abord dans le sens de la thèse soutenue par l'auteur de la citation. On lui fait confiance, on nourrit son propos, on l'expose dans toute son ampleur, on articule les concepts-clés qu'il suggère, on l'illustre précisément avec le corpus, en comparant des extraits pour montrer la richesse de vues qu'apporte cette position. La première partie est comme une mini-explication de texte de la citation. Toutefois, on mesure dans un second temps, et ce sera l'objet de notre seconde partie, les limites à son propos. Ces limites peuvent provenir soit d'une trop grande généralité du propos, soit d'une ambiguïté dans la compréhension de tel ou tel mot, soit d'une occultation d'une partie du problème, partie que notre corpus au contraire vient précisément révéler, soit encore du danger de soutenir les conséquences ultimes de la thèse de l'auteur (pessimisme extrême, enthousiasme excessif, radicalité sans nuance). Vous pouvez jouer sur les modalités que sont : la « réalité » (« c'est bien le cas que... », « c'est un fait que... », « de fait... »), la « nécessité » (« il faut bien que... même si, dans la réalité, ce n'est pas toujours le cas... », « on devrait... », « il faudrait pourtant bien... »), la « possibilité » (« s'il le faut... », « comme on vient de le montrer... », « est-ce qu'on le peut toujours... ? », « peut-on néanmoins imaginer qu'il soit possible de... ? »).

N'oubliez pas de mettre des liens logiques solides entre les parties de votre plan et non des liens logiques faibles de simple juxtaposition. Le plan le plus simple et qui fonctionne en général très bien s'articule ainsi : « *Certes*, dans un premier temps, on peut défendre avec notre auteur la thèse selon laquelle... *Toutefois*, sa thèse présente des limites, car on peut nuancer dans un second temps son propos en défendant au contraire que... Dans un dernier temps, nous verrons si tout l'intérêt de la citation ne réside pas *plutôt* dans le fait qu'elle pointe tel ou tel aspect décisif... » Dans ce plan, les deux premières parties s'opposent, la troisième creuse et approfondit un aspect que les deux premières parties n'avaient pas encore mis en lumière, un angle de vue plus subtil et plus original sur la citation est adopté. On tire un fil qu'on n'avait pas encore tiré dans les deux premières parties.

Un autre plan est toutefois possible et facile à réaliser si la citation est longue et complexe, notamment en ce qui concerne les sujets des concours qui n'ont pas à aborder la partie « résumé » et ne consistent donc qu'en une discussion autour d'une longue citation (par exemple, pour la filière BCPST). On peut, si la citation est longue, choisir de défendre : 1) dans un premier temps, la première partie de la thèse défendue par la citation ; 2) renforcée et prolongée, dans un second temps, par la deuxième partie de la thèse de la citation ; et prendre en 3) la contrepartie à ces deux morceaux de thèse. 1) « Certes, on peut défendre d'abord avec l'auteur que... » ; 2) « Parce qu'il a raison d'aller jusqu'à dire que... » ; 3) « Toutefois, il convient de nuancer ces deux points, en soulignant que... »

Une dernière possibilité de plan consiste à défendre en (1) la thèse de l'auteur de la citation, de montrer en (2) à quoi peut conduire cette thèse poussée à l'extrême, de la rendre par conséquent insoutenable, ridicule, voire dangereuse, et en (3) de montrer l'intérêt de nuancer par conséquent le propos en posant les conditions strictes de sa validité (« L'auteur a bel et bien raison de soutenir cela, à condition toutefois de bien préciser que... »).

La mention des œuvres du corpus

En fin d'introduction, vous devez mentionner les titres des œuvres au programme, complets, sans faute, soulignés, avec les auteurs de chaque œuvre, sans faute à leur nom et éventuellement les dates de leur parution. Vous devez les placer dans l'ordre chronologique de préférence.

Vous pouvez en une courte formule les « saisir », les « attraper » en les « poussant » vers le sujet précis posé, par exemple en faisant surgir un thème de la citation qu'ils abordent avec acuité. Attention, il s'agit d'un très bref résumé bien « circonstancié », c'est-à-dire réalisé en fonction du sujet précis posé. Il est inutile de résumer l'œuvre en quelques mots qui n'auraient aucun lien avec le sujet posé, car on ne comprendrait pas pourquoi y avoir recours. Si l'on trouve que c'est trop long, on ne mentionne que les œuvres et on conserve les idées pour le développement.

Chercher à faire ce résumé très synthétique qui met en lien chaque œuvre du corpus avec le sujet précis posé permet de ne pas passer à côté de l'essentiel de ce que peut apporter chaque ouvrage. Car, si on se lance dans la rédaction du plan détaillé et qu'ensuite on cherche des exemples précis, on risque de s'éparpiller et d'oublier la raison principale pour laquelle telle ou telle œuvre du corpus est extrêmement appropriée pour illustrer la citation proposée.

Dernier conseil concernant l'introduction : elle doit être recopiée en un seul bloc, mais en respectant les quatre alinéas du brouillon pour indiquer typographiquement son articulation. Il faut absolument éviter le métadiscours, c'est-à-dire de commenter votre méthode (« nous en arrivons à notre problématique... », « nous suivrons donc un plan en trois parties... ») : évitez ces tournures et contentez-vous de formuler votre problématique et votre plan. Suivez la méthode sans dire que vous la suivez, le correcteur comprendra bien ce que vous faites si vous le réalisez comme il faut. Le métadiscours est trop scolaire et alourdit le style. Cela rajoute des phrases inutiles. Or, tout doit être efficace.

La construction du plan détaillé et la rédaction du développement

Une fois ce brouillon d'introduction établi, prenez le temps de faire un plan détaillé. S'il est solide et précis, la rédaction sera rapide et vous serez confiant lors de sa progression, ce qui est décisif, car l'épreuve est aussi une épreuve de résistance psychologique. Il s'agit de ne jamais perdre ses moyens. Si l'on est convaincu de la solidité de son plan, on avancera sans s'arrêter sans cesse, sans effacer, sans tourner en rond.

Le plan détaillé doit comporter un ensemble clair de thèses 1/2/3 solidement articulées entre elles par des liens logiques. Les transitions peuvent être pensées dès cette étape. Encore une fois, vous irez plus vite à l'étape de la rédaction si votre plan vous paraît solide et convaincant dès le brouillon, ce à quoi la qualité des transitions contribue grandement. Vous avancerez assuré d'arriver au but, si vous avez installé et consolidé par avance les moyens d'avancer.

Formulez les 1/2/3 sous forme de thèses. Une thèse est une prise de position sur un thème, nous l'avons dit. C'est une réponse possible à la problématique. Ensuite, sous chaque thèse, formulez plusieurs arguments. Un argument est une raison de défendre cette thèse. Il est général. Puis, pour chaque argument, indiquez des exemples possibles tirés des œuvres. Il faut dans l'idéal trois grandes parties, chaque grande partie est défendue par trois arguments et chaque argument, par trois exemples. Souvent, les candidats énoncent leur thèse et ensuite en viennent directement à leurs exemples tirés des œuvres : il faut d'abord prendre le temps de formuler de manière générale l'argument qu'illustreront diversement ces exemples.

Pour augmenter la cohérence du plan, il est possible de faire en sorte que (2) (a) vienne nuancer (1) (a), que (2) (b) vienne nuancer (1) (b), et que (2) (c) vienne nuancer (1) (c) ; voire de retravailler les exemples donnés en (1) pour les éclairer sous l'angle d'une nouvelle thèse, qui en approfondit le sens.

Il faut que toutes les œuvres du corpus soient citées dans une proportion égale. Les œuvres du corpus étudiées toute l'année doivent être mises à l'honneur pour éclairer diverses positions possibles, qui naissent elles-mêmes de la thèse contenue dans la citation proposée. Définir des thèses et des arguments généraux solides est une première chose, mais le choix des exemples tirés des œuvres est tout aussi décisif. Vérifiez que vos exemples sont bien les meilleurs pour illustrer tel argument. Si tel n'est pas le cas, il faut changer l'exemple de place dans le plan : s'il ne convient pas bien pour le (1), il viendra peut-être illustrer la position contraire ou nuancée du (2).

Le plan doit avoir la rigueur, la solidité, la cohérence d'une dissertation de philosophie. Un bon test pour vérifier si votre plan est bon consiste à intervertir les parties entre elles, à intervertir les arguments entre eux. S'ils ne peuvent être intervertis entre eux, c'est que le plan est solide. S'ils peuvent sans dommage être intervertis, c'est que vous n'avez pas encore assez pensé leur articulation logique, leur ordre. Une vraie dissertation suit une méthode, un chemin, où chaque étape résulte de l'étape précédente. Veillez à l'ordre des arguments en créant une gradation entre eux, du moins fort au plus fort. Créez du lien logique entre vos arguments, de cause à conséquence notamment.

Les exemples doivent témoigner quant à eux de la finesse d'analyse de la littérature comparée. Il ne faut pas faire comme si le correcteur savait très bien ce dont vous parlez. Il a bien évidemment lui aussi lu les œuvres, mais il faut lui réexpliquer le contexte d'un exemple, qui est tel ou tel personnage dont vous parlez, définir un concept-clé, commenter les figures de style, s'attarder sur la manière dont le texte contribue à éclairer le thème (un poème n'a pas le même effet qu'une pièce de théâtre, un essai philosophique ne recourt pas aux mêmes moyens qu'un roman, etc.). Contrastez les exemples pour montrer votre finesse d'analyse. Il faut surtout éviter l'impression de donner un pur catalogue d'exemples sans lien entre eux. Ne passez pas « du coq à l'âne ».

Il faut veiller à bien intégrer vos citations apprises par cœur dans le corps du développement, en usant de guillemets et en étant précis (« dans le chapitre 3 de... », « dans le prologue de... »). Il y a diverses façons de mettre à l'honneur les ouvrages du corpus et de montrer qu'on les a lus avec attention. Soit on connaît une citation longue, appropriée, on la mentionne et on l'explicite, on l'analyse. On profite de ce degré de précision qu'apporte une citation longue en ne passant pas trop vite à la suite. Soit on ne se souvient que d'une courte partie d'une citation, d'une expression, et on l'utilise pour « colorer » notre référence. Cela apporte toujours un plus. Soit on parle de manière plus large d'une péripétie dans un roman, on décrit la personnalité d'un personnage, ses réactions changeantes au cours du livre. Soit encore on approfondit l'analyse stylistique au niveau de l'ensemble d'une des œuvres, par contraste avec les autres. On commente par exemple les ressources particulières d'un aphorisme philosophique par rapport à celles que recèle un sonnet... Plus on est précis, mieux c'est. Attention toutefois à ne pas vouloir à tout prix « caser » une citation qui n'est pas judicieuse par rapport au sujet posé. Vous risquez, emporté dans votre élan, de vous égarer vers le hors-sujet. Attention à ne pas traiter un sujet en se servant du corrigé d'un autre, cela risque de vous faire là encore glisser vers le hors-sujet.

Les transitions doivent faire le bilan de la partie qui précède, montrer que cette dernière doit être dépassée, soit parce que certains termes compris dans un certain sens peuvent recevoir un nouveau sens, soit parce que la première thèse est trop générale, soit parce que la première thèse est trop partielle. La transition se détache typographiquement sous la forme d'un court paragraphe avec une ligne sautée avant et après. Elle creuse des définitions, relance la problématique. Elle mobilise des expressions de la citation pour montrer que l'on n'a jamais perdu de vue l'objectif qui consiste à l'éclairer. Ne pas se contenter ici d'une transition formelle, creuse, vide, sans contenu réel, sans apport.

La conclusion peut boucler la boucle en trois temps, avec trois alinéas, sans sauter de ligne. Elle revient en premier lieu sur la citation, en laissant entrevoir la façon dont vous vous positionnez par rapport à la thèse de l'auteur : soit vous êtes entièrement en accord avec elle, soit vous la nuancez (ce qui est le cas le plus fréquent), soit vous vous y opposez car le propos tenu est vraiment trop partiel et ne vise pas l'essentiel, que pourtant le corpus met selon vous en lumière. En second lieu, vous redéfinissez le thème de manière subtile et nuancée pour montrer le degré de précision qu'a apporté votre argumentation. Enfin, en troisième lieu, vous montrez soit en quoi le corpus se trouve particulièrement bien éclairé par cet angle d'approche spécifique, soit, réciproquement, en quoi le corpus éclaire particulièrement bien l'aspect spécifique que la citation vous a conduit à mettre en lumière. Ainsi, vous mettez au jour combien la citation donnée à commenter, le thème et le corpus de textes au programme entrent en résonance et forment un ensemble cohérent.

La relecture (10 à 20 minutes)

Il faut consacrer entre 10 et 15 minutes à la relecture pour une épreuve de 3 heures et entre 15 et 20 minutes pour une épreuve de 4 heures. Une première relecture sera consacrée de manière systématique aux accords (sujet-verbe, nom-adjectif) et aux prépositions (« à », « en », « de »). Cela éliminera plus de la moitié des fautes de votre copie. Une seconde relecture sera attentive aux mots manquants et à la pertinence des liens logiques, aux transitions manquantes à compléter par des astérisques. Compléter les mots manquants évitera l'impression d'un travail bâclé. Barrez tout paragraphe qui glisse vers le hors-sujet, ou bien raccrochez-le mieux au sujet par une phrase qui « raccroche les wagons » entre eux. Il vaut toujours mieux un paragraphe hors sujet barré qu'un paragraphe hors sujet. Il vaut mieux une transition ajoutée après coup grâce à un astérisque qu'une absence de transition entre deux parties. Une troisième relecture sera consacrée à la ponctuation. N'oubliez pas qu'il faut avoir recours à tous les points possibles, y compris le point-virgule, plus fort que la virgule pour marquer la respiration du texte. Le point d'exclamation est plutôt à prohiber, car il marque souvent trop d'emphase. Notez bien les points et n'oubliez pas les majuscules, aux noms propres, aux noms de villes, de pays, à des mots comme l'État, les Français, les Allemands, les Japonais, etc.

Le temps de relecture doit être prévu au départ dans la gestion globale de l'épreuve. Ce serait une grosse erreur que de le négliger. L'épreuve est aussi une épreuve d'expression, on teste votre orthographe autant que votre connaissance thématique et votre maîtrise du corpus. Mal orthographier le nom d'un auteur au programme ou ceux de personnages importants est un signe pour le correcteur que vous n'avez peut-être pas beaucoup ouvert les ouvrages en dehors des cours. Ne l'invitez pas à croire cela, surtout dès l'introduction ! Attention également à bien recopier sans faute le nom de l'auteur de la citation, à ne pas faire des fautes en recopiant son propos. Les erreurs sont ici des marqueurs pour votre correcteur, qui sera plutôt enclin dès le début de sa lecture à placer votre copie dans le bas du panier. Même si la suite est convenable, vous risquez de ne pas atteindre la note escomptée.

Dissertations corrigées

Sujet nº 1

Sujet type Centrale.

Voir page 341 pour la partie Résumé du sujet, qui comporte un extrait de l'ouvrage de Norbert Elias cité dans la consigne ci-dessous.

Consigne

Dans *La Société des individus* (1987), Norbert Elias constate : « la conscience que nous avons de nous-mêmes en tant que société, et la conscience que nous avons de nous-mêmes en tant qu'individus, ne coïncident jamais tout à fait. En même temps, nous nous rendons tous bien compte, plus ou moins clairement, qu'en réalité ce gouffre entre individu et société n'existe pas. » Vous analyserez les rapports de l'individu à la communauté suggérés par cette analyse paradoxale en vous appuyant sur les ouvrages au programme annuel.

Corrigé

Introduction

[Accroche] Lorsqu'un fait divers relate une action individuelle en décalage par rapport aux attentes sociales du groupe, les individus invités à le commenter s'unissent bien souvent et réagissent d'un seul homme pour jeter l'opprobre sur cet individu, comme si tous adoptaient les mêmes codes, habitudes, mœurs au point de réagir avec un certain conformisme social pour faire bloc contre le marginal. Il en est ainsi dans le roman poignant de Stefan Zweig intitulé *Vingt-quatre heures de la vie d'une femme* où, dans un hôtel non loin de la Riviera, les clients sont unanimement choqués par le départ soudain d'une pensionnaire de l'hôtel avec un homme qu'elle venait à peine de rencontrer. Personne ne cautionne sa lubie soudaine consistant à mettre brutalement fin à des années de mariage et d'abandonner une famille avec des enfants dont elle aurait dû selon les convenances s'occuper indéfectiblement.

[Citation] Les rapports qui unissent l'individu à la communauté sont en effet complexes, voire contradictoires : d'un côté, l'individu sent qu'il est capable de se décaler par rapport aux normes sociales attendues, tandis que de l'autre nous fusionnons sous d'autres aspects avec la multitude qui nous entoure au point de faire corps avec elle et ne plus pouvoir nous en dissocier, ce qui nous donne souvent un sentiment de force utile. Dans *La Société des individus* (1987), Norbert Elias constate : « la conscience que nous avons de nous-mêmes en tant que société, et la conscience que nous avons de nous-mêmes en tant qu'individus, ne coïncident jamais tout à fait. En même temps, nous nous rendons tous bien compte, plus ou moins clairement, qu'en réalité ce gouffre entre individu et société n'existe pas ». **[Analyse de la citation]** Ce propos peut être interprété de plusieurs manières, ce qui le rend difficile à saisir dans toute sa complexité. Norbert Elias souligne que nous sommes capables en tant que sujets de prendre conscience de nous-mêmes comme individus, capables de nous isoler du groupe, par une liberté de choix, des goûts singuliers ou bien un projet spécifique, mais que nous sommes tout aussi capables de nous envisager comme membres à part entière d'une société déterminée (nation, patrie, groupe social), avec laquelle nous faisons tellement corps que nous pouvons nous rendre anonymes et nous fondre dans la masse, perdre momentanément conscience de ce qui fait toute notre individualité. Il y a des décalages entre ces deux points de vue possibles que nous pouvons porter sur nos actions, en en modifiant l'accent, comme si nous étions en tension permanente entre nos pulsions et nos désirs personnels, et les normes que nous avons intériorisées par notre éducation et par le vivre-ensemble, ce que

Freud nommerait le surmoi. Freud pense que le bonheur consiste d'ailleurs précisément à équilibrer le moi, la part consciente de notre psychisme, entre les désirs émanant du ça (le corps, sexué), et les exigences morales du surmoi (normes, valeurs), mais sans annoncer une annulation complète possible de cette tension interne, y compris après une psychanalyse. Cette non-coïncidence permanente et irréductible des deux plans de notre vie, individuelle et sociale, est intéressante, car elle nous permet plus positivement de sentir l'écart que notre vie personnelle installe malgré tout entre la tradition reçue et nos œuvres singulières, même si cet écart est minime. L'individu se définit peut-être comme celui qui est capable d'une reprise créative des normes collectives, en marquant par ses œuvres, paroles et pensées un écart, fût-il minime, par rapport à l'héritage collectif anonyme, ainsi que le défend Ernst Cassirer. Y aurait-il donc une marge de manœuvre possible pour l'individu qui ne serait pas entièrement déterminée par le groupe ?

[Problématique] Toutefois, Elias termine son propos en défendant qu'en réalité le gouffre entre individu et société n'existe pas : est-ce donc une fiction de liberté qui nous fait croire à un écart que nous pourrions, individus, choisir de créer par rapport aux normes ? Faut-il défendre que les individus émanent de la communauté, l'expriment singulièrement mais sans pouvoir exprimer autre chose qu'elle, l'âme collective de leur peuple ? Peuvent-ils creuser entre eux et la société un gouffre pour vivre leur vie différemment des autres ? Sommes-nous voués au conformisme, qu'on lutte contre ou non ? **[Annonce du plan]** Nous défendrons d'abord avec Elias qu'il y a toujours un sentiment de décalage entre la conscience que nous avons de nous-mêmes en tant qu'individus et celle que nous avons en tant que société, mais que la réalité est que nous collons en tant qu'individus bien plus que nous ne le croyons au groupe. Toutefois, nous verrons qu'il est possible de nuancer sa thèse en nous interrogeant sur la possibilité pour les individus courageux de s'affranchir des normes sociales, bien que cela puisse leur coûter assez cher tant l'opprobre peut-être puissant et la majorité anonyme capable d'étouffer dans l'œuf tout écart de la minorité dissidente Enfin, nous insisterons sur l'intérêt que revêt sans doute plus profondément la citation en nous obligeant à nous interroger non pas tant sur la tension entre l'individu et la société, mais entre l'imaginaire et la réalité, c'est-à-dire entre ce que se figure l'individu qui tente de prendre conscience des normes du groupe et la puissance réelle de ces normes, qui demeurent, malgré la prise de conscience individuelle de leur relative inanité et la volonté véritable de les contrecarrer.

[Présentation du corpus] Pour illustrer notre propos, nous nous appuierons sur les ouvrages au programme : les deux pièces de théâtre tragique antique d'Eschyle que sont *Les Sept contre Thèbes* et *Les Suppliantes*, datant du Ve siècle avant J.-C., car elles indiquent à quel point la communauté religieuse et politique condamne ceux qui voudraient creuser un gouffre entre leur individualité singulière et le groupe ; mais aussi *Le Traité théologico-politique* de Spinoza de 1670, qui rend bien compte de l'illusion de liberté individuelle à laquelle conduit la conscience de nos appétits, et donc souligne le déterminisme auquel nous sommes soumis, tout en indiquant que l'individu peut et même doit penser et juger les lois auxquelles il faut se soumettre et obéir, et que la communauté politique démocratique a également pour devoir de le laisser libre de s'exprimer contre les lois, à condition qu'il s'y soumette par ses actes. Nous nous servirons également du *Temps de l'innocence* d'Edith Wharton datant de 1920 pour explorer à la fois le sentiment de décalage extrême que l'individu peut ressentir face à la société qui l'entoure et aussi la volonté de toujours combler tant bien que mal la béance pour être comme les autres, et ce malgré la tentation de transgresser les normes sociales. L'individu peut-il réellement s'affranchir des règles communes et vivre isolément du groupe ? Les marginaux veulent-ils au fond la même chose que tous les autres, à savoir s'intégrer socialement et être reconnus par leur groupe d'appartenance ?

Développement

[Thèse I] Certes, comme le défend Norbert Elias, il y a toujours un sentiment de décalage entre la conscience que nous avons de nous-mêmes en tant qu'individus et celle que nous avons en tant que société, mais la réalité est que nous collons en tant qu'individus bien plus que nous ne le croyons au groupe.

[Argument 1] Nous ressentons certes un décalage entre la conception que nous nous faisons de nous-mêmes en tant qu'individualités singulières capables de choix autonomes et indépendants et en tant que membres d'un collectif auquel nous choisissons ou non d'appartenir en fonction de notre naissance, de notre appartenance sociale, de nos affinités. **[Exemple 1]** Antigone, dans la dernière partie des *Sept contre Thèbes*, affiche sa volonté d'aller contre les lois de la cité et d'enterrer son frère Polynice de la même manière et avec le même respect que son frère Étéocle, bien que le premier se soit rendu étranger à la cité en l'attaquant. Mais la destinée s'abat sur elle : comme le rapporte Sophocle, elle est punie pour avoir osé creuser un gouffre entre son acte individuel et le devoir commun auquel elle aurait dû se plier. **[Exemple 2]** Dans *Le Temps de l'innocence*, on constate que Newland Archer se sent progressivement de plus en plus dual : au début de l'ouvrage, il adhère parfaitement en tant qu'individu à la société à laquelle il appartient et à ce qu'elle attend de lui, mais désormais, voyant la cousine de sa future femme, la comtesse Olenska, pratiquer le grand écart entre son individualité et la société, il commence à devenir schizophrène et à vouloir la suivre dans ses excentricités. Il devient « obsédé par l'idée que jusqu'à la fin de sa vie il ferait vraisemblablement toujours la même chose à la même heure, et dans le même cadre. "Monotonie !… monotonie !…" soupira-t-il » (X, p. 98). **[Exemple 3]** Spinoza, dans le TTP, indique qu'il peut y avoir tentation pour l'individu ou le petit groupe d'individus de devenir comme un « État dans l'État », de former « un empire dans un empire », soi-disant absolument libre. Mais c'est être dans l'ignorance que de voir le rapport de l'individu à la communauté ainsi. La vérité est que nous sommes déterminés, individuellement et collectivement, par un grand nombre de causes qui interdisent à l'individu de se considérer comme un empire dans un empire autrement qu'en imagination. Spinoza rappelle que « chacun dans l'état de nature est tenu par le droit Révélé de la même manière qu'il est tenu de vivre suivant l'injonction de la droite Raison ; et cela parce que cela lui est plus utile et, pour son salut, nécessaire ; que s'il ne le veut pas, il est libre à ses risques et périls » (XVI, p. 272).

[Argument 2] Elias a raison d'autre part de souligner qu'en réalité, individu et communauté font corps sans écart absolu entre les deux aspects. Nous sommes façonnés par les coutumes apprises dans l'enfance, les croyances enseignées par notre famille, nos proches, notre éducation. Nos cultes sont dictés par le groupe que nous imitons comme des pantins ou des automates, des machines. **[Exemple 1]** Dans les pièces de théâtre antique, le chœur symbolise un collectif uni par les émotions et le *pathos*, qu'il s'agisse de la pitié ou de la crainte. Ces sentiments forts galvanisent la foule qui se lamente. Le coryphée incarne cette unité. Ainsi, dans *Les Suppliantes*, le chœur des filles de Danaos insiste sur leur unité anonyme : « nous errons en bannies », exprime le coryphée (p. 51). Dans les tragédies antiques, les personnages sont étroitement liés entre eux par leur famille, leur destin implacable, voulu par les dieux (ainsi des Atrides). Les Danaïdes rappellent leur ancêtre commun la génisse Io, séduite par Zeus : « Nous nous honorons d'être de race argienne et de descendre d'une génisse féconde » (p. 60). La notion d'individu qui se séparerait de la communauté est étrangère à un Grec de l'Antiquité. Elle naît vraiment à la Renaissance, quand le recul de la religion donne à l'homme une place centrale et que l'homme s'envisage soudain comme un « second Prométhée », un créateur à l'intérieur de la Création, ainsi que l'analyse Ernst Cassirer dans *Individu et cosmos*, son ouvrage sur la philosophie de la Renaissance. **[Exemple 2]** Dans le roman d'Edith Wharton, l'insistance est portée sur l'éducation et les règles de bienséance de la bonne société new-yorkaise : « la comtesse Olenska est une New-Yorkaise, et devrait avoir égard aux sentiments de New York » (X, p. 102). Quiconque est un nouvel arrivant, telle la comtesse

Olenska, doit rapidement en repérer les codes, savoir ce qui se passe dans telle ou telle maison, chez qui il convient d'être invité, comment aborder les problèmes collectivement, sous peine d'être banni des divers cercles sociaux pour mauvais goût, faute dans les codes implicites de la bienséance, et de ne plus exister ni socialement ni même comme individu isolé. « [I]l avait des habitudes. Nul ne devait y contrevenir. [...] lui aussi était tenu par les usages et les conventions » (XIII, p. 130). Les règles sociales se montrent au travers de leur rigidité parfois absurde, de sorte que Newland se met à avoir un œil critique sur elles. **[Exemple 3]** Spinoza donne des exemples canoniques de fusion puissante des individus dans un groupe, notamment avec les Hébreux tels qu'ils sont décrits dans le Pentateuque, unis en forte communauté, soudés par l'amour commun de Dieu, sans réel intermédiaire avec Dieu autre que Moïse, qui ne fait pas écran comme peuvent le faire d'autres pouvoirs intermédiaires et ne divise au début pas le pouvoir et donc laisse la communauté faire bloc. Nul n'ose déroger à la loi, tous obéissent inconditionnellement comme d'un seul homme. L'arche d'alliance qui était « portée au milieu de l'armée, de façon que le peuple, combattant comme s'il voyait son Roi présent, donnât tout ce qu'il avait de force », en est un bon symbole (XVII, p. 286). Ensuite, cette belle unité se brise quand les douze tribus sont créées pour se répartir le pouvoir (XVII, p. 287) et c'est le déclin relatif de ce peuple élu, qui en vient à douter de Dieu et finit puni par sa colère, errant dans le désert pendant quarante jours avant de pouvoir rejoindre la Terre promise.

[Argument 3] Quand un individu réussit à se détacher de la société, ce n'est que très momentané et le groupe s'empresse de le réintégrer à la communauté ou bien de le détruire au moins symboliquement pour préserver le groupe en créant une forme de sédition. Le groupe tolère rarement la marge et entretient un rapport conflictuel avec elle. **[Exemple 1]** Dans *Les Sept contre Thèbes*, la figure d'Antigone est perçue non comme bienfaisante mais comme dérangeante et malfaisante. « Je t'engage à ne pas être aussi rebelle à ta cité », prévient le héraut (p. 175). Dans une certaine version de l'histoire de la famille d'Œdipe, elle se fait emmurer vivante, dans d'autres, elle est tuée. **[Exemple 2]** Il en va de même dans *Le Temps de l'innocence*, où le droit à la différence n'existe pas : on blâme Olenska de son choix de divorcer et on cherche à l'en dissuader à tout prix, on lui reproche son lieu d'habitation, dans le quartier des artistes (« [c]'était choisir un bizarre quartier » ; IX, p. 83). Il ne fait pas bon cultiver sa singularité. « L'individu, dans ces cas-là, est presque toujours sacrifié à l'intérêt collectif ; on s'accroche à toute convention qui maintient l'intégrité de la famille, protège les enfants, s'il y en a », prévient Archer (XII, p. 124). **[Exemple 3]** Spinoza décrit ainsi la manière dont la dissension est traitée par les chefs hébreux : « [L]es chefs des Hébreux n'étaient tous attachés les uns aux autres que par le seul lien de la Religion ; si l'un y avait fait défection et avait entrepris de violer le droit divin de l'individu, il pouvait être traité en ennemi par les autres et être l'objet d'une juste répression » (XVII, p. 291). On constate également qu'un corps uni se constitue dès qu'un individu s'écarte des règles communes.

[Transition] La pression sociale est forte pour faire rentrer dans le rang l'individu qui se soustrairait aux normes collectives. Toutefois, il y a possibilité tout de même pour les individus courageux de s'affranchir vraiment des normes sociales, ce qui oblige la communauté à réfléchir à la vanité de certains codes ou à l'injustice de certaines normes. Nos ouvrages font aussi l'éloge d'un certain esprit de rébellion et mettent en valeur l'utilité, parfois, de l'insoumission, à certaines conditions.

[Thèse II] Néanmoins, il reste possible aux individus de se rebeller à juste titre contre un groupe dont les normes deviennent des carcans injustes et l'insoumission peut créer un écart salutaire du comportement individuel à la norme pour faire réfléchir implicitement le groupe à la pertinence des valeurs communes sur lesquelles la communauté repose.

[Argument 1] Certains individus, considérés comme des marginaux, des excentriques, des rebelles à la société, parviennent à briser les normes qu'ils font apparaître comme autant de carcans empêchant le bonheur. Ils montrent l'hypocrisie sur laquelle repose la communauté et en font vaciller les bases. **[Exemple 1]** Dans *Les Sept contre Thèbes*, la tragédie repose sur la division d'une famille qui est souillée par la faute d'Œdipe : ce dernier a épousé sa propre mère, Jocaste, après avoir tué son père, Laïos, sans avoir conscience de ses crimes. Ses enfants portent le poids de la faute paternelle : Étéocle n'accepte plus de laisser le trône à son frère, comme cela était prévu, Polynice se rebelle donc à juste titre contre son frère. Polynice n'est pas tant un ennemi hostile à Thèbes qu'un individu qui s'estime lésé par son frère de son droit de commander à son tour. Il est donc injuste qu'il ne soit pas enterré comme un Thébain et qu'il soit considéré comme un ennemi dont le corps devrait être laissé à dévorer par les bêtes sauvages. « Qui a déchaîné cette rage ? les malédictions d'Œdipe ! » (p. 165), s'exclame Étéocle, se dédouanant de toute faute personnelle. Pourquoi la « race entière de Laïos » (p. 164) devrait-elle payer pour un seul ? La tragédie repose sur une tension entre les lois de la cité, les lois divines et les lois du cœur. La piété filiale incite Antigone à considérer ses deux frères également. La tragédie est l'occasion d'une réflexion politique sur les droits à l'insoumission et la tension entre plusieurs codes d'allégeance qui se font front. Le chœur invite Étéocle à résister : « résiste à qui veut t'entraîner » (p. 164), sous-entendant que le destin peut s'infléchir face à celui qui est capable de courage : « avec le temps, le Destin peut [...] changer de dessein et venir sur toi d'un souffle plus clément » (p. 165). **[Exemple 2]** La comtesse Olenska fascine les New-Yorkais, non pas seulement parce qu'elle choisit de vivre autrement que les autres nobles, mais aussi parce qu'elle ouvre la voie à des manières de vivre plus justes et plus joyeuses, moins monotones et plus égalitaires pour les hommes et les femmes. L'intérieur de la maison d'Olenska est décrit comme particulièrement chaleureux et de bon goût, sans luxe pourtant : « Cependant, à la clarté de la lampe, se révélait à lui le charme enveloppant et discret de ce salon, si différent de ceux auxquels il était habitué ! » (IX, p. 85). Par-delà le naufrage de son divorce, sa personnalité s'affirme ici positivement (elle « avait su donner un accent personnel à cette pauvre pièce misérablement meublée » ; IX, p. 86), comme celle d'une femme émancipée. « Elles m'en veulent un peu de m'être émancipée, ma pauvre grand-mère surtout. Elle aurait voulu me garder avec elle ; mais j'avais besoin d'être libre » (IX, p. 91). **[Exemple 3]** Dans le TTP, l'insoumission a deux visages : celle des Hébreux conduit à la colère divine et au châtiment divin, tandis que l'esprit de liberté dans le jugement apparaît comme un droit inaliénable au sein d'une démocratie digne de ce nom. Spinoza défend l'idée que l'obéissance aux décrets communs doit être sans exception, aucune sédition n'est excusable, mais que la pensée, l'expression des opinions et leur enseignement doivent rester entièrement libres. Le gouvernement peut enjoindre au respect d'un culte, mais les croyances sont laissées libres et inhérentes à l'interprétation des fidèles. Tant que l'ordre public n'est pas perturbé, on peut s'exprimer contre les lois : « dans un État libre il est loisible à chacun de penser ce qu'il veut et de dire ce qu'il pense » (XX, p. 327). La finalité de la politique ne peut être de soumettre les citoyens comme autant de « bêtes brutes ou d'automates » (XX, p. 329), puisqu'elle se donne pour but de favoriser la liberté des individus.

[Argument 2] Certes, ces marginaux rencontrent une résistance du groupe et se font souvent rappeler à l'ordre pour rentrer dans le rang, mais leur insoumission demeure décisive pour faire réfléchir le groupe à la meilleure politique à suivre pour viser plus de justice au sein de la société. Ils font bouger utilement les lignes entre ce qui se fait, ce qui ne se fait pas, ce qui devrait se faire, etc. **[Exemple 1]** La comtesse Olenska n'apparaît pas tant dans *Le Temps de l'innocence* comme une de ces « brebis galeuse » (II, p. 29), qui font scandale et honte au clan des Mingott (« la pauvre Ellen Olenska » ; II, p. 29), que comme celle qui a comme Mrs. Mingott un « esprit d'indépendance » (IV, p. 45) salutaire, « violant toutes les habitudes de New York », le style même signant une « femme intrépide » forçant l'audace d'Archer (IV, p. 46). Il en conclut que les mœurs devraient changer : « Les femmes devraient être aussi libres que nous le sommes » (V, p. 59), s'exclame-t-il. Le mariage apparaît alors comme un « produit redoutable du système social » dont l'hypocrisie doit être dénoncée (VI, p. 60). Les étiquettes que l'on veut mettre sur les gens perdent de leur sens : « On peut mettre des étiquettes sur les choses, pas sur les personnes » (IX, p. 91). Dans *Les Suppliantes*, la rébellion des Danaïdes, refusant d'être mariées de force à leurs cousins, ne peut être considérée que comme profondément juste par ceux auxquels elles demandent protection : « Comprends la démesure des mâles » (p. 66), gémit le chœur. Leur plainte est entendue : « Ils ont eu pitié de nous, ils ont rendu un vote de bonté [...]. Ils n'ont pas, par dédain de la cause des femmes, voté en faveur des mâles » (p. 73). **[Exemple 3]** On peut se demander si Spinoza en appelle ou pas à être rebelle et révolutionnaire. Critiquant la sédition de ceux qui fragilisent l'ordre en désobéissant, son écrit met toutefois fortement en avant la liberté de penser et la liberté d'expression, notamment dans tout le chapitre XX. Un esprit d'indépendance est loué et il défend les âmes fières de ceux qui ne rentrent pas dans le rang : « Combien ne vaudrait-il pas mieux contenir la colère et la fureur du vulgaire que d'établir des lois dont les seuls violateurs possibles sont les amis des arts et de la vertu, et de réduire l'État à cette extrémité qu'il ne puisse supporter les hommes d'âme fière ! » (XX, p. 333). On sent son ironie et son indignation.

[Argument 3] Individu et communauté ne s'opposent pas réellement : l'individu par sa distance critique peut établir des diagnostics utiles pour soigner une communauté qui est fondée sur des bases fragiles, tandis que la communauté doit servir de filet de protection pour rétablir l'ordre et la paix, la sécurité des personnes et des biens, et condamner ceux dont la dissidence est vraiment un danger pour les individus du groupe. Nos trois ouvrages indiquent que l'opposition n'est pas la seule manière de rapporter l'individu à la communauté. Il peut y avoir un cercle vertueux entre ces deux pôles. D'un côté, l'individu peut nourrir la communauté en la ravivant et en donnant un sens neuf aux codes du passé transmis. De l'autre, la communauté peut protéger la personne et les biens des individus et leur permettre de s'exprimer sans être inquiétés dans leurs droits individuels, de propriété, mais aussi d'expression. **[Exemple 1]** Dans *Les Suppliantes*, le roi s'exprime ainsi : « Il ne s'agit point de mots inscrits sur des tablettes ni scellés dans des rouleaux de papyrus : tu entends ici le clair langage d'une bouche libre. Allons, vite, hors de ma vue ! » (p. 83). Il oppose les lois écrites, immobilisées dans des écrits, qui donnent la lettre de la loi, et les lois interprétées de manière vivante, qui en maintiennent l'esprit. La justice vient ici s'ajuster à la situation concrète en ayant souci de l'équité pour le cas particulier et les individus en présence. On passe de l'abstraction et de l'universalité des lois à un jugement précis individuel sur un cas particulier qui concerne des individus en danger. **[Exemple 2]** Il en est de même dans la manière dont la comtesse Olenska conçoit la mode : « Elle n'est pas à la mode. – À la mode ? Attachez-vous tant d'importance à la mode ? Pourquoi ne pas se faire sa mode à soi ? » (IX, p. 88). La mode est le résultat de traditions héritées et d'une touche personnelle, qui forment ensemble un style. Les vêtements de la comtesse en témoignent : sa « toilette originale » va de pair avec le style d'une coiffure particulière nommée « allure Joséphine », soulignée par une « robe de velours bleu corbeau » (I, p. 26). La mode résulte d'une interaction dynamique entre la communauté et l'individu singulier, plus ou moins consciente. **[Exemple 3]** Spinoza pense qu'il ne faut ni sacrifier la liberté de pensée individuelle à la communauté, ni sacrifier la communauté et son ordre à des dissidents insoumis. Il distingue donc les actes qui doivent se conformer aux décrets communs scrupuleusement et les pensées individuelles que la communauté doit laisser librement courir.

[Transition] La citation d'Elias que nous avons examinée souligne, outre la tension entre individu et communauté, une tension entre la réalité et l'imaginaire. Or, nos trois ouvrages creusent également cet aspect qui complique bien souvent les relations entre individu et communauté : les individus fantasment et angoissent leurs rapports à autrui, d'où des craintes qui agitent la foule ou conduisent au silence et à une soumission digne d'un mouton de Panurge. Peut-on réellement s'opposer en tant qu'individu au groupe ? Le hiatus que nous ressentons n'est-il pas qu'imaginaire et ne résulte-t-il pas de l'ignorance des individus ? Comment se débarrasser des préjugés, des images, des lubies qui faussent la vision juste du rapport de l'individu au groupe ?

[Thèse III] Ce n'est pas tant la tension entre l'individu et la société qu'il faut analyser pour saisir leurs rapports que la tension entre l'imaginaire et la réalité, c'est-à-dire entre ce que se figure l'individu qui tente de prendre conscience des normes du groupe et la puissance réelle de ces normes communes, qui demeurent solides, malgré la prise de conscience individuelle de leur relative inanité et la volonté véritable de les contrecarrer.

[Argument 1] Beaucoup d'individus ont tendance à se considérer comme un empire dans l'empire, ne voyant pas dans quels mécanismes plus larges ils sont nécessairement pris. Certains s'arrogent le pouvoir d'interprètes sacrés de la loi divine, alors qu'ils ne sont que de simples particuliers, cela afin d'exercer un pouvoir sur la foule et de diviser la communauté de manière dommageable. C'est ce que critique Spinoza dans le TTP. Il critique le pouvoir que s'arrogent certains théologiens, créant des clans intermédiaires qui créent des gouffres au sein de la communauté même, et des guerres civiles entre individus. Doit-on « souffrir un État dans l'État » ? (XVII, p. 298). Si la liberté de penser des individus est à préserver, il faut en revanche lutter contre l'ignorance de ceux qui s'en tiennent au niveau d'un mode de connaissance par imagination et s'élever à la raison, susceptible de faire saisir à l'individu qu'il est pris, qu'il le veuille ou non, dans un ordre plus grand que lui, une communauté politique, mais aussi la nature dans son ensemble, ou Dieu. Opposer l'individu à la communauté, c'est rester prisonnier de préjugés et rester pris dans son imagination, comme des affects égoïstes qui interdisent de voir ce qui nous est réellement utile. La raison permet de saisir que se soumettre aux décrets communs d'une démocratie est plus utile à l'individu, qui ne doit pas croire qu'il existe un gouffre entre lui et le groupe, puisque le vote lui permet de s'exprimer. L'individu exprime le groupe, il en émane, si le groupe est soudé par l'esprit charitable et juste s'exprimant à travers les propos universalisants du Christ qui commande d'aimer son prochain comme soi-même.

[Argument 2] La tentation est grande pour l'individu de s'émanciper de la pesanteur des codes sociaux, carcans qui rendent la vie monotone, mais bien souvent les individus finissent par renoncer à des aventures excentriques car le poids de leur éducation les retient. Bien que Newland Archer soit fasciné par la vie de la cousine de May, sa fiancée, il demeure auprès d'elle. La scène des adieux des amants qui doivent se séparer, jouée au théâtre Wallack, est trouvée admirable par Newland Archer, il y voit des échos avec ce qu'il vit : « Où donc était l'analogie qui faisait battre le cœur du jeune homme ? » (XIII, p. 127). Il y a une forme d'analogie qui se crée, laissant entendre qu'il va devoir lui aussi dire ses adieux à une vie qui irait contre tout ce que l'éducation de son cercle social lui a enseigné. Il sacrifiera donc ce à quoi il « ten[ait] le plus » (XXXIV, p. 300). Nous en venons parfois à faire taire ce qui fait notre singularité et nos goûts pour rentrer dans le rang, car notre identité sociale est extrêmement importante et fait aussi partie de nous. La reconnaissance sociale, le regard porté sur nous, l'intégration dans le groupe social d'appartenance sont fortement constitutifs de notre être.

[Argument 3] Notre être social peut recouvrir notre être individuel au point que les deux coïncident quand nous adhérons sans réserve aux valeurs d'une communauté d'appartenance qui ne nous est pas imposée de l'extérieur, mais qui est intériorisée pleinement. Le choix d'appartenir à tel ou tel groupe est décisif pour s'individualiser. **[Exemple 1]** Dans le New York des années 1860, chaque individu s'identifie par l'appartenance à des groupes familiaux, sociaux, culturels, politiques… Les différents clans ont leurs couleurs et leurs spécificités, et les individus sont fiers de porter les caractères du leur. **[Exemple 2]** Dans *Les Sept contre Thèbes*, les blasons des chefs mis face aux différentes portes sont décrits avec précision pour les individualiser. « Pour blason il a un homme nu, portant le feu ; une torche flambante arme ses mains, et il proclame en lettres d'or : "J'incendierai la ville" » (p. 156). **[Exemple 3]** Dans le TTP, les douze tribus entre lesquelles le pouvoir se répartit après Moïse se différencient également par des traits spécifiques. L'individu s'individualise en s'identifiant progressivement à différents groupes sociaux : la famille le détermine fortement, mais les autres groupes sont de plus en plus choisis au lieu d'être imposés.

Conclusion

Nous n'avons pas résolu le paradoxe initial sur lequel repose le sujet, à savoir la raison pour laquelle tantôt nous sentons un écart salutaire ou dangereux entre les individus excentriques, marginaux, hors la loi, transgressifs que nous sommes et le groupe, tantôt nous sommes embarrassés de ne pas être reconnus par le groupe comme des individus et nous sentons que nous en sommes rejetés sans pouvoir rien faire pour réintégrer le cercle. Mais parfois nous faisons au contraire corps avec la nation, le clan, l'État qui est le nôtre au point de rêver d'avoir tout en commun avec nos congénères, nos concitoyens, nos compagnons de route. Nous pouvons souhaiter même l'anonymat. Nous suivons les mouvements de foule, consciemment ou inconsciemment. Il y a donc sans cesse des échanges entre l'individu et le groupe, jamais d'écart complet : pour devenir soi, on s'identifie à des communautés diverses ; pour que la communauté vive, les individus doivent vouloir défendre ses valeurs en les modernisant. Ce qui est complexe, c'est que nous projetons sur des relations sociales réelles quantité de fantasmes, de désirs, de craintes également et d'angoisses qui déforment le réel. Nous pouvons devenir paranoïaques en pensant que nous sommes rejetés par tous, ou au contraire devenir mégalomanes en pensant être aimés de tous. Il convient donc de bien analyser par la raison ces comportements à demi inconscients pour mieux nous connaître et davantage savoir ce qui nous est utile, à nous individus comme au groupe.

Sujet n° 2

Type CCINP.

Voir page 349 pour la partie Résumé du sujet, qui comporte un extrait de l'ouvrage de Jean-Fabien Spitz cité dans la consigne ci-dessous.

Consigne

Dans l'ouvrage *John Locke et les Fondements de la liberté moderne*, Jean-Fabien Spitz analyse : « La seule issue paraît être de produire une acception du terme de peuple qui permette l'existence du collectif comme sujet de droit sans pour autant assujettir l'individu à la décision du corps ; le concept de peuple constituant (ou de *community*) paraît seul en mesure d'offrir ce double avantage. » Comment pensez-vous que cette citation puisse avoir du sens dans le cadre des œuvres au programme ?

Analyse du sujet

Le sujet pointe une difficulté centrale du rapport de l'individu à la communauté : dès lors que l'on admet que l'individu gagne à entrer en société, voire à élire un gouvernement, parce qu'il obtient par là plus de sécurité, le risque est grand pour l'individu de perdre sa liberté naturelle et que le prix à payer pour profiter de la puissance de la mise en commun des forces et de l'appui du groupe soit le sacrifice de sa capacité à se gouverner lui-même, dont il jouissait à l'état de nature. La seule solution consiste à éviter la tyrannie, la dictature, le clan qui homogénéise les comportements par la crainte et de défendre des républiques ou des démocraties fondées sur l'idée de mutualiser les forces afin d'égaliser les profits de la mise en commun. C'est la justice sur laquelle il convient d'insister : rendre à chacun son dû. Il faut que ce soit le peuple qui soit souverain et qu'il n'y ait plus de modèle pyramidal d'obéissance sans possibilité de résistance aucune à un chef. Le peuple doit être celui qui a la force de se constituer comme corps social et de constituer les lois. C'est le corps social qui devient alors comme un grand individu, un sujet de droit. Mais comment penser cette communauté idéale ? Ne peut-elle pas à tout moment se briser ? Quels en sont les écueils ? Faut-il être révolutionnaire, idéaliste, ou se résigner à des rapports de soumission qui resurgissent même dans les démocraties les plus idylliques ? L'intérêt du sujet est de pointer la réflexion sur le problème central de l'obéissance de l'individu aux décrets communs et de réfléchir à la manière dont l'activité du citoyen, participant à l'élaboration des lois, peut être la clé pour que la multitude désordonnée se transforme en peuple soudé autour de valeurs communes.

Sujet n° 3

Type TSI.

Voir page 355 pour la partie Résumé du sujet, qui comporte un extrait de l'ouvrage d'Émile Durkheim cité dans la consigne ci-dessous.

Consigne

« Et sans doute, si l'on ne voit dans la société que le groupe d'individus qui la composent, l'habitat qu'ils occupent, le reproche se justifie sans peine. Mais la société est autre chose ; c'est avant tout un ensemble d'idées, de croyances, de sentiments de toutes sortes, qui se réalisent par les individus ; et, au premier rang de ses idées, se trouve l'idéal moral qui est sa principale raison d'être », analyse le sociologue français Émile Durkheim dans *Sociologie et philosophie*. Vous direz dans quelle mesure les trois œuvres au programme enrichissent la compréhension de Durkheim ou bien viennent en nuancer la lecture.

Analyse du sujet

Durkheim refuse de réduire le phénomène social à une analyse concrète et matérielle des conditions de vie des sujets, comme la description des habitats, des vêtements, des modes. Il convient d'y voir comment des croyances s'y développent, en analysant la naissance du phénomène religieux, comment des idées y naissent, par exemple, des idées scientifiques, selon des paradigmes particuliers. Les sentiments et émotions sont également à aborder pour déceler des faits sociaux totaux. C'est à travers des individus concrets que se manifestent ces phénomènes sociaux. Par exemple, à travers des cultes, des rituels, des cérémonies religieuses, les pratiques individuelles viennent révéler une certaine vision du monde propre à une époque, et dont ces pratiques sont le symptôme. Parmi les idées qui traversent la société de manière anonyme, il y a les idées du bien et du mal, du juste et de l'injuste, de ce qui convient et de ce qui ne convient pas. Les règles morales proviennent du groupe, mais c'est aux individus de les incarner, de leur donner vie en les défendant, en ayant foi en elles. Le culte extérieur ne suffit pas, il faut un acquiescement qui vienne de l'intérieur. La thèse de Durkheim est radicale : la société a pour finalité d'asseoir des valeurs morales, qui doivent être incarnées par des individus particuliers. Mais pourquoi certains individus refusent-ils systématiquement de donner leur assentiment aux décrets communs ? La société politique ne gagnerait-elle pas en clarté si l'on dissociait la morale du politique ?

Sujet n° 4

Type BCPST.

Jean-Fabien Spitz, *John Locke et les Fondements de la liberté moderne*, Paris, Puf, 2001, p. 335.

Consigne

« La communauté des citoyens ne se réduit donc pas à celle qui est posée par l'intermédiaire des lois civiles et des actes de l'artifice politique, et les règles dans lesquelles vivent les hommes d'aujourd'hui ne sont pas toutes *choisies* à l'occasion d'un contrat par des volontés qui raisonnent sur les moyens de satisfaire des désirs. On s'est souvent demandé comment l'époque moderne parvenait à conserver la singularité de l'individu tout en soumettant les citoyens à une loi universelle. La réponse de Locke est que les individus sont moins singuliers qu'ils ne le paraissent et que, parce que les citoyens partagent une même adhésion à des principes communs de décence et de droit découverts par la raison, l'universalité vient se loger au cœur de la singularité. Mais elle est aussi que la loi est moins universelle qu'elle ne le paraît, car l'obligation qui nous lie à elle n'est jamais inconditionnelle au point de faire disparaître la capacité *singulière* de jugement qui est en chacun de nous. »

Analyse du sujet

Le thème général de cette citation est d'interroger la manière dont l'universalité transparaît de manière immanente dans les actions de l'individu, quand l'État n'est pas pensé uniquement comme une convention factice. Le pacte social n'est pas le résultat d'une volonté consciente, il se joue implicitement entre les individus, sympathiques envers les autres, nourris d'affects qui les relient les uns aux autres. Le lien entre individus ne peut pas venir que d'en haut, des dirigeants, il peut aussi venir d'en bas, d'une envie individuelle de mettre des valeurs en commun. Ce n'est pas la seule raison qui intervient ici pour déterminer ce qui est le plus utile à l'individu, mais jouent aussi les sentiments, le cœur. Chacun demeure toutefois libre de juger des décrets voulus par l'ensemble. Nous conservons notre singularité quand il faut prendre de la distance critique face à certaines lois jugées injustes. C'est par l'expression de notre jugement que l'État évolue. Il ne faut donc pas qu'il cherche à uniformiser les opinions. Mais comment les individus font-ils pour savoir s'il leur faut plutôt effacer leur singularité pour chercher des principes communs ou *a contrario* l'exacerber pour exprimer leur originalité, quitte à se rendre hors la loi ? Quels sont les critères qui manifestent des situations où il faut apprendre les codes pour se fondre dans le groupe et celles où il convient que l'individu ose s'indigner contre les carcans stériles qu'impose la communauté quand elle se ferme aux différences ?

Bibliographie

Autour du thème « Individu et communauté »

ARISTOTE, *Les Politiques*, livre I, Paris, Les Belles Lettres, trad. J. Aubonnet, 1971. Pour une approche « holiste » du rapport « individu-communauté ».

CLOUSCARD, Michel, *La Production de l'« individu »*, Paris, Delga, 2017. Notamment la partie II, C, « La sexualité, émotion limite. Le compromis entre la nature et le politique : le code de la cité. La problématique du sensible est reportée dans le macrosocial », p. 222 et suiv.

CONSTANT, Benjamin, *De la liberté des anciens comparée à celle des modernes*, Alicia Éditions, 2018. Pour une approche « individualiste » et « libérale » de la problématique mise au programme.

SPECTOR, Benjamin, *La Société*, Paris, Flammarion, « GF Corpus », 2000. Pour une approche de la double dialectique « individu *versus* société » d'une part, et « société *versus* communautés » d'autre part.

DURKHEIM, Émile, *Les Règles de la méthode sociologique*, Paris, Puf, « Quadrige », 2013. Le b.a.ba d'une approche sociologique du problème « individu-communauté ».

—, *Sociologie et Philosophie*, Paris, Puf, 2002.

LEVINAS, Emmanuel, *Totalité et Infini. Essai sur l'extériorité*, Paris, Le Livre de Poche, 1971.

MAC INTYRE, Alasdair, *Quelle justice, quelle rationalité ?*, Paris, Puf, « Léviathan », 1993. Difficile à trouver mais une approche stimulante et aristotélicienne des problématiques contemporaines (« communautaristes »).

SPITZ, Jean-Fabien, *La Liberté politique. Essai de généalogie conceptuelle*, Paris, Puf, 1995.

—, *John Locke et les Fondements de la liberté moderne*, Paris, Puf, 2001.

—, *Abolir le hasard ? Responsabilité individuelle et justice sociale*, Paris, Vrin, 2008.

Autour de l'œuvre : Les Suppliantes *et* Les Sept contre Thèbes, *Eschyle*

ALAUX, Jean, « La caresse divine et le rapt masculin : représentations du féminin dans *Les Suppliantes* d'Eschyle », *Information littéraire*, 2001, vol. 53, n° 1, p. 10-20.

CROISET, Maurice, *Eschyle. Études sur l'invention dramatique dans son théâtre*, Paris, Les Belles Lettres, 1928.

DAVID, Sylvie, « Images en scène : à propos des boucliers des *Sept contre Thèbes* », *L'Antiquité et la Vie des arts*, Besançon, Presses universitaires de Franche-Comté, 2012, p. 29-58.

ESCHYLE, *Tragédies complètes*, traduction de Paul Mazon, préface de Pierre Vidal-Naquet, Paris, Gallimard, « Folio classique », 1982.

ESCHYLE, *Les Sept contre Thèbes*, traduit du grec, présenté et commenté par Pierre Judet de La Combe, Toulouse, Anacharsis, 2022.

JOUANNA, Jacques, « Du mythe à la scène », *in* Jacques Jouanna, Franco Montanari (dir.), *Eschyle à l'aube du théâtre occidental*, Genève/Vandœuvres, Fondation Hardt, 2008.

MORIN, Bernadette, « De l'épopée au théâtre de Dionysos : Eschyle et les Danaïdes », *Bulletin de l'Association Guillaume-Budé*, 2013, n° 2, p. 82-111.

ROMILLY, Jacqueline (de), *La Crainte et l'Angoisse dans le théâtre d'Eschyle*, Paris, Les Belles Lettres, 1971.

ROMILLY, Jacqueline (de), *La Tragédie grecque*, Paris, Puf, 1982.

VERNIER, Bernard, « *Les Suppliantes* d'Eschyle et l'inceste », *L'Homme*, 2008, nos 187-188, p. 433-446.

Autour de l'œuvre : Traité théologico-politique*, Spinoza*

Ouvrages de Spinoza

Traité théologico-politique, trad. Charles Appuhn, Paris, Flammarion, « GF », 2022.

Traité politique. Lettres, trad. Charles Appuhn, Paris, Flammarion, « GF », 2022.

Éthique, trad. Charles Appuhn, Paris, Flammarion, « GF », 2023.

Ouvrages sur Spinoza

BALIBAR, Étienne, *Spinoza et la politique*, Paris, Puf, 1984. Intéressant pour dresser un parallèle entre l'*Éthique*, le TTP et le TP.

BERTRAND, Michèle, *Spinoza et l'Imaginaire*, Puf, 1983. Étudie les dynamiques sociales de l'imaginaire selon Spinoza et les compare avec les théories de Freud.

BRETON, Stanislas, *Spinoza. Théologie et politique*, Paris, Desclée de Brouwer, 1977. Point de vue d'un théologien.

DELEUZE, Gilles, *Spinoza et le Problème de l'expression*, Paris, Minuit, 1968. Voir le chapitre XVI, « Vision éthique du monde ».

ISRAEL, Jonathan I., *Les Lumières radicales. La philosophie, Spinoza et la naissance de la modernité (1650-1750)*, Paris, Amsterdam, 2005.

LAGRÉE, Jacqueline, « Déraisonner avec ou sans la raison. Analyse du chapitre XV du *Traité théologico-politique* », in *Nature, croyance, raison. Mélanges offerts à Sylvain Zac*, numéro thématique des *Cahiers de Fontenay*, 1992, 10, p. 81-100. Article technique qui permet de mieux comprendre la manière dont Spinoza se positionne par rapport aux sceptiques et aux dogmatiques, et comment on peut éviter de faire de la philosophie la servante de la théologie et *vice versa*.

LAGRÉE, Jacqueline, *Spinoza et le Débat religieux. Lectures du* Traité théologico-politique, Rennes, PUR, 2004. Jacqueline Lagrée est également traductrice du TTP, mais ce n'est pas cette traduction qui a été retenue au programme. Cependant, on lira avec intérêt son introduction et ses notes à sa traduction aux Puf.

MACHEREY, Pierre, *Hegel ou Spinoza*, Paris, Maspero, 1979.

MATHERON, Alexandre, *Le Christ et le Salut des ignorants chez Spinoza*, Paris, Aubier, 1971.

MATHERON, Alexandre, *Individu et communauté chez Spinoza*, Paris, Minuit, 1988, chapitre 8, « De l'état de nature à la société politique ». Déduction de la politique de Spinoza des principes de son système en mettant en corrélation le point de vue de l'individu et celui de l'État.

NEGRI, Antonio, *L'Anomalie sauvage. Puissance et pouvoir chez Spinoza*, 1981. Negri se demande si Spinoza est ou non un révolutionnaire, puisqu'il parle de la multitude, des masses, qu'il est antithéocratique, antimonarchique, antidespotique et antiaristocratique.

RAMOND, Charles, *Le Vocabulaire de Spinoza*, Paris, Ellipses, 1999. Voir les entrées : « Individu », « Ordre », « Puissance », « Qualité/quantité ».

RAMOND, Charles, *Dictionnaire Spinoza*, Paris, Ellipses, 2007. Voir les entrées suivantes : « Choses singulières », « Contentement intérieur », « Contumace », « Démocratie », « Désir », « Désobéissance », « Dieu ou la Nature », « Ignorance », « Insoumission », « État », « Excommunication », « Extérieur/intérieur », « Individu », « Interprétation de l'écriture », « Liberté », « Mode », « Multitude », « Obéissance », « Ordre », « Qualité-quantité », « Rébellion », « Révolte », « Révolution », « Salut », « Sédition », « Souveraineté ».

RAMOND, Charles, *Introduction à Spinoza*, Paris, La Découverte, 2023. Lire le chapitre V, « La politique par-delà morale et religion », p. 89 et suiv.

TOSEL, André, *Spinoza ou le Crépuscule de la servitude*, Paris, Aubier-Montaigne, 1994.

ZAC, Sylvain, *Spinoza et l'Interprétation de l'écriture*, Paris, Puf, 1965.

Ouvrage sur le rapport entre théologie et politique

CATTIN, Emmanuel, JAFFRO, Laurent, PETIT, Alain (dir.), *Figures du théologico-politique*, Paris, Vrin, 1999, étude « Spinoza, la rhétorique de la philosophie », p. 91-115.

Autour de l'œuvre : Le Temps de l'innocence, *Edith Wharton*

Œuvres d'Edith Wharton

The Age of Innocence, New York, Penguin Books, 1996 [1920] ; trad. Madeleine Taillandier avec le concours d'Edith Wharton, *Le Temps de l'innocence*, Flammarion, « GF », 2021.

Vieux New York, traduit par Claire Malroux, Paris, Flammarion, « GF », 1993 [1924].

Les Règles de la fiction, traduit et présenté par Jean Pavans, Paris, Viviane Hamy, 2006 [1925].

Ouvrages critiques sur l'œuvre d'Edith Wharton

BILLETER SAUTER, Irene, *New York City: «Gilt Cage» or «Promised Land»? Representations of Urban Space in Edith Wharton and Anzia Yezierska*, Berne, Peter Lang, 2011.

GINFRAY, Denise, *Edith Wharton. L'objet et ses fictions*, Rennes, Presses universitaires de Rennes, 2003.

HOLBROOK, David, *Edith Wharton and the Unsatisfactory Man*, New York, St. Martin's Press, 1991.

SINGLEY, Carol J., *A Historical Guide to Edith Wharton*, Oxford, Oxford University Press, 2003.

ULLMO-MICHEL, Anne, *Edith Wharton*, The Age of Innocence. *L'art du contretemps*, Paris, Ellipses, 2001.

ULLMO-MICHEL, Anne, *Edith Wharton. La conscience entravée*, Paris, Belin, 2001.

WAGNER-MARTIN, Linda, The Age of Innocence. *A Novel of Ironic Nostalgia*, New York, Twayne Publishers, 1996.

ZIBRAK, Arielle (éd.), *Edith Wharton's* The Age of Innocence, Londres, Bloomsbury, 2020.

Pour approfondir

AMFREVILLE, Marc, CAZÉ, Antoine, FABRE, Claire, *Histoire de la littérature américaine*, Paris, Puf, 2010.

ELIAS, Norbert, *La Société des individus*, traduit de l'allemand par Jeanne Étoré, Paris, Fayard, 1991 [1987].

Autres ressources

The Age of Innocence, film réalisé par Martin Scorsese, 1993.

Cet ouvrage a été mise en pages par

<pixellence>

PEFC
10-31-3532
Par nos approvisionnements en papier certifié PEFC, nous soutenons la gestion forestière durable au niveau mondial
www.pefc-france.org

Imprimé en France sur papiers
issus de forêts gérées durablement

Sepec Numérique

1, rue de Prony - ZA des Bruyères
01960 Peronnas

IMPRIM'VERT®

Achevé d'imprimer en mai 2024
Numéro d'impression : N17932240386